回顾、反思与展望：
中国粮食政策的演变及趋势研究

刘英基　编著

中国财经出版传媒集团
中国财政经济出版社

图书在版编目（CIP）数据

回顾、反思与展望：中国粮食政策的演变及趋势研究／刘英基编著.—北京：中国财政经济出版社，2017.9
ISBN 978 – 7 – 5095 – 7756 – 1

Ⅰ.①回… Ⅱ.①刘… Ⅲ.①粮食政策－研究－中国 Ⅳ.①F326.11

中国版本图书馆 CIP 数据核字（2017）第 237383 号

责任编辑：郁东敏　　　　　　　　责任校对：杨瑞琦
封面设计：秦聪聪

中国财政经济出版社出版
URL: http://www.cfeph.cn
E – mail: cfeph@cfeph.cn
（版权所有　翻印必究）
社址：北京市海淀区阜成路甲28号　邮政编码：100142
营销中心电话：88190406　北京财经书店电话：64033436　84041336
北京财经印刷厂印刷　各地新华书店经销
787×1092毫米　16开　21.5印张　366 000字
2017年9月第1版　2017年9月北京第1次印刷
定价：40.00元
ISBN 978 – 7 – 5095 – 7756 – 1
（图书出现印装问题，本社负责调换）
本社质量投诉电话：010 – 88190744
打击盗版举报热线：010 – 88190414　QQ：447268889

目 录

开篇语

第一篇　导论：粮食安全与粮食政策

第一章　粮食与粮食安全概述 ……………………………………（ 7 ）

　　第一节　粮食及粮食生产的特殊性 ……………………………（ 7 ）

　　第二节　影响粮食生产波动的因素 ……………………………（ 14 ）

　　第三节　我国的基本粮情 ………………………………………（ 19 ）

　　第四节　中国特色粮食安全 ……………………………………（ 22 ）

第二章　粮食政策 …………………………………………………（ 38 ）

　　第一节　粮食政策的含义与特征 ………………………………（ 38 ）

　　第二节　粮食政策的影响因素 …………………………………（ 41 ）

　　第三节　粮食政策与粮食安全的关系 …………………………（ 45 ）

　　第四节　我国保障粮食安全的主要政策取向 …………………（ 47 ）

第二篇　历经磨炼：改革开放前的粮食政策演变（1949～1977年）

导　言 …………………………………………………………………（ 53 ）

第三章　百废待兴：1949～1956年的粮食政策 …………………（ 55 ）

　　第一节　时代背景：百废待兴 …………………………………（ 55 ）

第二节　政策选择：稳定与恢复……………………………（57）
第三节　政策效果：成果斐然……………………………（63）

第四章　灰色记忆：1956~1965年的粮食政策…………………（68）

第一节　时代背景：急于求成……………………………（68）
第二节　政策选择：脱离现实的艰苦奋斗………………（71）

第五章　曲折历程：1966~1977年的粮食政策…………………（75）

第一节　政策选择：粮食政策仍带有科学成分…………（75）
第二节　政策效果：曲折前进……………………………（77）
第三节　改革开放前的粮食政策总结……………………（79）

第三篇　追求卓越：改革开放以来的粮食政策演变（1978年迄今）

导　言……………………………………………………………（83）

第六章　摸索前进　1978~1984年的粮食政策…………………（85）

第一节　时代背景：拨乱反正……………………………（85）
第二节　政策选择：冰山融动……………………………（88）
第三节　政策效果：初露生机……………………………（94）

第七章　市场取向：1985~1993年的粮食政策…………………（100）

第一节　时代背景：全面改革……………………………（100）
第二节　政策选择：统购统销的终结与双轨制…………（104）
第三节　政策效果：改革初见成效………………………（110）

第八章　走向市场：1994~1998年的粮食政策…………………（115）

第一节　时代背景：确立市场体制………………………（115）
第二节　政策选择：流通领域的全面市场化改革………（119）
第三节　政策效果：粮食产量创新高……………………（126）
附件：九十年代中国农业发展纲要………………………（128）

第九章　深化市场：1999~2003年的粮食政策 (142)

　　第一节　时代背景：深化改革开放 (142)
　　第二节　政策选择：深化市场取向改革 (146)
　　第三节　政策效果：市场化逐步成熟 (152)
　　第四节　现实的思考 (160)

第十章　否定之否定：2004年以来的粮食政策 (169)

　　第一节　时代背景：以民为本 (169)
　　第二节　政策选择：科学发展 (177)
　　第三节　政策效果：粮食安全保障显著 (189)
　　第四节　粮食政策的保障作用增强 (192)

第十一章　保障粮食安全的生态与科技机制 (194)

　　第一节　生态环境保护机制构建 (194)
　　第二节　科技障碍及对策分析 (201)

第四篇　展望未来：我国未来的粮食政策趋势

第十二章　我国粮食生产现状及政策趋势 (211)

　　第一节　我国粮食生产的基本状况分析 (211)
　　第二节　我国粮食生产的成本收益分析 (220)
　　第三节　我国粮食安全的影响因素分析 (228)
　　第四节　我国粮食生产因素的影响排序 (238)

第十三章　粮食生产的技术进步及效率研究 (245)

　　第一节　农业科技进步与粮食增产的关系分析 (245)
　　第二节　粮食全要素生产率变化及构成分析 (260)
　　第三节　粮食生产的要素贡献与技术组合变动分析 (271)

第十四章　我国粮食安全的政策趋势 (283)

　　第一节　粮食安全的环境保护机制构建 (283)

第二节　粮食安全的科技保障机制……………………………（289）
　　第三节　粮食安全的保障对策………………………………（296）

附录……………………………………………………………（300）

参考文献………………………………………………………（329）

开 篇 语

在漫漫历史长河中，人类的思想、意识和审美等随着时代的变迁而不断变化，而唯一不变的就是"食物"在人类的生活一直居于首要地位。"民以食为天"，亘古不变。农业是国民经济发展的基础，粮食是基础的基础，粮食生产是关系到一个国家生存与发展的永恒主题。伟大的马克思也坚持认为："食物的生产是直接生产者的生存和一切生产的首要条件。"用科学而时髦的话说，只有不断摄取碳水化合物、蛋白质、脂肪和维生素等营养物质，通过新陈代谢，人类才能维持生命、从事劳动和繁衍后代。粮食是人类食物之基础，是人们生存所需的最基本生活消费品。家不可一日无米，国不可一日断粮。美国新闻记者摩根在《粮食巨人》一书中写道："在现代文明中，粮食是世界上唯一比石油重要的资源。"目前，粮食和石油、淡水已被普遍认为是并列的三大战略资源。粮食是一个国家的根本，是关系国计民生的头等大事。"和"字怎么解？一禾一口，每人都有一口粮，大家才能和平相处，否则就奢谈"和平"了。历史上的饥荒和当今世界部分地区的粮食危机，充分说明了粮食生产不足势必导致社会动乱，产生严重的政治经济后果。新中国成立以来我国的粮食产量多次出现了波动，不仅制约了国民经济的发展，而且给粮食生产者和消费者都带来了极为不利的影响。因此，粮食不仅是一个经济问题，也是一个社会政治问题。对于世界人口最多的中国，解决吃饭问题始终是整个国家的头等大事。我国是一个人多地少的国家，人口总量已经达14亿，现有耕地仅占世界耕地总面积的9%，人均耕地大约只有0.1公顷，仅相当于世界平均水平的40%。而且我国自然灾害频繁发生，是世界上最干旱的国家之一，水资源十分短缺，人均水资源仅是世界的1/4。从长远来看，我国人口还在继续增长，城乡居民生活水平还会大幅度提高，对粮食的直接和间接需求还在不断增长，而国内粮食生产的潜力有限。一方面，我国粮食单产水平已经达到世界先进水平，科技创新提高单产在相当长时期内潜力有限；另一方面，在我国现代化建设中耕地减少不可避免，城镇化和工业化的推进、人民生活水平的提高、生态环境改善，都对耕地的存量提出了挑战。2003年我国粮食总产量是21世纪10年中粮食产量的谷底值，2003年粮食大幅度减产约75%是由于粮食播种面积减少造成的。在党的农村政策指引下，农业农村发展一直保持着比较好的势头，从2003年的8 614亿斤增加到了2015年的12 429亿斤，增加了3 800多亿斤，实现了中国粮食生产连续12年的增产。应该说12年连续增长的过程，在中国历史上从来没有过，在世界上也是罕见的。但粮食的供求，主要在品种结构上出现了一种失衡的局面，因此导致国内市场价格有所波动，而且出现了产量、进口的数量和粮食的农村量这三个量都在增长的复杂局面。随着国内经济的快速增长，各个方面都发生了变化，农业生产要素价格的增长——土地价格的提升、资本价格的提升、劳动力价格的提升，延伸到农业上，就导致农产品的价格上涨。就我国农业目前的情况来看，小麦、大米、玉米和大豆等主要农产品最近几年国内的价格比国际价格高出30%～50%，个别品种达到60%，在这种情况下当然要进口国外的粮食了。2015年我国粮食产量实现"十二连增"，不仅确保了把饭碗牢牢端在自己手上，更为新常态下我国经济的平稳健康发展奠定了物质基础。但是，国家统计局公布的全国粮食生产数据显示，2016年全国粮食总产量61 623.9万吨（12 324.8亿斤），比2015年减少520.1万吨（104.0亿斤），减少0.8%。各种结构性矛盾也在累积，农业资源偏紧和生态环境恶化的制约日益显现，在国内粮食产量大量增加的同时，从国外的进口也在迅猛增加，造成粮食的自主性存在一定风险，"谁来种粮"和"如何种粮"等问题急需解决。面对严峻的现实，我们该怎么办？在我们这样一个人口大国、农业大国，解决农业问题的出路，既要靠政策、靠改革、靠调动广大农民的积极性，又要靠科学技术。结合我国的基本国情，从根本上说，要开辟我国粮食产业发展的广阔前景，关键在于政策创新和制度创新，为粮食科技和粮食安全提供可靠的政策保证。

"国以民为本，民以食为天。"粮食关乎国计民生，关乎社会的发展和稳定，关乎国家的安全。粮食安全是永恒的话题，我国始终坚持采取多种措施保障粮食安全。无论是改革开放前的"以粮为纲"，还是现在提倡的"有中国特色的粮食安全理念"，都是采取了各种有效措施，促使我国能够以7%的耕地资源和相对贫乏的淡水资源养活了世界上超过20%的人口，创造了世界农业奇迹。

我国是世界上人口最多的国家，不可能主要依靠进口来保障粮食供给，否则将导致世界恐慌。我国在城市化进程中，城市人口不断增加，乡村人口多而分散，粮食需求具有多样化和放大效应的趋势，粮食供给保障具有特殊性和艰巨性。因此，独立自主，自力更生，是保障我国粮食安全的基本出路，也是唯一出路。这是中国特色粮食安全理念的基本点，离开这个基本点，一切都将无从谈起。党中央、国务院始终把库中有粮作为国家粮食安全的首要条件，高度重视粮食生产和储备，从防范特大灾害和重大突发事件出发，建立健全中国特色粮食生产体系、储备体系、供给体系，形成并保持自有的、有效的粮食供给和保障能力。目前，我国基本形成了"国有库、库有备；市有集、集有粮；户有仓、仓有米"的粮食储备流通格局。近年来，面对全球粮食危机，世界粮食供求波动加大，各国为之恐慌。唯独中国这边风景独好，原因何在？根本原因在于我国粮食政策使得粮食安全有保障。

第一篇
导论：粮食安全与粮食政策

第一章
粮食与粮食安全概述

第一节 粮食及粮食生产的特殊性

什么是粮食,我们常说的粮食是指烹饪食品中,作为主食的各种植物种子总称,也可概括称为"谷物"。粮食虽然不像空气、阳光、水那样可以自由取用,但需要支付的费用很低。粮食的生产过程,是人与自然相交换、自然因素居于主导地位的过程。在消费过程中,粮食也是唯一一个具有生存必需品属性的人类参与制造过程的产品。因此,粮食是一种准自然品。粮食基本属于禾本科植物,所含营养物质主要为糖类,主要是淀粉,其次是蛋白质。联合国粮食及农业组织(下称"粮农组织")的粮食概念就是指谷物,包括麦类、粗粮和稻谷类三大类。其中,粗粮主要包括玉米、大麦、高粱、燕麦、荞麦及其他杂粮。在我国统计体系中,粮食则主要包括谷物、豆类、薯类。这种广义粮食概念的形成与特定历史条件有很大关系。新中国成立初期,由于人均谷物产量低,达不到人人有饭吃的基本标准,因此国家将豆类和薯类纳入粮食范围。随着我国农业和粮食生产的发展,国内现行的统计体系已于1991年将谷物、豆类和薯类分列,但是通常所说的"粮食总产量"指标依然沿用广义的粮食概念。随着经济全球化和市场经济的发展,对粮食本质和特点的认识不断加深。粮食与国家安全紧密相连,粮食生产与国土整治、动植物保护、环境工程等息息相关,具有保护自然、稳定生态、促进人与自然和谐相处的功能。粮食是多功能产品,具有食品保障、原料供给、生态保护、观光休闲、文化传承等功能。由于粮食具有经济、社会、文化、生态等多种功能，对粮食产业就不能简单地用经济标准来衡量。

一、粮食的商品属性特征

如果说粮食是一种商品的话，那也是一种特殊商品。粮食商品的典型特征是它属于严格意义上的生活必需品：供给价格弹性大，需求价格弹性小。今年粮食价格高，明年粮食种植就会增加，生产多了就要出现"卖粮难"，谷贱伤农；今年粮食价格低，明年农民的种粮积极性就会大幅度下降，而生产少了价格就要上涨，消费者难以承受。因此，政府必须对粮食供求进行干预和宏观调控，以稳定粮食价格和保障粮食供给。与一般商品相比，粮食商品具有特殊性，表现在以下几个方面：

第一，粮食属于典型的生活必需品，需求弹性极小。生存必需品，是粮食的第一个也是最重要的属性，其他属性都建立在这一属性基础之上。粮食的价格变化对粮食的消费影响甚小，人们不可能会随着粮食价格的变化调整粮食消费量。也就是说，通过价格来调节消费量，效果是十分有限的。对于我国庞大的人口来说，一旦出现粮食短缺，可能出现的结果是粮食价格直线攀升，这就是需求缺乏弹性的典型表现。一旦出现这种情况，将对社会带来灾难性的影响。

第二，粮食是具有战略意义的产品。粮食是人类生存的最基本生活资料，目前尚无能够替代粮食的物品，完全依靠市场调节粮食供求难以实现目标。因此，粮食对于一个国家来说具有经济和政治上的战略意义。对于中国这样的大国，依赖进口来满足粮食需求是不现实的。粮食比石油等战略性资源更具有战略性，一个国家缺少了石油，充其量是社会经济生活会受到一些影响，但人们仍然可以生存下来，只不过是日子过得紧巴点儿而已，但如是缺少同样数量的粮食，不出3年，这个国家的人多数会饿死。粮食对拥有13亿多人口的中国来说具有更重大的现实意义，对我国的国际地位和世界和平具有较大影响。

第三，粮食生产能力的有限性。粮食生产受自然因素的影响比较大，粮食的自然特性决定了依靠技术和投资不可能实现粮食生产能力的无限增加。一方面，我国农业基础设施相对落后，粮食生产基本上还是仰仗"老天爷"的恩赐。大自然所决定的气候等因素，对我国的粮食生产起着决定性作用。我国粮食生产具有自然的波动性；另一方面，我国耕地少，资源严重不足导致我国粮食增产的主要途径是依靠基础创新增加单产，然而，当单产增长到一定程度后，边际生产率将会下降。因此，仅靠科技创新和市场机制来增加粮食产量的潜力是有限的。

第四,价格调节的滞后性。粮食生产周期长,供给的变化往往会根据上一年度的价格走势来调节下一年度的生产;而粮食的需求弹性小,粮食供求变化往往呈发散的蛛网模型。因此,如果按照市场利益最大化法则来调节粮食供求,其结果必然导致逆向调节。因此,粮食供求平衡必须依靠政府干预来完成。

第五,粮食生产的不可逆性和风险性。如果市场价格持续下跌或者比价长期不合理对粮食生产的作用将是破坏性的。许多国家在工业化进程中都以农业的萎缩为代价,曾经有过许多深刻的教训。我国东南沿海地区也在经历一个类似的过程,农田变成了"开发区",盖了房子,想再恢复种庄稼就不那么容易了。

二、粮食的公共产品特征

公共产品,是指能为大多数人共同消费或享用的产品或服务,具有典型的外部性特征、消费上的非竞争性和效用上的非排他性。非竞争性,是指一种产品供给和生产出来以后,增加一个消费者不会减少原有消费者对该产品的消费数量和质量,其他人消费该产品的额外成本为零。非排他性,是指一些人在对某种产品的消费过程中不能排斥其他人消费该种产品,从而任一消费者都可以免费消费该种产品。尽管粮食不是纯公共产品,但也不是纯私人物品,更不是纯有益物品,粮食其实是一种能够产生极大正外部效应的、具有公共产品属性的产品,是一种具有维持社会稳定功能——社会收益远大于私人收益的特殊产品。粮食更重要的属性是公共物品属性。萨缪尔森在论述公共物品的特征时,主要论述了公共物品的三层内涵:第一,公共物品的非竞争性,即每个人对该物品的消费不会减少其他消费者的消费,也即任何一个消费者所能消费的数量都与该物品的消费总量相等。显而易见,粮食安全具有非竞争性,只要一个国家的粮食安全了,增加一个消费者并不会影响其他人的粮食安全。第二,公共物品的非排他性,即每个人无论是否购买他们,这一物品所带来的好处不可分割地散布到整个社区里。对于粮食安全而言,无论个人是否愿意购买,只要国家的粮食安全了,不愿意购买的个人也自然而然地能够享受到了粮食安全。第三,公共物品容易诱发消费者"搭便车"的动机,即理性的个人有降低或隐瞒自己对公共物品偏好的动机。粮食是基础性公共产品。依靠市场本身来配置粮食生产资源,即在竞争市场经济条件下粮食产量和价格是以一个发散型蛛网波动,且波动幅度越来越大。粮食的本质属性是公共物品属性，靠斯密的"看不见的手"带不来粮食安全，粮食的供求平衡和粮食安全不能由市场来获得，因为粮食市场的"市场失灵"，需要政府来矫正和弥补。粮食是基础性公共产品的属性决定了国家应扶持粮食生产。粮食是国民经济战略物资，是全体社会成员的必需商品，涉及千家万户，具有"放大"效应——每户多买一点就会出现供应紧张，如果不正确引导，就可能引发大的波动，带来连锁反应。我国20世纪80年代末和90年代初两次出现通货膨胀，都与粮食供求出现问题有关。在粮食不能满足人们基本生活需求的情况下，就需要政府干预粮食市场；否则，在竞争市场经济下，就会出现"因为支付能力不足而带来的饥饿和死亡"。这是粮食公共产品属性的一种意义。虽然农民可能从政府不干预中获得收益，但这会给另一部分低收入群体带来灾难性的痛苦及社会的不安定和动荡；也给经济增长带来极大的阻力，限制技术性经济增长潜力的充分发挥。政府一直以来都采取保障粮食足够供给的粮食政策为维护经济的稳定发展。

粮食作为商品，市场机制在一定程度上能发挥自动调节供求的作用；粮食作为一种带有公共产品属性的特殊商品，单纯依赖市场机制，供求又可能失衡，需要国家适度的调控。当然，"没有免费的午餐"，任何的国家调控都有代价。为稳定粮食的生产和流通国家付出一定的代价是必要的，也是值得的；但是过多依赖国家调控，也将会使国家财政不堪重负，且不利于发挥市场机制的积极作用。关键是找到市场机制和国家调控相结合的恰当运用方式与恰当运用程度，这正是粮食生产与流通政策向社会主义市场经济转轨的题中应有之意。

三、粮食生产的弱质性特征

英国经济学家威廉·配第早在1691年就根据对当时英国实际情况的研究发现，工业往往比农业、商业往往比工业的利润更多，因此劳动力必然由农业转向工业，然后再由工业转向商业。英国经济学家克拉克在威廉·配第的研究成果之上，计量和比较了不同收入水平下，就业人口在三次产业中分布结构的变动趋势后得出"配第—克拉克定理"，即：随着经济的发展和人均国民收入水平的持续提高，国民收入和劳动力相对比重在第一产业逐步下降，在第二产业逐渐上升，随着经济的进一步发展，在第三产业中也开始上升。第一产业是农业，而以粮食为代表的农产品需求特性是其收入弹性随着人们收入水平的提升而下降，且小于第二、第三产业产品及服务的收入弹性。另一方面，粮食存在着自然生产周期长、受自然规律制约、经济效益显露较慢等天然劣势和不足，粮食对自然的高依赖表现为其弱质性。粮食的弱质性是指粮食产业在市场经济竞争条件中处于弱势地位，完全依靠市场进行资源配置将导致粮食产业的发展受阻，甚至萎缩。粮食是自然再生产和经济再生产相结合的产物，既受自然风险影响，又受市场风险影响。我国粮食产业的弱质性特征体现在以下几个方面：

一是耕地资源紧张。目前我国耕地仅占世界耕地的9%，水资源仅占世界的5%，但人口占世界人口的25%，耕地从1959年起年均下降26.7万公顷，年下降率为0.043%。近十年来，耕地减少的速度越来越快，到2003年人均耕地只有1.51亩，不到世界人均耕地的1/3，而且中低产田占耕地的2/3。按照国际规定，人均耕地0.795亩为危险点，所以我国人均耕地已经超过了警戒线，正在滑向危险点。粮食产量、粮食安全与耕地面积、耕地质量存在必然的联系，耕地资源的有效供给是保障粮食安全的根本保证和客观要求。现阶段，影响我国耕地资源的约束与挑战主要包括耕地数量与耕地质量问题。其一，耕地数量持续减少。据《2015中国国土资源公报》显示，截至2014年底，全国共有农用地64 574.11万公顷，其中耕地13 505.73万公顷（20.26亿亩）。2014年，全国因建设占用、灾毁、生态退耕、农业结构调整等原因减少耕地面积38.80万公顷，通过土地整治、农业结构调整等增加耕地面积28.07万公顷，年内净减少耕地面积10.73万公顷。2015年全国因建设占用、灾毁、生态退耕、农业结构调整等原因减少耕地面积450万亩，通过土地整治、农业结构调整等增加耕地面积351万亩，年内净减少耕地面积99万亩。另外，随着人口持续增加，城市居民建设用地、工业用地持续扩张，耕地资源被侵蚀的态势持续，耕地面积与城市建设之间的平衡难以调节，耕地数量的持续减少情况难以逆转。其二，耕地质量与利用率整体不高。现阶段，全国耕地平均质量总体偏低。截止到2015年，全国优等地面积为386.5万公顷，占全国耕地评定总面积的2.9%；高等地面积为3 577.6万公顷，占全国耕地评定总面积的26.5%；中等地面积为7 135.0万公顷，占全国耕地评定总面积的52.9%；低等地面积为2 394.7万公顷，占全国耕地评定总面积的17.7%（见图1-1）。根据《国务院关于印发全国国土规划纲要（2016—2030年）的通知》（国发〔2017〕3号），现阶段，全国土壤环境状况总体不容乐观，部分地区土壤污染较重，耕地土壤环境质量堪忧，工矿废弃地土壤环境问题突出。全国土壤总的点位超标率为16.1%，耕地土壤点位超标率为19.4%。

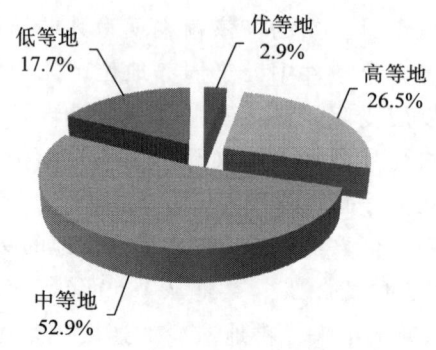

图 1-1　全国优、高、中、低等地面积比例构成

我国单产量上升空间小，从 1949 年起，我国粮食单位面积产量已经由每公顷 126 公斤上升超过 4 300 公斤。55 年中连续跨越了三大台阶，特别是水稻和小麦的单产量已经超过或接近世界单产量水平。我国耕地中低产田的比例大，而且污染、碱化速度加快。所以，在现有技术水平单产量的上升空间是很小的，只有在播种技术、优良品种特别是在基因工程方面有重大突破情况下，才有可能大幅度提高单产。耕地面积不断减少，单产量上升空间很小而人口不断增加的矛盾，构成粮食生产弱质化的第一个现实特征。

二是自然风险大。粮食生产是生物性生产，使得自然再生产与经济再生产交织在一起。自然条件的变化对粮食生产的影响很大。我国是一个自然灾害多发的国家，620～1619 年，一个省或几个省有旱灾、水灾记录的年份，共 610 年，其中特别严重的旱水灾就有 23 年。新中国成立以来，旱灾、水灾和虫灾频繁出现，有时同一时间不同地区旱灾与水灾同时出现。尽管农田水利建设有了极大改善，但是抵抗自然灾害的能力仍然很弱。例如，根据农业部农情调度，2010 年入冬以来一直到 2011 年 2 月，河北、山西、江苏、安徽、山东、河南、陕西、甘肃八省出现了严重旱情。产粮大省山东省遭遇了 50 年一遇的大旱，有 3 000 多万亩冬小麦受旱，约占全省小麦播种面积的 55.9%；河南全省受旱面积增至 1 796 万亩，其中重旱 181 万亩[①]。截至 2011 年 2 月 5 日，上述八省冬小麦受旱 9 611 万亩，占八省冬小麦种植面积的 35.1%，占八省耕地面积的 21.7%，受旱八省冬小麦面积和产量均占全国的八成以上。2016 年的气象灾害较上年偏重，部分地区受灾较重。夏粮、早稻因灾减产。秋粮生长前期，南方多地遭受强降水，湖北、安徽等地受灾较重，部分农田

---

① 河南旱情升级　全省受旱面积增至 1 796 万亩 [N]，中国新闻网，2011 年 1 月 24 日.

反复受淹，作物倒伏严重。2016年7月下旬至8月中下旬，南方一些地区又遭遇持续高温天气，导致水稻空壳率增加；东北、西北部分地区出现不同程度旱情，对玉米后期生产和灌浆不利。据民政部统计，2016年全国农作物受灾面积3.97亿亩，比上年同期增加5 410万亩，增长25.7%；绝收面积6 218万亩，增加1 719万亩，增长70.9%。

三是比较利益低。由于市场经济条件下"剪刀差"的客观存在，非农产业收入大于农业收入，非农部门对投资的吸引力本身就大一些，加之农业生产客观上存在着投资收益低、回收周期长、经营风险大于产业收益的情况，各种生产要素投入农业往往得不到平均利润，大多数时间要亏本。就是农业领域本身来讲，种粮的比较收益也是最低的。近些年，播种粮食实际上是亏本的。农民不但不具备吸收外部资金投入的能力，而且在农业内部也难以阻止资金大规模地转向易于短期见效的非农产业部门。1985年以来，农业基本建设投资占国家基本建设总投资的比例从10%下降到5%。20世纪90年代之后，断续下降到3.3%左右。2016年粮食作物种植单位面积总成本16 554元/公顷（1 103.6元/亩），较上年增长1.24%。其中，现金成本为7 405元/公顷（493.7元/亩），较上年增长0.15%。从总成本构成来看，物质与服务费用6 436元/公顷（429.1元/亩），较上年增长0.94%；人工成本为6 962元/公顷（464.1元/亩），较上年增长3.78%；土地成本为3 156元/公顷（210.4元/亩），较上年下降3.38%。

四是市场风险大。由于粮食供给价格弹性大于需求价格弹性，而农民的价格信息存在滞后性（这是一种时间上的信息不对称），所以粮食产量和价格总是波动的，而且波动幅度越来越大，形成一个发散型的蛛网。市场价格的波动给农民造成很大损失。粮食价格下跌时，农民收益减少，而生产成本已经发生，无法降下来，平均利润就可能变成负数。当粮食价格上涨时，农业生产资料价格反应很快，微小的利润空间被生产资料的价格上涨占去了。在这种情况下，农民是涨价不增收。所以，粮食生产的市场风险很大。

单位面积种植利润，2016年三种粮食作物单位面积净利润为-1 225元/公顷（81.7元/亩），较上年下降1 518元/公顷（101.2元/亩），成本利润率为-7.48%，为2000年以来首次出现粮食种植利润为负值局面。依据粮食单产发展趋势、1~2月农资和粮食价格发展趋势测算（下同），2017年主产区粮食单产可能恢复7 008公斤/公顷，农户价格为2 033元/吨，农户单位面积产值14 692元/公顷；2017年生产物质服务成本提升6 514元/公顷；人工成本将会进一步提高到7 197元/公顷，土地成本2 967元/公顷。单位面积亏损额度达到 1 986 元/公顷，粮食种植的成本利润率进一步降到 -12.04%。粮食生产成本利润率降到历史低位水平。对于市场化生产种田大户出现严重亏损，将会严重影响新年度粮食生产，需要引起关注。

五是受体制制约。20 世纪 80 年代初期的家庭联产承包责任制在当时极大地解放了生产力，调动了农民种粮的积极性，取得了巨大成功。但是，生产力水平发展到今天，土地承包责任制阻止了资源在经营者之间的流动和有效配置，影响了生产力的发展，生产关系不适应生产力的发展，为了降低成本，提高种粮效益，必须走规模化经营的道路。但这又受到另一种体制的制约。我国是一个典型的二元经济的国家，长达 40 年的计划经济，将城市与农村人为分割开来。城乡户籍制度限制了农业人口的流动和农村剩余劳动力的转移，使农业劳动力和资本固化于土地，即使农民进城打工也受到了制度和体制的歧视。一个农民进城打工的直接收入不及同工种城市工人的 1/3。如果与机关事业单位相比，直接收入仅为 1/10 左右，这还不包括住房、医疗、子女就读和养老退休金等福利待遇，丧失了生产要素在市场经济条件下市场化配置的基本特征，人为阻碍了城乡一体化的进程，制约了农业规模经营①。

粮食是弱质产业产品，我国农业基础设施薄弱、农业生产经营规模小、农民素质不高等因素，粮食生产比较效益低。尽管在支农、惠农政策强有力的推动下，粮食生产效益稳步提高，但与经济作物相比，差距仍然较大。目前，粮食与棉花效益比为 1∶5，与蔬菜效益比为 1∶4。因此，农民的种粮积极性依然不高。政府必须采取特殊政策对粮食生产进行长期扶持。这也是世界各国尤其是发达国家的普遍做法。

第二节　粮食生产波动的影响因素

回顾中国粮食生产和供给的历史过程可以看出，粮食的生产受年景气候、农业基础条件、科技进步和国家政策等多种因素的影响，产量呈波动式增长。粮食生产受自然因素和社会经济因素的双重影响，粮食生产波动可以大致分为自然波动和经济波动。自然波动主要由气候变化、自然灾害的因素变动引起，经济波动主要由粮食供求引起的价格变化、生产资料价格变化等导致粮

---

① 肖国安. 粮食的弱质特征、本质属性与安全责任. 中国粮食经济，2005 (5)，22~26.

食种植面积和结构等因素变动所引起。气候变化、自然灾害、粮食价格、生产资料价格与科技投入以及等都会对粮食生产的面积和单产水平波动造成影响。

一、影响粮食生产波动的自然因素

影响粮食生产不稳定的主要自然因素是自然灾害。自然灾害，包括气候变化引起的旱灾和水灾以及病虫害等，自古以来就对农业生产有很大影响。气候具有随机变化特点，对粮食作物生长有利或有害，从而使粮食生产大起大落，所以气候变化特别是异常变化是粮食生产波动主要的外部冲击。我国粮食产量年际的随机波动主要是气候冲击的结果。尹成杰（2003）认为，从旱灾时间分布规律、洪涝灾害的周期性变化以及低温冷害发生的频率看，这些灾害同时或交替性周期活动，往往使粮食生产波动带有一定的周期性。据统计，从粮食减产幅度比较大的年份看，主要因素之一是自然灾害。自然灾害不仅使当年粮食减产，而且对灾后几年的粮食生产都会造成影响。如果抗灾救灾措施不力，或连续受灾，几年难以恢复，进而形成粮食生产连续几年的波动。某些自然灾害的周期性活动，是粮食生产波动周期性特点的主要因素。据联合国粮农组织统计，近些年来，世界主要粮食生产国遭受严重旱灾，粮食大幅减产，造成 2007～2008 年国际市场主要粮食价格上涨。全球发生的严重干旱是由气候异常造成的。干旱、洪涝等自然灾害将严重影响世界粮食生产和供给，而且目前还没有一个国家能够逃避自然灾害对粮食生产的制约和影响。

水、耕地等自然资源是小麦、水稻、玉米等粮食作物生长最重要、最基础的物质保障。统计表明，我国耕地总体质量不高，中低产田比重大，主要粮食产区地力下降，土壤有机质含量低；人均水资源占有量仅相当于世界平均水平的 1/4，无灌溉条件的旱地约占耕地面积的 60%，地下水超采严重，全国因干旱减产造成的损失约占各种自然灾害总和的 2/3；土地荒漠化趋势加重，水土流失总面积达 356 万平方公里，每年因风蚀水蚀受损的耕地面积约 1 万平方公里，农田扬尘加重，因风蚀沙化损失的土壤有机质以及氮、磷、钾等有效成分高达 5 590 万吨，土壤养分流失严重；长期大量使用化肥，农家肥和有机肥施用量减少，导致土壤地力不断下降①。对全国 11 条主要江河流域的监测数据表明，水土流失存在以下特点：一是水土流失分布范围广。全国

---

① 农业部、国家发展改革委. 保护性耕作工程建设规划（2009～2015 年），2009 年 6 月 25 日.

绝大多数省区市都存在不同程度的水土流失问题，尤其以长江上游、黄河中游、东北黑土地和珠江流域石漠化地区分布的面积大，后果严重，潜在危害大。二是水土流失主要来源于坡耕地。根据典型区监测，水土流失量主要来自坡耕地水力侵蚀和沟道重力侵蚀，导致水土资源破坏，降低土地生产力。三是开发建设活动造成严重水土流失。随着我国工业化和城市化进程的加快，大量基础设施建设项目不断开工，破坏地貌和地表植被，产生大量弃土弃渣。

水资源是农业生产的基本条件，水资源禀赋对粮食生产具有重要性意义。中国是一个干旱缺水严重的国家。淡水资源总量为28 000亿立方米，占全球水资源的6%，居世界第四位，但人均只有2 200立方米，仅为世界平均水平的1/4、美国的1/5，是全球13个人均水资源最贫乏的国家之一。扣除难以利用的洪水径流和散布在偏远地区的地下水资源后，我国现实可利用的淡水资源量则更少，仅为11 000亿立方米左右，人均可利用水资源量约为900立方米，并且其分布极不均衡。随着我国人口的增加，经济发展和城市化进程加快，水资源形势将更为严峻，以水资源紧张、水污染严重和洪涝灾害为特征的水危机已经成为我国粮食生产的重要制约因素。现阶段，我国水资源对粮食生产约束更加明显。一方面，中国水资源禀赋较差，且水资源的空间分布极不均衡，水资源与耕地资源的空间极不匹配。《2015中国环境公报》显示，我国降水空间分布极不平衡，安徽南部、浙江西部、江西东北部、福建西北部、广西东北部、广东中部等地降水量超过2 000毫米；长江中下游及以南地区、重庆、四川东部、贵州、云南大部、海南等地为800～2 000毫米；东北、华北大部、西北东南部、内蒙古东北部、四川西部、西藏东部、青海东南部等地为400～800毫米；内蒙古中西部、陕西北部、宁夏、甘肃中部、青海大部、西藏中部和西部、新疆北部等地为100～400毫米；新疆南部、甘肃西部等地不足100毫米。长江流域以北地区的耕地面积占全国耕地面积的65%，而淡水资源量仅为全国的29%，粮食主产区水资源严重不足。13个粮食主产区省份中有7个省份属于贫水地区，冀鲁豫粮食主产区粮食产量占全国的25.3%，但水资源仅占全国的3.5%；东北地区粮食产量占全国的17.6%，其淡水资源仅占全国的6.9%（王国敏、崔坤周，2012）。另一方面，由于人为因素等造成的水资源稀缺性进一步加剧水资源污染日益严重。《2015年中国环境公报》显示，全国地表水污染较重，全年Ⅰ类水河长占评价河长的8.1%，Ⅱ类水河长占44.3%，Ⅲ类水河长占21.8%，Ⅳ类水河长占9.9%，Ⅴ类水河长占4.2%，劣Ⅴ类水河长占11.7%。从水资源分区看，Ⅰ～Ⅲ类水河长占评价河长比例为：西北诸河区、西南诸河区在97%以上；长江区、东南诸河区、珠江区为79%~85%；黄河区、松花江区为66%~70%；辽河区、淮河区、海河区分别为52%、45%和34%。另外，由于全球气候因素导致旱涝和冰冻灾害频发，给粮食生产带来了极大不稳定性，其中旱涝灾害对粮食生产的危害最大。由于全国52%的耕地没有任何灌溉排水条件，或是即便有灌溉排水设备的地区也存在大量农田水利设施老化严重的现象，造成粮食生产"看天吃饭"，缺水无法引水，水患不能疏导。2015年，耕地实际灌溉亩均用水量394立方米，农田灌溉水有效利用系数0.536。

二、影响粮食生产波动的社会经济因素

（一）投入对粮食生产波动的影响

粮食生产的投入主要是耕地、劳动力和资金，资金投入最终体现为生产资料的增加和生产条件的改善。从粮食生产超常性波动情况来看，自然灾害和粮食生产投资不足是加重粮食生产波动程度的主要因素。农业部信息中心的研究表明，粮食生产投入资金与总产量的相关系数为0.79。国家投入增加时，下一年粮食总产量就会增加，出现蛛网式波动；反之，粮食就会减少。长期来看，政府通过财政或者政策支持力度，增加粮食生产投资，依靠科技提高中低产田改造技术，加大节水技术研究，提高农田灌溉效率和灌溉面积，最大程度地降低自然灾害对粮食生产波动的影响，是当前我国政府和粮食生产者的战略选择。短期粮食产量往往受种植面积、化肥用量、机械投入、劳动力数量等因素的影响，尤其是化肥和农机对短期粮食产量影响巨大。粮食生产要素的各自投入量在一定范围内具有替代效应，要使它们在总体上发挥对粮食生产的促进作用，需要通过对城市、对农村非农业调控与对农业调控的协调来保障农村非农业产业、非粮产业。城市经济发展对农村劳动力、资金、土地等的抽取不超过粮食生产发展所需要的限度。

（二）粮食政策对粮食生产波动的影响

从以往我国粮食生产的情况看，粮食产量波动和国家宏观政策实施十分密切，政策因素对我国粮食波动的影响起着举足轻重的作用。宏观产业政策往往来自于政府对粮食供求形势的判断，当政府对粮食供求情况判断变化时，就会出台相应的粮食产业政策调控粮食生产。粮食产业政策之所以能影响粮食产量波动，其主要是因为这些政策能够影响粮食种植者的利益，调动粮食种植者的种粮积极性。只有让粮食种植者积极投入粮食生产，才能够实现粮食生产的有效变化。因此，解决我国的粮食波动问题，应该从解决政策制

定的科学化和有效性入手。孙鹤、施锡铨（2000）的研究结果表明，新中国成立初期的土地改革，实现了耕者有其田的政策，大大解放了农业生产力，推动了粮食产量的迅速提高，形成了1949~1958年我国粮食生产的第一次周期变化；而改革开放以来我国粮食产量的快速提高主要得益于家庭联产承包经营责任制的确立和粮食流通体制改革、统购统销体制废除。粮食政策是一个系统性工程，在制定粮食政策、保障粮食安全的过程中必须超越粮食政策或农业政策本身，通过对国民经济、农村产业结构调整实现我国粮食安全。城市经济的发展既为粮食生产提供必要的科学技术和生产资料，也是粮食产品的有效吸收市场。农村非农产业的发展有利于农村经济的协调发展，为粮食生产提供良好的社会经济环境。通过政府的产业政策协调非农产业、非粮产业、城市经济发展对农村劳动力、资金、土地的抽取保持粮食生产发展所需的限度范围之内，既保证了粮食生产的基本供给，又能够实现社会经济协调发展，为长久的粮食产业健康发展提供条件。从这个意义上讲，粮食产业政策对粮食生产波动的影响是不容置疑的。

（三）粮食价格对粮食生产的波动性的影响

粮食价格关系到粮食生产者的切身利益，是紧随粮食政策之后直接对粮食生产波动产生影响的。在我国现实经济体制、政策和资源条件下，粮农的收入已成为影响粮食生产的主要因素之一。粮农收入和粮食生产之间存在正相关关系。在市场经济体制下，理想的市场状态是供求均衡状态，既保证种粮者的生产积极性，又通过市场机制实现了我国的粮食安全。由于我国粮食生产的现实特性，农民数量多，分田到户，客观上使我国粮食生产的供求关系处于完全竞争市场状态。单个种粮户没有粮食定价权，仅仅是粮食市场价格的接受者，只能根据今年粮食的市场价格调整自己明年的粮食生产量，不具备通过调整产量来影响粮食市场价格的实力。粮食生产具有一定的自然周期，今年的粮食市场供求变化会影响粮食价格的调整，种粮户根据今年的粮食行情来调节明年的粮食种植量。

粮食产量的波动除了粮食价格对种粮户的种粮积极性产生影响外，还和粮食生产对种粮户的比较经济效益相关。种粮户会对粮食生产投入品价格和其他相关农产品的价格（种粮的机会成本）进行比较。也就说，只有种植粮食的比较效益高于其他农业生产经营活动时，种粮户才愿意积极投入粮食生产；否则，农民可能更愿意去种蔬菜、果树，甚至出去打工。孙娅范、余海鹏（1999）应用Granger因果关系检验法和时间序列分析方法研究结果表明，粮食收购价格与粮食产量存在因果关系，粮食产量却不是粮食收购价格变化的原因，粮食生产与农民收入的数据是相互独立的，不存在因果关系。

（四）其他因素

农业经济学界对粮食生产波动的影响因素众说纷纭，除了上述三项外，还有很多其他因素也在不同程度地影响着粮食波动。如：粮食单产、科技和科研的投入、化肥的使用、农业财政支出等。吴玉鸣（1998年）认为，耕地的单产是影响我国粮食生产持续增长的首要因素和最大潜力所在。灌溉是影响我国粮食增产的第二重要因素，但受水资源约束较大。提高粮食复种指数和稳定耕地（播种）面积是影响粮食生产的重要因素。劳动力投入的多少、农业技术人员的多寡和素质的高低也对粮食产出有比较重要的影响。稳定增加农业基建投资是我国粮食产出增长的重要现实和长远措施。农业科研与开发对粮食生产能力的贡献越来越大。我国农业生产的机械化程度较低，粮食生产还未摆脱传统阶段，农业规模经济效益非常有限。化肥、农机等生产资料对粮食产出的边际贡献在不断递减，但其对保证粮食稳定增长的作用非常重要。降低粮食的自然灾害和人为在途损失，节约与增产并重；保持粮食收购价格的长期稳定，对调动农民生产粮食的积极性有着不可忽视的作用。

第三节 我国的基本粮情

中国的粮食生产量有了很大发展，在占世界9%的耕地上，养活了世界22%的人口，但是人均占有的粮食增长并不多。我国基本粮情表现为在粮食供给的矛盾中，粮食供给长期偏紧，出现供大于求只是暂时的。

一、我国粮情的历史演变

在20世纪上半期，由于战乱和灾荒不断，我国粮食产量极其低下。1949年新中国成立时，粮食总产量仅为1 132亿公斤。新中国成立初期，实行新民主主义经济政策，实现土地改革，广大农民的农业生产积极性得到极大提高，粮食生产得以迅速恢复和提高。新中国成立不到3年，我国的粮食产量就恢复到了1930年1 500亿公斤的水平。针对初期粮食供应紧张的问题，为了保障物价平稳和广大人民群众的基本生活需要，1953年我国开始实行粮食的统购统销政策，从而到 50 年代中期，粮食部能够利用年度的粮食周转结余，第一次建立了 40 亿斤的储备粮。而 50 年代末 60 年代初，我国经历了第一次粮食供给的大波动。

1978 年，开始对农村进行经济体制改革，实行农民群众自己创造的"大包干"即家庭联产承包责任制。生产关系的调整适应了生产力的需要，农民的种粮积极性立即释放了出来，粮食生产出现了高速的增长，当年就突破 3 000 亿公斤。1984 年达到 4 000 亿公斤，粮食增产首次超过了人口的增长，达到人均 400 公斤的最高水平。1984 年，中国历史上第一个不平凡的一年，粮食又丰收了，粮仓处处爆满，出现了第一次的粮食"过剩"，中国历史上第一次出现粮食生产供给大于需求的情形。当然了，粮食生产的"盈余"也意味着专门为粮食供应紧张而设计的粮食"统购统销"体制完成了自己的历史使命。国家决定将"统购"改为"合同定购"，实行多渠道经营，扩大市场调节的部分。然而，由于在结束"统购统销"制度的同时没有考虑同时制定保护农民种粮积极性的新政策，矛盾又接着出现了。1988 年底开始，有地方出现了粮食库存减少、粮价暴涨的现象，政府不得不动用几十亿斤粮食储备才得以消除粮食难关。20 世纪 90 年代初国家基本上是采取国家专项粮食储备制度，在存在粮食"剩余"时，购买农民的余粮，支撑粮食价格，保护农民利益；在出现自然灾害导致粮食生产下降时，动用国家专项粮食储备，保证粮食市场供应，平抑市场粮价，维护社会稳定。1993 年粮食产量达到 4 500 亿公斤，为粮食流通体制改革提供了历史的机遇。1993 年初，全国粮食经营放开，向市场经济转轨，取消了沿袭几十年的粮食定量定价供应体制。2000 年，为了解决新的粮食"过剩"问题，国家对农村实行农业产业结构调整，鼓励农民有计划地调整农业种植结构和退耕还林，压缩粮食种植面积。然而，好景不长，由于农村农粮种植面积减少和自然灾害，2000 年以来，粮食产量开始下降，到 2003 年粮食产量下降到历史新低 4 307 亿公斤。尽管这一周期粮食产量持续下降，粮价有波动，但是由于前几年积累的库存充裕和人们食物结构的多元化，这一时期的粮食供给和粮价变化并没有对全国的粮食安全和人民群众的生活水平带来明显的冲击。

二、我国粮情的现状分析

改革开放以来，我国粮食生产状况得到了较快发展。2004 年以来，在科学发展观的指引下，我国取消了农业税。不但如此，政府还加大了对种粮农民的补贴，又一次唤醒了一度沉睡的农民种粮积极性。在种粮有利可图的大好形势下，那些曾经宁可荒芜耕地外出打工也不愿种田的农民纷纷回乡承包耕地，开展粮食种植和农业经营。这种情况下，我国连续6年实现了粮食丰产，一定程度上保障了我国的粮食安全，也对我国的现代化建设做出了卓越的贡献。但粮食生产增长的同时，依然存在一系列不确定性因素，粮食安全问题必须警钟长鸣。我国人口多，增长快，人均占有粮食增长量有限，我国将长期处于粮食供给紧平衡的状态。国家的粮食政策制定也是建立在粮食生产的这种基本状况之上的。粮食政策的基调是采取有效措施大力扶持粮食生产，保护粮食生产，扩大粮食供给，逐步推进粮食流通市场化，保障有中国特色的粮食安全。在我国人口不断增加、粮食增产不稳定的情况下，这种政策减缓了粮食产量波动的负面影响，保证了人民群众对粮食数量和质量方面不断增长的需求，保护了种粮农民的利益。

从需求角度分析，我国粮食需求的增长压力来自三个方面：一是人口增加所形成的持续压力。预计到2033年中国达到16亿人口高峰时，如果保持人均占有400公斤粮食的水平，我国的粮食供给量必须在6 500亿公斤，在目前粮食生产的基础上还要增加35%。二是城市化的速度加快增加了粮食增产的压力。随着我国城市化的速度加快，一方面，大量农业人口流向城镇，放弃了粮食生产活动，但对商品粮需求大大增加；另一方面，城市化的加速也对土地的需求增加，18亿亩耕地红线的压力将越来越大。三是随着人民生活水平的提高，人们的食物需求必然会出现多元化，增加对肉、禽、蛋等动物蛋白质食品和粮食深加工产品的需求。每斤动物食品（肉、蛋、奶等）需要耗粮3～7斤，这将导致对饲料用粮和其他工业用粮需求的增加。因而，对粮食人均占有量的需求也在提高。

从粮食的生产方面分析，改革开放以来，我国将粮食生产作为保障粮食安全的最优先政策，粮食单产持续提高，1978～2015年增长了5倍多，也由此带来了化肥、农药、农用柴油等以石油为原料的能源要素投入持续攀升。全国75%以上的粮食产量、80%以上的商品粮来自13个粮食主产区。我国粮食总需求呈现刚性增长，每年需要增加粮食30亿公斤以上，85%以上也来自于粮食主产区。然而，在现有的农业资源条件下（包括单产水平、播种面积以及劳动人口结构等），全国多处粮食主产区已经接近产量的极限，如何实现进一步增产，面临严峻考验。2015年，中国农业能源消耗超过了10千万吨标准煤，其中，化肥的总产量和消费量均超过了世界总量的1/3，过量的能源消耗已成为中国粮食生产的魔咒。中国人多地少，人均耕地面积、人均淡水资源仅为世界平均水平的40%和25%。随着城镇化、工业化的推进，耕地被占用的情况客观存在。中国是世界上少数贫水国之一,全国有 16 个省份人均水资源占有量显著低于缺水警戒线,农业用水紧张程度加大且利用率不高。由于环境污染和气候变化,土壤退化、地下水位下降、生物多样性减少等生态问题依然严重。另外,随着工业化与城镇化的发展,农村青壮年劳动力持续专业、耕地限制、粮食生产品质下降等问题也开始凸显。

我国粮食生产基本上还是靠天吃饭。生态环境的恶化、水资源的短缺,很大程度上制约了粮食的增产。高产地区在自然耕作条件下的单产水平将逐渐逼近自然资源的最大承载力,边际效益开始下降,粮食产量的进一步增加遇到了难以突破的瓶颈。这种局面将很难在短期内彻底改观,为了保障粮食安全,实现粮食生产的持续增长,需要制定恰当的配套的保护和激励政策,在农业基础设施建设和科技发展等方面增加投入。

中国有十几亿人口,是全球第一人口大国,中国的粮食安全必须靠自己去解决。用中国人自己的话说,在粮食安全问题上,我们必须独立自主,自力更生。这一原则是任何时候都不能动摇的。世界粮食总出口量也不足中国总需求量的 1/2。完全依赖进口解决中国的粮食问题,不仅国际市场难以承受,而且直接影响世界粮食安全。

第四节 中国特色粮食安全

粮食安全是一个国家保持长治久安、实现繁荣富强的基础。农业是国民经济的基础,无农不稳,无粮则乱,这既是历史的昭示,也是人类发展历史不可改变的客观规律。古今中外无数的事实证明,粮食安全是最大的安全,是内生的安全。我国是世界粮食生产和消费大国,粮食能否有效自给关系到 13 亿人民的生活水平问题,影响到国际粮食市场供求与波动,要做到未雨绸缪,就必须永远绷紧粮食安全这根弦。粮食安全始终是关系我国国民经济发展、社会稳定和国家自立的全局性重大战略问题。对于一个正在全面建成小康社会的近 14 亿人口的大国来说,粮食是始终关系到国计民生和社会稳定全局的重大战略问题。国际上曾经出现"谁来养活中国"的质疑,这反映了世界上其他国家对我国粮食安全问题的高度关注和担忧。保障我国粮食安全,对实现全面建设小康社会的目标、构建社会主义和谐社会和推进社会主义新农村建设具有十分重要的意义。党的十八大以来,国家领导人多次强调:中国人的饭碗任何时候都要牢牢端在自己手上；保障国家粮食安全是一个永恒的课题，任何时候这根弦都不能松；对于一个人口众多的大国而言，解决好吃饭问题始终是治国理政的头等大事。

一、粮食安全的界定

在世界范围内理论界对粮食安全的界定较多，这里将国内外学术界对粮食安全概念的界定做一个简要的分析。联合国粮农组织于1974年11月在罗马召开世界粮食大会，通过了《消灭饥饿和营养不足的世界宣言》。该宣言提出："每个男子、妇女和儿童都有免于饥饿和营养不足的不可剥夺的权利，因此，消灭饥饿是国际社会大家庭中每个国家，特别是发达国家和有援助能力的其他国家的共同目标。"同时，联合国粮农组织还通过了《世界粮食安全国际约定》。该约定认为，保证世界粮食安全是一项国际性的责任，并要求有关国家为保证世界随时供应足够的基本食品，避免严重的粮食短缺，要保证稳步扩大粮食生产以减少产量和价格的波动。该约定还要求各国政府采取保证世界粮食库存量最低安全水平的政策，也就是要坚守粮食库存量与消费量比值不低于18%的安全线。这个定义强调了通过发展生产和增加储备来保证粮食获得及粮食安全对生存和健康的意义。只要粮食供给总量充裕，就不会发生饥荒。显然，这种理解虽揭示了粮食安全的目标，但仍是粗线条式的描述。1983年4月，联合国粮农组织粮食安全委员会通过了粮食安全的新定义，其内容为"粮食安全的最终目标应该是，确保所有人在任何时候既能买得到又能买得起他们所需要的基本食品"。认为只有粮食的供给和人们的购买力同时具备才能实现粮食安全。这种理解将生产与购买连接起来，丰富了人们的认识，但没有指出"基本食品"的指向，抹杀了粮食的不同功用。1996年联合国粮农组织指出："当所有人在任何时候都能在物质上和经济上获得足够的粮食来满足其需要时，才实现了粮食安全。"此定义继承了萨乌马的思路，将消除贫困、国际贸易等考虑在内，拓展了粮食安全的内涵，但没有克服萨乌马定义对粮食功用不加区别的缺陷。[①] 岸根卓郎认为，粮食安全包括避免粮食危机、粮食生活的稳定化、粮食生活的高级化和多样化。其中，避免粮食危机和粮食生活的稳定化，是要保障生存性粮食可获得；而粮食生活的高级化和多样化，是要保障粮食营养、品质等内容，前者是基础粮食安全，后者是次

---

① 王征兵. 我国粮食安全与科技发展战略 [J]. 科技导报，2004 (5)：22~24.

级粮食安全①。总之,国内外对粮食安全的理解有这样的趋势:从重视生产到重视可获得性。这说明粮食安全涉及多个领域,取决于多种因素;同时,粮食安全具有阶段性、层次性。

二、中国的粮食安全

1992年我国政府正式提出粮食安全的概念,即"能够有效地提供全体居民以数量充足、结构合理、质量达标的包括粮食在内的各种食物"。这个定义从政府的视角来理解其对居民提供粮食的义务以及对粮食安全除了供求总量含义之外的粮食结构和质量的解释。粮食安全评价指标主要是基于粮食数量而考虑制定的,主要包括8项指标:①全国粮食总生产量;②粮食总供给量;③人均粮食占有量;④粮食自给率;⑤国家粮食储备量;⑥广大居民营养状况;⑦粮食市场供应体系的完备及效率;⑧尚处在温饱线以下弱势群体人口的数量与营养状况等。此定义接近于萨乌马定义,强调粮食供求均衡,对粮食结构和质量作了界定。另外,此定义是从政府视角来理解其对居民的粮食提供义务,而萨乌马定义暗示着居民不是只依靠政府提供安全的"等待者",而本身就是粮食安全的"维护者"。雷玉桃等从生产角度来理解中国粮食安全,认为我国粮食安全具有特殊性,它不仅指实现总量增长目标,而且要考虑到粮食总量与质量并重、粮食品质结构合理等;保障我国粮食安全的首要目标是保护和提高粮食生产能力等。可见,这是从增加国内生产的角度来界定粮食安全的,和1974年联合国粮农组织的定义一脉相承。娄源功从交易视角来理解中国的粮食安全,他认为中国粮食安全是指"国家满足人们以合理价格对粮食的直接消费和间接消费,以及具备抵御各种粮食风险的能力"。问题是,如果割裂了生产的"输入"和消费的"输出",交易环节不可能单独实现粮食安全目标。近年来更多的学者倾向于借鉴1996年联合国粮农组织的定义,从可获得的视角来认识中国的粮食安全,这涉及生产、流通和消费等环节。吴志华等指出,粮食安全是一个国家或地区为保证任何人在任何时候能得到与其生存和健康相适应的足够食品,而对粮食生产、流通与消费进行动态、有效平衡的政治经济过程。闻海燕指出,粮食安全体系包括生产出足够多的粮食,有一个高效率的流通组织来供应,确保所有需要粮食的人在任何时候都能获得粮食。钟甫宁等从四个层次来理解粮食安全:供应量是否满足基本需要;供应在时空上分布是否均衡;所有的人是否能容易地获取基本

---

① 岸根卓郎. 粮食经济——未来21世纪的政策 [M]. 南京:南京大学出版社,1999:18~25.

的粮食；粮食是否符合卫生、营养和健康的标准。在这四点中，前一个是生产意义上的，中间两者是获取意义上的粮食安全，最后一个是品质意义上的粮食安全。

新时期，中国特色粮食安全理念，蕴含着以粮食安全为基础的食物安全的含义，坚持以粮食为基础，开辟多种食物来源渠道。首先，稳定发展粮食生产，增加粮食产量，做到有充裕的"米袋子"；同时，加快发展养殖业、蔬菜业等"菜篮子"产品生产，做到有丰富的"菜篮子"；积极发展水果业，增加水果产量，做到有充足的"果盘子"。在装满"米袋子"的前提下，调整农业结构，大力发展养殖业、蔬菜业和水果业，装满"菜篮子""果盘子"，做到城乡居民消费"袋中有粮、篮中有菜、盘中有果"。①

三、我国粮食安全面临的挑战

尽管我国的粮食生产实现了"十二连增"，但在很大程度上仍然要看老天脸色，粮食生产的稳定性、可控性还不高。提高粮食发展稳定性，最根本的是增强农业的综合生产能力，要保护耕地、完善政策、强化科技、深化改革，加强农田水利建设，提高设施装备水平，持续不断提高粮食生产的土地产出率、资源利用率、劳动生产率和科技贡献率。农业仍然是国民经济的薄弱环节，继续稳定粮食增产的难度加大；粮食供求将长期处于紧平衡状态；从中长期发展趋势看，受人口、耕地、水资源、气候、能源、国际市场等因素变化影响，上述趋势难以逆转，我国粮食和食物安全将面临严峻挑战②。

（一）消费需求持续增长

粮食需求总量继续增长。2015 年我国居民人均粮食消费量为 400 公斤，粮食需求总量达到 6 400 亿公斤。粮食消费结构升级。2016 年我国居民口粮消费总量 1.7 亿吨，到 2020 年口粮消费总量 2 亿吨。饲料用粮需求增加，据预测，到 2020 年将达到 2.4 亿吨。自 2004 年以来，中国成为粮食净进口国，而且进口规模每年都在迅速扩大，到 2012 年已出现了三大主粮全部呈净进口，全年粮食进口总量超过 7 000 万吨的状况。即使不考虑数据换算比较复杂的肉奶类进口，仅将粮食的国内生产与进口总量合计，中国粮食自给率也已经跌破了 90% 的大关。

---

① 尹成杰. 粮安天下：全球粮食危机与中国粮食安全 [M]. 中国经济出版社，2008：135.
② 本部分内容参考国家发展改革委：国家粮食安全中长期规划纲要（2008～2020 年），2008 年 11 月 13 日。

粮食生产重心北移。2016年，按照新时期国家粮食安全战略，以稻麦两大口粮自给率100%和玉米、水稻、小麦三大谷物自给率保持在95%左右为目标，国务院发布《关于建立粮食生产功能区和重要农产品生产保护区的指导意见》，对建立粮食生产功能区和重要农产品生产保护区进行了总体部署。这些粮食主产区省区的粮食生产条件好、产量高，具有适合进行较大规模的粮食生产的比较优势。实施"粮食丰产科技工程"十年来，粮食主产区对我国粮食安全保障做出了卓越贡献，2015年中国粮食产量实现了"十二连增"，我国粮食生产实现了十多年连续增产，粮食总产量由2003年的8 614亿斤增长到2015年的12 429亿斤，12年增长了44.28%，年均增幅为3.69%，其中粮食主产区的粮食产量增加了53.34%，年均增幅为4.85%。其中，河北、内蒙古、辽宁、吉林、黑龙江、河南、山东、安徽、江苏、江西、湖北、湖南、四川13个粮食主产区的粮食种植总面积为81 080千公顷，占全国种植总面积的71.8%，粮食总产量高达46 021.3万吨，占全国粮食总产量的比重为75.8%。粮食主产区已经成为中国粮食安全的中流砥柱。主销区粮食产需缺口逐年扩大。北京、天津、上海、浙江、福建、广东和海南7个主销区，粮食产量占全国的比重已由1991年的12.2%下降到2016年的6.3%。此外，西部部分地区生态环境较差、土地贫瘠，粮食生产水平较低，存在供需缺口。

（二）耕地面积质量减少与下降

"保障国家粮食安全的根本在耕地，耕地是粮食生产的命根子，耕地红线要严防死守。"《2015中国国土资源公报》显示，截至2014年底，全国共有农用地64 574.11万公顷，其中耕地13 505.73万公顷（20.26亿亩）。2014年，全国因建设占用、灾毁、生态退耕、农业结构调整等原因减少耕地面积38.80万公顷，通过土地整治、农业结构调整等增加耕地面积28.07万公顷，年内净减少耕地面积10.73万公顷；2015年全国因建设占用、灾毁、生态退耕、农业结构调整等原因减少耕地面积450万亩，通过土地整治、农业结构调整等增加耕地面积351万亩，年内净减少耕地面积99万亩。根据《国务院关于印发全国国土规划纲要（2016—2030年）的通知》（国发〔2017〕3号），现阶段，全国土壤环境状况总体不容乐观，部分地区土壤污染较重，耕地土壤环境质量堪忧，工矿废弃地土壤环境问题突出。全国土壤总的点位超标率为16.1%，耕地土壤点位超标率为19.4%。目前，全国人均耕地面积1.38亩，约为世界平均水平的40%。受干旱、陡坡、瘠薄、洪涝、盐碱等多种因素影响，质量相对较差的中低产田约占2/3。土地沙化、土壤退化、"三废"污染等问题严重。随着工业化和城镇化进程的加快，耕地仍将继续减少，宜耕后备土地资源日趋匮乏，今后扩大粮食播种面积的空间极为有限。

（三）淡水资源短缺矛盾日益尖锐

水资源是农业生产的基本条件，水资源禀赋对粮食生产具有重要性意义。中国是一个干旱缺水严重的国家。淡水资源总量为 28 000 亿立方米，占全球水资源的 6%，居世界第四位，但人均只有 2 200 立方米，仅为世界平均水平的 1/4、美国的 1/5，是全球 13 个人均水资源最贫乏的国家之一。扣除难以利用的洪水径流和散布在偏远地区的地下水资源后，我国现实可利用的淡水资源量则更少，仅为 11 000 亿立方米左右，人均可利用水资源量约为 900 立方米，并且其分布极不均衡。随着我国人口的增加，经济发展和城市化进程加快，水资源形势将更为严峻，以水资源紧张、水污染严重和洪涝灾害为特征的水危机已经成为我国粮食生产的重要制约因素。现阶段，我国水资源对粮食生产约束更加明显。一方面，中国水资源禀赋较差，且水资源的空间分布极不均衡，水资源与耕地资源的空间极不匹配。《2015 中国环境公报》显示，我国降水空间分布极不平衡，安徽南部、浙江西部、江西东北部、福建西北部、广西东北部、广东中部等地降水量超过 2 000 毫米；长江中下游及以南地区、重庆、四川东部、贵州、云南大部、海南等地为 800~2 000 毫米；东北、华北大部、西北东南部、内蒙古东北部、四川西部、西藏东部、青海东南部等地为 400~800 毫米；内蒙古中西部、陕西北部、宁夏、甘肃中部、青海大部、西藏中部和西部、新疆北部等地为 100~400 毫米；新疆南部、甘肃西部等地不足 100 毫米。长江流域以北地区的耕地面积占全国耕地面积的 65%，而淡水资源量仅为全国的 29%，粮食主产区水资源严重不足。我国北方地区水资源短缺矛盾更加突出。东北和黄淮海地区粮食产量占全国的 53%，商品粮占全国的 66%，但黑龙江三江平原和华北平原很多地区超采地下水灌溉，三江平原近 10 年来地下水位平均下降 2~3 米，部分区域下降 3~5 米，华北平原已形成 9 万多平方公里的世界最大地下水开采漏斗区（包括浅层地下水和深层承压水）。此外，近年来我国自然灾害严重，不利气象因素较多，北方地区降水持续偏少，干旱化趋势严重。今后受全球气候变暖影响，我国旱涝灾害特别是干旱缺水状况呈加重趋势，可能会给农业生产带来诸多不利影响，将对我国中长期粮食安全构成极大威胁。

（四）能源要素投入对粮食生产的影响持续增大

以石油为基础的粮食生产要素中，农业机械总动力、化肥、农药、农膜和农用柴油的投入量分别由1991年的29 388.6万千瓦、2 590.3万吨、76.1万吨、64.21万吨和863.1万吨增加到102 559.1万千瓦、5 838.8万吨、180.6万吨、283.3万吨和2 107.6万吨,分别增长了249%、125.4%、137.3%、271%和144%。[①] 2015年全国水稻、玉米、小麦三大粮食作物化肥利用率为35.2%,农药利用率为36.6%。石油能源的大量投入,使其成为温室气体排放的重要来源,也导致农业生态环境污染日趋严重。中国粮食生产面临着水资源短缺加剧、耕地面积日趋减少、生态环境资源压力加大和国际粮食市场动荡、国内粮食需求持续增加的现实挑战。化肥、农药、农用柴油等石化能源的高强度、低效率使用使碳、磷、氮等过度排放,造成大气、水体和土壤污染。农业污染导致的土壤、水体质量下降日益严重。国家环境保护部、统计局和农业部2010年联合发布的《第一次全国污染源普查公报》数据显示,中国农业面源污染非常严重,2007年的农业化学需氧量(COD)排放量是1 324.09万吨,占全部化学需氧量排放总量的43.7%;农业生产的总磷和总氮排放量为28.47万吨和270.46万吨,分别占排放总量的67.4%和57.2%。现阶段,农业污染已经超过了工业污染,为了避免引发环境灾害,必须推动农业技术创新,优化要素投入组合,提高技术效率,推动粮食可持续生产。

近年来,我国粮食生产中化肥、农药、农用薄膜、机械租赁使用量逐年上升(见表1-1)。农田有效灌溉面积增加了751 000公顷。数据显示,现代化农业生产要素的大量投入,在促进我国粮食增产的同时,严重污染了土地和水资源,成为我国未来保障粮食安全的重要制约因素。

表1-1 粮食直接费、种子农膜费、化肥农药费与机械租赁费 (单位:元/亩)

年份	2001	2002	2003	2004	2005	2006	2007	2008	2009	2010	2011	2012	2013
直接费用	150	154	153	178	204	219	234	282	290	304	349	387	402
种子农膜	18.6	23.7	20.6	22.6	26.9	28.5	29.5	31.4	34.5	41.5	49.3	56.0	59.6
化肥农药	63.1	66.0	67.2	83.0	98.7	103	109	139	138	133	152	170	170
机械租赁	73.1	73.5	73.5	88.3	101	120	137	165	175	198	230	259	280

数据来源:根据历年全国农产品成本收益资料汇编计算整理。

1. 化肥投入。21世纪以来,中国粮食生产中的化肥消耗量以超过年均5%的速度增长。2013年化肥消耗总量达到7 153.7万吨,分别是美国、日本、德国的3.84倍、55.6倍和34.4倍。中国粮食生产的施肥强度为32.3千

[①] 根据历年《中国统计年鉴》(国家统计局编,中国统计出版社出版)的数据计算。

克/亩，而美国、日本和欧盟的农业生产施肥强度分别为 7.81 千克/亩、23.36 千克/亩、7.53 千克/亩（West，2002）。显然，中国粮食生产上处于依靠能源投入的粗放型生产阶段，与技术投入为主的集约型发展阶段存在较大差距。中国每年在化肥生产过程中需消耗 7 500 万吨煤炭、超过 100 亿立方米天然气、超过 500 亿千瓦时电力和 65 万吨石油，化肥是典型的高能耗产业和国家实施节能减排的重点行业。推动中国粮食生产的精细化、集约化，发展生态、高效农业需要通过技术进步提升化肥使用效率、优化化肥生产结构、减少化肥投入量和投入强度。

2. 农药投入。为了保障和促进农作物生长，防止病虫害，提高粮食产量，中国近年来的农药使用量呈快速增加趋势（见表 1-2）。1991 年，农药使用量为 76.15 万吨，2012 年达到创纪录的 180.6 万吨，比 1991 年增长了 1.4 倍。除了在 2000 年的农药使用量稍有下降外，其他年份都呈快速增加趋势。农药和化肥生产一样也是能源密集型化工产业。据估算，2012 年中国农药生产消耗能源折合 8.45×10^5 吨标准煤。在粮食生产过程中，农药的使用效率不高，仅有 10%~20% 的农药能够被农作物枝叶吸收，而剩余部分都散落在土壤和水中，造成土壤和水污染。

表 1-2　2009~2014 年农用化肥、农膜、柴油和农药使用量

指标	单位	2009 年	2010 年	2011 年	2012 年	2013 年	2014 年
1. 化肥施用量（折纯量）	万吨	5 404.4	5 561.7	5 704.2	5 838.8	5 911.9	5 995.9
氮肥	万吨	2 329.9	2 353.7	2 381.4	2 399.9	2 394.2	2 392.9
磷肥	万吨	797.7	805.6	819.2	828.6	830.6	845.3
钾肥	万吨	564.3	586.4	605.1	617.7	627.4	641.9
复合肥	万吨	1 698.7	1 798.5	1 895.1	1 990.0	2 057.5	2 115.8
2. 农用塑料薄膜使用量	万吨	208.0	217.3	229.5	238.3	249.3	258.0
#地膜使用量	万吨	112.8	118.4	124.5	131.1	136.2	144.1
地膜覆盖面积	千公顷	15 501.1	15 595.6	19 790.5	17 582.5	17 657.0	18 140.3
3. 农用柴油使用量	万吨	1 959.9	2 023.1	2 057.4	2 107.6	2 154.9	2 176.3
4. 农药使用量	万吨	170.9	175.8	178.7	180.6	180.2	180.7

数据来源：根据历年《中国农村统计年鉴》汇总整理。

3. 农业机械动力和农用柴油投入。农业机械动力是用于农业生产的各类机械动力的总和，主要包括耕作、排灌、收获、运输和植物保护的机械动力（农用机械的动力引擎包括电动机和内燃机，其功率单位均可折算成瓦特）。

农业机械动力的基础在于农业机械化程度,即在农业生产过程中采用适用的机械设备提高农业生产技术水平、生产效率和经济效益、生态效益的过程。提升农业机械化程度对促进农业生产集约化、抵御自然灾害,进而提高农业生产效率、增加产量水平、降低生产成本具有重要的现实意义。现阶段,中国农业机械化程度依然相对较低,2012 年每千公顷耕地的大型拖拉机的使用量为43.6 台,收割机使用量为6.8 台。而早在2007 年,德国就达到了每千公顷耕地大型拖拉机使用量为64.6 台和收割机使用量为7.2 台;日本的机械化程度更高,分别达到了433.9 台和221.2 台。农业机械动力增加替代农业劳动力流出满足农业生产需要,同时也提高了农业生产效率。2012 年,全国农用大中型拖拉机为485.2 万台,小型拖拉机为1 797.2 万台,农用排灌电动机为1 248.8 万台,农用排灌柴油机为982.3 万台,农用机械总动力达到102 559 万千瓦。农业机械化程度的提高,提升了农业生产效率和集约化程度,对石油燃料等能源的消耗也随之显著增加。2012 年中国农业生产消耗的石油能源中仅农用柴油使用量就达2 107.6 万吨,占农业生产所消耗各类燃油总量的90% 左右。

(五) 劳动力资源老弱化

农业劳动力是影响粮食生产的基本因素,随着我国城镇化和工业化进程的加快,农业劳动力流向城市第二、第三产业已成为客观趋势 (见表 1-3),未来农业生产中"谁来种田"和"谁会种田"也将成为影响我国粮食生产的突出问题。确保粮食安全,首先要有人种地。近年来,我国农村劳动力加快向非农产业和城镇转移,农业兼业化、农民老龄化、农村空心化日益严重,"谁来种地"问题日益突出。国家统计局的抽样调查数据显示,2016 年全国农民工总量28 171 万人,比上年增长1.5%。农民工总数的持续增加意味着农业劳动力的不断减少。第二、第三产业附加值高于农业附加值,第二、第三产业从业人员工资水平上涨也带来了农民种粮机会成本的增加,种粮比较收益进一步下降,从而更影响农业劳动力投入的积极性。在农业劳动力流出规模持续扩大和农业生产从业人员不断减少的情况下,如何才能保证粮食生产的可持续,实现粮食产量的持续增加;能否通过农业生产技术优化粮食生产要素投入结构,通过财政政策支持和鼓励高技能劳动力从事粮食生产和提升高产粮食作物的种植比重,推动农业劳动力和高产粮食作物的结合,从而实现粮食可持续增产成为值得研究的现实问题。

表 1-3　　　　　　　　　　农业就业人数

年份	农村就业人数（年末）（万人）	第一产业人数（万人）	所占比重（%）
2003	47 506	36 204	76.2
2004	46 971	34 830	74.2
2005	46 258	33 442	72.3
2006	45 348	31 941	70.4
2007	44 368	30 731	69.3
2008	43 461	29 923	68.9
2009	42 506	28 890	68.0
2010	41 418	27 931	67.4
2011	40 506	26 594	65.7
2012	39 602	25 773	65.1
2013	38 737	24 171	62.4
2014	37 943	22 790	60.1

农民种粮积极性逐渐减弱。就目前调查显示，35 岁以下的青壮劳动力没有人愿意种粮，农村普遍缺乏有知识的劳动力，甚至在很多农村粮食产业已变为副业。由于粮食种植的比较效益连年下降，经济作物种植的吸引力逐渐增加，某些地区粮食生产出现了"妇女化""老龄化""副业化"和"兼业化"的四大特点。

如表 1-4 所示，粮食人工成本 10 年来涨了 2.9 倍，从 2001 年的 128.67 元/亩，到 2014 年 429.7 元/亩，稳定快速增长，年均增长率 11%。其中，家庭雇工费用涨幅最快，从 2001 年每亩 9.05 元，到 2013 年每亩 32.4 元，10 年间涨了 3.4 倍多，年均增长率为 11.8%；而家庭用工折价方面，与雇工费用相比上涨较慢，10 年间也上涨了 2.9 倍。总体来讲，我国粮食人工成本上涨较快，其中家庭雇工费用上涨幅略高于家庭用工折价上涨幅度，但家庭用工折价是雇工费用的 11 倍。长期来看，未来我国粮食人工成本增长势头依然强劲，尤其是家庭用工折价。

表1-4　　　粮食人工成本、家庭用工折价与家庭雇工费用　　（单位：元/亩）

年份	2001	2002	2003	2004	2005	2006	2007	2008	2009	2010	2011	2012	2013
人工成本	128.67	130.1	137.7	141.3	151.4	151.9	159.6	175.0	188.4	226.9	283.1	371.9	429.7
家庭用工	119.6	121	128.3	129.3	140	140.1	145.7	158.3	171.1	206.3	259.5	342.3	397.3
家庭雇工	9.1	9.1	9.4	11.9	11.4	11.8	13.9	16.7	17.3	20.6	23.6	29.6	32.4

数据来源：根据历年全国农产品成本收益资料汇编整理。

（六）全球粮食供求偏紧

联合国粮农组织（FAO）发布的《2013年世界粮食不安全状况》（2013年）数据显示，全球还有8.42亿人（约占全球人口12%）无法满足自身的粮食需求，意味着全球尚有1/8的人口依然难以获得充足的食物维持生活，在长期忍受饥饿煎熬。缺少粮食来源的人口中绝大部分（超过8亿人）居住在发展中国家，这些人口的平均食物供应不足发生率估计约为14%。未来十年，全球粮食种植面积和粮食增产将更加缓慢，粮食产量增长在中长期存在减速的可能性，全球粮食贸易额将进一步增加，其中大部分粮食出口增长源于发展中国家。在粮食价格可能维持在相对较高的情况下，粮食供给与粮食需求的增长速度应该保持相对平衡，才能有效维持粮食安全。在全球粮食安全情况相对紧张的情况下，提高粮食生产效率，减少生活中的食物浪费，积极发展农业经济，实现粮食可持续生产，对于适应全球粮食需求增长和提高粮食生产率至关重要。随着全球人口进一步增长、水资源约束、耕地减少和气候异常造成的自然灾害等因素影响，全球粮食供求缺口将进一步加大。尤其是在石油资源有限、石油农业运行的背景下，全球生物能源的发展趋势加快，粮食与能源平衡矛盾日益突出，这将加剧全球粮食供求市场的紧张趋势，全球粮食市场对弥补中国国内个别粮油品种供给不足的难度显然更大。由于全球粮食产量增长放缓，同时需求波动程度不断增加，全球粮食市场价格波动幅度将不断增加。与此同时，全球粮食产量增速放缓将阻碍粮食库存及时补充，这将进一步推动全球粮食市场受到高价格波动的影响。原世界银行行长佐立克曾警告，食品价格上涨可能意味着削减贫困努力的成果会"倒退七年"。全球粮食需求和价格上升、环境气候变化以及生物能源产业的兴起给世界粮食供应带来了新的挑战，使发展中国家解决粮食安全问题面临更复杂的局面。

三、保证我国粮食安全应遵循的原则

手中有粮，心中不慌。保障粮食安全对中国来说是永恒的课题，任何时

候都不能放松。党的十八大以来,习近平总书记从世情、国情、农情出发,对中国特色粮食安全道路做出了深刻阐释,提出了"以我为主、立足国内、确保产能、适度进口、科技支撑"的国家粮食安全新战略。有中国特色的粮食安全必须坚持独立自主、自力更生的原则。根据我国国情和国际粮源情况,自给为主、进口为辅。研究表明,我国粮食自给率应保持在95%左右,净进口率5%左右。在粮食生产过程中应坚持做到以下几条:一是要坚持依靠科技进步提高粮食产量。随着人口的增加和城市化的进展,淡水、耕地等自然资源的供给日益紧张,必须通过科技进步提高粮食产量。据联合国粮农组织预测,未来世界粮食增产总量约20%来自播种面积的增加,约80%来自单产的提高。在2004~2015连续12年的粮食增产中,单产提高的贡献率为60%。科技进步贡献率仅仅是56%,远远低于发达国家的70%的水平。所以,我国应把保障粮食安全的工作重点放到科技进步上,通过提高复种、单产和品质,实现粮食总产的提高。二是要坚持政府干预与市场调节相结合。加强政府对粮食市场和粮食价格的宏观调控,通过有效的储备粮调节机制,调控粮食供求矛盾。通过完善粮食补贴政策和保护价政策,调动农民种粮积极性。在积极通过加强政府干预保障粮食供求的基础上,还要维护粮食市场秩序,遵循市场经济规律,发挥市场在资源配置中的基础性作用,实现粮食市场主体多元化,保护种粮农民的生产经营自主性。三是要坚持善惠农政策保障粮食安全。各级政府应把粮食作为基础性公共产品来对待,采取多种惠农政策,不断增加农民收入,加强和完善对种粮农民的直接补贴、良种补贴、农机具购置补贴和农业生产资料综合补贴政策,继续实行粮食最低收购价政策,对粮食主产区采取特殊政策。特别是增加粮食主产区农民收入,调动农民种粮积极性,促进优质粮食生产,合理引导土地流转,提高粮食生产的规模效益。从而保证粮食安全。四是坚持面向国内国际两个市场、两种资源。我国粮食安全主要靠国内生产和储备来保证的基础上,在现有条件下,还要充分利用国际市场和资源。可以适当进口一些我国短缺的或生产成本高的粮食品种,也可以利用国外资源增加粮食生产。

四、我国粮食安全保障体系

只要粮食不出大问题,中国的事就稳得住。粮食安全既是经济问题,也是政治问题,是国家发展的"定海神针"。保障粮食安全要坚持立足于基本靠国内保障粮食供给,加大政策和投入支持力度,严格保护耕地,依靠科学技术进步,着力提高粮食综合生产能力、完善粮食流通体系、加强粮食宏观调控，构建适应社会主义市场经济发展要求和符合我国国情的粮食安全保障体系。粮食安全保障体系是贯穿于生产、储备、流通各个环节所组成的一个复杂的系统。粮食的生产保障、储备保障、流通保障构成了粮食安全保障体系的基本内容。

（一）生产保障

粮食生产保障的核心内容是粮食综合生产能力，它由耕地、农田基础设施、生产技术、生产者素质、农业技术装备（农机具）水平等要素构成。提高粮食综合生产能力要从以下几个方面着手：

一是要保护耕地和水资源。我国耕地资源的数量和质量呈逐渐下降趋势。1996年，我国耕地总面积为19.51亿亩，2006年底降为18.27亿亩，10年净减少1.24亿亩。从长远看，随着工业化、城镇化进程的加快，耕地减少的趋势仍难以扭转。与此同时，我国不少地区土壤有机质含量下降。因此要采取最严格的耕地保护措施，确保全国耕地保有量不低于18亿亩，基本农田保有量不低于15.6亿亩，其中水田面积保持在4.75亿亩左右。严格控制非农建设占用耕地，加强对非建设性占用耕地的管理，切实遏制耕地过快减少的势头。我国人均水资源仅为世界人均水平的1/4，而且分布不均，水土资源不匹配。要合理开发、高效利用、优化配置、全面节约、有效保护和科学管理水资源，加大水资源工程建设力度，提高农业供水保证率，严格控制地下水开采。加强水资源管理，加快灌区水管体制改革，对农业用水实行总量控制和定额管理，提高水资源利用效率和效益。

农业是受气候变化影响最大的产业。近10年我国年均受灾面积达7.27亿亩，农业防灾减灾、灾后恢复生产的压力比较大。据专家预测，未来气候将会出现大的变化，如果不采取适应性措施，对农作物产量、种植制度和作物品种都会产生重大影响。人均耕地资源少是我国基本国情。在今后的经济发展过程中，耕地资源紧张的矛盾会越来越突出。一方面，工业化、城市化进程中需要占用大量土地；另一方面，为保证农产品的供给，又必须保留必需的农业用地。虽然中央一再强调保护基本农田的重要性，但地方政府在配置土地资源时总是尽可能地向城市产业部门倾斜，挤占农业生产特别是粮食生产用地，农地保护制度执行的效果并不理想。2015年，全国因建设占用、灾毁、生态退耕、农业结构调整等原因减少耕地面积450万亩，通过土地整治、农业结构调整等增加耕地面积351万亩，年内净减少耕地面积99万亩。应当清醒地认识到，土地一旦用于工业化、城镇化建设，复耕是不可能的。

对此，需要改革现行土地管理制度，进一步强化中央政府的土地管理职能，控制地方政府违法违规占用耕地行为，坚决守住18亿亩耕地的红线。

二是加强农业基础设施建设，加大中低产田改造力度。中国耕地中有78.5%的中低产田，其中中产田面积占37.3%，低产田面积占41.2%。2014年，全国农田有效灌溉面积9.37亿亩，仅占耕地面积的51.5%，有近半数的耕地是"望天田"，缺少基本灌溉条件，有40%的耕地处于不断退化的状态。目前，国内重要病虫害已有100多种，而现有条件只能监测15~20种。我国现有耕地中约2/3是中低产田，改造中低产田能有效提高粮食综合生产能力，缓解耕地资源紧张状况。改造的难点在于没有建立起有效的投入机制：按照"谁投资、谁受益"原则，农村土地所有者和经营者本应是投入主体，但因耗资巨大，农民没有投资能力，缺乏投资积极性；如果完全依靠财政投入来完成改造，不仅在理论上说不通（因为政府不是土地经营成果的受益者），而且财政也承担不起。笔者认为，较符合实际的办法是根据不同内容分类实施：农田共用的基础设施（如道路、农田水利设施等）可由财政投资、农民投工来共同解决；土地整治（如土壤改良、地力培肥等）可由财政给予少量补贴、以土地经营者投入为主来解决。随着土地流转的逐步推进，应鼓励形成土地经营者投入为主、财政补贴为辅的中低产田改造投入机制。

三是加快先进生产技术的推广。我国人均占有耕地不足1.4亩，人均经营耕地只有2亩，种粮比较效益不高。近年来，粮食主产区一半以上青壮年劳动力外出打工，老人和妇女成了主要劳动力。农民受教育水平低、劳动力结构不合理，直接影响了农业科技接受能力，限制了新品种、新技术在粮食生产中的推广应用。因此，科技进步是推动农业生产力发展的基本要素之一，杂交水稻就是最好的例子，在杂交水稻基础上发展起来的"超级稻"是我国粮食生产一个最具潜力的增长点。然而，仅靠"良种"无法达到增产的预定目标，还要配套与之相适应的田间管理技术，即"良种"与"良法"要结合起来使用。从现有农业科技推广制度看，推"良种"易，推"良法"难。"良种"是以经营方式推行的，卖种子能赚大钱，推广者有积极性；"良法"是以服务方式推行的，推广者无利可图，因而推不下去。其他粮食品种如玉米、小麦等也存在先进技术推广障碍。因此，加快农业科技体制创新，建立起能有效激发科技推广人员积极性的农业科技推广制度是保证粮食增产的关键内容。

四是要保护农民的种粮积极性。随着城市经济快速发展，非农产业为农民提供的就业机会日益增多，农村"空心化"现象也越来越明显。近几年，国家加大了农业补贴力度，全面推进农村税费改革，种粮效益明显提高，但由于化肥、农药、农机等农用生产资料价格不断上涨，劳动成本不断提高，粮食的比较效益仍然属于最低的。尽管扶持粮食生产的政策不断加强，但总体上看，政策对种粮农民的激励作用在逐年下降。目前在农村从事粮食生产的大都是在非农产业中没有就业竞争力的老年农民，这是我国粮食生产的一个隐患。十年以后谁来种粮食？对此必须找出解决办法。首先，应培育一批专门从事粮食生产的农民。20世纪90年代以来，我国粮食主产区不断增产的经验证明，培育专业化、规模化的粮食生产大户是建立稳定的粮食生产基础的有效办法。经营规模的扩大会使农民逐渐加大农业机械使用程度，在农业机械上的高额投资降低了他们在生产要素配置上的流动性，从而成为稳定的、专业化的粮食生产者。然而，要让他们真正安心种粮，关键还在于粮食价格是否合理。我国粮价偏低状况必须尽快扭转，形成粮价稳步、合理上涨机制，让农民愿意并安心种粮，这是稳定粮食生产的一项关键措施。

（二）储备保障

充足的粮食储备是保持市场供求平衡的基本条件。我国粮食储备体系包括国家储备、粮食企业的商业性储备、农民家庭和城镇居民家庭的储备三个层次。其中，国家储备又分为中央和地方政府的专项储备。粮食储备需要占用资金，造成资金沉淀在粮食上。储备越多，资金沉淀量也就越大。合理的储备数量既可保障粮食安全，又能节省资金。长期以来，我国粮食供给充足的形势使部分地方政府、粮食企业、农民和城镇居民的粮食安全观念淡漠，为减少资金沉淀而降低了粮食储备水平。由此形成中央粮食储备多、产区粮食储备多、销区粮食储备少的不合理格局。少数地方政府甚至以资金储备代替粮食实物储备，导致粮食储备数量严重不足及"虚库"现象。一旦因偶然因素造成粮食短期供应不足，便要求中央紧急调粮。由于调运数量大，往往还需铁路部门组织突击抢运，给铁路运输造成很大压力。事实证明，即使在粮食供给总体形势良好、全国粮食安全的状态下，个别地区因储备不足，在遇到突发因素时（如自然灾害、大规模疫病等）也会出现粮食供给不足现象，处置不当则会引发局部粮食公共危机。

近几年，世界谷物生产年均增长幅度仅为0.4%，而消费年均增长率在1%左右，世界粮食库存持续减少，造成粮食出口国出口减少，供求紧张，价格上涨。随着石油日益紧缺、人们对生态环境的要求越来越高以及科技的发展，从世界发展趋势来看，玉米利用已主要不是作为养殖业的饲料，而是工业生产原料。建立多层次的粮食储备体系,保持合理的粮食储备格局是粮食安全保障的一项基本内容。目前,改善我国粮食储备格局应着重从加大地方政府储备数量入手,特别是在销区实行强制性储备制度,规定这些地区必须达到的粮食储备数量并对相关政府官员实行问责制。这样既能保障销区的粮食安全,又减轻了产区的储粮压力。

(三) 流通保障

流通保障是指粮食的运输、销售网络及相配套的原粮加工能力,这是粮食供给保障体系的终端环节。自2003年我国实行粮食流通体制改革以来,国有粮食企业对流通领域的垄断局面被打破,形成了多元化的粮食流通格局。粮食流通领域竞争的出现使农民不仅能以更好的价格出售粮食,还能享受到更优质的服务。在减少了国家对粮食流通企业补贴的同时,从全社会来看,粮食物流的效率也普遍得到提高。粮食流通体制改革利国利民的成效是显而易见的。目前,国有粮食企业在粮食流通领域仍占主导地位。即使国有粮食企业的市场份额可以进一步降低,它在粮食流通领域中的主渠道地位也无论如何不能丧失。这种主渠道作用将保证国家的调控能力。2003年"非典"疫情、2008年春季南方雪灾以及"5·12"汶川大地震等事件中,正是国有粮食部门的主渠道作用有力地保障了受灾地区的粮食供应,避免了局部粮食安全危机的发生。

在粮食流通领域,既要不断改革创新,建立充满活力的竞争机制,又必须保持政府强有力的应急干预能力。历史经验说明,粮食安全突发性风险往往发生在流通环节,能否把粮食安全危机消灭在萌芽状态,取决于我们是否建立起了足够的粮食流通保障能力[①]。

---

① 苏大城. 论构建我国粮食安全保障体系 [N]. 光明日报理论版, 2008.11.18.

第二章

粮食政策

"国以民为本,民以食为天。"粮食是关系人类生存和国家经济安全的战略性商品。发展粮食生产、确保粮食安全是世界各国粮食政策追求的共同目标和确保国家安全和社会稳定的永恒主题。粮食政策有两大目标:安全和效率。粮食政策目标从来都是一个经济学与政治决策者研究和思考的重要课题。

第一节 粮食政策的含义与特征

一、粮食政策的含义

政策是国家或者政党为了实现一定历史时期的路线和任务而制定的国家机关或者政党组织的行动准则。粮食政策就是国家为了实现其经济利益和政治目的而对粮食生产、分配、流通和消费等方面制定的规范和准则,其实质是协调社会不同利益群体之间的关系。粮食政策是农业政策的一个重要组成部分,它的制定和实施对粮食生产和粮食流通有重大影响。从社会生产过程来考虑,粮食政策大致可以分为生产政策、流通政策、国际贸易政策、消费政策几个方面,它们之间互为条件,相互衔接。粮食政策与其他部门经济政策相比有显著不同,这是由粮食的特点决定的。粮食产业是弱质产业,对自然条件依赖性强,而且粮食是人类生存的基本物品,不能有较大波动,否则会转化成严重的社会问题。因此,政府必须采取有力的政策措施,保证粮食基础地位稳定和粮食综合生产能力的稳步提高,从而保证整个社会经济健康发展。我国是一个人口大国,如此巨量的粮食消费需求是不可能依靠国际市场来提供的。况且，我国幅员辽阔，进口粮食运输到广大内陆地区费用也很高，这就必须立足于国内，实现粮食基本自给。我国粮食安全在任何时刻都是不能掉以轻心，粮食安全涉及国民的基本生活保障，它在短缺经济时代的意义更加突出。因此，它是我国粮食政策目标的理所当然的选择。

二、我国粮食政策的特征

在新制度经济学中，制度是一系列被制定出来的规则、守法程序和行为的道德伦理规范，它旨在约束追求主体福利或效用最大化利益的个人行为。本文中的"粮食政策"实际上相当于新制度经济学中的"制度"或"制度安排"，泛指协调人们经济关系和经济活动的行为规范。在本研究中，一般不强调"体制""制度"和"政策"等概念之间的差别，在多数情况下只注意到它们的共同内涵或它们内涵的共同部分，即协调人们经济关系的行为规范。

第一，我国粮食政策的演变是典型的供给主导型制度变迁。从表面上看，政府是政策的重要供给者，政策是政府提供的产品，并且许多政策在多数情况下是以政府法令的形式出现。从更深层面来说，因为农民面对政府所做出的粮食政策安排是无权选择的，只能在既定的政策范围内活动，即政府的安排并没有提供退出的选择权。"每个参加者都受制于政府的强制性权力，而不管他对政府的强制性方案有多大的不满意，他都不可能退出。"[1] 对于一个长期集权且市场不发达的国家来讲，供给主导型的制度变迁将起主要作用。在我国，粮食政策的选择与演变始终是与经济体制的安排相适应的，尤其是1978 年以后粮食政策的调整是在我国经济体制改革大的背景下进行的，是经济体制改革的一部分。我国经济体制改革是在党中央领导下有秩序、有步骤进行的，要不要改、改什么、如何改是由一个权力中心（党中央、国务院）定夺，表现为强制性的制度变迁。

第二，粮食政策目标的相机选择性。在经济发展和农业发展的不同阶段，粮食政策目标的侧重点有所不同。在粮食消费水平很低，温饱问题尚未完全解决的情况下，粮食问题就不仅仅是经济问题，更重要的还是政治问题。在社会总体粮食消费水平超过温饱线、基本的粮食安全得到保证的情况下，粮食问题的政治性就显著降低而主要成为经济问题。目前我国的粮食问题，更多地表现为经济问题，即边际调节问题。从政策选择的角度讲，今后我国的粮食政策，应当侧重利用市场机制来配置农业资源，提高粮食生产效率水平。

---

[1] 戴维斯、诺斯. 财产权利与制度变迁. 上海三联书店1994 年版，第 276 页.

保证粮食安全和提高效率水平，两个目标是可以兼得的，这就要实行粮食政策目标的相机选择。就目前我国来说，相机选择中的效率目标更为重要，也是我国粮食经济改革的重点。效率目标的实现同时也会从根本上加强粮食安全。

第三，粮食安全论派是中国传统粮食政策目标的主要理论基础。"王者以民为天，而民以食为天"在中国历史上演绎出了"无粮则乱"的思想传统。粮食安全是国家政治经济发展和社会稳定的基础，确保粮食的稳定供给具有特殊的政治意义，在任何情况下都要确保国家和人民粮食需求的足量供给。它反映到保障中国粮食安全上，自给自足就成为基本方针。粮食供给不能依赖外部，必须不惜任何代价和成本地去努力实现一个国家的粮食自给。在政策执行上就是要对粮食生产实行由行政负责的紧抓、常抓，一刻也不放松。

粮食效率论派也认识到粮食安全对一个国家及其政权的绝对重要性，但他们把粮食安全置于有效率的市场基础之上。他们指出，安全论派的粮食政策目标违背了经济学中资源有效配置的基本原理，是只见物不见经济的做法。因此，他们主张应该在市场机制的基础上合理有效地配置有限的生产资源，保障粮食安全要考虑代价和成本。在社会主义市场经济体制下，应该把资源配置到效率最高、效益最好的地区和部门。在这一点上说，效率论就是市场论。

在安全论和效率论之外，还存在着第三种意见。他们主张确立更为开放的粮食安全战略，在确保粮食基本自给、适度进口的前提下，面向国际国内两个市场，利用国际国内两种资源，实现粮食安全与效率的有机结合。实际上，这种意见仍然把粮食安全摆在了首要的地位，把效率放在了次要的地位。这对于还处于弱质产业的我国农业和粮食产业来说就意味着粮食产业自身的生产资源要求流向投入产出效率更高、收益更多的其他产业，从而形成对粮食安全的现实威胁。而作为对这种现实威胁的校正就必然强调粮食安全第一。因此，这种折中的意见实际上是一个摇摆政策。

第四，粮食政策的长期效果和短期效果并不一致。1949～1978年，解决粮食短缺的政策选择恰恰成了粮食长期短缺的原因。为了增加农业生产资源而进行的围湖造田、围海造田等破坏生态环境的行为，成为后来农业生产和环境发展的障碍。1979年以来，我国粮食政策调整带有明显的不断试错、不断叠加特点。政府对于粮食政策目标始终比较明确，但问题在于政府对改革的深刻性、复杂性认识不够，由此在政策工具或工具的选择上表现出明显的短期化倾向。由于粮食政策改革只有大致方向，并没有明确步骤，因此，粮食生产和流通波动所带来的政策调整具有明显的短期性。虽然解决了当时粮食生产、流通领域遇到的问题，但却与粮食体制改革最终目标相违背，阻碍了粮食流通改革的市场化进程，导致我国粮食经济长期徘徊在市场之外，市场化进程缓慢。

第五，粮食政策演变过程是一个利益结构调整的过程。在制度变迁过程中，无论是现有制度安排的继续维持和运行，还是新制度的出现和引入，都是人们为了追求自身利益而互动和互惠的结果，即使是政府强制作出安排，也包含着政府自身的利益追求，而且还包含着对社会其他方面利益要求的考虑、照顾、让步、补偿和满足。从利益结构看，传统粮食政策选择是一个农民利益受损、城市消费者受益的制度安排。改革以后，农民利益开始复位，但城市居民的既得利益长期被保留下来，政府通过自己的让利行为——财政补贴来维持这一利益结构。①

第二节 粮食政策的影响因素

一、经济发展与经济体制对粮食政策的影响

第一，经济发展战略对粮食政策供给的影响。一国经济发展战略是该国对其经济发展所作出的带有全局性和方向性的长期规划和行动纲领。它是根据一定发展阶段的具体国情、国际环境和前期战略执行情况来制定的。经济发展战略选择对粮食政策具有决定性影响，是因为：（1）经济发展战略是一个时间跨度相当长的发展规划，粮食政策的制定要以此为依据，要体现经济发展战略思想。（2）经济发展战略是一个具有方向性的行动纲领，相比之下，粮食政策仅仅是作为实现这一发展战略的措施而提出来的，因而粮食政策在很大程度上受经济发展战略的支配和规定，为经济发展战略服务。

第二，经济体制是我国粮食政策演变速度与方向的决定因素。粮食政策是通过一定的政策机制来实现的。粮食政策的实现机制必然存在于一定的经济体制模式之中，有什么样的经济体制模式就有什么样的粮食政策实现机制。这是因为：（1）粮食政策的设计是建立在收集和整理大量信息基础之上。而

---

① 张晓涛．中国粮食政策演变的制度经济学分析［J］，经济体制改革，2006（7）．

不同经济体制模式中,信息的类别、信息来源、信息的渠道、信息失真度等都会有所不同。(2)粮食政策目标的选择除了受经济发展战略支配外,也是社会各集团利益冲突和力量抗衡的结果。在不同经济体制模式下发生的社会集团利益冲突和力量抗衡会有不同方式与结果,这些无疑会对粮食政策目标选择产生影响。(3)超越既定经济体制模式界定范围的政策手段在现实生活中是无法运用的,因此,粮食政策手段必须与既定的经济运行机制相适应。(4)粮食政策的制定总要通过一定的决策程序,然而在不同的经济管理体制下,由于其组织机构的性质与设置不同,粮食政策的决策程序也是不同的,甚至连决策的规则也不同。(5)粮食政策的实施总是要通过一定途径来进行的,这种政策实施途径也存在于经济体制模式之中,不同的经济管理体制与经济运行机制决定了粮食政策的实施途径。

二、政治体制与意识形态

每一项能预期带来收益的政策安排,都有一定的实施成本。在粮食政策的供给与需求中涉及不同的行为主体,由于这些主体的效用函数和约束条件存在差异,因此对某一政策安排的收益和成本也就有不同的评价标准。在供给主导性制度变迁模式中,个体收益大于零并不是正式制度供给的依据。社会净收益大于零和政治收益大于零是影响制度供给的主要因素,这是从权力中心——政府角度衡量的粮食政策安排成本与收益。政治规则并不总是按照效率原则来确定的,它还要受政治、军事、社会、历史和意识形态等约束。粮食政策的政治收益主要表现为:社会的稳定器——通过粮食政策为其他各项改革创造安定的社会局面;宏观经济的调节器——成为政府调控宏观经济的一项措施。这两种收益不仅有利于增加财政收入,而且国力增强后更有利于获得人民的政治支持和加强在国际政治、经济中的谈判力量。

一般认为,在一项政策安排中,只有预期政治收益大于政治成本时,权力中心才会主动推进改革进程。在粮食政策演变中,政府作为利益的调节者总是在使用财政这一利益杠杆进行利益让渡,最经常使用的就是财政补贴。一旦一项政策所引起的财政负担超出了国家所能忍受的界限,那么这时国家就需要设计一种新的、可以减轻财政负担的政策。

再者是意识形态对粮食政策的约束。凡成功的意识形态都必须解决"搭便车"的问题,其基本目标在于给予各种集团以活力,使它们能对享乐主义和个人主义的成本和收益采取相反的行为,从而节约交易费用。当个人在对公众所持的道德、信念评价与占支配地位的意识形态不相符时,就会主动或被动改变其观念,从而弱化改革阻力。相反,如果意识形态背离社会进步的方向,则它将成为制度变迁的阻碍力量。如传统的计划经济理论、观念和思维就成为市场取向改革的一道屏障。正如现有科学知识积累影响技术创新的成本一样,有关制度知识的积累也影响制度创新的可能性。由于经济理论的约束,在我国整个经济发展中表现出明显的阶段性。从计划经济理论到有计划商品经济理论,再到社会主义市场经济理论,表明我国对社会主义经济性质和改革目标的认识不断深化,每一次认识深化都会带来制度变革。

三、人口与社会对粮食政策的影响

粮食关乎国计民生,关乎社会的发展和稳定,关乎国家的安全。新中国成立以来,几代领导人始终高度重视粮食和粮食储备工作。人口因素是影响我国粮食政策的首要因素,我国一系列的粮食政策基本上都是建立在人口现实基础上的。中国是世界上人口最多的国家,中国缺粮,谁也提供不了粮食。中国粮食政策立足国内非常重要。

四、科技进步对粮食政策的影响

"科学技术是第一生产力"揭示了科技在现代社会发展中的地位和作用。科技创新是科学技术作为第一生产力的重要条件,保障我国粮食安全的根本途径在于粮食科技创新。未来粮食问题的解决必须在国家农业政策的支持下,持续推进粮食科技创新,保障国家长久粮食安全。

粮食科技创新就是通过对粮食生产力要素的渗透大力提升粮食综合生产能力,是保障国家粮食安全的核心和关键。粮食科技创新有助于推动粮食生产对象的升级。通过粮食科技创新可以有效改进育种方法、耕作以及对水土、气候的改良和适应。过去的十年,我国在作物品种改良、新品种培育、良种良法等领域取得了丰硕的科技创新成果。"十五"期间,在国家"863计划"和重点科技攻关计划的支持下,一批高产、优质、多抗、高效新品种脱颖而出,在作物高产育种方面已经达到国际先进水平,作物品种的优质化、专用化也取得了长足进步,部分品种已经达到国际先进水平。在突破资源瓶颈约束方面,我国以促进粮食生产紧缺资源的技术替代为目标重点加强了灌溉节水、旱农节水、生物节水和非常规水资源利用等关键技术研究和加强耕地资源保护、耕地质量提升、退化耕地修复等关键技术,提高耕地综合生产能力研究。保障农业及粮食生产环境安全为目标,重点开展了农田污染综合防控、水污染综合治理、农林生态系统优化、退化农林生态系统恢复重建等技术研究，有效提升了我国粮食生产技术水平和综合生产能力，为我国粮食生产的可持续性提供了技术动力。

粮食科技创新有助于加速粮食生产装备水平的提升。这里讲的粮食生产装备主要是指粮食生产中的机械化装备、农药、化肥等。截至2007年，全国稻麦联合收割机拥有量达到了57.45万台，机动割晒机拥有量60.89万台，连续3年增长幅度都在4个百分点以上，一些新型机械化装备对于促进粮食产量提高发挥巨大作用，大大提高了粮食生产效率，降低了成本，减少了产后损失，对有效推广规模化作业具有重要意义。近年来，新型肥料品种研制与开发有了重要进展。随着化学工业的发展，化肥的新品种、新剂型不断研制成功，有效提高了土壤综合肥力，极大地改善了化肥滥用造成的农业生态环境破坏。在农药科技创新方面，"863计划"现代农业研究以提高植物自身抗病虫免疫能力和杀伤有害生物为目标，建立了新型生物农药研发技术体系；基因工程生物农药的创制，显著提高了生物农药的作用效果和生产水平，极大地解决了粮食生产的病虫害防治，保障了粮食生产的稳定性。农业信息化工作方面，我国已经利用农业数据库、信息管理系统、3S技术（GPS、GIS、RS）、专家系统（ES）、决策支持系统（DSS）等技术，在农田资源调查与利用、环境监测与保护、灾害控制等方面取得了重要成果，大大提高了我国科技对粮食生产的贡献率。

粮食科技创新有助于促进粮食生产者素质的提高。在粮食生产力要素中，劳动者是核心和关键要素，这里的劳动者即粮食生产者，既包括粮食科研人员也包括从事田间生产的农民。粮食科技对粮食生产的贡献关键在于粮食生产者能够有效运用现代化的粮食生产工具进行粮食生产。没有高素质的粮食生产者，运用粮食科技保障粮食安全根本就是无稽之谈。据不完全统计，在国家和省级农业科研单位中，从事粮食科研工作的研究人员具有高级职称的占70%以上，具有博士学位的占60%。我国已形成了一支具备一定国际竞争力的粮食科技研究队伍。同时，通过有效农技推广机制和农民科技培训机制。积极培养农村科技骨干和实用人才，大大提高了农民的整体科技素质，有效提高了粮食生产效率。

我国粮食科技创新基本形成了以国家"十一五"科技、"863计划"、粮食丰产科技工程等重点科技支撑计划为支持，区域性分品种作物研究中心和大量高校粮食科技研究所、实体性研究机构为基本架构的科技创新体系，并按照粮食产前、产中、产后的作物生长、储藏、流通、加工规律，形成了各有侧重、相互协作的粮食科技创新链。这些粮食科技创新平台的建设，显著增强了国家粮食科技创新能力,为保障中国粮食安全提供了强有力的科技支撑。

粮食科技发挥作用离不开有效政策环境,配套齐全、科学完善的粮食科技政策是粮食科技创新得以实施的有效保障。粮食科技政策应立足于我国社会主义市场经济,强调粮食科技与农村经济发展的结合,依靠政策创新、制度创新为粮食科技发展提供可靠的政策保障,加快发展粮食科技步伐。一是要增加国家财政对农业及粮食科技工作的投入。进一步加大国家财政对农业及粮食科技工作的投入力度,力争使农业科技投入占农业 GDP 的比重 2010 年增加到 0.8% 左右,2015 年达到 1.2%,2020 年稳定在 1.5% 以上。各级政府在大幅度增加对粮食科技投入的同时,还要调动企业、个人等社会力量投入粮食科技,从根本上改变粮食科技投入严重不足的状况。二是要完善农业及粮食科技工作的协调领导机制。在国家科教领导小组的统一领导下,成立由相关部门组成的"国家农业及粮食科技协调领导小组",对农业及粮食科技工作中的重大科技问题进行决策,共同推进我国农业及粮食科技工作。三是要深化科技体制改革,建立国家农业科技创新体系。根据《国家中长期科学与技术发展规划纲要(2006~2020)》的部署,加快推进国家农业科技创新体系建设。提高粮食科技管理者和组织者的政治素质、业务水平和管理能力。建立精干、高水平的科技队伍和国家以至世界一流的科研基地。四是要积极引导企业参与粮食技术研发,促进产学研紧密结合。积极鼓励和支持企业与科研单位或涉农高等院校形成利益共享、风险共担的产学研合作组织,推动企业技术研发和产业化能力大幅提高。五是要加大对粮食主产区农业科技的支持力度。粮食主产区,尤其是黑龙江、吉林、内蒙古、河南、安徽、江西六个粮食净调出省(区),是确保新增 600 亿公斤粮食生产能力的核心产区。国家要进一步加大对粮食主产省(区)的科技支持力度。六是要保障重大科技工程和重大项目的经费投入和管理,并逐步建立和形成长期、稳定的支持渠道,提高农业及粮食科技发展后劲,增加科技储备,为确保国家粮食安全提供强有力的科技支撑。

第三节 粮食政策与粮食安全的关系

在所有影响粮食安全的因素中,粮食政策居于核心地位。诺斯(North,

1911）将制度作为增长的源泉。制度（政策）是经济增长（粮食增长）的内生变量（曾福生，2002），政策可以改变生产要素配置的环境和相对价格，从而影响粮食生产的规模、速度和效率。粮食政策是用来确立粮食生产、交换和分配的一些基本规则，也是保障粮食安全的一种"资源"投入。好的政策能够在不改变其他投入条件下实现粮食增产。中国以相对占世界不到7%的耕地资源养活占世界22%人口，被称为世界农业奇迹。新中国成立以来的粮食波动历程证明政策因素是影响粮食生产的决定因素。林毅夫（1994）的研究表明，1978~1984年，家庭联产承包制度对农业增长的贡献率约占42.2%~46.89%。河北省农调队（2003）所做的因子分析结果说明，政策因素对粮食播种面积波动的影响程度达到了30%以上，对单产波动的影响程度也达到20%以上。政策能起到激励粮食增产、最严格的耕地保护、国家加强粮食储备和粮食安全的预测预警作用。相反，粮食生产波动起伏乃至负增长，原因主要是农业经济政策，国家对粮食生产的制度安排和政策设计等因素决定的。改革前后粮食形势的重大转变也主要是政策因素发挥作用。最近几年的粮食生产出现波动，主要是粮食市场化政策的制定与执行缺乏坚定性和稳定性。随着连续9年的中央一号文件的贯彻落实，2004年以来连续6年实现粮食丰收的实践证明了政策对粮食安全的重要作用和效果。

现阶段，我国粮食安全面临的主要问题不是技术，而是体制、机制性问题。粮食政策强烈地影响粮食安全。经验和教训足以证明，国家粮食政策是否科学、合理，相关制度安排是否得当，种粮农民种粮积极性是否高涨在某种意义上对粮食生产具有决定性的影响。

基于粮食政策对粮食安全的影响十分深远，因此要积极构建政府与市场间良性互动机制的粮食安全政策。当前我国正处在经济体制的转轨时期，市场体系不断完善，市场化程度逐步提高。为此，粮食政策的设计应坚持资源配置的市场化取向，以政府间接调控为主导稳定粮食供求，充分发挥政策的有效功能，以不断提高粮食安全的综合指数水平和实现粮食市场的最优均衡发展。粮食安全系统总是处于一个动态的变化过程之中，粮食安全政策要从实际出发、与时俱进并适度超前是有必要的。在粮食安全政策设计时必须考虑其不断变革的政策的连续性和稳定性，防止由于政策变化的凸显性和不稳定性而导致的粮食市场均衡路径发展的较大波动①。

---

① 罗光强．中国粮食政策的粮食安全的经济学分析，工业技术经济，2006（11），108~110.

第四节　我国保障粮食安全的主要政策取向[①]

一、强化粮食安全责任

保障粮食安全始终是治国安邦的头等大事。地方各级人民政府和各有关部门要统一思想，提高认识，高度重视粮食安全工作。要建立健全中央和地方粮食安全分级责任制，全面落实粮食省长负责制。省级人民政府全面负责本地区耕地和水资源保护、粮食生产、流通、储备和市场调控工作。主产区要进一步提高粮食生产能力，为全国提供主要商品粮源；主销区要稳定现有粮食自给率；产销平衡区要继续确保本地区粮食产需基本平衡，有条件的地方应逐步恢复和提高粮食生产能力。要将保护耕地和基本农田、稳定粮食播种面积、充实地方储备和落实粮食风险基金地方配套资金等任务落实到各省（区、市），并纳入省级人民政府绩效考核体系，建立有效的粮食安全监督检查和绩效考核机制。国务院有关部门负责全国耕地和水资源保护、粮食总量平衡，统一管理粮食进出口，支持主产区发展粮食生产，建立和完善中央粮食储备，调控全国粮食市场和价格。要不断完善政策，进一步调动各地区、各部门和广大农民发展粮食生产的积极性。

粮食经营者和用粮企业要按照法律、法规要求，严格落实粮食经营者保持必要库存的规定，履行向当地粮食行政管理部门报送粮食购销存等基本数据的义务。所有粮食经营者必须承担粮食应急任务，在发生紧急情况时服从国家统一安排和调度。

二、严格保护生产资源

坚持家庭承包经营责任制长期稳定不变，加快农业经营体制机制创新。依法推进农村土地承包经营权流转，在有条件的地方培育发展多种形式适度规模经营的市场环境，促进土地规模化、集约化经营，提高土地产出效率。

落实省级人民政府耕地保护目标责任制度，严格执行耕地保护分解任务，

[①] 本部分内容参考国家发展改革委：国家粮食安全中长期规划纲要（2008~2020年），2008年11月13日。

把基本农田落实到地块和农户,确保基本农田面积不减少、用途不改变、质量有提高。加强土地利用总体规划、城市总体规划、村庄和集镇规划实施的管理。加强土地利用年度计划管理,严格控制非农建设用地规模,推进土地集约、节约利用。严格执行征地听证和公告制度,强化社会监督。严格执行耕地占补平衡制度,加强对补充耕地质量等级的评定和审核,禁止跨省区异地占补。完善征地补偿和安置制度,健全土地收益分配机制。研究建立耕地撂荒惩罚制度。健全国家土地督察制度,严格土地执法,坚决遏制土地违规违法行为。

加强草原等非耕地资源的保护与建设。建立基本草原保护制度,划定基本草原,任何单位和个人不得擅自征用、占用基本草原或改变其用途。建立划区轮牧、休牧和禁牧制度,逐步实现草畜平衡。加强对草原生态的保护与建设,加快实施天然草原退牧还草工程,防止草原退化和沙化。积极研究推进南方草地资源保护和开发利用。加强对水域、森林资源的保护。

三、加强农业科技支撑

建立以政府为主导的多元化、多渠道农业科研投入体系,增加对农业(粮食)科研的投入。国家重大科技专项、科技支撑计划、"863 计划"、"973 计划"等要向农业领域倾斜。继续安排农业科技成果转化资金,加快农业技术成果的集成创新、中试熟化和推广普及。

建立健全农业科技创新体系,加快推进农业科技进步。加强国家农业科研基地、区域性科研中心的创新能力建设,推动现代农业产业技术体系建设,提升农业区域创新能力。逐步构建以国家农技推广机构为主体、科研单位和大专院校广泛参与的农业科技成果推广体系。深化农业科研院所改革,建立科技创新激励机制,鼓励农业科研单位、大专院校参与农业科技研发和推广,充分发挥其在农业科研和推广中的作用。

引导和鼓励涉农企业、农民专业合作经济组织开展农业技术创新和推广活动,积极为农民提供科技服务。深入实施科技入户工程,加大重大技术推广支持力度,继续探索农业科技成果进村入户的有效机制和办法。大力发展农村职业教育,完善农民科技培训体系,调动农民学科学、用科技的积极性,提高农民科学种粮技能。加强农业科技国际合作交流,增强自主创新能力。

四、加大支持投入力度

增加粮食生产的投入。强化农业基础,推动国民收入分配和国家财政支出重点向"三农"倾斜，大幅度增加对农业和农村的投入，努力增加农民收入。各级人民政府要按照存量适度调整、增量重点倾斜的原则，不断加大财政支农力度。优化政府支农投资结构，重点向提高粮食综合生产能力倾斜，切实加大对农田水利等基础设施建设投入。增加国家对基本农田整理、土地复垦、农业气象灾害监测预警设施建设、农作物病虫害防治的投入。各类支持农业和粮油生产的投入，突出向粮食主产区、产粮大县、油料生产大县和基本农田保护重点地区倾斜。积极扶持种粮大户和专业户发展粮食生产。

加大金融对农村、农业的支持力度。逐步健全农村金融服务体系，完善农业政策性贷款制度，加大对粮油生产者和规模化养殖户的信贷支持力度，创新担保方式，扩大抵押品范围，保证农业再生产需要。

完善粮食补贴和奖励政策。完善粮食直补、农资综合直补、良种补贴和农机具购置补贴政策。随着经济发展，在现有基础上，中央财政应逐年较大幅度地增加对农民种粮的补贴规模。完善粮食最低收购价政策，逐步理顺粮食价格，使粮食价格保持在合理水平，使种粮农民能够获得较多收益。借鉴国际经验，探索研究目标价格补贴制度，建立符合市场化要求、适合中国国情的新型粮食价格支持体系，促进粮食生产长期稳定发展。继续实施中央对粮食（油料）主产县的奖励政策。加大对东北大豆、长江流域油菜籽和山区木本粮油生产的扶持力度。完善农业政策性保险政策，加快建立大宗粮食作物风险规避、损失补偿机制和灾后农田恢复能力建设的应急补助机制。

完善粮食风险基金政策。根据粮食产销格局变化，进一步完善粮食风险基金政策，加大对粮食主产区的扶持力度。

加强对粮食产销衔接的支持。建立健全粮食主销区对主产区利益补偿机制，支持主产区发展粮食生产。铁路和交通部门要加强对跨区域粮食运输的组织、指导和协调，优先安排履行产销合作协议的粮食运输。粮食主销区要支持销区的粮食企业到产区建立粮食生产基地，参与产区粮食生产、收购并定向运往销区。鼓励产区粮食企业到销区建立粮食销售网络，保证销区粮食供应。主产区粮食企业在销区建立物流配送中心和仓储设施的，主销区地方人民政府要给予必要支持。

加大对散粮物流设施建设的投入。引导多渠道社会资金建设散粮物流设施，积极推进粮食物流"四散化"变革。对服务于粮食宏观调控的重要物流通道和物流节点上的散装、散卸、散存、散运及信息检测等设施的建设，各级人民政府要予以支持。

五、健全粮食宏观调控

健全粮食统计制度。完善粮食统计调查手段。加强对粮食生产、消费、进出口、市场、库存、质量等监测,加快建立粮食预警监测体系和市场信息会商机制。成立粮食市场调控部际协调小组,建立健全高效灵活的粮食调控机制。

健全和完善粮食应急体系。认真落实《国家粮食应急预案》的各项要求,形成布局合理、运转高效协调的粮食应急网络。增加投入,加强对全国大中城市及其他重点地区粮食加工、供应和储运等应急设施的建设和维护,确保应急工作需求。对列入应急网络的指定加工和销售企业,地方人民政府要给予必要的扶持,增强粮油应急保障能力。完善对特殊群体的粮食供应保障制度,保证贫困人口和低收入阶层等对粮食的基本需要。建立健全与物价变动相适应的城乡低保动态调整机制,确保城乡低收入群体生活水平不因物价上涨而降低。

完善粮食流通政策。进一步完善粮食市场准入制度,加快研究制定国内粮油收购、销售、储存、运输、加工等领域产业政策,完善管理办法。

加强粮食行政管理体系建设。落实和健全粮食行政执法、监督检查和统计调查职责,保障粮食宏观调控和行业管理需要。

六、推进粮食法制建设

认真贯彻执行农业法、土地管理法、草原法、粮食流通管理条例和中央储备粮管理条例等法律法规,加大执法力度。加强粮食市场监管,保证粮食质量和卫生安全,维护正常的粮食流通秩序。制定公布粮食安全法,制(修)订中央和地方储备粮管理、规范粮食经营和交易行为等方面的配套法规。

第二篇
历经磨炼:改革开放前的粮食政策演变(1949~1977年)

导 言

　　新中国成立伊始，国内一穷二白，经济基础十分薄弱；国际上，帝国主义国家封锁孤立。鉴于当时紧张的国际国内环境，我国确立了优先发展重工业的经济发展战略。在当时的历史条件下，要完成工业化的资金积累，只有依靠农民和农村。传统的经济发展战略的实施过程，也是我国农产品抑制性低价政策的推行过程。实施的手段之一是在价格政策上采取了工农业产品价格"剪刀差"，通过利用这种"剪刀差"，把农民的部分劳动成果转到国库，从而为加速新中国成立初期的工业化进程提供大量积累。为了这种农产品低价政策在全国范围内的顺利推进和有效贯彻，国家制定了一系列配套措施，概括起来，主要有以下三个方面：一是对农产品采取了统购统销制度，以确保国家的低价垄断收购。由于战乱刚结束，百废待兴，少数私商粮贩趁火打劫，囤积居奇，使得粮食供求成为突出矛盾。鉴于此，1953年国家及时采取了"统购统销"的粮食流通体制。这是国家在粮食短缺的情况下采取的必要措施。采取农产品统购统销政策就必然要排斥并严格禁止农产品自由市场的出现和发展，以防止对国家垄断低价的冲击，从而保证农业收益尽数纳入国库而不致流失于民间。二是推行严格的城乡户籍管理制度以防止农业人口大量流失。只有通过严格的城乡户籍管理制度把农业人口紧紧束缚在耕地上，严格限制农业人口转入城镇户口，才能保障和维持低水平和相对稳定的城市农产品供给水平。三是对农产品的生产供给采取行政管理方式，如以"政社合一"的农村人民公社体制为依据，对农业生产实行行政指令性管理或半指令性管理，对农产品实施义务交售和合同收购等办法来约束和限制农民从事非农业生产劳动，利用大量的农业劳动投入弥补农产品低价政策所带来的农业劳动生产率的降低。只有采取上述三个方面的配套政策措施，方能加固农产品低价政策的刚性，从而保证它能得到有效贯彻和实施。

　　总体上来看，新中国成立以来到改革开放前这一段时间里，我国粮食政策基本上适应了国内国际现实情况的要求。粮食生产上积极采取措施充分利用农业生产资源，促进粮食产量增加，来满足严重不足的粮食的供给。相配套的是在粮食流通领域实行严格的统购统销政策，包括计划收购政策、计划供应政策及由国家严格控制的中央对粮食实行统一管理的政策。政府通过采取这些政策措施控制了粮食供给，在全国粮食紧缺的情况下，通过统购统销政策有限保证了社会各方面的粮食基本需要，有效缓和了复杂的社会阶级矛盾，为稳定实现我国工业化积累进程提供了一定的保障。这种近似于军事管制的粮食政策主要弊端是客观上形成了"第二财政"，给国民经济发展和经济建设造成严重影响。这种严格的计划经济体制下的粮食政策与不断发展变化的粮食生产、消费、流通相抵触。在党的十一届三中全会的春风中，这种近似于枯萎的僵化粮食体制也开始松动，长出适应新形势枝叶来。

第三章

百废待兴： 1949～1956 年的粮食政策

1949年中华人民共和国成立时，我国有5亿多人口，人均收入66元，人均粮食209公斤。工业技术水平低下，农业生产方式落后，物资供应紧缺，物价飞涨，市场混乱，人民生活痛苦不堪。当时的中央政府采取了一系列的有效措施，积极进行土地改革，变革生产关系，发展生产力，恢复农业生产和国民经济发展，其中之一是稳定物价，实行粮食统销统购，保障粮食的有效供给。新中国成立初期，针对一穷二白的特殊国情，为集中力量办大事，实现国民经济的快速发展，中央选择了通过牺牲农业发展工业来实现经济增长的道路，在取得不菲成绩的同时也形成了长期影响农业发展的城乡二元结构。

第一节 时代背景：百废待兴

一、新中国成立初期粮食生产的基本情况

新中国成立初期，物资供应缺乏，粮食生产水平极其低下。抗日战争以前全国粮食的最高产量为2 800亿斤，1949年大约2 240亿斤，1950年计划增产50亿斤，远远低于战前最高水平。当时农村每人每年的收入约200斤粮食，还需要向国家缴纳40斤。由于农业生产没有恢复，以农产品为原料的轻工业产品维持正常生产都很困难。新中国成立前长期实行的通货膨胀政策，积累了大批商业投机资本。新中国成立初期他们利用国家经济困难，囤积居奇、哄抬物价、疯狂追逐暴利。1949年夏季，商业投机资本开始转向粮食市场,导致粮食市场的供给冲击,价格疯长。为同商业不法投机分子做斗争,新成立的人民政府对全国粮食实行统一管制,统一调度,通过在各大城市集中连续抛售,使粮食价格下降了30%~40%,同时打击了不乏投机商人,缓和了粮食市场的供求矛盾。从某种意义上讲,反投机、稳供应是新中国政府粮食政策的开始①。

二、新中国成立初期农业生产落后,积极实施合作化运动

新中国成立初期,我国工农业生产水平十分低下,工农业生产基础设施和技术水平极其落后。在整个产业构成中,农业居主导地位。1952年,第一产业增加值占国内生产总值的比重达51.0%,第二产业增加值占20.8%,第三产业增加值占28.2%;第一产业劳动力所占比重为83.5%,第二产业劳动力所占比重为7.4%,第三产业劳动力所占比重为9.1%。我国经济结构基本上处于以农业为主的阶段。农业生产力水平低下,生产方式非常落后,农业生产表现为对种植业过度畸重的单一结构。种植业在农业生产中的主体地位异常突出,种植业以外的其他农业发展较为缓慢,农业内部比例极度不协调。

针对新中国成立初期农业生产水平低下、自然灾害发生频繁的情况,为恢复生产、增强农民抵御自然灾害的能力,农民自发成立了农村生产互助组织,并得到了中央的肯定。1953年春,中国土地改革基本完成,获得土地的农民有着极大的生产积极性,但分散、脆弱的农业个体经济既不能满足工业发展对农产品的需求,又有两极分化的危险。中国共产党当时认为只有组织起来互助合作,才能发展生产,共同富裕。1953年,先后发布了《中共中央关于农业生产互助合作的决议》和《中共中央关于发展农业合作社的决议》,中国农村开始了互助合作运动。党和政府又及时引导个体农民通过互助、农业合作社等形式走上集体化道路。到1956年底,农业生产合作社的农户达1.18亿户,占全国农户总数的96.3%,其中高级社的占87.8%,从而成功地对农业生产资料私有制进行了社会主义改造,解放了农村生产力。1952年与1948年相比,农业产值增长53.4%,粮食和棉花分别增长44.8%和190%,平均每年增加1 691万吨和28.7万吨,农民人均纯收入增长30.1%。1957年与1952年相比,农业总产值增长28.7%,平均每年增长5.2%;粮食平均每年增加623万吨,以3.5%的速度递增;棉花平均每年增长4.8%;猪、羊年

---

① 张衍鲁、李慎令.苏中建国初期粮食政策之比较[J].聊城大学学报(哲学社会科学版),2002(3),37~41.

末存栏数分别增长 62.5% 和 59.6%，大牲畜存栏数增长近一成；水产品产量增长 87%。1957 年农民人均纯收入比 1952 年增长 28%。①

三、自然灾害频繁

1949 年是中国自然灾害十分严重的一年。各地旱、冻、虫、风、雹、水、疫等灾害相继发生，尤以水灾最重。据统计，1949 年全国受灾面积达 12 787 万亩，受灾人口约 4 555 万人，粮食减产 114 亿斤，灾情分布在全国 16 个省区、498 个县市的部分地区，大块重灾区共 2 800 余万亩，最需要救济的重灾民约 700 万人。其中，华东地区受灾面积 5 256 万亩，灾民 1 642 万人，以皖北、苏北、山东等地的水灾较重；华北地区受灾面积 4 720 万亩，灾民 1 143 万人，以河北、平原两省的水灾较重；中南地区受灾面积 2 266 万亩，灾民 875 万人，以河南、湖北、江西水灾较重。1949 年的大面积自然灾害必然导致在全国范围内出现大面积灾荒。如何帮助灾民度过灾荒，成为新中国成立后党和政府迫切需要解决的重要问题之一。1949 年 12 月 19 日，中央人民政府向全国发出《关于生产救灾的指示》，1950 年 1 月 6 日又发出《关于生产救灾的补充指示》，要求各级人民政府提高对救灾重要性的认识，切实开展生产救灾工作，采取措施帮助灾民度过灾荒。1950 年 2 月 27 日，救灾领导协调机构——中央救灾委员会正式成立。确定了明确的救灾工作方针实行生产自救，节约度荒，群众互助，以工代赈，并辅之以必要的救济原则。采取一系列措施积极进行灾害救济，帮助灾民度过了灾荒。

第二节　政策选择：稳定与恢复

一、土地改革

土地改革是中国共产党在民主革命时期获得农民支持、赢得革命胜利的三大法宝之一。1949 年 9 月的《共同纲领》规定，新中国将"有步骤地将封建半封建的土地所有制改变为农民的土地所有制"。新中国成立初期，为了维护农民群众的利益，解放农村生产力，中国共产党积极带领全国亿万农民开

---

① 新中国成立初期的农业发展，中国宏观经济信息网，2001 年 06 月 27 日。

展了规模浩大的土地改革运动。1949年冬天，在一些地区，主要是华北一些城市的近郊和若干地区，加上河南的一半地区，总共有0.26亿农业人口的地区完成了土地改革。由于国内外形势和条件发生了很大变化，原有的土地改革政策已不能完全适应新区土改的需要。因此，新中国成立后不久，1950年6月，中国共产党召开了七届三中全会。会上通过了在全国范围内开展土地改革的决议，正式颁布了《中华人民共和国土地改革法》。《中华人民共和国土地改革法》共六章四十条。该法确定土地改革的方针是：废除封建剥削的土地所有制，实行农民的土地所有制。该法指出，为了减少土地改革运动的阻力和发展农业生产，采取保存富农经济和政治上孤立富农的政策。其目的是"废除地主阶级封建剥削的土地所有制，实行农民的土地所有制，借以解放农村生产力，发展农业生产，为新中国的工业化开辟道路。"该法强调，土地改革必须是有领导、有计划、有秩序、有组织地进行。

新中国成立以后进行的土地改革运动，已经不仅是为了最后完成民主革命的任务，而是被当作对农业实行社会主义改造和国家实现工业化的必要环节。通过土地改革，党和政府的权威及组织动员能力空前提高，为后来的社会制度变革和大规模动员社会资源奠定了基础，对中国的制度变革和经济发展产生了深远影响。

二、新中国成立初期农田水利建设

新中国的首要任务是恢复生产，维护社会稳定。积极进行农田水利工程建设、控制水旱灾害就成为政府的一项重要工作。政府每年动员上千万的人进行农田水利建设，恢复水利工程。农田水利工程建设的方针是依照国家经济计划和人民生活水平提高的需要，根据不同的情况和人力、财力及技术等条件，分别轻重缓急，以发展农业生产，达到发展生产力的目的，有计划有步骤地恢复并发展各项农田水利工程建设。统筹规划，相互配合，统一领导，统一水政。受洪水威胁的地区着重于防洪排水，在干旱地区着重于开渠灌溉。经过中央人民政府和广大群众几年的辛勤的努力，农田水利工程得到了全面恢复和发展，对农业和粮食生产起了良好作用。重点建设的水利工程项目包括：大规模治理淮河；修建官厅水库以减轻永定河对北京的威胁；修建大伙房水库减轻浑河、太子河对沈阳的压力；整修独流减河等解决海河的出路问题；修建了荆江分洪工程；汉江下游的杜家台分洪工程；黄河下游堤防进行全面整修加固；洞庭湖、鄱阳湖、太湖、珠江三角洲等圩区加强圩堤建设，提高防洪排涝能力。全国灌溉面积发展到了4亿亩。这些水利工程的建设大大缓解了各地水旱灾害对粮食生产的影响，对安定社会、恢复生产、保障建国初期的粮食供应发挥了巨大作用。

三、统购统销政策的形成

1950年3月，中央人民政府政务院决定，"统一全国财政收支"；"使国家收入的主要部分，包括公粮（除地方附加粮）等，集中到中央，用于国家的主要支出"。这是国家以法令的形式确定统管粮食的开始。1953年，土地改革完成，新中国进入了大规模进行新民主主义经济建设时期，对粮食的需求日益增长。为了保证经济建设和人民生活的需要，中央人民政府经过深入调查研究，权衡利弊，决定实施由中央人民政府控制和支配的粮食流通政策。1953年10月16日，党中央作出了《关于实行粮食的计划收购和计划供应的决议》；11月23日，中央人民政府发布了《关于实行粮食的计划收购和计划供应的命令》。我国除西藏自治区和台湾地区外，开始贯彻实施此决议和命令。内容包括计划收购和计划供应，由国家严格控制粮食市场，对粮食实行统一管理。1953年，中央人民政府发出通知：为了保证人民生活和国家建设所需要的粮食，稳定粮价，消减粮食投机，决定在全国范围内有计划、有步骤地实行粮食的计划收购和计划供应。要求生产粮食的农民应按国家规定的收购粮种、收购价格和计划收购的分配数量将余粮售给国家。各级政府应对有关粮食购销部门进行经常的检查和监督。这样，国家不但通过收购计划对农民的粮食生产种植进行指导，还通过国家销售计划规范了粮食的销售流通。这标志着由国家统一支配粮食的收购和销售，即统购统销的政策正式开始。

中共中央、国务院于1955年3月3日决定在全国实行粮食"三定"（定产、定购、定销）制度，要求各地在春耕开始前，以乡为单位，将全乡的计划产量大体确定下来，并将国家对本乡的购销数字向农民宣布，使农民预先知道自己全年生产多少，国家收购多少，留用多少，缺粮户供应多少。1955年到1956年度征购粮食完成435亿公斤，虽然超过计划20亿公斤，但因为这年大丰收，又实行了"三定"，征购工作进展顺利。"三定"的办法获得了广大农民群众的拥护。有的农民说，"三定是四定"，意思是有了定产、定购、定销，心也定下来了。根据两年的统购统销实施经验，1955年8月25日，国务院发布了《农村粮食统购统销暂行办法》和《市镇粮食定量供应暂行办法》。前者对定产、定购、定销事宜作出了详细规定。

1956年初，初级形式的农业生产合作社已经普遍建立，正在一大批一大批地向高级形式的农业生产合作社转变。1956年10月6日《关于农业生产合作社统购统销的规定》要求,今后粮食统购和农村统销,"不论高级社或初级社,一般以社为单位,根据1955年分户、分社核定的粮食定产、定购、定销数字,统一计算和核定。归社统一计算的结果,粮食有余的为余粮社,粮食不余不缺的为自足社,粮食不足的为缺粮社"。这样,合作化后,国家不再跟农户发生直接的粮食关系。1956年,由于部分地区遭灾减产,为了保证这些灾区的粮食供应,该规定提出:"国家对粮食丰收地区的余粮社,可以在定购数量以外,适当增购一部分,但增购部分不得超过余粮社增产部分的40%。"1957年10月11日,国务院又作出补充规定,根据1956年的经验和供销矛盾的新发展,提出坚持在"三定"的基础上,实行以丰补歉的方针。

(一) 粮食统购统销政策的主要内容

一是计划收购。国家对农村余粮户实行计划收购,农民生产的余粮按照国家规定的收购品种、价格和数量卖给政府。所谓余粮户,就是对生产粮食的农民,留足其全家口粮、种粮、饲料和缴纳农业税外,还有多余粮食的农户。对余粮户的余粮,一般统购80%~90%,统购的粮种和价格由中央统一规定。《关于实行粮食的计划收购和计划供应的命令》规定:"生产粮食的农民应按国家规定的收购粮种、收购价格和计划收购的分配数量将余粮售给国家。"按此规定,国家在农村统购粮食的对象是农村生产粮食的余粮户,所要统购的是余粮户的余粮。

二是计划供应。国家对城镇居民和农村缺粮农民实行计划供应。《关于实行粮食的计划收购和计划供应的命令》规定的计划供应范围包括县以上城市、农村集镇、缺粮的经济作物产区、一般地区缺粮户和灾区的灾民,还有熟食业和食品工业等。按照这个范围,当时供应人口接近两亿,超过全国总人口的1/3。供应品种由少到多,供应办法由简到繁,由宽到严。

三是严格管理粮食市场,严禁私商自由经营粮食。《关于实行粮食的计划收购和计划供应的命令》规定:"一切从事粮食经营、加工的国营、地方国营、公私合营、合作社经营的粮店和工厂,统一归当地粮食部门领导;所有私营粮商一律不许私自经营粮食,但得在国家严格监督和管理下,由国家粮食部门委托代理销售粮食。""所有私营粮食加工及经营性的土碾、土磨,一律不得自购原料,自销产品,只能由国家粮食部门委托加工或在国家监督和管理下,代消费户按照国家规定的加工标准从事加工。""一切非粮食机构或私商,禁止跨行业经营粮食。农民运粮进城出售,由国营粮店或合作社收购。"

四是统一管理。实行在中央统一政策下由中央和地方分工负责的粮食管理体制。《关于实行粮食的计划收购和计划供应的决议》规定:"所有方针政策的确定,所有收购量和供应量、收购标准和供应标准、收购价格和供应价格等,都必须由中央统一规定或经中央批准,地方则在既定的方针政策原则下,因地制宜,分工负责,保障其实施。"

《关于实行粮食的计划收购和计划供应的决议》指出:"上述四项政策,是互相关联的,缺一不可的。只实行计划收购,不实行计划供应,就不能控制市场销量;只实行计划供应,而不实行计划收购,就无法取得足够的商品粮食。而如果不由国家严格地控制粮食市场和由中央实行统一管理,就不可能对付自由市场和投机商人,且将由于人为的粮食山头的互相对立,给投机商人以更多的捣乱机会,结果计划收购和计划供应亦将无法实施。"在部署了粮食统购统销之后,中共中央又与同年11月13日作出了对油料实行计划收购和销售(统购统销)的决定。其主要精神是:油料由国家统一收购,统一经营,私商不得插手。油料中的主要品种,如花生、芝麻、油菜籽、胡麻籽和油茶籽,均由中央统一下达收购计划,逐级向下分配,并规定:对油料的统购,与粮食统购一同进行。

(二)统购统销体制的经济学内涵

新中国成立初期粮食危机是暂时性的,但是带来的制度变迁影响则延续了几十年。

第一,在实物分配形态上,统购统销反映了农民自我消费倾向与国家工业化需要在粮食和农产品总量分配上的矛盾。以粮食为例,1952年粮食总产是3 278亿斤,即便全部由乡村人口消费不过人均651斤。乡村用粮主要有四项:口粮、种粮、耕畜和家禽家畜的饲料粮、家庭副业原料用粮(豆腐、米酒等副食品和佐餐饮料用粮),人均650斤左右消费,仍是比较低的消费水平。然而,从国家工业化立场看,城市人口需要口粮、工业建设需要粮食原料、需要大量粮食出口换汇进口机器设备等。低劳动生产率约束条件下,总量紧张带来的矛盾,促使国家利用全能主义的权威,诉诸行政手段从农村获得足够数量粮食。

第二,在价值分配形态上,统购统销反映了农民消费支出与国家工业化需要在收入和剩余分配上的矛盾。1954年国家农副产品收购总额为159亿元,假定牌价与市价差别平均为30%,那么按照市价收购需要多支付57亿多元,远远超过当年工业基本建设总额38亿元。如果留在农村,人均收入增加10

元左右。通过市场方式，把这一收入增量变成积累，并快速形成工业化投资，可能存在很大困难。可见，统购统销为国家工业化提供了积累来源。

第三，统购统销还反映了初期工业化阶段，国家获得剩余和积累在手段上面临的约束。

一是历史、政治和合法性方面的约束。执政党走农村包围城市道路，主要依靠农民的支持，通过几十年艰苦惨烈的国内战争取得政权。取得农民支持需要宣传，宣传动员革命的一个重要内容，是指责当时统治者通过苛捐杂税等方式盘剥人民。在这一历史背景连带的路径依赖效应的影响下，决定了新中国领导人不会考虑重税方案。

二是与非市场性的激励机制相兼容。国家工业化本质上需要对市场机制的替代机制，因而需要超越个体直接物质利益的激励机制，这就是计划经济时期长期利用的共产主义思想教育和革命精神的激励机制。在战争年代和革命激情高涨时代，这一激励机制有一定作用。通过统购统销这样比较曲折隐蔽的剩余转移方式，与非市场激励机制具有兼容性。

四、1953年："一化三改造"政策

从1949年新中国成立到1956年社会主义改造基本完成，是新民主主义社会的过渡时期。党在过渡时期的总路线是：要在一个相当长的时期内逐步实现国家的社会主义工业化，并逐步实现国家对农业、对手工业和对资本主义工商业的社会主义改造。过渡时期总路线简称"一化三改造"和"一体两翼"。"一化"就是逐步实现国家的社会主义工业化，这是主体；"三改"即逐步实现国家对农业、手工业、资本主义工商业的社会主义改造。社会主义改造的目的是积极发展社会主义工业，使我国由落后的农业国逐步变为先进的工业国，使社会主义工业成为整个国民经济的主导力量。这就要求通过把农民手工业者的个体私有制改造为社会主义集体所有制，把资本主义工商业者的私有制改造为社会主义的全民所有制，进一步解放生产力，适应新中国社会主义工业化建设的基本要求，有效推动社会主义经济发展。"一化三改造"是互相联系、互相制约、互相促进的关系，体现了发展生产力和变革生产关系的辩证统一。因此，党在过渡时期的总路线是一条社会主义建设和社会主义改造同时并举的总路线。

五、推行农业合作化政策

新中国成立初期，针对水旱灾害严重和农业生产力水平低下的粮食生产

现实，为了提高农民抗击灾害、提高农业生产力水平、缓解农副产品供应日趋紧张的问题，中央决定推行农业合作化政策。农业合作化是指在中国共产党领导下，通过各种互助合作的形式，把以生产资料私有制为基础的农业生产的个体经济，改造为以生产资料公有制为基础的农业合作经济的过程。农业合作化的本质是农业生产的集体化。

农业合作化最早开始于1949年10月，当时主要是以办互助组为主，同时试办初级形式的农业合作社。1951年9月，中共中央召开了第一次互助合作会议，通过了《关于农业生产互助合作的决议》，各地开始实行农业合作化，农业互助合作运动取得了较快的发展。截止到1952年底，全国40%约830多万个农户以不同形式参加了农业互助合作组织，各地还尝试成立了3 600多家农业初级社。1953年12月16日，中共中央公布了《关于发展农业生产合作社的决议》，农业合作社从试办进入发展时期。1954年以后，农业初级社在全国得到普遍建立和发展。农业生产合作社发展到9.5万家，参加农户达170万户，大大超过了中央提出的数字。为了吸引更多的农民入社，国家从各方面大力支援农业生产合作社。到同年秋，全国新建农业生产合作社13万多家，加上原有的共22.5万多家。1955年4月，农业合作社发展到67万家。中共中央在1955年1月10日发出《关于整顿和巩固农业合作社的通知》，要求各地停止发展，集中力量进行巩固，在少数地区进行收缩；并在4月下旬召开了全国第三次农村工作会议，总结经验，布置工作，提出要求，要合理健康发展农业合作化。1955年下半年到1956年底，是农业合作化运动快速发展阶段。到1956年底，96.3%的农户参加了初级社，88.7%的农户参加了农业高级社，基本上实现了农业的社会主义改造，完成了由个体农业经济到社会主义集体所有制农业经济的转变。农业合作化政策客观上为加快个体手工业和资本主义工商业的社会主义改造从而更好地推进中国工业化创造了条件。但速度快、规模大、急于求成的公有化过程，对于处于落后的农业发展水平来说不一定是好事，带来了一系列问题。

第三节 政策效果：成果斐然

新中国成立伊始，粮食产需、供求矛盾十分尖锐。面对严峻的粮食形势，党和政府一方面组织恢复和发展粮食生产；另一方面采取有效措施，尽快扭转市场剧烈动荡的局面，把粮食价格稳定下来。在粮食经营政策上主要把握两个环节：一是规定适当的公私经营比重；一是掌握合理的粮食价格水平，发挥国家牌价在市场上的主导作用。经过三年多的艰苦努力，克服了种种困难，粮食状况逐步有所好转，这对促进国民经济的恢复和发展发挥了积极的作用。

新中国成立后开始大规模粮食出口。出口量从1950年122万吨增至1951年200万吨。到50年代中后期，年平均出口量一直高于200万吨。大米和大豆的出口占1953至1960年粮食出口总量的83%左右。这一时期粮食进口量一般较少。工业化初始阶段急需外汇注入，粮食净出口为解决这一问题做出了巨大贡献。据估计，这时期粮食净出口所得外汇占国内总出口所得外汇的12%~19%。

一、土地改革对粮食生产的影响

1950年，《中华人民共和国土地改革法》颁布。土地改革的基本内容是没收地主阶级的土地，分配给无地少地的农民耕种，把封建剥削的土地所有制改变为农民土地所有制。废除了封建土地制度，实行农民的土地所有制，极大地解放了农村生产力，调动了农民生产的积极性，农业生产恢复发展很快。1952年土地改革基本完成。土地改革极大地解放了生产力，粮食产量迅速提高，形成1949~1957年第一次粮食生产持续增加周期。1951年全国农业总产值比1949年增加了28.8%，1952年比1949年增加了48.5%。粮食产量1952年比1949年增加了44.8%。1950~1952年，粮食每年平均增长速度达12.9%。新中国成立前，粮食最高年产量为2 774亿斤，1949年是2 263.6亿斤，1951年增长到2 873.7亿斤，超过了新中国成立前最高年产量，1952年更达3 278.2亿斤，超过新中国成立前最高年产量18.1%。这次土地改革在发展农业、发展国民经济和稳定社会方面发挥了巨大的作用，也为新中国的工业化开辟了道路。新政权得到了进一步的巩固。土地改革后，中央为了解决个体农业分散经营，资金缺乏，不能兴办较大规模的农用水利建设，难以抵御自然灾害的现状，从1953年起通过农业合作化方式进行了第一次土地集体经营的探索，将农民个体所有制变为集体所有制，建立了人民公社。随后，党中央领导农民开展了一场持久的以全面加强农业基本建设、改变农业生产条件为目标的群众战争。然而，受"左倾"思想的影响，农业合作化道路改造进程操之过急，过分强调集中生产，而忽视了农业生产本身的特点和家庭分散经营的重要作用，损害了农民的利益，挫伤了农民的生产积极性，这些都对农业经济发展产生了负面的影响。

二、统购统销政策的实施效果

从1953年开始执行的统购统销制度直到1985年粮食生产出现"剩余"才结束，这项粮食政策32年之久。在相当长时期的政策执行过程中，统购统销政策也随着经验的积累和农业生产的曲折发展而不断发展。尽管存在着这样或那样的不足，但有一点是不容否认的，统购统销的粮食流通政策在计划经济时代为保证人民群众的温饱、维护社会的稳定做出了不可磨灭的贡献。这种将粮食生产流通完全纳入统一的国家渠道的政策，在当时农业生产极端落后的情况下，充分保障了社会的有效供给。

统购统销要处理的是粮食问题上的四种关系，这就是"国家跟农民的关系，国家跟消费者的关系，国家跟商人的关系，中央跟地方、地方跟地方的关系。"

统购统销政策直接起到了平抑物价、防止粮食投机倒把、稳定农村经济秩序的作用。农业发展缓慢、产量增幅明显下降，导致1953年国家出现了食品供应危机。并且，由于私人粮商竞争，农民不愿卖粮给国家，政府粮食收购计划无法完成。为了在保证工业化发展速度的前提下满足城市平价粮的供应，国家"寄希望的解决问题的方案是在1953年秋末按不变价格实行粮食统购统销制和适当加快合作化步伐"。统购统销制开始成为中国农业政策的基础。从短期看，这种制度确实为国家的强制性工业化计划提供了大量的原料和资金积累，促进了工业生产的快速发展。但从长期影响看，它造成中国经济结构失衡，不利于国民经济的持续发展。此后，对农业政策的探索虽然一直没有停止，但由于始终不能突破斯大林模式的束缚和统购统销政策的限制，因而成效不大。但是，这种明显具有斯大林模式特点的粮食政策，也带来了一些长期的消极后果：即以国家计划和行政指导代替了农村中的商品经济关系，基本上废止了农村经济生活中的市场导向，取消了农业生产中的商品经济关系，最终导致农业生产的非正常发展。特别是在生产合作社普遍建立起来以后，"大锅饭"使农民的生产积极性逐渐丧失殆尽。

三、农业合作化的成效

农业合作化道路有利于保护农民从土地改革培养出来的生产积极性，增强农业生产过程中与自然灾害、生产力落后做斗争的力量。新中国成立初期，很多农民生产要素残缺不全（据统计，1949年每百户农民只有64头大牲畜，

50部旧式犁，9.7部水车，6.6辆大车），生产工具和耕作技术水平落后，难以形成较高生产能力，不可能有效抵御自然灾害的侵害。当时的农民在生产过程中只有走农业合作化道路，大家合作形成合力，才能有效克服困难，提高粮食生产能力。中央根据这种情况，及时引导农民发展互助合作组织来发展农业生产是有利于发展农业生产力水平的。

　　实践证明，1951年和1953年中央作出的关于互助合作的两个决议，采取了许多符合实际的、有效的原则和措施，由临时互助组、常年互助组到初级社，再到高级社，逐级过渡的农业社会主义改造使农民逐步适应了新的制度。在农业合作化过程中，中央政府强调反对强制和剥夺农民，坚持说服、示范和国家帮助的方法，严格遵守自愿原则。抓好生产，实行民主管理，采用灵活、过渡的分配办法，既要反对放任自流又要反对急躁冒进两种倾向等。这些措施保证了农业合作化运动的有效发展，取得了显著的成绩。一是在全国范围内实现了合作化、土地公有，建立了社会主义农业集体所有制的经济基础，促进了农民生产积极性。二是农业合作化建设有效促进了农田水利建设和农业机械化的发展。农田灌溉面积由1952年的29 938万亩增加到1957年的41 008万亩。三是在低水平上保证了全国人民的基本粮食需要，对工商业的社会主义改造的提供了有利条件。农业合作化在特定的历史条件下对我国社会经济的发展是功不可没的。

四、经验总结

　　首先，中国的国情决定了必须依靠社会主义解决粮食问题。新中国成立初期，我国农业科技水平和生产设施十分落后，人口多、底子薄是我国当时的最大现实。土地改革和合作化运动是解决中国农业问题的重要途径。粮食既是一种带有公共产品特征的特殊商品，又是一种受自然气候影响巨大的农作物。因而，对于饱受帝、官、封势力长期压迫的中国人民来说，实行社会主义的土地改革和农业合作化运动有利于增强广大人民群众的粮食生产积极性，有利于增强农业生产活动的抗灾能力和互助合作能力，从而有效提高我国粮食生产水平。社会主义解放了农村生产力，社会主义维护了最广大农民群众的切身利益。直到实行社会主义市场经济体制的今天，这个命题依然成立。离开了社会主义，农村将进一步出现两极分化，农业生产活动将遭受致命打击。

　　其次，解决粮食生产问题必须坚持统筹兼顾、综合发展的原则。无论解决粮食问题、灾荒问题，还是其他各项问题，都必须统筹兼顾，都要从我国的实际出发。要根据具体情况,作出综合协调、适当安排。粮食问题是农业问题的核心,而我国农业问题是国民经济的重要组成部分,和工业、服务业是相辅相成、相互支持、相互制约的关系。农业生产内部种植业、林业、畜牧业三者相互依赖,缺一不可。为增加粮食生产,在开垦荒地时,必须坚持符合水土规划要求,防止水土沙化和水土流失,在粮食生产过程中要坚持经济、社会和资源环境的综合协调发展问题。

第四章
灰色记忆：1956~1965年的粮食政策

第一节 时代背景：急于求成

一、"左"倾错误与"大跃进"

经历了三年的新民主主义经济建设，我国粮食生产得到了恢复，各项社会经济建设得到了一定程度的发展。通过1953~1957年第一个国民经济和社会发展五年计划的顺利执行，我国工农业生产都有大幅度的提高。然而，由于对社会主义经济发展规律和中国经济的基本情况认识不足，进行经济建设经验相对不足，中共中央开始抛弃"八大"确立的实事求是的精神，中央的左倾路线又一次开始抬头了，标志着我国的社会主义经济建设进入了荒唐的"大跃进"时期。

从1958年"大跃进"开始到1960年的三年时间"左"倾冒进行为使本来欣欣向荣的社会主义经济建设遭到了破坏，导致国民经济比例的严重失调，并造成严重的经济困难。

二、人民公社化运动

新中国成立后，粮食生产在土地改革等利好政策的推动下，广大人民群众的生产积极性得到迸发，实现了战胜自然灾害，粮食产量不断提高，但生产力水平的变化并不大，尤其是在农村，劳动资料主要是依靠人力、畜力、镰刀、锄头和铁锨等传统落后的生产方式和手工工具。粮食增产主要依靠生产关系由个体小农经济转变为公有制集体经济的根本性变化而产生的生产积极性。由于农村经济关系发生了根本性的变化，由个体经济转变为集体经济，农业生产的物质条件也发生了两大变化：一是农业劳动由个体劳动转变为集体劳动；二是农业的基本生产资料即土地，由私有制转变为公有制，这就给农业生产和建设准备了新的条件。从农业基本建设看，首先是为大规模农田水利基本建设准备了条件。水利是农业的命脉，有水灌溉，农作物就能增加产量，水浇地比旱田能够增产，这是众所周知的事实。但是，在小农经济的条件下，一家一户既没有这种经济实力，也不可能进行大规模的农田基本建设。从农业生产看，生产条件也发生了变化，出现了"状元田""试验田"等新的生产形式。在小农经济的条件下，每户平均十几亩耕地，两三个劳动力，根本不可能专门抽出土地和劳动力来从事农业生产的实验。而实现集体化之后，就有可能抽出少量土地和劳力，专门从事科学实验，"试验田"就在这种条件下应运而生了。据统计，到1956年底，全国参加农业生产合作社的户数为11 782.9万户，占总农户数的96.3%。其中，参加高级社的为10 742.1万户，占总农户数的87.8%；参加初级社的为1 014.7万户，占总农数的8.5%[1]。这就是说，到1956年底，绝大部分农户参加了以土地公有为特征的高级社了。

1958年3月，在成都召开的中央工作会议通过了《中共中央把小型的农业合作社适当地合并为大社的意见》。文件下达后，福建、河南、辽宁等省农村开展联乡并社的工作。1958年中共中央政治局在北戴河举行了扩大会议，通过了《关于在农村建立人民公社问题的决议》，认为人民公社是建成社会主义和逐步向共产主义过渡最好的组织形式，并认定共产主义在中国即将实现，决定在全国农村普遍建立人民公社。"人民公社化"把穷富拉平，强调公有化的程度越高越好，把一切生产资料包括社员的自留地、家畜家禽等都收归公有，取消评工记分，推行"吃饭不要钱"的"按需分配"方式，普遍建立以村为单位的集体食堂。

三、三年自然灾害[2]

1959年自然灾害。1959年全国出现了严重的大范围、百年一遇的春旱、霜冻、洪涝等交替现象，受灾面积达6.8650亿亩，成灾（收成减产80%以上

---

[1] 苏星．我国农业的社会主义改造．
[2] 国家统计局、民政部编．《1949—1995中国灾情报告》．中国统计出版社1995年版．

为成灾）面积 2.0595 亿亩（《灾情报告》第 378 页）。成灾地区集中在主要产粮区和人口大省。河南、山东、四川、安徽、湖北、湖南、黑龙江等省区的旱灾，占全国成灾面积的 82.9%，而且各种灾害交替出现，对粮食生长影响十分严重，灾害从受灾面积看已是新中国成立以来前所未有，更重要的是灾害种类繁多，在部分地区轮番发生。除旱灾、霜冻、洪涝、风雹外，还出现了新中国成立以来不多见的蝗灾、粘虫灾、鼠灾。全年受灾人口为 8 043 万，超过 1949~1958 年平均数 80% 以上，其中山东、湖北、四川各占 1 000 万。

继 1959 年大灾害后，1960 年除西藏自治区外又发生了严重的、也是近百年少有的特大灾害，受灾面积达 9.8190 亿亩，成灾面积 3.7 470 亿亩。主要灾害是北方为主的持续特大旱灾和东部沿海省区的严重台风洪水灾害。1960 年 1~9 月，山东、河南、河北、山西、内蒙古、甘肃、陕西等华北、西北地区持续大旱，有些地区甚至 300~400 天未下雨，受灾面积达 3.4786 亿亩，成灾 2.1300 亿亩。其中，山东、河南两个主要产粮区和人口大省合计受灾分别占整个旱灾地区的 68.9% 和 56.9%。山东、河南境内的黄河等河流都长期断流，济南地区的 800 万人生活用水告急。进入夏秋，旱灾扩展到江苏、湖北、湖南、广东、四川、云南等南方地区。东部地区发生严重的台风和洪水灾害。台风造成暴雨频繁，洪水泛滥，广东、福建、浙江、安徽、河南、江苏、山东、河北、辽宁、吉林、黑龙江 11 省受灾。1960 年 3 月、5 月、9 月，东部和西北部还发生了严重霜冻灾害，波及 21 个省区。1960 年大灾害不仅灾害面积超过以往，而且是在 1959 年灾害基础上连续发生，危害极大，成灾地区人口达 9 230 万人，春荒人口高达 12 980 万，相当于 1949~1958 年各年平均值的 3.8 倍。另一个特点是旱、洪灾同时发生，反差极大，一个省内，部分地区暴雨洪水泛滥，部分地区持续干旱，给救灾带来复杂困难。

1961 年，全国连续第三年发生特大自然灾害，受灾面积 9.2625 亿亩，成灾面积 4.3245 亿亩，成灾人口 16 300 万，春荒人口高达 21 800 万，相当于 1949~1958 年各年平均值的 6.4 倍，占全国人口 1/3 以上。

1961 年黄河、淮河流域、长江流域广大地区等全国干旱受灾面积达 5.6769 亿亩，成灾面积 2.7981 亿亩。其中，河北、山东、河南三个主要产粮区小麦比去年低水平又减产 50%。湖北有 1 005 万亩农田受灾。江南珠江、湘江、赣江、闽江流域、海河、黄河平原连降暴雨，发生严重水涝灾害，其中河北、山东部分地区灾情是百年未遇的，受灾面积达 2 400 万亩，占播种面积 54%，近 1 500 万亩颗粒无收。

1959~1961 年"三年自然灾害"带来的最大损失，莫过于使粮食大幅度减产，造成农村严重缺粮。据统计，"由于一些地区连续三年受灾，全国共减产粮食 611.5 亿公斤"，"其中 1959 年受灾最严重，约损失粮食 378 亿公斤，其中以旱灾为主造成的损失约为 260 亿公斤"。

四、苏联撕毁合同，撤退专家和逼还债务

1959 年 6 月，苏联单方面撕毁了 1957 年 10 月签订的中苏两国国防新技术协定，拒绝向中国提供原子弹样品和生产原子弹的技术资料。1960 年 7 月 16 日，苏联政府突然片面撕毁了专家合同和补充书 343 个，科技合作项目 257 个，共计 600 个合同。并照会中国政府，单方面决定自 1960 年 7 月 28 日到 9 月 1 日撤走全部在华专家 1 300 余人，并终止派遣专家 900 人。这对中国的经济无疑是雪上加霜，使中国工业和国防事业的发展陷于严重危机。当时中国工业处在起步阶段，资金短缺，只好依靠从农业中挖潜力获取支援，主要出口农副产品来获取还款资金，在本来就处于粮食严重短缺的情形下，1959 年全国粮食征购量、出口量达到新中国成立以来的最高额，征购 674 亿公斤，出口 41.6 亿公斤。1960 年征购 510.5 亿公斤，出口 26.5 亿公斤[①]。直到 1961 年，粮食才开始调入和进口。

五、调整、巩固、充实、提高

1959 年、1960 年连续两年的自然灾害，农业全面大幅度减产，国民经济陷于空前困难，城乡市场供应紧张，非正常人口死亡大量出现。1960 年冬，党中央开始采取措施，纠正农村工作中的"左"倾错误，提出对国民经济实行"调整、巩固、充实、提高"的方针，并制定和实施了一系列具体措施。

第二节 政策选择：脱离现实的艰苦奋斗

一、人民公社化与土地政策

中共中央在 1956 年七届六中全会通过的《关于农业合作化问题的决议》中，要求到 1958 年春在全国大多数地方基本上普及初级农业生产合作，实现

[①]《中国统计年鉴 1983》第 393、第 422 页。

半社会主义合作化。到 1956 年底，已经有大约 87.8% 的农户参加了所谓高级社，但到了高级社阶段，农民一入社，其土地等生产资料就归所谓高级社集体所有了。高级社转变为人民公社以后，在土地问题上已不仅仅是所谓集体所有制了，而是一种介于集体所有制和比较高级的所谓全民所有制之间的生产资料所有制形式。中共中央 1958 年 8 月 29 日通过的《关于在农村建立人民公社的决议》中就其所有制问题指出，人民公社建成以后，不要忙于改集体所有制为全民所有制，在目前还是以采用集体所有制为好，这可以避免在改变所有制的过程中发生不必要的麻烦。而实际上，人民公社的集体所有制中，就已经包含有若干全民所有制的成分了。这种全民所有制，将在不断发展中继续增长，逐步地代替集体所有制，由集体所有制向全民所有制过渡。

二、农田水利建设

由于合作制的建立，我国农业的生产力已由个体劳动转变为集体劳动。而集体劳动对于个体劳动来说是一种新的生产力，尤其是对兴修水利这类基本建设来说，能显示出更高的生产率。由农业合作制所引起的农业生产力的变化，在我国当时的条件下带来农业的发展，是一种不可改变的客观必然。为改变生产条件，提高农业生产力，党中央和地方各级政府带领广大人民群众不断进行农田水利建设。平原地区当时主要以打井平整土地、改良土壤为重点，刮畦田、打地堰，实行园田化整治。在农田水利建设中建于 20 世纪 60 年代红旗渠是典型代表，被世人称之为"人工天河"，在国际上被誉为"世界第八大奇迹"。红旗渠工程于 1960 年 2 月动工，至 1969 年 7 月支渠配套工程全面完成，历时十年余。它以浊漳河为源，在山西省境内的平顺县石城镇侯壁断下设坝截流，将漳河水引入林县（今河南林州）。在极其艰难的施工条件下，河南林县人民自力更生，克服重重困难，奋战于太行山悬崖绝壁之上、险滩峡谷之中，逢山凿洞，遇沟架桥，削平了 1 250 座山头，架设 151 座渡槽，开凿 211 个隧洞，修建各种建筑物 12 408 座，挖砌土石达 2 225 万立方米。红旗渠的建成，彻底改善了林县人民靠天等雨的恶劣生存环境，解决了 56.7 万人和 37 万头家畜吃水问题，54 万亩耕地得到灌溉，被林州人民称为"生命渠""幸福渠"。

三、农业合作化后继续完善统购统销

1956 年，党中央和国务院经过多次研究讨论后确定实行农业合作化后依然要对农产品继续实施统购统销政策（让最广大的农民群众为社会主义工业

化做出更加卓越的贡献）。国务院于1956年10月6日作出了《关于农业生产合作社统购统销的规定》，要求农业合作化以后坚持粮食统购统销，"不论高级社或初级社，一般以社为单位，根据1955年分户、分社核定的粮食定产、定购、定销数字，统一计算和核定。归社统一计算的结果，粮食有余的为余粮社，粮食不余不缺的为自足社，粮食不足的为缺粮社。"为了保证部分灾区的粮食供应，《关于农业生产合作社统购统销的规定》规定："国家对粮食丰收地区的余粮社，可以在定购数量以外，适当增购一部分，但增购部分不得超过余粮社增产部分的40%。"1957年10月11日，国务院又提出坚持在"三定"的基础上，实行以丰补歉的方针。对超过粮食"三定"的余粮社、自足社，必须增购一部分粮食；对缺粮社必须减销一部分粮食。1958年2月，在中央管理权限大下放时，曾经将中央管理粮食的部分权力下放给地方。1962年9月收回，重新实行中央统一集中管理。1960年10月以后，实行超购加价办法，即：社队出售的粮食，超过统购任务的部分，国家按高出统购价格的一定比例计价收购。1961年、1962年严重经济困难时期，国家对那些暂时确有困难、以后有能力归还的生产大队实行粮食借销。借销的粮食在下一个季度或下一个年度必须归还。1962年9月中共中央"关于粮食工作的决定"规定，农村集体单位和农民在完成粮食征购任务后，可以拿余粮上集市交易，供销社也可以采用议价收购生产队余粮，重新开放了粮食集市。

四、传统粮食流通体制的特征

传统粮食流通体制运作的基本原理是由政企合一的国营粮食系统在垄断粮食收购、储存、运输、加工、销售业务的同时实现粮食的计划配给，进而强制实现粮食供求的总量平衡、结构平衡及区际平衡。概括地说，传统粮食流通体制表现为两大基本特征：高度的计划性与极强的垄断性。

（一）高度的计划性

在传统的粮食流通体制下，粮食流通计划属于指令性计划，包括数量计划、品种计划和价格计划，并且涵盖收购、销售、调运、储存、加工和销售五大业务环节。收购包括农业税以实代征的征收部分和按计划执行的统购部分，因而习惯上合并称之为"征购"。由于否定了粮食的商品属性，因此粮食在系统内的销售被称为"粮食调拨"，粮食在零售环节的销售被称为"粮食供应"，不同地区之间的粮食流通被称为"粮食调运"。粮食调运的数量、品种、价格都按相应层级的国家计划严格执行，其中粮食的运输计划又按交通工具分为水运、车运和铁路运输。铁路运输计划由国务院直接下达给铁道部，为了满足水运、车运的要求则在全国建立了大量国营性质的粮食车队和船队。粮食的储存部分分为战略储备（主要是备战的、以"506""203"等数字为代号储备粮）、国家粮食储备（主要是备荒的"甲字号粮"，属于后备储备性质）和国家周转粮食库存三大部分。加工的典型形式为"价拨加工"，即粮食工业企业所加工的粮食不是购进的，而是由粮食局从粮食系统内部调拨过来的。作为零售的粮食供应主要限于城镇居民的口粮、饲料粮、行业用粮和军粮，其中口粮需凭证、凭票、定点、定期、定量、定品种、定价格供应。可以说，粮证、粮票、粮站是传统粮食流通体制的代名词。总之，传统的粮食流通体制在长期实践中形成了一套非常完整的、强度极高的粮食计划体系，甚至到目前为止这一计划体系的组织系统还在继续运转着。

（二）极强的垄断性

它具有三层含义：一是国营粮食部门对粮食流通的垄断是一种政府垄断或政府特许的垄断，它具有很浓厚的政治使命色彩，因而通常也被视为一种超经济垄断，这一垄断的核心任务是掌握粮源、稳定供应，并由此获得国民经济工业化所需的原始积累。二是国营粮食部门作为承担粮食购、销、调、存、加的一种复合型的粮食流通组织，是一种政企合一的特殊单位，它既是具体制订与执行粮食计划的关键性的政府行政部门，又是具体承担粮食流通业务的经济部门，这就是人们常说的，在粮食流通领域国营粮食部门"既是运动员，又是裁判员"，因此国营粮食部门具有独特的垄断地位。

第五章

曲折历程：1966~1977年的粮食政策

1962~1965年"调整、巩固、充实、提高"工作取得了巨大成就，1964年4月中央曾拟定了《第三个五年计划（1966—1970）初步设想》。"三五"计划的首要任务就是大力发展农业，基本解决人民的吃穿用问题。应该说"三五计划"的内容是符合中国实际情况的，如果按照这个设想制定第三个五年计划并执行下去，我国的经济是会迅速上升的，粮食增产是完全有保证的。但是，"文化大革命"使国家工作重点完全脱离了经济建设的中心任务，使经济建设工作遭到了极大的干扰和破坏。

第一节 政策选择：粮食政策仍带有科学成分

一、坚持进行农田水利建设

1973~1979年的7年中，国家集中了4.45%的财力、6.7%的基本建设资金，每年投入的劳力占农村总劳力的50%~70%，建成了8万多座水库，50多万处机电抽水泵站，460万眼机电井以及2 000多万个塘坝、涵闸、旱井、水窖和沟渠等小型农田水利工程，累计完成土石方达数千亿立方米。在华北平原，共建成配套机井220万眼，发展井灌面积733.33万hm^2（1.1亿亩）。在兴修水库、引水治河、改善农田条件方面，长江中下游水利建设取得重大成绩，兴建了荆江汉江分洪等工程，共建成500多座大中型水库，灌溉面积达1.5亿亩；全面治理黄河取得重要进展，扭转了黄河历史上"三年两决口"的险恶局面，灌溉面积达800万亩。1971年，黄河流域粮、棉产量比1949年分别增长 79% 和 137%。治理淮河成绩显著，共开挖 11 条大河道，建成 30 多座大水库、2 000 多座中小水库，灌溉面积相当于 1949 年的 5 倍以上。根治海河取得巨大成就，治理了子牙河等五大河系，修堤 4300 公里，疏浚 270 条河道，建成 80 座大中型水库、1 500 座小水库、万亩以上灌区 271 处，排洪能力比 1963 年提高 5 倍。大规模治理辽河取得成效，建成水库 220 座，灌溉面积由 63 万亩增加到 1 100 万亩。至 1980 年，全国有效灌溉面积达到 4 860 万 hm² （7.29 亿亩），人均有粮 327 斤，并扭转了我国历史上"南粮北调"的局面。

农田水利和排灌机械的发展，增强了我国的农田灌溉和防涝抗旱能力，为农业持续丰收提供了保证。以全国受灾面积基本相同的 1976 年与 1965 年相比较，成灾面积占受灾面积的比例由 1965 年的 53.9% 下降到 1976 年的 26.9%。其中，水灾由 50.3% 下降到 31.7%，旱灾由 59.5% 下降到 28.6%①。农田水利、农业机械、农用化肥和农村用电等条件的改善，使我国粮食生产和农业总产值基本保持了稳定增长。70 年代前期，全国农业总产值持续增长，其中只有 1972 年由于遭受 1962 年以来最严重的自然灾害，比 1971 年下降 1.04%。其余各年与上年相比，1970 年增长 5.76%，1971 年增长 4.2%。1973 年增长 8.3%，1974 年增长 3.55%，1975 年增长 3.1%。1975 年粮食产量比 1964 年增加 1 940 亿斤，增长 57.1%。全国人均粮食产量也由 531.9 斤增长到 615.7 斤②。

二、"文化大革命"时期的统购统销政策

在统购统销时期，国家粮食部门对粮食实行垄断经营，粮食价格完全由政府部门决定。在农村，国家对粮食实行定产、定购、定销政策。农民生产的粮食除口粮、饲料粮和种子粮外，必须全部按计划卖给国家粮食部门，而且国家不断增加对农民的统购计划。1966 年对农产品的统购统销价格同时提高。1966 年，对粮食集市贸易采取限制甚至取消政策，大部分地区关闭了粮食集市贸易。在城镇，国家对粮食实行凭证买粮、定量供应规定。这一规定对所有城镇居民按其劳动差、年龄大小等情况分等定量，以户为单位，发给购粮凭证和粮票，居民凭购粮证和粮票购买口粮。1966 年到 1978 年粮食价格一直未调整，其间对农民超过征购计划多卖给政府的粮食实行超购加价政策，

---

① 国家统计局编. 建国三十年国民经济提要 [R]，第 74 页.
② 楚苏. "文革"时期的经济. 国学网——中国经济史论坛，2004 - 10 - 24.

但粮食生产成本上升,生产效益下降,严重制约了粮食生产的发展。

三、"文化大革命"时期的农业科技

这一时期我国农业科技人员为了解决同胞的温饱问题,以不同形式坚持农业科研,取得杂交稻育种技术成功等一些重大成果。特别是以袁隆平为代表的农业科学家研制成功矮秆水稻"珍珠矮"杂交水稻等优良新品种,并借助农业生产大集体这一非常有效的组织形式,利用遍地开花的农田水利基本建设及新型农机具的逐步推广应用,很快在大江南北推广种植。加上化肥、农药的广泛合理使用,粮食产量年年提高。杂交水稻一般能提高产量20%。这项技术成为中国向美国出口的第一个农业专利,为世界粮食增产作出了重大贡献。这也是70年代初中期农业能够呈缓慢增长的物质技术基础[①]。

第二节 政策效果:曲折前进

1966年开始的"文化大革命"动乱持续十年,我国整个社会经济陷入混乱之中。尽管"文化大革命"期间极"左"思潮对农业和粮食生产有着严重干扰,但我国粮食生产依然能够长期处于徘徊增长阶段。1975年与1968年相比,农业总产值增长26.2%,年均递增3.4%。粮食播种面积由19.14亿亩减少到18.09亿亩,亩产增加到337斤,年均增加6.4斤,总产由1958年的4 000亿斤增加到1978年6 095亿斤。在粮食贸易政策上采取了务实的政策,表现为利用国际粮食市场的结构特点,发展了大米换小麦贸易模式。当时国际粮食市场上大米价格通常为小麦的两倍,但是两种粮食作物每物理单位所含热量相似。尽管当时我国在实物上是粮食净进口国,年均进口量约为220万吨,然而进口额几乎与出口额相等,在外汇价值量上使粮食贸易基本保持了平衡。

一、农业基础设施建设取得成效

"文化大革命"期间积极推广农业学大寨运动,强调搞农田基本建设。农

---

① 参见郑有贵."文化大革命"时期农业生产波动及其动因探析[J].中共党史研究,1998(3).

田有效灌溉面积由1965年的49 582万亩增加到1976年的67 472万亩,增长36%。这一时期农田基本建设、化肥工业、农机化等方面取得重大进展,农业生产力水平有了较大提高。1972年1月,在地方小化肥厂生产技术逐渐过关的同时,引进国外13套年产30万吨合成氨和48万吨至52万吨尿素的大型现代化设备,并于1979年全部建成投产,化肥生产量由1966年的240.9万吨（折纯）增加到1976年的620.75万吨（折纯）,增长1.58倍。1976年与1965年相比,拖拉机、手扶拖拉机产量增长5.7倍和65倍,农业用电增长4.7倍,农用排灌动力机械拥有量增长4.9倍,农用化肥每亩施用量增长2.1倍。1977年和1965年相比,全国农田灌溉面积增长41%,全国机电排灌面积和水电站机电总装机容量分别增长355.58%和643%,1975年全国机井数比1965年增长935.89%[①]。农田基本建设和农业基本设施的发展使我国在农业生产过程中的抗自然灾害能力有了较大提高,将全国受灾面积基本相同的1976年与1965年相比,成灾面积由53.9%下降到26.9%[②]。农业生产条件的改善实现了我国粮食播种面积的扩大和单产水平提高,从而保证了粮食产量的缓慢提高。

二、20世纪70年代的调整与整顿政策效果明显

1971年12月26日,中共中央发出了《关于农村人民公社分配问题的指示》强调指出：应在发展生产的基础上逐步增加积累,公共积累不要一下子增加过多,要使农民在增加生产基础上增加个人收入；口粮分配要做到有利于调动最大多数社员的积极性；要坚持"按劳分配"原则,要从实际出发学习大寨的劳动管理方法,不能生搬硬套。要注意农业的全面发展,不能把党的政策允许的多种经营当作资本主义去批判。这一时期,全国掀起了大办农业,加快农业机械化过程和农田水利建设的高潮。1975年国民经济进行了全面的整顿工作,国民经济建设出现了好的形势。为了落实党在农村的经济政策,中央还专门发出文件,强调不能把社员的家庭副业当作资本主义批判。这些整顿措施,大大调动了广大农民的积极性。1975年粮食产量为5 690.3亿斤,比1974年增加了184.9亿斤,增长率为3.3%。

三、城乡二元经济结构形成

20世纪50年代,党中央就确立了以农业为基础,积极实现工业化的目

---

① 水利电力部编. 中国农田水利. 水利电力出版社1987年版：25~43.
② 国家统计局编. 建国三十年国民经济统计提要：第74页.

标。由于户籍制度和农村人民公社体制把农村劳动力捆在土地上,以及限制自贸易和取消集市而施行了更严格的农产品统购统销等制度因素,城乡分割,彼此间要素不能流动,形成了城乡相互独立而各自封闭的二元社会经济结构。城乡居民消费水平差距拉大,农民与非农业居民消费水平由 1966 年的 1∶2.3 变为 1977 年 1∶2.9。1967～1977 年,农业生产总值增长 26.2%,年均递增 3.4%;而工业产值增长了 2.09 倍,年均递增 11.97%;工农业增长速度之比为 5.9∶1。

第三节 改革开放前的粮食政策总结

新中国成立以来到 1978 年这一段时间,经过几十年的实践,我们既有"四统一"管理粮食流通的经验教训,也有完全放开的经验教训;既有农民卖粮难的教训,也有国家买粮难的苦衷;既经历过市场波动的考验,也经历过自然灾害的考验,粮食流通工作的经验是丰富的。从中国国情、粮情出发,总结历史经验教训,可以形成以下几点共识:

第一,我国粮食在较长时期内,仍将是紧张的平衡。这是新中国成立以来的实践告诉我们的。纵观历史,我国粮食处于供需不足和紧张平衡的时间较长,平衡有余的年份并不多。党的十一届三中全会以来,我国粮食生产虽然取得了突破性发展,但制约粮食生产的因素却越来越多,粮食资源严重不足,而对粮食的需求还在不断增加。这是我们不得不面对的事实。因此,坚持"农业是国民经济的基础,粮食是基础的基础"的思想丝毫不解动摇。现在有些地方把粮食生产作为副业,放在可有可无的位置,这种思想如果不扭转,后果将是灾难性的。

第二,解决中国人的吃饭问题,必须依靠我们自己。这是由我国国情和世界粮情决定的。我国是个人口众多的发展中国家,年消耗粮食近 1 亿吨;全世界贸易量最好时期也不过 7 000 万～8 000 万吨。因此,解决中国人的吃饭问题,必须立足于自力更生。

第三,要充分认识中国社会主义市场经济的特点。我们讲市场经济,是指现代的市场经济,而且具有中国特色的市场经济。所谓具有中国特色,就是既要以公有制为主体,允许各种经济成分共同发展,又要按市场经济规律发展生产力,实现国家的宏伟目标。社会主义市场经济不是自由放任经济,而是国家宏观调控下的市场经济。特别是在经济体制转轨时期，市场发育不成熟，竞争规则不规范，加强宏观调控尤为重要。现在有的人把放开与管理、微观搞活与宏观调控对立起来，一讲宏观调控，就认为是"管卡压""走老路"，这是不正确的。在市场经济条件下，应发挥政府宏观调控职能，矫正市场经济运行中的不规则行为和偏差，对市场配置资源中出现的不合理倾向进行干预和调节，使整个国民经济真正按统一、开放、有序的市场经济规律来运行和发展，国民经济才能步入良性循环。这也是世界发达国家的共同做法。

第四，要充分认识粮食商品的特殊性。"粮食是具有战略意义的特殊商品，是战略物资。""粮食是关系国家安全、社会稳定的特殊的重要商品。""粮食是万物之首，粮价是百价之基。"首先，要认识粮食商品属性，粮食既然是商品，它就要受价值等经济规律的制约。如果不认识粮食是商品，将在政策上进入误区。现在也要注意不要忽视粮食商品的特殊性，忽视了这一点，政策上也会进入误区。粮食，特殊在是关系国计民生的重要商品，特殊在是中国13亿人民吃饭的第一商品，特殊在宏观调控的力度比其他商品都大。因此，在粮食商品的管理上要考虑它的特殊性，不能用管理小商品市场的方法来管理粮食市场。

第五，要充分认识粮食宏观调控的必要性。我国粮食生产除受自然条件制约外，其他制约因素也很多，诸如粮食生产的组织社会化程度很低，劳动生产率和经济效益都相对低下，生产极具分散性和盲目性，再加上农民自食比例高，商品率低，粮食丰歉的效果都会在市场上反映，造成对市场的冲击，引起社会动荡；我国粮食生产还存在结构性矛盾，南北方所食品种不同，北方歉收，南方难以补给小麦。再加上我国幅员辽阔，交通条件的制约，这些都是我国的国情和粮情。我国13亿人口，吃饭又不能指望国际市场。中央政府和省政府都必须掌握充足的粮源，以保证城镇居民和社会各方面的需要。以上说明，我国的粮食比其他商品，比其他国家的粮食，都更需要政府的支持和控制。

第六，充分认识在多元化、开放式、竞争型的流通格局中，粮食部门的主渠道仍很重要。在多种经济成分参与经营的情况下，如果没有国有粮食部门的主渠道作用，市场很难稳定，调控措施很难落实。这被多年救灾、平抑粮价和稳定市场证明了的。

第三篇

追求卓越：改革开放以来的
粮食政策演变（1978 年迄今）

第三篇　追求卓越：改革开放以来的粮食政策演变（1978 年迄今）

导　言

粮食流通政策作为政府指导粮食产销行为的基础，对任何国家来讲都是至关重要的。一个国家和政府的粮食政策，法规及流通体制的主旨都无外乎调节好各利益主体之间的利益关系，使各利益主体在此体系或框架内都能得到可保证的利益，都能承担可接受的义务和职责。为了实现这个目标，中国的粮食政策在适应各具体历史阶段的政治和经济需要的基础上，走过了改革开放三十年的坎坷道路，并在成果与教训中不断改革和完善。政策的调整和变化是在执政者领导下进行的，调整的内容和方向全由中央定夺。透过政策调整、利益调整这一表象，我们看到的是执政者构发展理念和发展观的转变。改革开放前，我国实行的是统购统销的粮食经济政策。这一制度在一定程度上是符合当时国家所面临的特殊的经济状况和国际环境的，也符合世界发展观的主流。随着改革开放时期的到来，这种制度的弊端也越来越明显，于是决策层开始逐渐重视市场的作用，开始向粮食市场经济过渡。从 1979 年至今，随着发展观的演变，我们历经了粮食政策演变的三个阶段：双轨制粮食经济时期、宏观调控的粮食市场经济时期以及粮食销售市场的新阶段。这三个阶段的政策变化和改革都经历了论证、经验总结、改革、再论证等过程，不断反复，目标都是为了适应中国粮食产业发展需求，改善农民待遇，真正建立起适合中国国情的社会主义市场经济下的粮食经济体系。

粮食政策的演变与整个经济体制改革的关系主要表现在以下两方面：一是粮食流通政策的选择必须符合国家整体经济改革的方向，从大的方面看粮食流通体制改革的几个阶段与整个经济体制改革相吻合。二是由于粮食这种产品的特殊性，决定了其在改革过程中可能滞后于其他领域改革，甚至在一定时期与整个经济体制改革进程不同步。粮食流通体制改革与其他商品改革的主要不同之处在于，它不仅是生产者、消费者之间的经济利益重新调整问题，而且还涉及政府的政治目标——社会稳定。历史经验告诉我们，没有稳定的社会环境，不要说改革，就是经济发展也会遇到问题。粮食是关系到城乡每个人基本生活的特殊商品，在整个物价体系中具有基础性地位，因此对人民生活影响最直接、最明显。在改革过程中，尤其在改革初期，粮食市场和粮食价格不稳定很容易给人民生活带来影响，因为这时人们收入水平、心理承受能力都十分有限。更重要的是人们在传统计划经济体制下所形成的依赖不可能在短期消失，一旦粮食供求和价格出问题，很容易带来社会的恐慌甚至混乱，这样就会导致社会不稳定，使其他经济改革无法顺利进行。在改革的进程中，"一是要吃饭，二是要建设"这样的排序无疑是正确的，体现在粮食流通体制与整个经济体制改革的关系上，就表现为粮食要为其他改革提供稳定的社会条件。

第六章

摸索前进：1978～1984年的粮食政策

第一节 时代背景：拨乱反正

一、实践是检验真理的唯一标准的讨论

1976年10月"文化大革命"结束，党和国家为了迅速恢复和发展工农业生产也采取了一系列的措施，从此我国开始进入一个新的历史时期，即社会主义现代化建设的新时期。党的十一届三中全会召开之前，开展了关于实践是检验真理的唯一标准问题的大讨论。从经济问题角度看，真理标准问题的大讨论主要围绕以下几个方面：一是重新定位了按劳分配是社会主义的分配原则，并讨论证明了计件工资、奖金制度等都是按劳分配的有效实现形式。二是对生产力问题进行了进一步论证，肯定了生产力对经济发展的决定性作用，阐明了推动生产力提高、发展经济是社会主义建设的一项基本任务。三是澄清了对社会主义条件下也有商品生产，明确了社会主义社会的商品生产和资本主义社会的商品生产的区别。社会主义社会应该遵循商品经济发展规律，发展商品生产，我们国家不是商品生产太多，而是太少太少。四是对经济体制改革问题进行了讨论，明确提出要想提高企业和社队生产经营积极性就必须给企业、社队必要的自主权；在社会经济管理中要运用经济杠杆、经济手段来管理经济等。在农业方面，1978年初四川、安徽两省都制定了关于农村经济政策，强调要尊重生产队的自主权，要减轻社员的负担，坚持实行按劳分配，开展多种经营，允许农民发展家庭副业，对农村经济的进一步发展起到了较大的推动作用。

二、重返"实事求是"的思想路线

中国共产党重新确立了实事求是的思想路线,而且提出要解放思想,把实事求是和解放思想联系起来,即打破"两个凡是"和教条主义的思想禁锢,也端正了党的思想路线。把工作转到社会主义现代化建设上来,集中精力发展社会生产力,符合全中国人民的根本利益。但是发展中国社会生产力的途径和动力是什么呢?中国共产党开始了新道路的探索。

三、实行家庭联产承包责任制

1978年12月召开的党的十一届三中全会是中国历史上具有深远意义的伟大转折。全会重新确定了马克思主义的思想政治路线和组织路线,确定了国民经济发展的新的指导方针,从而使我国的国民经济能够沿着一条新的正确的道路向前发展。从此,中国共产党带领全国人民以一往无前的进取精神和创新实践,以经济建设为中心,坚持四项基本原则,坚持改革开放的基本路线,勇往直前,探索有中国特色的社会主义现代化道路。

在党的十一届三中全会的方针政策指导下,农业生产责任制得到了恢复,但对生产责任制是落实到作业组还是包产到户出现了原则分歧。在探索农村实施责任制的过程中,安徽部分地区率先突破禁区,实行包产到户责任制,虽然取得了前所未有的效果,但引起了"产量与方向"的激烈争论。1979年底,安徽有10%的地区实行了包产到户,1980年实行"双包制"达66.88%。农民的拥护,是对改革者的最大支持。安徽、四川双星闪耀,走在前列,云南、贵州、广东、内蒙古、河南等地方紧随其后。初步肯定包产到户后,"双包制"在经济落后的贫困地区表现出强劲的势头。农民是农业生产的主体,他们最清楚用什么方法能调动自己的生产积极性,他们对党的农村政策的变动极为关注,也极为敏感。实行包产到户后,农民有了自主权,就想出很多解决问题的办法,创造出多种形式的生产责任制。正是在中央和地方农村政策松动的前提下,农民的创造性得到了前所未有地发挥,在实践中创造了包工、包产和包干等各种生产责任制形式,其中尤以包产到户和包干到户最受农民欢迎。家庭承包经营克服了平均主义,使农民获得了生产和分配的自主权。过去农民生产分配听指令,干多干少一个样,如今农民生产成果直接和效益挂钩,干多干少不一样。"保证国家的,留足集体的,剩下都是自己的",调动了农民生产积极性,直接促进了农业的发展。

四、政社分离，人民公社制度改革

自 1958 年农村建立人民公社以来，实行的是"政社合一""三级所有、队为基础"的管理体制。这种公社管理体制，将国家基层政权组织与农民的集体经济组织合为一体，使作为国家政权组织的公社实际上具有直接支配集体经济的生产、交换、分配等经济活动的权力，集体经济组织的一切活动都要听从政权组织的指挥，人、财、物、产、供、销，一切都由行政机构控制，集体经济组织的自主权被否定，变成行政机构的附属物。同时，公社干部是国家委派，领取固定工资，只对上级负责，农业集体经济经营情况如何，生产增收或减收，对其毫无直接利害关系，既不承担责任，也不影响个人收入。因此，很容易出现强迫命令和瞎指挥现象。另外，这种体制还很容易使公社形成一个自给自足的经济组织，使农村经济的商品化、社会化的发展受到很大束缚。因此，这种体制必须进行改革。1978 年 8 月之后的二三年时间，政社合一体制的改革处于试点阶段。1983 年 1 月，中共中央印发的《当前农村经济政策的若干问题（草案）》中明确指出，人民公社体制要进行改革，要实行政社分设。所谓政社分设，首先是将人民公社中的政权职能分离出来，转给新建立的乡人民政府，乡人民政府成为农村的国家行政机构，而人民公社则变为单纯的经济组织，不再是农村的基层政权单位。撤销原来作为一级行政机构的生产大队，成立村民委员会作为农村基层群众性的自治组织，办理本居住地区的公共事务和公益事业等。生产队的地位也发生变化，它不再是原来三级中的基本核算单位，而是一个独立的自负盈亏的集体经济组织。

人民公社体制改革后，政社分设，党政企干部分工明确，集体经济组织成为独立的经济实体，集体经济组织的自主权得到保证，不再听从行政组织的指挥，有利于经济的发展和新的经济联合。在干部方面，不但精简了机构和干部，而且懂经济的、会管理的内行干部，逐渐多起来，对领导经济工作大有好处。同时，生产队的自主权得到保证，也有利于克服干部的强迫命令、瞎指挥和平调等不良作风[①]。

---

① 中华人民共和国五十年经济战略的阶段分析和思考（第三编），http://blog.sina.com.cn/s/blog_ 53.

第二节 政策选择：冰山融动

一、党的十一届三中全会关于农业问题的决定

1978年12月召开的党的十一届三中全会深入讨论了农业问题，将《中共中央关于加快农业发展若干问题的决定（草案）》和《农村人民公社工作条例（试行草案）》发到各省、市、自治区讨论和试行。这次全会认为，目前必须集中主要精力把农业尽快搞上去。为此目的，必须首先调动农民的社会主义积极性，必须在经济上充分关心农民的物质利益，在政治上切实保障农民的民主权利。采取的具体措施是：切实保障人民公社、生产大队和生产队的所有权和自主权，禁止无偿调用和占有生产队的劳力、资金、产品和物资；公社各级经济组织必须认真执行按劳分配的社会主义原则，按照劳动的数量和质量计算报酬，克服平均主义；社员自留地、家庭副业和集市贸易是社会主义经济的必要补充，任何人不得乱加干涉；人民公社要坚决实行三级所有、队为基础的制度，稳定不变，人民公社各级组织都要坚决实行民主管理、干部选举，账目公开。全国粮食征购指标继续稳定在1971～1975年的基础上，绝对不许购过头粮。为了缩小工农业产品交换的差价，十一届三中全会建议国务院作出决定，粮食统购价格从1979年夏粮上市的时候起提高20%，超购部分在这个基础上再加价50%；棉花、油料、糖料、畜产品、水产品，林产品等农副产品的收购价格也要分别情况，逐步相应的提高。在降低成本的基础上，农业机械、化肥、农药、农用塑料等农业生产资料的价格要降低10%～15%，让农民享受到农业生产资料降价的好处。会议还讨论了加强农业科学教育、制定发展农村牧业的区域规划、建立现代化农林牧渔业基地、积极发展农村社队工副业等重要问题，并决定采取相应的措施。

二、推进新的农业生产经营体制

农村经济体制进行改革的一个关键问题是，在集体经济中，如何把农民的收入同他的劳动数量和劳动成果挂钩并进行合理分配。"文化大革命"结束后到党的十一届三中全会前，对这一问题，各地区曾经进行探索和试验，发现家庭联产承包责任制是解决这一问题的好形式。家庭联产承包责任制是指

农户以家庭为单位向集体组织承包土地等生产资料和生产任务的农业生产责任制形式。其基本特点是在保留集体经济必要的统一经营的同时，集体将土地和其他生产资料承包给农户，承包户根据承包合同规定的权限独立作出经营决策，并在完成国家和集体任务的前提下分享经营成果。一般做法是将土地等按人口或劳动力比例，根据责、权、利相结合的原则分给农户经营。承包户和集体经济组织签订承包合同。具体形式有：（1）包干到户。各承包户向国家交纳农业税，交售合同定购产品以及向集体上交公积金、公益金等公共提留；其余产品全部归农民自己所有。（2）包产到户。实行定产量、定投资、定工分，超产归自己，减产赔偿。目前，绝大部分地区采用的是包干到户的形式。家庭联产承包责任制是我国农村集体经济的主要实现形式，主要生产资料仍归集体所有；在分配方面仍实行按劳分配原则；在生产经营活动中，集体和家庭有分有合。家庭联产承包责任制根本上体现了农民与生产资料的直接结合。这一直接结合的特殊形式是社会主义公有制的题中应有之意，使农民紧紧地与土地直接结合在一起。

家庭联产承包责任制的实行取消了人民公社，又没有走土地私有化的道路，而是实行家庭联产承包为生，统分结合，双层经营，既发挥了集体统一经营的优越性，又调动了农民生产积极性，是适应我国农业特点和当前农村生产力发展水平以及管理水平的一种较好的经济形式。家庭联产承包责任制是中国农民的伟大创造，是农村经济体制改革的产物。

1978年12月18日，党的十一届三中全会召开，会议通过了《中共中央关于加快农业发展若干问题的决定》，拉开了农村改革序幕。

1981年，中央对包产到户作出了明确肯定。同年10月，全国农村工作会议通过的《全国农村工作会议纪要》高度评价了十一届三中全会以来农业生产责任制的发展，明确指出："目前实行的多种责任制，包括小段包工，定额计酬，专业承包，联产计酬，包产到户、到组，都是社会主义集体经济的责任制。不论采取什么方式，只要群众不要求改变，就不要变动。"这就明确地肯定了包产到户、包干到户的社会主义集体经济生产责任制性质，从而使它的推行具有了合法性。

1982年1月1日，中共中央批转《全国农村工作会议纪要》，指出目前农村实行的各种责任制，包括小段包工定额计酬，专业承包联产计酬，联产到劳，包产到户、到组，包干到户、到组等等，都是社会主义集体经济的生产责任制。到1983年初，全国农村已有93%的生产队实行了这种责任制。1983年可以说是联产承包责任制全面落实的一年，是农村经济体制改革向纵深拓展的一年。1983年中央下发文件，指出联产承包制是在党的领导下我国农民的伟大创造，是马克思主义农业合作化理论在我国实践中的新发展。1991年11月25日~29日举行的党的十三届八中全会通过了《中共中央关于进一步加强农业和农村工作的决定》。该决定提出把以家庭联产承包为主的责任制、统分结合的双层经营体制作为我国乡村集体经济组织的一项基本制度长期稳定下来，并不断充实完善。家庭联产承包责任制作为农村经济体制改革的第一步，突破了"一大二公""大锅饭"的旧体制。而且，随着承包制的推行，个人付出与收入挂钩，使农民生产的积极性大增，解放了农村生产力。"先是责任制，后是联产承包，交够了国家的，满足了集体的，剩下的都是自己的"，这样就"理顺了生产关系，明确了多劳多产多得，稳固了粮食生产"。

1983年到1985年初的两年时间里，我国开始实行政社分开、撤社建乡的工作。它宣告了人民公社体制彻底解体，标志着农村微观经济组织基础从此发生了本质改变。农户作为从事商品性生产经营活动的基本主体，强化了农村基本生产单位的预算约束和激励机制，使得农业生产的内在动力大大加强。同时，提高农产品价格也极大地调动了农户发展农业生产的积极性。1979年以来，政府对农产品价格大幅度提升，有18种农产品的价格平均上调24.8%。在这些因素的作用下，这一时期的农业和种植业获得了超常规的高速增长，并为其后的农村改革和全面发展创造了条件。家庭联产承包制度作为中国农民的一次伟大创举，不仅迎来了中国农业增长的"黄金时期"，而且在很短的时间内解决了上亿人的温饱问题。农村贫困人口的绝对数量从2.5亿人下降到1.3亿人，贫困发生率从30.7%下降到15.1%，成为人类消除贫困历史上的一项奇迹。

三、关于加快农业发展若干问题的决定

1979年4月，中共十一届四中全会上通过了《中共中央关于加快农业发展若干问题的决定》，提出了发展农村经济的25项政策和措施，内容包括：一要维护集体经济的所有权和自主权，改革农业管理制度。重申人民公社、生产大队和生产队的所有权和自主权应该受到国家法律的切实保护，任何单位和个人都不得任意侵犯它的利益；反对对生产队进行"一平二调"，要保障社员的自留地和家庭副业；要发展农村集市贸易；坚持贯彻"按劳分配"原则。要纠正强行并队与急于过渡的倾向，减少以大队为基本核算单位和数量。改革农业计划制度使生产队有较大的自主权与灵活性。二要改善农业结构，按照因地制宜，发挥优势的原则指导农业生产。在保证粮食生产稳定增长的

基础上，适当调整农作物内部的比例关系，宜农则农，宜牧则牧，宜林则林，扬长避短，发挥优势，以便全面地、正确地、完整地贯彻执行"以粮为纲全面发展，因地制宜，适当集中"和"农林牧副渔同时并举"的方针。在加强商品粮基地建设的同时，建立大批经济作物与土特产品的生产基地，实行粮食作物与经济作物并举方针，纠正片面强调"以粮为纲"的错误。三要加强国家对农业的支援。首先，增加对农业基本建设的投资。1978年国家对农业基本建设投资总额占全部基本建设投资额的比重为10.6%，1979年提高到11.1%。国家财政和银行信贷支援农业的资金额也增加了，1979年比1978年增长18.2%。其次，大幅度提高农副产品的收购价格。1979农副产品价格总指数1979年提高了20.1%，1980年又提高7.1%。这样大幅度的提高农副产品价格，在新中国成立后还是第一次。此外，国家还减免了部分社队的税收，两年一共45亿元。以上两项合计，农民由此增加了收入300亿元。与此同时，国家还降低了农业机械、化肥、农药等农用工业品的价格，缩小了工农业产品的剪刀差。在粮食负担较重和困难的地区，国家减少了50亿斤粮食的征购任务。国家对农业的这些支援措施，大大鼓舞了农民生产的积极性，有力地促进了农业的发展。

四、粮食流通体制改革

改革开放以后，我国并没有立刻取消粮食统购统销制度，直到由于连续的粮食丰收到1984年出现第一次卖粮难，中央才开始考虑改革我国的粮食流通体制。据统计，1978～1984年，农民增收的粮食中，70%～80%都卖给了国家，国家的粮库已经盛不下。这种情况下，国家采取了应急性改革措施。1985年1月1日，中共中央、国务院颁发《关于进一步活跃农村经济的十项政策》，决定从当年起，不再向农民下达农产品统购派购任务，按照不同情况，分别实行合同定购和市场收购。至此，持续32年之久的统购统销政策废止。

提高粮食统购价格，恢复粮食集市贸易。1978年党的十一届三中全会后，开始改变高度集中的计划经济体制，调整了农业生产的政策定位，促进农业生产和农民增收相结合，在粮食问题上坚持立足国内、自力更生、发展生产的方针政策，继续坚持统购统销的粮食购销体制和"统一领导，分级管理"的粮食管理体制。从1979年开始，大幅度提高粮食统购价格和超购加价幅度，调减粮食征购基数，开展粮食议购议销，恢复粮食集市贸易，逐步放宽农村政策，调动农民生产粮食的积极性，为粮食流通体制改革做了物质上和思想上的准备。

实行征购、销售、调拨包干，允许多渠道经营。从1982年粮食年度起，对各省（区、市）实行"粮食征购、销售、调拨包干一定三年"的粮食管理办法。在完成国家粮食征超购任务后，积极开展粮食议购议销，调剂余缺。粮食包干以后，实行中央和省（区、市）两级管理粮食的办法，国家储备、中央直接掌握的周转库存、省间调拨、归中央支配的议价转平价粮、军粮、棉糖奖售粮、进口和出口，由中央统一管理；粮食征购、销售、定额周转库存、议价粮库存、代队储备，由省（区、市）统一管理。根据粮食包干办法和当时"分灶吃饭"的财政体制，粮食财务仍由中央粮食管理部门和省（区、市）两级管理。1983年初，农村家庭联产承包责任制的推行，打破了我国农业生产长期停滞不前的局面，促进农业从自给半自给经济向较大规模的商品生产转化。这一年，经国务院同意，在完成粮油统购任务后实行多渠道经营。国营粮食商业是粮食多渠道经营中的主渠道，同时积极开展议购议销业务，参与市场调节。供销社和农村其他合作商业组织可以灵活购销，农民私人也可以经营①。

这一时期的粮食流通体制改革基本上坚持计划经济为主、市场调节为辅的原则，在延续以固定征购基数和低于市场价格的统购价为特征的统购统销政策的前提下，对各地实行购销调拨包干，允许多渠道经营进行市场调节。农村家庭联产承包责任制的实行和粮食流通体制改革的推进，带来了农业生产力的解放和粮食生产的跨越发展，粮食连续丰收，并于1984年首次出现农民卖粮难。

五、连续"一号文件"重视农业发展

1982年第一个中央一号文件对具有划时代意义的农村改革进行了总结，并对当年和此后一个时期农村改革和农业发展作出了具体部署。1982年第一个中央一号文件最重要的意义是，党中央以文件形式，第一次正式肯定家庭联产承包责任制，结束了关于包产到户问题长达近三十年的大争论。明确指出："包干到户这种形式，……不同于合作化以前的小私有的个体经济，而是社会主义农业经济的组成部分。"一号文件这个正确的判断，极其有力地支持了农民群众的新创造和强烈要求。三十年来的实践，也完全证实了文件的正确判断。第一个中央一号文件下达以后，农民群众欢欣鼓舞，说这个文件就

---

① 颜波、陈玉中. 粮食流通体制改革30年，中国食品科技网，2009 – 3 – 10.

像是一颗"顺气丸"。一号文件一发表,农民搞包产、包干到户更加理直气壮,很快由贫困地区向其他地区迅速扩展,形成不可阻挡的燎原之势,到1982年6月,全国农村生产队实行包产到户的占4.9%,包干到户的占67%,两项合计占71.9%。到1982年底双包到户的已达90%,到1983年,连发达地区也基本都实行了包干到户。

1983年第二个中央一号文件从理论上说明了家庭联产承包责任制,"是在党的领导下中国农民的伟大创造,是马克思主义农业合作化理论在我国实践中的新发展"。1982年11月中央召开农村工作会议,会后起草了文件,经中央政治局讨论通过,定名为《当前农村经济政策若干问题》,于1983年1月2日发表,是为第二个中央一号文件。文件的主要内容是两个方面:一是明确指出:"联产承包责任制和各项农村政策的推行,打破了我国农业生产长期停滞不前的局面,促进农业从自给半自给经济向着较大规模的商品生产转化,这种趋势,预示着我国农村经济的振兴将更快的到来。"这对放活农村工商业、加快农村乃至全国经济改革的步伐起了重要作用。二是以马克思主义合作理论对农村实行包产到户、包干到户责任制作了高度评价。1983年第二个中央一号文件,消除了以往形形色色的对双包到户的各种疑虑,统一到党中央关于农村改革的决策上来,进一步推动了农村的各项改革,广大农民群众进一步得到鼓舞,更加坚定了实践家庭联产承包制的信心。这个一号文件提出要按照我国国情,逐步实现农业的经济结构改革、体制改革和技术改革,走出一条具有中国特色的社会主义农业发展道路。

1984年第三个中央一号文件强调要继续稳定和完善联产承包责任制,延长土地承包期。农业生产连年丰收,1982年粮食总产超过7 000亿斤,棉花总产超过7 000万担,都达到了历史最高产量,农村出现了卖粮难、卖棉难的现象。农业生产力的大发展,推动了各行各业的变化,但此时,计划经济体制还未改革,农业发展遇到了矛盾和障碍。1983年11月29日~12月15日,中央召开农村工作会议,会议讨论了农村形势和工作,讨论修改了农研室准备的文稿。会后中央书记处又专门作了修改和定稿。最后定名为《中共中央关于1984年农村工作的通知》。1984年第三个中央一号文件的主要内容也有两个方面。一方面是关于农村总体改革的指导意见,指出:"由自给半自给向较大规模商品生产转化,是发展我国社会主义农村经济不可逾越的必要过程。"文件还对加强社会服务,促进农村商品生产的发展,供销社、信用社体制改革,农副产品的购销政策的调整,制止对农民的不合理摊派,以及减轻农民不合理负担等方面作出了规定。各级干部要学会利用商品货币关系,利用价值规律,为计划经济服务,才能加速实现我国社会主义农业的现代化。在社会经济管理上继续坚持计划经济为主、市场调节为辅的原则。针对农民怕变的疑虑,明确宣布:"土地承包期应在十五年以上。生产周期长的和开发性的项目,如果树、林木、荒山、荒地等,承包期应当更长一些。"稳定和完善生产责任制是第三个中央一号文件的基本精神,以消除农民怕变的疑虑。

1985年第四个中央一号文件取消了30年来农副产品统购派购的制度,对粮、棉等少数重要产品采取国家计划合同收购的新政策。1984年粮食增产400多亿斤,总产达到空前的8 146亿斤,棉花增产3 242万担,达到空前的12 516万担。其他农产品也都是丰产丰收,达到了农业生产的一个从未有过的高峰。粮食生产供需形势变了,粮食卖难、存难、运难问题突出,是农村工作中急需解决的问题。1985年元旦发出《关于进一步活跃农村经济的十项政策》,第一项提出:"改革农产品统派购制度。粮食、棉花取消统购,改为合同定购,由商业部门在播种季节前与农民协商,签订定购合同。定购的粮食,国家按照倒三七比例计价(即三成按原统购价,七成按超购价),定购以外的粮食可以自由上市。"1985年一号文件一公布,农民喜忧参半。"喜"的是粮棉等农产品统购派购的制度取消了,对他们的自主经营非常有利。提出了家庭联产承包责任制进一步系统化,同时从农产品统派购制度、产业结构调整、交通、支持乡镇企业、鼓励人才流动、放活金融政策、加强小城镇建设等十个方面活跃农村经济。"忧"的是相比原来征购加超购加价的办法,粮棉合同定购的价格实际是下降了。农民一算账,感到再多种粮棉吃亏,认为是政策变了。1985年一号文件关于家庭联产承包制等方面又出台了农产品购销体制的改革的重大步骤,有极其重要的意义。

第三节　政策效果:初露生机

1978~1984年,农村实行第一步改革取得了巨大的成功,是我国粮食发展与农民收入增长都比较快的时期。如果用现在的概念形容,那就是,粮食安全与提高农民收入关系是最顺畅、最协调的。实行家庭联产承包责任制极大地调动了农民的生产积极性,农业连年丰收,很快改变了粮食和农产品长期短缺的局面,农民收入大幅提高,购买力有了显著提升,市场扩大了,农民生活得到改善,充分说明了我国在粮食长期处于短缺的状态下,只要施行必要的刺激农民发展粮食生产的政策,就能够达到既增产粮食、提高国内粮食安全保障度,又能够增加农民收入,这样一个"双重"目标。据统计资料,1984年粮食总量比1978年增加10 255万吨,增长33.6%。我国农业全面增产,主要农产品供应紧缺的状况已经有了很大改善。粮食生产,6年间增产2 000多亿斤。我国从1949年到1957年增产2 000亿斤粮食水平,用了8年时间;从1958年到1978年再增产2 000亿斤粮食水平,用了20年的时间。与此对应的是,农民收入较大幅度的增长(这里还应包括其他农产品显著增长所带来的拉动效应),由1978年的133.6元提高到1984年的355.3元,增加221.7元,扣除价格因素,实际增长1.3倍,平均每年增长14.9%。粮食发展与农民收入,呈现出全面协调的正向关系。应该说,改革以来粮食增产的速度很快,成绩显著。

一、家庭联产承包责任制释放了巨大能量

在经济体制改革方面,国家推进了以家庭联产承包责任制为主的农村改革,开创了我国农业发展史上的第二个黄金时代,充分体现了社会主义公有制的优越性。受压抑的农村生产潜力得到释放,农民积极性充分发挥。粮食总产量从1978年的6 095亿斤,增至1984年的8 146亿斤。中国粮食总产量增加了1/3,年均增长5%。在人口增长迅速的情况下,人均粮食产量由1978年的319公斤增加到1984年的393公斤,达到了当时的世界平均水平。我国农业以占世界7%的耕地养活了占世界22%的人口。农业的发展也为国民经济的发展奠定了坚实的基础。而且,由于利益的内在推动,使家庭承包经营,"不仅适应以手工劳动为主的传统农业,也能适应采用先进科学技术和生产手段的现代农业",从而推动我国农业的现代化。总之,党的十一届三中全会提出长期稳定农村基本政策的方针是完全正确的。[1]

家庭联产承包责任制给农村带来的变化是广泛而深刻的。第一,家庭联产承包责任制是我国农民自发创造的农业生产经营体制,极大地提高了广大农民的生产经营积极性,解放和发展了农村生产力。农村推行家庭联产承包责任制使农民第一次对集体利益和个人权益的关系进行了符合实际情况的划分,明确了责任和利益关系,克服了"大锅饭"的弊病,实现了经营成果与生产者的利益紧密挂钩。因此,在农村产生了一种新的经济动力,农民的生产积极性得到充分发挥,粮食产量得到迅速提高。广开生产门路,发展多种

---

[1] 俞如先.对家庭联产承包责任制的分析,http://www.66 163.com/Fujian_w/news/mxrb.

经营，农村生产力获得大解放，生产率得到明显提高。家庭粮产承包责任制推行十年时，平均单位农业劳动力创造的农业总产值增长了65.1%，平均每年增长5.1%；粮食产量增长了16.3%，平均每年增长1.5%。① 第二，家庭联产承包责任制使农民有了生产经营的自主权，大量劳动力就从土地上解放出来，进入乡办和村办工厂，促进了乡村工业的发展，使乡镇企业异军突起。农村产业化结构得到优化。中央对粮食、生猪、水产品等取消统购之后，农村多种经营有了新的发展。1978年农业总产值中"五业"的构成是：种植业67.8%，林业3.0%，畜牧业13.2%，副业14.6%，渔业1.4%。十几年的改革，到1991年农业总产值的构成变为：种植业57.2%，林业4.5%，畜牧业26.4%，副业6.0%，渔业5.9%。林牧渔业产值在农业产值中的比重逐年上升，农业内部结构得到了调整。第三，随着农村经济的发展，农民生活水平不断提高。到1988年，农民人均收入达到544.9元，比1978年增加了411元，是之前29年增加总量的3.6倍，平均每年增长15.1%，是新中国成立40年来农民生活水平提高最快的时期。自1988年以后，农民生活水平继续提高，一些地区的农民已经达到小康水平。

家庭联产承包责任制在实践中明确划分了集体、个人的权利、责任和利益关系，建立健全了生产组织形式，使集体经济的优越性与家庭经营的积极性统一起来，最有效地将农民的收入同他的劳动成果挂起钩来，使承包者关心生产的全部过程，重视质量、讲求实效，并精打细算，节约开支，争取最好的经济效果。它克服了旧体制下农业生产磨洋工现象，消除了吃大锅饭的平均主义分配方式，更好地贯彻了按劳分配原则，大大调动了农民生产的积极性和主动性。另外，它还解决了农村中长期不得解决的一些具体问题，如农村干部必须参加劳动，勤俭办社、办一切事业的问题。联产承包责任制的推行也有利于打破我国农业生产长期停滞不前的状态，促进农业从自给半自给经济向着较大规模的商品生产转化，从传统农业向现代农业的转化。

二、农村土地体制改革的效果

自1978年起，土地家庭联产承包责任制经历了从农民自发到国家承认的过程，最终于1983年年底基本完成在全国范围内的推行。家庭联产承包责任制虽然没有改变土地的所有权性质，但在土地使用权方面却发生了实质性的变化，两权分离的制度使农业生产获得了巨大的发展。土地承包经营将承包

---

① 国家统计局编．奋进的四十年．统计出版社1989年版，第24页．

经营权细分给农户，初步实现了土地权利和义务的统一，既维护土地集体所有制的基本框架，又使制度有了新的内容和发展。同时，采取承包的生产经营方式也与农民习惯的农耕农作方式有效衔接在一起，得到了农民和社会各界的拥护，新旧体制的转换平稳进行，制度改革所支付的社会成本较低，改革带来的效益显著，改善了农民的经济状况和生活水平，促进了农村经济的发展和社会的稳定。然而，受客观历史条件的限制，土地承包经营引起的农用土地制度改革只着重对农业生产经营方式进行调整，不可能深入地涉及农用土地产权制度的改革问题。因此，与城镇的国有土地使用制度改革相比，农用土地产权制度的改革是不规范、不系统、不彻底的。随着社会主义市场经济的发展和经济全球化的发展，这种制度的弊端逐渐显现了出来并严重影响着农村生产力的发展和城乡经济结构的调整。具体表现在：多年来，我国粮食总产量不断下降，农民抛耕、抛荒严重，收入多年徘徊不前甚至倒退；农业经营零碎化，生产效率极其低下，缺乏国际竞争力。这些问题的日益凸显标志着现有的农民集体所有、家庭联产承包的土地产权形式已经难以适应经济发展的要求。

三、粮食流通体制改革的效果和影响

粮食流通是关系到粮食生产、交换和消费的重要环节，是实现工农产品交换、进行城乡经济交流的重要纽带。进行农村流通体制的改革，对疏通农村商品流通渠道、促进农村商品生产的发展、活跃城乡经济、促进农民粮食生产经营积极性具有较强的现实意义。改革开放初期，农村流通领域的改革工作，主要是改变单一渠道的流通为多渠道，恢复农村集市贸易，支持集体和个体商业的发展，改革农产品的购销体制。长期计划经济形成的统购统销体制为中心形成的流通渠道与农村实行家庭联产承包责任制以后出现的新的经济形势不相适应了。党的十一届三中全会，开始对这种统购统销体制进行改革，逐步取消统购派购，使农民在实行生产责任制取得生产经营自主权后，又获得了产品销售上的自主权。

在发展粮食政策方面，1978年我国农村实行改革和提高粮食价格，极大地调动了农民的积极性。主要是由于国家大幅度提高粮食收购价格，粮食统购价提高20%，超购部分加价50%，从而促进粮食产量快速增长。1978年中国粮食产量首次突破30 000万吨，达到30 477万吨，增长了7.8%。1979年粮食产量又增长8.9%。1978年和1979年粮食产量年均增长率达到8.38%。1984年较1978年相比粮食收购价格提高了98.07%，比同期整个农产品收购

价格增长指数（53.6%）多44.5个百分点。同时，国家连续多年调整粮食征购基数，较大幅度地减少征收和统购数量，扩大超购数量。如1979年根据中央《关于加快农业发展若干问题的决定》，当年调减全国粮食征购数量275万吨。此后的1980～1982年，国家又连续三年减少征购计划共468万吨，使征购基数从3 775万吨下降到3 032万吨，调减了19.68%。农民向国家交售的征购和统购粮食由3 403万吨减少到2 820万吨，减少了17.13%。与此同时，农民向国家交售的超购加价粮却由1 216万吨增加到2 694万吨，增加了1.22倍，议购粮由327万吨增加到1 748万吨，增加了4.35倍。在粮食进出口贸易方面，国家为了让农民休养生息，大量进口（净）粮食共计6 567万吨，相当于1978年全年粮食产量的21.55%。随着农村改革的成功，大大促进了我国粮食生产的迅速发展，缓解了国内粮食供不应求的局面，同时农民得到了更多的收入。连续几年农业生产获得了大丰收，粮食大幅度增产，1983年，吉林、湖南、河南、江西等十几个产粮省反映，国家粮食收购单位多收购了600多亿斤粮食，而农民手上还存有400多亿斤粮食急于出售。1984年，中国粮食产量历史性得到达了40 732万吨。一些地方的粮食却已经"多得没有地方放"，粮库爆满，农村集市上粮价迅速下跌。这次粮食增长的主要原因是中国农村推行的家庭联产承包责任制，实现了土地所有权与土地使用权的分离，赋予了农民生产的自主权以及剩余产品的支配权利，充分调动了农民的积极性。突然出现的粮食大幅度增长，也导致粮食供给过剩，由于实行的是政府定价的统购统销政策，粮食"卖难""存难""运难"的情况突出，以致于出现了1985年的中国历史上的"第一次"卖粮难问题，直接导致1985年的中央农村工作会议明确在国家指导下扩大市场调节，改革农产品统派购制度，除个别品种外，国家不再向农民下达农产品统购派购任务。粮食、棉花取消统购，改为合同定购。生猪、水产品和蔬菜也逐步取消派购，自由上市交易，随行就市，按质论价。其他统派购农产品，也分品种、分地区逐步放开。这一在农村建立市场机制的大胆尝试，在改革上"迈出了相当勇敢的一步"。

四、1978～1984年粮食政策改革的经验小结

1978年以来的粮食政策改革既是被逼无奈，又是我国农业经济迎来发展春天的开端。在推行农村经营体制改革中，地方积极创造，吸纳农民的独创精神和成果，中央及时总结和肯定群众在实践中的创造，加以提高和引导，对于整个农村改革进程的健康发展起了决定性作用。安徽省农业体制改革的成功为地方在执行中央政策中坚持原则的坚定性和政策的灵活性提供了范例。从本地实际出发，中国农民创造了能调动自身生产积极性、适合农村生产力水平的各种形式的生产责任制，为中央制定农村改革政策提供了直接依据。

以家庭联产承包责任制为核心的农村经营体制改革之所以能够获得成功，与中央、地方、农民的互动分不开，与包产到户、包干到户自身的巨大示范效应有关，也与政治权威的支持相关。在农业生产经营体制改革的实践中，坚持原则的坚定性和政策的灵活性相结合，为发挥广大农民群众的创造性提供了广阔的空间。农村改革的巨大成功，表明中国共产党在指导思想上逐渐摆脱了"左"的影响，摒弃了僵化的决策模式，是党和政府求实与创新的体现。改革给农民带来了实惠，极大地调动了他们的生产和经营积极性，受到农民的衷心拥护，增进了向心力。1978～1984年农村改革的成功经验是，要抓主要矛盾，解决主要问题。当然，当时存在的计划经济体制束缚农村生产力发展的障碍还很多，农村体制改革的任务还很重，不可能一蹴而就。粮食政策作为政府指导粮食生产和销售行为的基础，对整个国家来讲是至关重要的。粮食政策的效果取决于能否有效调节好各利益主体之间的利益关系，使各利益主体在政策框架内，能够得到可保证的利益和承担可接受的义务、职责，从而调动粮食生产各方的积极性和主动性。

第七章
市场取向：1985～1993年的粮食政策

1978年到1984年，我国粮食产量由3亿吨增加到4亿吨，粮食总产量增长了30%。在人口增长较快的情况下，人均粮食产量由1978年的319公斤增加到了1984年的393公斤，接近了世界平均水平，粮食增长落后于需求增长的局面得以扭转，持续30年粮食低水平定量供应的紧张状况得到了根本缓解。粮食产量的提高使流通领域统购统销不适应性也体现了出来。1983～1984年出现了第一次农产品销售难，继而演变为全国范围的"卖粮难"。1984年末粮食库存超过能力的50%以上，粮食露天存放超过了3 000万吨，政府已无力解决农民要求的粮食销售问题。粮食供求形势的根本变化预示着已在中国存在30年的传统粮食流通制度已经脱离了实际，应该退出历史舞台。为了解决粮食供给不足的粮食统购统销体制已经不能适应新的粮食流通状况的问题，1985年开始，国家开始对统购统销进行改革。1985年以后逐步放开粮食市场，中间有过几次政策的反复。1993年4月1日，粮票光荣"离休"，成为收藏品市场中的新宠。走过了38年的跟跄小路，粮票终于结束了它的特殊使命和流通历程。"票证经济"的结束预示着中国开始由命令经济的短缺时代走向市场经济的过剩时代。

第一节 时代背景：全面改革

1985年元旦，中共中央、国务院发布《关于进一步活跃农村经济的十项政策》，是中国真正意义上的第一次粮食流通体制改革。这一文件的发布，是中国农产品购销体制由统购统销走向"双轨制"的转折点。至此，中国实行了 31 年的农产品统购派购制度被打破。

1991 年底，国务院发出《关于进一步搞活农产品流通的通知》，要求在保证完成国家定购任务的情况下，对粮食实行长年放开经营政策。1992 年 9 月，《关于发展高产优质高效农业的决定》出台，这是第二轮粮改的真正起点。

1993 年 2 月，国务院颁布《关于加快粮食流通体制改革的通知》。同年 4 月，全国 95% 以上的县市都放开了粮食价格和经营。至此，全国的粮食销售价格基本全部放开，实行了 40 年的城镇居民粮食供应制度（即统销制度）被取消。

一、经济体制改革逐步深入

1984 年 10 月 20 日，党的十二届三中全会在北京举行。会议一致通过《中共中央关于经济体制改革的决定》，明确提出：进一步贯彻执行对内搞活经济、对外实行开放的方针，加快以城市为重点的整个经济体制改革的步伐，是当前我国形势发展的迫切需要。改革的基本任务是建立起具有中国特色的、充满生机和活力的社会主义经济体制，促进社会生产力的发展。该决定认为：改革计划体制，首先要突破把计划经济同商品经济对立起来的传统观念，明确认识社会主义计划经济必须自觉依据和运用价值规律，是在公有制基础上的有计划的商品经济。商品经济的充分发展，是社会经济发展不可逾越的阶段，是实现我国经济现代化的必要条件。该决定明确了改革的基本目标和各项要求，为打破计划经济体制创造了条件。1986 年 12 月 5 日，国务院作出《关于深化企业改革增强企业活力的若干规定》。该规定提出全民所有制小型企业可积极试行租赁、承包经营。全民所有制大中型企业要实行多种形式的经营责任制。各地可以选择少数有条件的全民所有制大中型企业进行股份制试点。该规定的出台是推动城市经济体制改革的重大步骤，对于进一步简政放权、改善企业外部条件、扩大企业经营自主权、促进企业内部机制改革具有重要意义。

1987 年 10 月 25 日～11 月 1 日，中国共产党第十三次全国代表大会举行。《沿着有中国特色的社会主义道路前进》的报告阐述了社会主义初级阶段理论，提出了党在社会主义初级阶段"一个中心、两个基本点"的基本路线，制定了到 21 世纪中叶分三步走、实现现代化的发展战略，并提出了政治体制改革的任务。

1988 年 9 月 5 日邓小平在会见捷克斯洛伐克总统胡萨克时，提出了"科学技术是第一生产力"的著名论断。1985年3月13日，中共中央作出《关于科学技术体制改革的决定》。该决定指出，现代科学技术是新的社会生产力中最活跃和决定性的因素，全党必须高度重视并充分发挥科学技术的巨大作用。同时，规定了当前科学技术体制改革的主要任务。该决定从宏观上制定了科学技术必须要振兴经济服务、促进科技成果的商品化、开拓技术市场等方针和政策，促进了科技成果向现实生产力的转化以及高新技术产业化的发展。作为经济体制改革的一个重要部分和最先实施内容，这一改革政策的颁布极大地促进了我国经济和科技的结合以及由此而生的中国多领域跨越式进步。

从20世纪80年代中期至90年代初期，中国的经济改革重点由农村转移到城市，并对国有工业、商业等行业进行全面改革，开始构建社会主义商品经济体系。

二、全国粮食格局开始变化

党的十一届三中全会后，农村家庭承包经营的普遍实行，充分调动了农民的生产积极性，极大地解放了农村生产力，促进了农业农村经济的较快发展和农民收入的普遍提高。1985年以后，家庭联产承包责任制已经在农村普遍实行，生产也得到了迅速发展，农民有了粮也有了钱，温饱问题得到了解决，但是在许多地方出现了农产品难卖的问题。当时，粮食主要由国家统一收购，由于尚未放开的市场难以消化迅速增加的农产品，从而出现了卖粮排队的情况，甚至有棉农卖棉花要排整整一天的队，农民的生产积极性在一定程度上受到挫伤。这时，一方面，需要调整农村中的生产结构，以适应市场多样化需求；另一方面，要切实为农民解决卖难问题，并要让农产品卖到较好的价钱。这时，诸城提出了"贸工农一体化""农工商一体化"，贸工农、农工商之间"风险共担，利益均沾"。1992年，潍坊正式提出了"农业产业化"。农业产业化的实施，为解决市场问题即农产品交换问题，提供了松散的组织制度保障，使得农业与上下游产业环节的利益关系较为通顺，实现了不同生产经营部门间的初始利润平均化。这样，改革就进入了第二步。从农业产业化实施以后，农民的经济行为更加理性，农村结构调整进一步加快，在20世纪80年代中后期又出现了退耕还林、还草和把粮食作物改种经济作物的情形。1993年，政府正式肯定了农业产业化，萌发于山东的"农业产业化"得到了普遍认可，这也是山东农村改革为全国农村改革所做的巨大贡献。

农村的经济体制改革使粮食产量在20世纪80年代初期出现快速增长，但体制因素的能量迅速释放之后，粮食产量随之出现徘徊局面。至80年代中后期，在我国某些重要的产粮区，谷物生产效率已经接近当地耕地光热水土条件下的生产潜力；在我国苏南一些地区，复种指数曾达200%，精耕细作也达到无以复加的地步。理论上说，在粮食单产无法提高的情况下，增加农业收入还可以通过扩大规模来实现。但由于人口规模庞大，我国农户的耕地规模却呈现不增反降的趋势。因此，在单产增长潜力有限、农户耕地规模又无法扩大的情况下，靠经营土地不再能够维持收入的增加。

20世纪80年代后期，南方农业萎缩，延续1500余年的格局被打破，逆转为北粮南调。20世纪90年代以来形势不断演进，国家粮食生产中心持续向北向西移动，已经形成多年来北粮南调、西粮东调大势。生产力高的南方资源相对闲置，条件差的中部西部压力加大，增加了我国粮食安全的风险。

三、严格控制农民负担水平

20世纪80年代中后期，由于市场供求关系变化及农产品价格等原因，农民收入增长受到很大制约，农民负担不断增加。特别是1990年以来，一些地方以各种名目向农民乱收费、乱集资、乱罚款、乱摊派的现象相当严重。针对农村"三乱"问题突出、农民负担日渐加重的情况，中央采取了一系列重大措施，旨在"减负、治乱"。

20世纪80年代中后期，由于市场供求关系变化及农产品价格等原因，农民收入增长受到很大制约，农民负担不断增加。特别是1990年以来，一些地方以各种名目向农民乱收费、乱集资、乱罚款、乱摊派的现象相当严重。针对农村"三乱"问题突出、农民负担日渐加重的情况，中央采取了一系列重大措施，旨在"减负、治乱"。

1990年国务院《关于切实减轻农民负担的通知》提出：以乡为单位，人均集体提留和统筹费，一般应控制在上一年人均纯收入的5%以内。1991年国务院《农民承担费用和劳务管理条例》规定，村提留乡统筹费以乡为单位不得超过上年农民人均纯收入的5%。1998年党的十五届三中全会进一步规定，农民承担的合理负担一定三年不变，实行比例限额和数量限额双重控制。1999年，国务院办公厅转发农业部等部门《关于1998年农民负担执法检查情况报告的通知》指出：从1999年开始，在全国普遍推行提留统筹费一定三年不变的管理办法。

清理规范涉农收费项目。自1990年以来，全国开展了多次大规模的涉及农民负担文件和项目的清理。1990年按照全国治理"三乱"领导小组的部署，开展了涉农收费项目清理整顿工作，基本摸清了涉农收费情况。1993年清理取消了中央国家机关涉及农民负担的项目37项、要求农民出钱出物出工的达标升级活动43项。各地也按照中央的要求，清理取消了一大批收费项目，当年减轻农民负担100多亿元。

第二节 政策选择：统购统销的终结与双轨制

粮食生产形势和购销形势很好，出现了前所未有的新变化。与此同时，一些新的问题也随之出现。一是1984年出现了全国性的"卖粮难"，国家收储能力不足；二是由于购价提高而销价未动，导致国家财政补贴迅速增加，财政负担越来越重；三是市场粮价下跌，农民生产积极性也随之下降。这些变化表明，完全由国家统起来的统购统销体制已不能适应新的粮食形势的发展，必须彻底加以改革。针对这一情况，国务院决定，从1985年起，取消粮食统购，实行合同定购。定购的品种为稻谷、小麦、玉米和主产区大豆。定购价格全国统一实行"倒三七"比例价（30%按统购价，70%按超购价）。改革的核心，是要更大限度地发挥市场机制对粮食供求的调节作用。至此，实行32年之久的统购统销制度基本解体，取而代之的是"双轨制"的粮食购销体制，即政府通过一定的行政手段直接控制一部分粮食购销，另一部分粮食购销由生产者、消费者、经营者自主进行，实行完全的商品交换，由市场机制调节。在确定"双轨制"的粮食购销体制后，政府还逐步进行一系列的改革：一是减少粮食定购数量，扩大市场调节的比重。1985年，国家定购粮食数量为790亿公斤，1987年降为500亿公斤。非定购品种和超过合同定购的部分粮食，自由购销。同时大力压缩平价粮销售，从1984年开始，逐步将酿造、食品等工业用粮油平价供应改为议价供应。二是通过多次提高国家定购部分的粮食收购价格，逐步使粮食定购价接近市场价。三是培育粮食市场，积极发展多渠道经营，建立多种类型的议价粮油贸易中心、批发市场或货栈。为了打破地区封锁，克服初级市场的弊端，1990年建立了中国第一个规范化的郑州中央粮食批发市场，之后，又建立了长春、武汉、哈尔滨、长沙、九江、芜湖等区域性批发市场，并积极探索和试办粮食期货市场。1991年中国第一家从事远期合同交易的郑州商品交易所成立。至此，我国逐步建立起了以国家粮食批发市场为龙头、以区域性批发市场为骨干、以遍布全国城乡的初级市场为基础的三级粮食市场体系。四是提高统销价格，实现购销同价。

1979年以来，国家多次提高粮食收购价格，而销售价格没有相应提高，导致收购价格高于统销价格，再次出现购销价格倒挂。为了彻底解决这个问题，国务院1991年决定，对26年未动的粮食统销价格进行大幅度调整；1992年又进一步大幅度提高粮食统销价格。通过两次大幅度调整，基本上实现了购销同价，为扭转粮食购销价格长期倒挂、逐步放开经营初步打下了基础。

一、粮食流通体制改革

长期以来，强调定购一定要完成、到1984年粮食上了一个新的台阶以后，1985年1月宣布取消统购。随后，粮食生产又经过了几年的徘徊，到1988年、1989年粮食趋于紧张，国务院发出文件，强调大米统一经营，其他任何行业和个人不得插手。接着，1990年秋粮收购开始，改合同定购为国家定购。1992年供需矛盾开始缓和，又取消大米统一经营，各部门都可以经营。1993年中央农村工作会议又提出保量放价，一直到1993年国务院9号文件还是主张保留定购。1994年国务院32号文件又恢复了1990年的提法，强调保留定购任务，作为国家的任务下达，生产单位和农户要确保完成，从1990年到1994年，我们走过了强化定购、取消定购到又恢复定购的曲折道路。

（一）统购统销政策改革

实行统购统销政策，是中央根据我国国情和粮情，在粮食分配和流通领域采取的一项重大政策，对国家经济生活产生过十分重要的影响，对保证粮食供应、支援社会主义建设确实起了重要作用。但是，由于管得过多、统得过死、粮食价格偏低等，在一定程度上抑制了农民生产积极性，因而粮食生产发展不快，农产品供求矛盾仍然十分突出。党的十一届三中全会以后，我国农村经济体制、经济政策、粮食政策和粮食流通体制经过调整和改革，粮食生产很快就上来了，粮食总产上了几个大台阶，实现了古人"衣食足、仓廪实"的梦想。地还是那些地，人还是那些人，由于经济体制、经济政策的不同，其结果大不一样。这说明，生产关系必须适应生产力的发展，如果不适应生产力就不会发展，甚至还会倒退。因此，我们必须不断深化改革，调整生产关系，使其更好地适应生产力的发展，推动我国粮食生产的发展。1985年国家在取消统购政策，改为合同定购政策的时候，赋予农民与有关单位协商签订销售合同的自主权。国家对农村供应的粮食基本上是购销同价，但对城镇人口的口粮供应仍然是原来的统销价格，即低价供应。这种放开一头、管住一头的政策形成了一种城乡二元机制。实际上，统销政策在城镇没有改动，只是在统销渠道之外加入了一个市场渠道，从而形成粮食销售价格的双轨制。1985 年以后，经过粮食集贸市场销售的粮食发展很快。1987 年在非统购统销渠道之外流通的粮食数量已超过了粮食的统购统销流通渠道的数量。

（二）粮食价格放开

1978 年国家恢复议购议销，经过这一渠道的粮食数量迅速增加。在国家统购的粮食数量不能满足统销的情况下，采取委托地方议价收购再转为平价销售的办法，称为委托代购。由于 1986 年调减粮食合同定购基数时并没有相应调减按平价销售的统销粮食数量，统销与定购的粮食缺口更大，从而增加了粮食议价经营的比例。1987 年，国家将委托代购改为议转平收购。但由于其价格低于市场价，使议转平业务难以开展。1989 年，国家宣布取消议转平的强制性，实行市场交易。随着统购价格的不断提高而统销价格的僵化，粮食购销价格倒挂的情况越来越严重。在粮食缺口不断增大的压力下，国家财政不堪重负。1991 年，国家不得不较大幅度地提高城镇定量供应的口粮价格，平均提价幅度为 67%，1992 年又提价 43%，基本上使粮食的统销价等于粮食的定购价。1991 年后粮食购销体制改革在"分区决策、分省推进"的框架内进行了大胆的改革和试验。各地普遍的做法是压缩平价粮食的销售数量，如黑龙江、山东、河南、辽宁、江西、浙江等省。1992 年广东省率先全面放开粮食的价格管制，实行购销同价。到年底，全国有 30% 以上的县市都放开了粮食的价格。1993 年 6 月，全国有 95% 以上的县市宣布放开粮食的价格，实行购销同价，放开经营。1994 年国家决定定购粮食全部保量放价。在这种情况下，40 多年来的粮食统销体制实际上已经被粮食的放价经营终结了。

（三）粮食市场化体系建设

1990 年国家在郑州设立了中央粮食批发市场，主要是调剂省际和区际小麦的调运，之后又在长春、九江、武汉和芜湖设立了地方性的粮食批发市场。这对深化粮食流通体制改革，促进粮食市场化改革发挥了巨大作用。1992 年国民经济市场化改革整体推进。在这一背景下，我国粮食流通体制经历了迄今为止最激烈的市场化改革。

这一阶段的改革注意了购销环节的协调改革，并突出了粮食销售制度的改革。其主要内容是：（1）首先进行了购销同价的改革，取消了粮票，在形式上保留而实际上也取消了粮证；（2）1993 年实行了粮食价格与经营的全面放开；（3）大幅度削减了政府对粮食部门的财政补贴；（4）在"管住批发、放开零售、继续维护国有粮食企业主渠道地位"的前提下，进一步推进了粮食市场的多渠道流通；（5）将国有粮食企业推向了市场。

1992年初邓小平同志视察南方发表重要谈话和1993年10月党的十四大召开，明确了我国建立社会主义市场经济体制的经济体制改革目标。这一时期，农村改革进入了一个全面向社会主义市场经济体制转轨的时期，农产品市场体系初步建立，市场机制在调节农产品供求和资源配置等方面发挥着主导作用。这个阶段的农村改革通过立法手段稳定了农村基本经营制度，并在土地承包期15年到期后，继续延长30年保持不变。在经过一系列土地制度改革尝试，如"两田制""增人不增地、减人不减地""大稳定、小调整"等形式基础上，将"增人不增地、减人不减地"确立为农村土地制度改革的主要模式，保持农村土地制度的基本稳定。

（四）政府对粮食市场的调控

1993年粮食统销体制的放开，国家放松了对粮食价格的管理力度，加上各种因素导致的粮食供求出现了紧张的形势使粮食市场价格持续上涨。为了抑制粮食价格的上涨，保证粮食的有效供给，国家出台了"米袋子"省长负责制。一方面，从粮食生产的源头保证粮食的有效供给；另一方面，从销售上控制粮食的来源、渠道和流动。对政府官员来说，最熟悉的方法就是计划经济时期的统购统销了。因此，个别地方恢复了粮食的票证供应制度，以保证城镇居民的计划内口粮的平价供应。同时，国家在1994年推行的粮食经营两线运行的政策中，规定了国有粮食零售企业仍然是从事粮食的市场经营单位。[①]

二、专项粮食储备制度的建立

在粮食购销体制改革的同时，开始积极探索国家对粮食的宏观调控。为了有效应对实行家庭联产承包责任制以来的粮食市场销售问题突出和20世纪80年代中期以来的粮食增产水平相对下降，1990年国家建立了专项粮食储备制度，有条件的地区还建立了一些地方粮食储备，大大增加了国家粮食宏观调控的能力。这标志着我国在战略储备和国家周转粮食库存以外，正式建立了具有调节粮食市场供求功能的后备粮食储备。国家粮食储备调节制度有效

---

① 杨祖义，瞿商. 浅析粮食购销政策的三次变化［J］. 粮食问题研究，2005年第02期，13-18.

应对了自然灾害及粮食市场的波动。1993年又建立了中央和地方两级粮食风险基金制度,为国家粮食宏观调控提供了资金保证。[①] 这种以"加强粮食市场宏观调控"为目标的专项粮食储备制度尽管没有直接推动粮食流通市场化改革进程,但由于中央政府意识到了粮食市场的干预必须遵循市场规律,需要通过专门的粮食储备制度运用国家粮食储备调节粮食市场的供求状况,维护粮食市场的稳定,从而为粮食流通市场化改革提供制度性保障。然而,由于我国市场化经验不足和粮食科技水平有限,粮食专储制度与专储系统存在着先天不足,加上计划体制尚未作彻底改革、国营粮食部门作为主渠道垄断粮食流通的情况仍然存在,扰乱粮食市场的往往首先就是国营粮食部门自己。因此,专储制度未能充分发挥其应有的功能。

三、粮食科技体制改革

20世纪80年代中期以后,随着我国济体制改革的重心由农村转移到城市,中央政府开始对粮食科技体制进行全面改革。1985年明确提出科技体制改革要面向专业化、商品化和现代化,要面向经济建设主战场。粮食科技体制开始了从小范围试点进入全面推进的改革阶段。1985年粮食体制改革的主要措施是引入竞争机制,确定粮食科研机构实行所长负责制和事业费包干使用办法,在分配体制上初步实行贡献与收益挂钩的按劳分配方式,允许粮食科研机构在做好本职工作的基础上仅仅走向市场,鼓励自主创新和资助创收。1992年进一步深化粮食科技体制在内的科技体制改革框架提出,进一步转变运行机制,调整优化科技系统结构,以形成结构优化、机制有力、科技与经济相结合的科技发展体系。开展以面向市场为主的开发研究,积极推行以地方粮食科研单位为主的分流优化,以建立一个面向粮食生产的产前、产中和产后的科技机构、示范推广服务机构和各群众性科技组织相结合的科技服务体系。与此同时,我国粮食科技研究和推广政策也不断进行调整改革。1983年提出了涉及粮食科技进步的目标是提高土地劳动生产率、农产品商品率和总的经济效益,力争在20世纪末使我国主要粮食单产和质量达到七八十年代的国际水平,为我国粮食科技研究提出明确方向和任务。这标志着我国粮食科技开始向注重经济效益和质量转变。1985年明确了我国粮食科技政策是建立合理的技术结构,提高粮食单产,改善品质,大力加强粮食的储、运、保

---

① 何耀芳,张光前. 从粮食统购统销到放开粮食市场的历史性转变. http://www.hbgrain.com;2009-3-5.

鲜、加工和综合利用技术。1989年,国务院积极推动农业科技推广工作,确立了科技成果的及时推广制度,健全了粮食技术推广组织,疏通了粮食科技走向农户的渠道。1991年,我国提出了科技兴粮战略,要求增加粮食科技储备,提高粮食科技的整体水平。1992年,强调了健全粮食科技培训和推广体系及稳定基层农技推广队伍的重要性。1993年,颁布的《中华人民共和国农业技术推广法》标志着粮食科技推广政策进入法制化轨道。1995年以来,国家把进行粮食科技革命,走科技兴粮的道路作为解决中国的粮食安全重要途径。

四、粮食生产政策的调整

实行家庭联产承包责任制以来,农民的产量积极性得到极大提高。1984年我国开始出现卖粮难的问题,政府一方面积极进行流通体制改革,另一方面通过生产政策的调整实现农民增产的同时能够实现增收。1984年国家开始对农村产业结构进行调整,一方面积极鼓励发展多种经营,优化种植业结构,促进农林牧渔全面发展;另一方面,鼓励农民从事工商业等非农产业活动和发展乡镇企业。既促进了乡镇企业的异军突起,又有效推进了农村经济从传统的农业单一结构向多部门结构转变。政府积极倡导农村大力发展养殖业和市场销路好的经济作物,对山区坡度在25度以上的坡耕地要求退耕还林。资料显示,1985~1988年我国粮食播种面积累计下降了4 141万亩。

这一时期粮食政策改革的主要方向是在农业和农村经济发展过程中积极引入市场机制,为农业和农村经济全面向市场经济过渡奠定了基础。但是,在深化和拓宽改革领域的过程中,也遇到了一些复杂情况和问题:一是放开粮食价格后出现了农产品市场价格的剧烈波动,引起农民的普遍不安,粮食产量一度下滑;二是粮食购销体制未达到预期目标,面对粮食产量的下滑,粮食购销制度又从表面上的合同订购退回到了实际上的统购体制。

五、第四和第五个"一号文件"

第四个"一号文件":扩大市场调节力度。1985年1月,中共中央、国务院发出《关于进一步活跃农村经济的十项政策》,即第四个"一号文件"。第四个"一号文件"取消了30年来农副产品统购派购的制度,对粮、棉等少数重要产品采取国家计划合同收购的新政策。家庭联产承包责任制进一步系统化,同时从农产品统派购制度、产业结构调整、交通、支持乡镇企业、鼓励人才流动、放活金融政策、加强小城镇建设等十个方面活跃农村经济。文件还提出扩大市场调节，使农业生产适应市场的需求，促进农村产业结构的合理化，进一步把农村经济搞活。国家还将农业税由实物税改为现金税。

第五个"一号文件"：农业是国民经济基础。1986年1月1日，中共中央、国务院下发了《关于一九八六年农村工作的部署》，即第五个"一号文件"。第五个"一号文件"肯定了农村改革的方针政策是正确的，必须继续贯彻执行。文件进一步摆正了农业在国民经济中的地位，在肯定原有的一靠政策、二靠科学的同时，强调增加投入，进一步深化农村改革。同时，明确提出个体经济是社会主义经济的必要补充，允许其存在和发展。文件指出，农业的物质技术基础还十分脆弱，一部分地区农民种粮的兴趣有下降的迹象，在农村经济新旧体制交替过程中出现了不协调现象，城乡改革汇合后各方面利益关系的调节更加复杂。要认识到，发展国民经济以农业为基础，不但反映经济规律，也反映着自然规律，必须坚定不移地把它作为一个长期的战略方针。

第三节　政策效果：改革初见成效

通过这一时期的改革，市场机制逐渐被引入农业和农村经济之中，并发挥了越来越重要的作用，为农业和农村经济全面向市场经济过渡奠定了基础。但是，在深化和拓宽改革领域的过程中，也遇到了一些始料未及的复杂情况，并引起了种种不协调的现象。如：价格放开后出现了农产品市场价格的剧烈波动，引起生产者和消费者的普遍不安，粮食产量一度下滑，粮食购销体制未达到预期目标，又从合同订购退回到实际上的统购；乡镇企业迅猛发展出现了与城镇工业争原料、争能源和争产品等情况；农民进入非农产业领域的摩擦加剧等问题。20世纪80年代中期到90年代初，我国粮食产量进入了一个徘徊期，甚至出现了粮食产量的下滑状况，从1987年到1992年，中国一直是粮食净进口国。

一、粮食流通改革的初期，农民不适应造成粮食产量下降

1985年至1990年是双轨制的利用阶段。基于我国粮食供求格局的变化，为了减轻财政压力，并配合城市体制改革的推进，1985年中共中央、国务院一号文件正式出台了改革农产品统购派购制度的政策，提出要"在国家计划指导下，扩大市场调节"，对粮食实行"合同定购"制度，定购价格按"倒三七"比例计价，即三成按原统购价，七成按原超购价。由于"倒三七"比例加价小于超购加价对农户生产行为刺激，1985年790亿公斤的定购任务当年实际完成596亿公斤，完成率为75.4%。此后，粮食定购数量不断削减，1986年为615亿公斤，1987年为500亿公斤。这一时期，市场在粮食生产和流通中的作用越来越大，通过集贸市场的粮食交易额由1985年的49.6亿元上升到164.7亿元。由于国家取消了部分鼓励粮食生产的优惠政策，挫伤了农民种粮积极性，这一时期粮食生产不景气，农业增长率下降，物价增长较快，对农民收入增长带来不利影响，此外，国家还在运用双轨制粮食政策过程中总结经验，并在河南、广西、贵州等省的一些城市积极开展"利用双轨，走出双轨"的改革试点，探索了一些粮食市场化改革的新途径。但这一时期由于种种原因导致粮食生产停滞不前，决策者开始思考政策设计上的失误，1985～1988年出现了第二次粮食大幅度减产，1985年粮食产量回落到37 910.8万吨水平，比上年减产6.9%。1985～1988年四年粮食产量的年均增长率为 -0.29%。20世纪80年代后期中央政府将"合同定购"改为"国家定购"，强行干预粮食生产领域并同时采取了粮食补贴措施，1989年水稻、小麦和玉米的合同定购价比1985年分别提高了43.4%、14.2%和21.8%，大幅度地调整粮食的定购价格，终于使粮食生产重新回到了正常发展的轨道上。1989～1991年连续三年粮食产量恢复性增长，年均增长率为6.45%。但农民收入处于低增长阶段，由于增产不增收和乡镇企业整顿的原因，农民收入年均增长仅1.9%，农民收入的增长处于低谷，农民种粮积极性依然不高。

"粮食双轨制"导致1985年之后连续四年粮食产量低谷徘徊。其原因主要包括三点：一是"双轨制"仍然主要局限于收购制度改革，而没有触及传统粮食流通体制的组织系统与制度核心；二是改革的政策和措施不配套；三是合同订购虽有尊重农民的经济主体地位、与农民平等交换的本意，但"合同订购既是合同，又是任务"的定义使合同订购失去了原本之意，特别是当"合同订购"被强化为"合同定购"和"国家定购"之后，"合同订购"的初衷便丧失殆尽了。由于当时没有及时制定保护农民种粮积极性的新政策，随即出现了粮食生产的滑坡。1990年再次出现粮食"过剩"苗头时，政府决定建立国家专项粮食储备制度，及时吸纳了农民的余粮，支撑了粮食的价格。1993年初，全国粮食经营放开，取消了沿袭几十年的粮食定量定价供应体制，向市场体制转轨。四是改革理论本身存在着缺陷，它将计划与市场视为一种可以截然分开的板块结构，以为在保留粮食计划体制主体部分的同时可以培育起真正的粮食市场主体、完善的粮食市场机制和统一的粮食市场体系。

二、改革初见成效，粮食产量再次升高

1991~1993年，国家开始尝试逐步对粮食双轨制度进行变革。1991年5月和1992年4月，国家两次提高城镇居民定量口粮的销售价格，不仅缩小了粮食价格的购销倒挂，而且缩小了粮食牌市差价，基本上实现了购销同价，为粮价的放开创造了重要条件。1992年初，国务院同意采取以"分区决策、分省推进"的方式促进粮食购销和价格体制改革，允许各地根据当地的实际情况决定放开粮价的时机和方式。1993年11月，中共中央、国务院发布《关于当前农业和农村经济发展的若干政策措施》指出：经过10多年的改革，粮食统购统销体制已经结束，适应市场经济的购销体制正在形成。1992~1996年的恢复性增长阶段，政府提高了农产品的价格，农民收入年均实际增长率为5.3%。但是在1990~1992年出现农产品全面"卖难"，是典型的生产过剩造成的。1990年，粮食又获得了大丰收，产量达到4.46亿吨，重新出现了"卖粮难"的问题。同时，财政补贴也达到了历史高峰，比1985年增长了160%，其中收购性补贴增长了60%。此时，政策成本已超过政府可以承受的极限，降低财政压力成为迫切的需要。从1989年开始，国民经济连续三年在低谷中运行，城市有购买能力的需求下降导致农产品卖难。①

三、粮食流通的市场化改革影响了我国粮食生产的格局

我国粮食安全长期处于南粮北调，"苏湖熟，天下足"，南方好于北方局面。20世纪80年代后期，南方农业萎缩，延续1 500余年的格局被打破，逆转为北粮南调。20世纪80年代中期的流通体制改革是以"计划调节和市场调节相结合"以及其后的"有计划的商品经济"理论为背景。这一阶段的改革措施主要包括：（1）取消了统购、派购制度，采取了合同订购和议价收购并行的收购"双轨制"，其中合同订购属于国家计划收购，议价收购属于市场收购；（2）在收购"双轨制"的基础上形成了合同订购的计划价格与议价收购的随行就市的价格相并存的价格"双轨制"，其中合同订购的价格采取了水稻"倒三七"、小麦"倒四六"的混合平均价，实际上降低了粮食收购价格；（3）实行了鼓励多渠道流通的粮食政策。在市场主体方面允许国营粮食部门以外的经济组织的进入，从而在适当缩小计划范围并转换计划实现方式的基

---

① 中国农业网. 中国粮食产量分析及未来粮食生产展望，决策参考，2008 – 11 – 4.

础上使粮食流通由独占型的国家垄断转换成了主渠道不完全垄断、多渠道可以适当参与竞争的一种特殊的垄断竞争型的市场结构。这一阶段的改革是粮食流通市场化改革的首次真正尝试，开始将多渠道流通列入粮食流通体制的改革内容，其中最主要的制度创新就是"双轨制"。政策变革的直接动机是政府想甩掉不堪重负的巨额财政补贴包袱。在1991年和1992年部分地区试点的基础上，1993年实行保量放价、购销同价政策，规定中央和地方财政减下来的粮食加价、补贴款要全部用于建立粮食风险基金。由于粮食市场的放开，沿海发达省市的农民开始将农业生产资源更多地投入到盈利水平高的产业，从而导致沿海局部地区粮食产量下降，以往的"鱼米之乡"开始逐渐向"工业重镇"转变。1993年，浙江、福建和广东粮食播种面积分别比前一年减少10%、5%和8%，当年3省粮食总产分别下降8%、5%、10%。汇率并轨、地区间的封锁加上当地市场供应短缺，使东南沿海地区粮价迅速上涨，并且很快蔓延至全国。

四、20世纪90年代初期粮食改革的经验教训

这是一次对传统粮食流通体制的伤筋动骨的市场化改革。首先，它在缩减收购计划、扩大市场多渠道经营范围、取消粮票粮证并放开零售的同时，在很大程度上削弱了传统粮食计划的强度，又从根本上动摇了国有粮食企业垄断粮食市场的权威。其次，多渠道的竞争不仅使低效率、高成本的国有粮食商业企业、工业企业、仓储企业、运输企业在市场竞争中不堪一击，而且在培育新的粮食市场主体的同时迫使坐吃计划、财政与垄断特权的国有粮食部门不得不进行自我改革。此间出现的"一业为主、多种经营""粮食银行"等都是国有粮食部门面对市场竞争而自我设计的生存与发展对策。但是此项改革仍然存在四大缺陷：第一，政策的直接动机是要急功近利地甩掉不堪重负的巨额财政补贴包袱，而没有作出在粮食市场化改革以后政府有效承担粮食市场调控责任的准备。第二，在专储制度并不灵活有效的情况下，将大部分（数千万吨）原本事实上具有后备储备功能的国家周转粮食库存推给了国有粮食企业，以迅速减少由此而带来的财政补贴，结果政府掌握的粮食库存资源实际上的下降削弱了其调控粮食市场的能力。第三，没有涉及粮食部门政企合一的组织变革，也没有涉及政府职能与企业职能的分解，从而使得制造虚假亏损、套取财政补贴的渠道依然畅通。第四，国有粮食部门的主渠道地位使得其垄断权威仍然得以维持，从而妨碍了竞争性市场的真正形成。也正是由于上述缺陷，1993年底开始出现了粮食价格的陡涨，其中国家粮食储备的明多实少、储备系统的运转失灵、大量粮商买涨涌入、国有粮食企业推波助澜等是导致这一轮粮价高涨的直接影响因素。1993年粮改失败的教训可以概括为两点：（1）粮食市场化改革必须是措施配套的彻底改革；（2）政府必须做好承担粮食市场调控责任的准备，并以财政支持为后盾；建立起灵活高效的粮食储备系统。遗憾的是，此后的粮食政策并没有认真汲取1993年的教训，因而未能在这两点上有所成就，从而不仅没有继续推进粮食市场化改革的进程，而且重新启用了旨在推卸财政补贴包袱、下放粮食市场责任的计划手段与行政手段。

第三篇　追求卓越：改革开放以来的粮食政策演变（1978年迄今）

第八章

走向市场：1994～1998年的粮食政策

1993年我国确定了社会主义市场经济体制的建设目标，以市场为导向，使社会生产适应国内外市场需求的变化；依靠科技进步，促进产业结构优化；发挥各地优势，推动区域经济协调发展；转变经济增长方式，改变高投入、低产出，高消耗、低效益的状况。国家坚持把农业放在经济工作的首位，稳定党在农村的基本政策，深化农村改革，确保农业和农村经济发展、农民收入增加。20世纪90年代中后期我国农村经济全面发展，农业增加值平均每年增长4.5%。各级政府重视农业，加强农业的政策逐步得到落实，调动了广大农民的积极性。1996年我国粮食产量首次突破5亿吨，这标志着我国粮食生产迈上了一个新的台阶。到1998年，我国粮食产量达到了顶峰的5.1亿吨。在这一时期，"卖粮难"问题再次出现，全国粮价大跌，农民增产不增收。

第一节　时代背景：确立市场体制

一、市场经济的确立

1992年初，邓小平先后到武昌、深圳、珠海、上海等地视察，并发表了一系列重要讲话，通称南方谈话。谈话针对人们思想中普遍存在的疑虑，重申了深化改革、加速发展的必要性和重要性，并从中国实际出发，站在时代的高度，深刻地总结了十多年改革开放的经验教训，在一系列重大的理论和实践问题上，提出了新思路，有了新突破，将建设有中国特色社会主义理论大大地向前推进了一步。邓小平谈话的中心是：坚定不移地贯彻执行党的

"一个中心、两个基本点"的基本路线,坚持走有中国特色的社会主义道路,抓住当前有利时机,加快改革开放的步伐,集中精力把经济建设搞上去。

1993 年 11 月,中共十四届三中全会审议通过《关于建立社会主义市场经济体制若干问题的决定》,将十四大提出的经济体制改革的目标和原则具体化,明确了建立社会主义市场经济体制的基本任务和要求,勾画了其总体规划和基本框架。这一决定成为 20 世纪 90 年代推进经济体制改革的行动纲领。建设有中国特色社会主义的经济,就是在社会主义条件下发展市场经济,不断解放和发展生产力。这就要坚持和完善社会主义公有制为主体、多种所有制经济共同发展的基本经济制度;坚持和完善社会主义市场经济体制,使市场在国家宏观调控下对资源配置起基础性作用;坚持和完善按劳分配为主体的多种分配方式,允许一部分地区一部分人先富起来,带动和帮助后富,逐步走向共同富裕;坚持和完善对外开放,积极参与国际经济合作和竞争。保证国民经济持续快速健康发展,人民共享经济繁荣成果。[①]

二、工业化进程加快

1993 年确立建立社会主义市场经济体制以来,我国的工业化发展进程加快,国家对工业实行倾斜政策,对农业基建投入则严重不足,农业水利等基础设施失修、老化,抗灾能力很低。1994 年国家对农业投资为 225 亿元,仅占国有单位投资总额的 1.9%,比 1990 年的 3.9%下降了 2 个百分点,比"五五"时期 10.5%下降 8.6 个百分点。由于长期投入不足及其他多方面的原因,80 年代中期以来,我国农业出现两次徘徊。1984 年,我国粮食产量达到 40 731 万吨,人均粮食 397 公斤,接近世界平均水平。1985 年开始,粮食增长速度减慢,总产量徘徊在 40 000 万吨左右,直至 1989 年,人均粮食占有量降到 367 公斤。由于粮食减产、供给短缺,一度引发了通货膨胀,国家不得不在 90 年代末期压缩工业发展速度,强化农业基础。1990 年,农业增长达到 7.5%,粮食产量打破 5 年徘徊达到了 44 624 万吨,但"九五"期间,粮食产量又一次在 45 000 万吨左右徘徊,使我国的粮食供给一直处于偏紧状态,并一度引起粮价大幅度上涨,推动了 1994~1995 年的通货膨胀。农业生产长期徘徊,城乡分割的二元经济社会结构难以改变等问题仍然十分突出。农业部门长期为工业和城市积累资金做贡献,本身缺乏自我积累和自我发展的能力。

---

① 党的十五大报告.高举邓小平理论伟大旗帜,把建设有中国特色社会主义事业全面推向二十一世纪,1997 年 9 月 12 日.

在传统的计划经济体制下，政府运用行政手段动员和筹集了大量资金投向工业部门，在迅速推进中国工业化进程的同时，也在一定程度上忽视了农业的发展。20世纪90年代以来，虽然中国从总体上来看已进入工业化的中期阶段，工业部门已经具备了自我积累和自我发展的能力，但由于传统体制的惯性作用，农业部门仍然继续承担着向工业和城市提供积累的重任。最突出的表现就是直到1995年，国家仍以低于市场价格大约30%~40%幅度征购粮棉，使农业部门的利益直接流失。另外，农用生产资料的涨价使"剪刀差"进一步扩大，农业生产成本提高。据有关专家估计，仅1990~1992年，通过剪刀差形式转移出去的农业剩余价值就达到3 976亿元。农民种粮棉由于比较利益低，不赚钱，因而缺少生产积极性，不愿向农业投入，这就使农业缺少自我积累和自我发展的动力。

三、"三农"问题开始浮现

20世纪90年代中期以来中国出现了以"农村经济发展缓慢，农民增收困难，农民负担沉重"为核心的"三农"问题。"三农"问题已经成为制约中国经济发展的一个瓶颈，对中国社会产生了巨大而深远的影响。客观现实已经要求我们必须拿出切实有效的、能够从根本上解决问题的措施来解决"三农"问题。第一，农民收入低、负担重，严重影响农民的生产和投入积极性。1989~1993年，农民收入的年平均增长率只有1.88%，1994年粮棉收购价大幅度提高后农民实际收入也仅增长5%。从城乡居民的收入差距看，1984年由于农村改革带来的农业大发展曾使城乡居民收入差距缩小为1.7:1。1985年后，这个差距开始拉大，1994年达到2.61:1。农民种地一年的收入往往不及城市某些行业的职工1个月的收入。而且，城镇居民生活费收入还不包括住房、医疗、教育等方面的福利补贴及实物收入。按照实现农村小康的目标，从1994年开始到2000年，农民收入年均递增必须达到7%左右。尽管1994年和1995年国家通过提高粮食收购价格等手段进行了多方面努力，但仍只达到5%左右。目前，我国的粮食市场价格已普遍高于国际市场价格，农民主要依靠提高粮价来增加收入的可能性已经很小，因此，能否实现小康目标已成为大问题。与此同时，农民负担重的问题依然存在。尽管国家明确规定农民负担不得高于上年人均纯收入的5%，但据农业部对全国部分省市区的调查，近几年我国农民的实际负担已在人均纯收入的10%以上。农民收入低、负担重已严重影响了农民生产和投入的积极性，任其发展下去将会出现极其严重的经济和社会问题。

第二，农民消费水平低，农村市场容量小，工业发展已受到农村市场的严重制约。由于农民收入低，负担重，因而消费水平低，对工业品的需求量小，与城市居民消费存在断层。近几年来，除少数富裕地区的农村外，我国大多数农民的消费还主要集中在食品和住房方面。如20世纪90年代初期城市居民家庭已饱和的彩电、冰箱等消费品，尽管我们已拥有相当高的生产水平和相当大的生产能力，但由于农民收入低，尚未形成大规模的购买热潮，因而造成了库存积压和生产能力闲置。据统计，占我国总人口近80%的农村人口，在全国社会消费品零售总额中的比重只占一半左右，1993年降至41.4%。我国人口众多，国内市场的潜力和容量很大，但由于农村购买力水平太低，农村大市场难以活跃起来，因而也严重制约了工业的发展。

第三，农村剩余劳动力转移缓慢，农村城市化和现代化滞后。由于长期实行城乡分割的户籍政策，严格限制农村人口流入城市，因而大量的农村剩余劳动力只能进行"离土不离乡"的就地向非农产业转移。"七五"时期，我国乡镇企业大发展，每年转移农业劳动力达1 000万人左右。乡镇企业发展与小城镇建设结合起来，对于推进中国农村的工业化、城市化和现代化做出了巨大贡献。90年代以来，乡镇企业转移农业剩余劳动力的速度减缓，1991~1994年平均每年转移农业劳动力约700万人。"九五"期间，乡村两级企业固定资产平均每年增长186.4%，每万元资产吸纳的就业人数却下降了40%。对于农村1.2亿有待转移的农村剩余劳动力和每年农村新增的1 300多万劳动力来说，这一转移速度明显缓慢。近两年来，由于交通运输的涨价，城市对外来劳动力的政策限制，使农村剩余劳动力跨区域流动的就业成本上升，农村剩余劳动力跨区域流动的增长速度也在减缓。农业剩余劳动力转移的缓慢，既影响了农民收入的提高，也影响了农村城市化和现代化的进程，使我国城市化进程难以与整个工业化进程相适应。①

第四，乡镇企业通过加快产权改革、调整产业结构和产品结构、加快技术进步、改善内部管理等，获得了空前发展。1992~1996年，乡镇企业经历了第二个高速增长时期。乡镇企业增加值的年平均增长速度达到42.8%，占国内生产总值的比重上升为26.0%，成为我国农村经济的主体力量和国民经济的重要支柱。到1996年底，乡镇企业个数为2 336万个，是1991年的1.2倍；吸纳的农村劳动力达1.35亿人，是1991年的1.4倍；完成增加值17 659亿元，是1991年的5.9倍。然而，1997年的东南亚金融危机对乡镇企业出口

---

① 秦庆武．论工业化中期阶段的中国农业发展 [J]．齐鲁学刊，1998 (8)：93~98．

的冲击和国内市场竞争加剧，使乡镇企业增长速度出现回落，而且要素配置上也出现了资金增密现象，吸纳农村劳动力就业能力不断下降。

第二节 政策选择：流通领域的全面市场化改革

对以粮食为主的农产品流通体制进行一系列改革，尝试建立与社会主义市场经济体制相适应的农产品流通体制。在这个阶段的初期，国家出台了购销同价和"保量放价"的政策，试图废除粮食的统销制度，让市场在调节产销上发挥主要作用。但紧接着粮食产量下滑和价格上涨，出于对稳定市场和粮食安全的担忧，国家出台了"米袋子"省长负责制和"菜篮子"市长负责制，通过提高粮食价格、恢复定购、建立专项储备制度和风险基金制度，以及实行农产品收购保护价政策，加强对粮食市场的宏观调控。到1998年，尽管粮食流通体制改革尚未完成，但棉花流通体制改革基本建立了依靠市场机制、实现棉花资源合理配置的新体制。

1994年下半年以后，国家加强宏观调控，增加对农业的投入，大幅度提高粮食收购价格，出现了全国粮食持续增产的局面。1994年出现了粮食减产、粮价大幅度上涨的局面。为了宏观经济的稳定，政府对粮食政策又采取了四项措施：一是实行了粮食的"省长负责制"，规定省级政府必须对本省粮食的生产、流通和销售负起全面责任。二是大幅度提高粮食的政府收购价，1994年定购价提高了44%。1995年以后，我们总结前两次粮价波动和宏观调控的经验教训，在粮食连续丰收的情况下，采取了以保护价敞开收购粮食为核心的调控措施。这项措施克服了以往在粮食连续丰收的情况下降低粮食收购价格的逆向调节行为，开创了我国粮食持续丰收的局面。1996年再次提高了42%。三年内，政府的收购价提高了105%，但是从粮改政策出台的时机上说，1995～1998年我国粮食连续4年增产，平均产量在5亿吨左右，结构性、阶段性过剩的局面已露端倪。以保护价敞开收购为核心的粮改政策在这种情况下出台，客观上对加剧这种形势发展起了进一步的刺激和推动作用，结果流通领域粮食越收越多，骑虎难下，生产领域也"船大掉头难"，农业经济结构调整相对地丧失了最好时机。在政策设计上，粮改前期"保护价"品种涵盖的范围和政策执行地域过宽，价格水平提高幅度过大，1996年全国稻谷、小麦、玉米、大豆四种粮食的国家定购价平均由每50公斤52元提高到74

元,保护价也相应提高,"敞开收购"又失去了数量上的控制。1996年下半年起,粮食供求又开始趋向宽松,市场粮价又开始回落。1996年粮食产量突破5 000亿公斤大关,此后几年也基本保持在5 000亿公斤左右。在这种情况下,国有粮食购销企业按保护价敞开收购农民余粮,形成了大规模的高价位库存积累,但市场粮食供过于求的形势,使粮食价格持续低迷,给国有粮食购销企业高价位库存粮食"顺价销售"造成困难,增加了企业亏损和潜亏压力。1997年初,市场粮油价格成为历史最高,当时市场小麦收购价格为每公斤1.80元(以江苏新沂市场当时行情为例),小麦企业出库价格为每公斤1.98元,粳稻收购价格每公斤1.70元左右,企业销售价格为每公斤2.00元以上,玉米收购价格达到每公斤1.50元。随后市场粮油价格开始下跌,国家出台保护价政策,国有粮食企业收购定购粮价格过高,库存成本较大,这时经营进入低谷。1998年,我国实行了以"三项政策,一项改革"为主要内容的声势浩大的改革。这时粮食流通体制已经到了非改不可的时候了,改革的原则是"四分开一完善",即实行政企分开、储备与经营分开、中央与地方责任分开、新老财务账目分开、粮食价格机制逐步完善。①

一、强化粮食收购政策

1993年粮食的保量放价政策出台后,1994年和1995年粮食产量又一次大幅度下降,引起粮食供给和需求的再次紧张。加上1994年我国的人民币汇率改革,使得从进口粮食获利的粮食外贸企业转而从国内大量收购、囤积粮食向国外出口,进一步推动了国内粮食的市场价格的持续上升。这次粮食价格的持续上涨从1993年年底开始,长达两年之久,使得国家不得不重新收缩已经决定放开的粮食流通体制改革的步伐,取而代之的是"米袋子"省长负责制。

1994年5月,国务院发布了《关于深化粮食购销体制改革的通知》,规定继续坚持政府定购,并适当增加收购数量。除定购5 000万吨粮食落实到户外,还下达了4 000万吨议购计划,落实到县级政府。

1995年,粮食购销政策仍是实行"双轨制",即在保证政府能够稳定地掌握一定数量的粮食,以稳定粮食供给的前提下,放开粮食市场购销。但政府重申了议购粮食应随行就市,不允许搞"二定购"。

---

① 南京粮网. 近些年来我国粮食政策变化与粮价上涨情况回顾. 中国饲料行业信息网,2006 - 2 - 13.

1995年2月，中央农村工作会议更明确提出"米袋子"省长负责制，要求各省一把手亲自抓粮食问题。

1997年7月，国务院明确规定，国家定购粮仍按1996年确定的定购价收购，而议购粮按保护价敞开收购，保护价就是国务院确定的定购基准价。政府要求全国粮食部门敞开收购，常年收购，不拒收，不限收，不停收，不压级压价，不打"白条"。

(1)"米袋子"省长负责制。"米袋子"省长负责制是政府在1994年粮食供给数量较少和价格无序以及各地封锁粮食市场的情况下，为改善粮食的有效市场供给和抑制粮食价格的非正常上涨所采取的一个有力措施。1994年5月，国务院决定实行领导负责制，由各省、区、市的领导负责本地区的粮食供求总量平衡。为此要稳定粮食的播种面积、产量、库存，根据地方粮食的库存进行粮食供给数量和价格的调节，以保证粮食的有效供给和市场粮食价格的稳定。1995年开始实行"米袋子"省长负责制，并把坚持和完善"米袋子"省长负责制作为深化改革的重点之一。1997年又决定建立地方粮食储备制度，作为考核"米袋子"省长负责制的内容之一。

(2)两线运行机制的出台和实施。为增强国有粮食企业的市场应变能力，1994年国务院提出并要求国有粮食企业在经营上实行政策性业务和商业性经营分开的两线运行机制，两线运行的业务和人员、机构彻底分开。具体来说，就是将国有粮食企业的粮食零售业和企业设定为自主经营、独立核算、自负盈亏的范围，其他则作为政策性业务予以保留并享受国家的财政补贴。

(3)不断提高粮食的收购价格和强化按保护价收购的粮食政策。在1994年和1995年粮食价格持续上涨的推动下，为保证农民种粮的积极性和增加农民的收入，国家决定从1994年夏粮上市起就提高四种主要粮食定购价格的40%。1996年在1994年粮食定购价格提高的基础上再提价42%，各地还可有10%的上浮价格幅度。1997年国务院决定按保护价敞开收购农民余粮，强化了粮食收购的保护价政策。

二、推行粮食价格支持政策

实行增加粮食供给，提高农民收入的粮食价格支持政策。粮食生产流通体制实行"米袋子"省长负责制，提高粮食定购价格。粮食补贴仍然采取补贴粮食企业等流通环节的办法。1994年实行粮食经营的"两线运行"，实行政策性业务与商业性经营两条线运行机制，业务、机构、人员彻底分开。对于承担掌握粮源、吞吐调节、稳定市场、救灾等政策性经营业务的粮管所

（站）、粮库等所需费用按财政隶属关系分别由中央和地方财政给予补贴。1997 年采取了按保护价敞开收购农民余粮的措施，保护农民的粮食生产积极性。1998 年以来继续实行按保护价收购粮食政策，并加大了力度，作出了相应的调整；同时，实行粮食收购资金的封闭运行，"库贷挂钩"，"钱随粮走"，以农业发展银行为配套银行。具体如下述：

（1）1998 年 6 月颁布了粮食收购条例，8 月又发布了粮食购销违法行政处罚办法，以规范粮食购销行为。1999 年较大幅度地降低了一些地区某些品种的保护价收购水平，如东北区及内蒙古东北、河北北部、山西北部的春小麦和南方的早籼稻和冬小麦等，并调整了粮食按保护价收购的范围。上述地区的上述品种从 2000 年开始退出国家粮食保护价收购范围。1999 年各地省级政府可以相应调整粮食的定购任务，非粮食主产区的水稻、小麦和玉米在报经国务院核准后可退出粮食的保护价收购范围。此外，长江流域及其以南地区的玉米也从 2000 年起退出保护价收购范围，2001 年晋冀鲁豫等地区的稻谷、玉米也退出了保护价收购的范围。这对各地发挥比较优势和竞争优势、调整粮食产业结构、提高农民收入起到了有力的推动作用。①

20 世纪 90 年代中后期，我国对粮棉等农产品实行了较大力度价格干预政策。观察其实施情况，收购价显著高于市场均衡价，迫于库存压力出口时，整体收购和经营成本又显著高于国际市场价，因而具有保护性补贴效果。

三、强化粮食补贴政策

从保护性补贴政策设计目标看，国外主要是基于"农民收入平价"（Farmer's Income Parity）原则，试图通过大规模补贴把农民收入提高到与城市居民大体相等的水平。由于这一原则与农产品消费需求规律存在矛盾，补贴带来的过剩农产品需要到国际市场上释放，结果表现为农产品出口贸易争端加剧。② 我国 90 年代高价收购粮棉农产品政策，固然兼有提高农民收入意图，但根本目标是控制 1994/1995 年的严重通货膨胀。基于上述"稻米减产—粮价上涨—通货膨胀"的主流看法，政府试图通过异乎寻常的高价格干预手段，刺激农产品供给以抑制通货膨胀。因而，我国 90 年代发生的农业补贴，本质上不是一个长期性部门政策目标，而是特定形境下短期宏观稳定政策的一个构成部分。在通货膨胀不再是主要宏观问题之后，粮食价格干预虽仍保留

---

① 杨祖义，瞿商．浅析粮食购销政策的三次变化．粮食问题研究，2005 年第 02 期，13 – 18．
② 参见卢锋 1998 年对发达国家农业保护主义政策产生和发展的专题研究报告。

"保护价"名称，但是实际收购价水平不断降低，目前已基本失去经济学意义上的保护含义。棉花则在1999年的新一轮改革中完全放开了价格。

从补贴政策发生机制看，我国粮棉流通干预政策的补贴效应，不是事先预期计划的产物，而是事后出乎意料的结果。国外实施农业补贴和保护政策，通常有相应立法规定和年度预算，具有可预期性和自觉性。我国情况不同。政府一度在周期性高价位上敞开收购粮棉，但对其可能带来的财务成本缺少心理准备，也没有预算内支付计划。相反，1998年粮食部门在农发行的2 000多亿元亏损挂账数字公布后，上上下下对其原因感到困惑不解，有关部门则试图通过紧急仓促的政策调整来控制和弥补巨额亏损挂账。直至目前，具有补贴性质的上千亿粮棉价格干预"沉没成本"，相当大一部分仍然作为国家政策银行未还贷款"挂账"形式存在。这都说明我国补贴具有非计划性和不自觉性。实际发生了巨额补贴，直接操作原因在于政府有关部门一度把粮棉收购价定得过高，在市场价格周期下行阶段没法顺价销售；认识原因则是官方政策研究系统对粮棉市场供求规律重视分析不够，对粮价与通货膨胀关系的判断过于简单。把握我国农业补贴效应的事后意外性及其与短期宏观政策紧密联系的特殊性，是理解我们讨论问题的关键。①

四、加大农业支持力度

中央要求各省自行负责本地区粮食总量平衡，各地方政府保证粮食播种面积，提高单产，负责收购掌握70%~80%的商品粮源，确保供应以及负责组织省间粮食调剂。中央政府集中主要力量搞好全国粮食市场的宏观调控，对全国粮食总量平衡负责。

第一，各级政府要切实重视对农业的投入，对农业投入采取优惠政策和倾斜政策，特别是对农田水利建设、农业区域开发、中低产田改造方面要舍得花钱。在财政支持农业方面，要合理界定各级政府在发展农业上的财政支出范围，建立责权明确的分级支农投入机制。各级人大、政府要加强立法和监督，保证支农投入稳定增长。

第二，在银行信贷支农方面要弱化对农业银行的规模控制，增加专项贷款指标，使农业银行在农村吸储的资金更多地用于农业投入。要充分发挥政策性银行集资支农的功能，把农村信用社办成真正的农民合作金融组织。要发挥好集体和农户对农业投入的主体作用。要继续稳定和完善家

---

① 卢锋. 消除补贴误解，加快入世进程［J］. 中国经济学教育科研网，2002.6.3.

庭联产承包责任制,执行好中央提出的土地承包与使用关系稳定30年不变的政策,稳定民心,调动农民增加投劳投资搞长期开发的积极性。在经济发达地区,应建立稳定的"以工补农"的机制,增加农业投入。在经济欠发达地区,可以突出劳动积累向农业投入的作用。要制定优惠政策,鼓励国内大型工商企业参与农业开发。同时,要拓宽招商引资渠道,吸引外资投入农业项目。

第三,努力提高农业比较利益,增加农民收入,减轻农民负担,扩大农村市场。要把工业化中期阶段农业从产品和要素贡献为主转到市场贡献为主的轨道上来,最关键的一条就是要提高农业的比较利益,增加农民收入,减轻农民负担,提高广大农村人口的购买力水平。要想使农民尽快致富,除了发展乡镇企业,转移农村剩余劳动力之外,对于广大中西部地区的农村来说,靠发展农业来致富是更为现实的选择。根据近几年来一些地区的成功经验,主要有以下几种途径:一是农业产业化之路。实行农业产业化,通过把农产品从生产到加工、销售的各个环节紧密地联系起来,尽量延长农业的产业链条,来提高农产品的科技含量和附加值,从而实现农业产业的整体效益。另一方面,产业化提高了农民的组织化程度,使农民能够参与分享农业生产、加工和销售过程的平均利润,因而是农民致富的一个重要途径。二是规模经营之路。我国人多地少,全国人均耕地仅有1.2亩,农户经营规模小,形不成规模效益,是农民难以致富的重要原因。因此,有条件的地方可以探索在稳定家庭联产承包责任制的前提下,通过建立土地流转机制,推动土地适当集中,扩大农户土地经营规模。三是专业经营之路。要立足当地资源优势和产品优势,实施专业分工,克服传统农业和小生产的经营方式。四是多种经营之路。对于那些缺少资源和技术优势、各方面条件比较差的欠发达地区农户来说,从多种经营起步,从兼业向专业生产迈进,逐步增加积累,以求得进一步发展,也是比较现实的选择。

第四,努力调整农村产业结构,加快农村剩余劳动力向非产业转移。传统农业以种植业为主,大批劳动力集中在少量土地上,农业劳动生产率难以提高,农业人口难以向非农产业和城市转移,造成城乡二元分割和城市化滞后。要改变这种状况,就要通过农村产业结构的调整,将农村剩余劳动力转移出来。从转移的步骤看,第一步是随着农业内部的结构调整,由种植业向畜牧业、养殖业转移;第二步是随着农村经济内部结构的调整,向农副产品的加工、仓储、运输、销售等行业转移;第三步是随着整个国民经济结构的调整,向城镇第二、第三产业转移。从转移的区域范围看,应当以小城镇为主，同时也不可忽视大中小城市，特别是中小城市对农村剩余劳动力的吸纳能力。只有这样，才能使我国城市化与工业化发展相适应。

五、1998年粮食购销市场化改革

1998年初，中共中央、国务院在中发"二号文件"中提出"四分开"，即实行粮食系统政企分开、储备与经营分开、中央与地方责任分开、新老粮食财务挂账分开。同年下半年，又进一步推出"实行顺价销售，农发行收购资金封闭运行，按保护价敞开收购农民余粮，深化国有粮食企业改革"。但这些措施始终没有达到1992年"粮改"政策中所谓"粮食商品化、经营市场化"的高度。

1998年5月19日，国务院下发了《关于进一步深化粮食流通体制改革的决定》，发起了新一轮粮食流通体制改革。此次粮改的原则是"四分开一完善"，即政企分开、中央与地方责任分开、储备与经营分开、新老财务账目分开，完善粮食价格机制；并指出改革的重点是国有粮食企业，近期主要是落实按保护价敞开收购农民余粮、粮食收储企业实行顺价销售、粮食收购资金封闭运行三项政策。

1994年，在保证粮食收购资金及时供应、不给农民"打白条"的基础上，国务院发出了《关于深化粮食购销体制改革的通知》，对粮食流通政策进行了调整。调整内容主要集中在四个方面：第一，坚持政府定购，全国国家定购和议购粮食不少于1 800亿斤，其中国家定购1 000亿斤；第二，提高国家定购价格，对小麦、稻谷、玉米、大豆四种粮食定购价格平均提高44%，其他粮食收购价格和议购价格随行就市；第三，加强粮食市场管理，销区粮食批发企业必须到产区县级以上粮食批发市场采购，不得直接到产区农村向农民收购粮食，为稳定粮食市场，省会城市和灾区实行粮食挂牌销售；第四，加强国家对粮食市场的调控，国有粮食部门要掌握市场粮源的70%～80%。此外，1994年10月，以经营农产品收购为主的农业政策性金融机构中国农业发展银行设立，使粮食收购资金开始实行封闭式管理。同时，国务院批准原国家计委等部门提出《粮食风险基金实施意见》，明确指出粮食专项储备制度和粮食风险基金制度是政府对粮食进行宏观调控的重要经济手段。特别是粮食风险基金制度建立，是国家对粮食进行宏观调控的一个重大进展。之后，1995年国家提出了让各省负责本地区粮食总量平衡的"米袋子"省长负责制，要求各地方政府保证粮食播种面积，提高单产，增加粮食产量，并负责收购掌握70%～80%的商品粮源，建立和管理地方储备粮，建立和管理粮食风险基金,完成地方进口粮任务,安排好当地粮食市场,确保供应以及负责组织省间粮食调剂。中央政府的职责转移到对全国粮食市场的宏观调控上来,保证全国范围内的总量平衡,并要求地方到中央将粮食政策性业务与商业性经营分开核算,实行两条线运行。这些政策都可以视为国家发挥其宏观调控作用的起点。

第三节 政策效果:粮食产量创新高

从20世纪90年代中后期开始,随着农产品产量的增长,我国彻底结束了长期短缺状态,1995年和1996年粮食生产快速发展。1996年总产达50 453万吨,增长率为8.13%,首次跨上50 000万吨的大台阶。1997年出现第四次粮食生产波动。1997年粮食产量比上年减少2.05%。1998年粮食增长率为3.67%,达到51 000万吨水平。此次粮食产量的上升导致粮价下跌,严重挫伤农民种粮的积极性。1995年到1996年平均每年进口小麦994万吨,1997年后我国由玉米净进口变成了净出口。1997年和1998年分别净出口662万吨和469万吨。

一、引入有宏观调控的市场经济促进了粮食生产

这一时期全面引入了市场机制,逐步建立适应市场经济发展的宏观调控体系。原定于1994年实行的"保价放粮"政策,因为1993年下半年粮食市场价格大幅度上涨而没有得到落实,粮食流通的市场化改革受阻。为了保证城镇粮食供给,一方面,较大幅度地提高定购价并缩小和市场价的差距,四种粮食(小麦、稻谷、玉米、大豆)定购价格平均提高幅度为40%,加强了对粮食收购市场的管理,如规定粮食由国家经营,禁止私商经营粮食。1994年5月国务院在《关于深化粮食购销体制改革的通知》中要求,粮食经营实行政策性业务和商业性经营两条线运行机制,业务、机构、人员彻底分开;建立粮食风险基金;抛售中央储备粮稳定粮价。另一方面,1995年开始实行"米袋子"省长负责制,依靠行政力量强化对粮食生产的支持力度,确保各省粮食供求平衡和粮食市场的相对稳定。1995年、1996年粮食大幅增产,1996年秋,市场粮价跌破定购价,国家要求以定购价为保护价敞开收购农民余粮,收购价与市场价之差由中央和地方共同建立的粮食风险基金补贴;1997年粮

食丰收,供过于求矛盾突出;同年 7 月保护价政策有所修改,保护价水平降低 10%,补贴办法改变,国有粮食收储企业因收购增加销售下降而增加的周转库存由粮食风险基金给予利息和费用补贴,风险基金不足的由中央和省按比例追加;同年 8 月,国务院发布了《关于按保护价敞开收购农民余粮的通知》,要求国有粮食企业坚决贯彻按保护价敞开收购农民余粮,粮食收储企业实现顺价销售,农业发展银行收购资金封闭运行三项政策,加快国有粮食企业自身改革。

二、粮食问题的性质悄然改变

长期以来,我国通过积极推广良种和精耕细作方法、改善农田水利设施,中国粮食生产能力取得了显著成效,有效改变了长期以来的粮食紧缺局面,中国的粮食供求关系发生了巨变,开始出现总体平衡、部分农产品供过于求的局面。2002 年粮食总产达到了 4.6 亿吨。我国的粮食问题开始由以往的政治问题更多地转向表现为经济问题。粮食政策由总量平衡、品种调剂向利用市场机制来提高资源配置效率来推动粮食和农业产业结构调整,发挥粮食生产的比较优势,提高效率水平的方向转变。20 世纪 90 年代中后期,中国粮食流通格局一度由"北粮南运"演变为"南进北出"。北方剩余的玉米出口到日本、韩国和俄罗斯市场,而南方要从国外进口玉米,这是符合比较优势的经济规律的。2001 年广东等八省区市全面实行粮食购销市场化改革,引导粮食和农业结构调整,有利于实现资源高效率配置。从目前来看,泰国大米生产成本低于我国,更低于广东等南方省区,具有较强的价格及品质优势,关税降到 1% 有利于泰国大米进入中国市场,尤其是珠江三角洲市场。同时,南方省区可以把置换出来的生产粮食的土地转向生产具有比较优势的其他农产品。国内粮食需求的增长,尤其是食物结构转型所需的商品饲料粮和缺乏比较优质的小麦等,主要依靠国际市场和其他国家的耕地资源来解决,显然具有经济上的合理性。①

---

① 曲尚. 20 世纪 90 年代中后期以来中国粮食进出口贸易的回顾和分析[J]. 中南经济史论坛(中华人民共和国经济史)新中国粮食流通研究,2009.10.20.

附件：

九十年代中国农业发展纲要

（一九九三年八月二十日经国务院第七次常务会议审议通过）

　　农业是经济发展、社会安定、国家自立的基础，坚持把加强农业放在首位，全面振兴农村经济，是事关全局的头等大事。八十年代我国农业成就显著，在以下六个方面取得了重大突破，为加快改革开放、加速国民经济发展创造了条件。

　　——农业经营突破了长期以来"一大二公"统一经营的体制。改革开放以来形成的以家庭联产承包经营为主的统分结合的双层经营体制，极大地调动了农民发展生产的积极性，解放了农业生产力。

　　——农业生产突破了长期缓慢增长的局面。从一九八〇年到一九九〇年，全国农业总产值平均每年递增百分之六点四，粮食、棉花、油料、糖料、蔬菜、水果等经济作物和猪、牛、羊肉及水产品产量大幅度增加，农民收入按可比口径年均增长百分之六点四，基本上解决了广大农民的温饱问题，丰富了城市居民的"菜篮子"。

　　——农村经济结构突破了长期以来比较单一的状况。林牧渔业比重增加，乡镇企业异军突起，逐步改变了过去三十多年农村经济就是农业经济，农业生产基本是种植业，种植业基本是粮食生产的状况。

　　——农业综合生产能力突破了长期缓慢提高的状况。中央、地方、集体和农民累计投资一千五百一十九亿元，用于加强农业基础设施建设。提高了大江大河大湖的防洪能力；改造中低产田二千六百七十万公顷左右，开荒二百五十万公顷；建设了一大批农产品生产基地和农林牧渔业良种繁育基地；森林覆盖率由百分之十二上升到百分之十二点九；农业气象灾害的监测和预报能力提高，减轻了农业的损失；各种适用的农林、畜牧、水产种养技术得到普遍推广应用；全国粮、棉综合生产能力由八十年代初的三千亿公斤和二百五十万吨左右，提高到九十年代初的四千二百五十亿公斤和四百五十万吨左右，肉类、水产品等综合生产能力也都有明显提高。

　　——农业经济突破了自然经济的格局，商品化、专业化水平有了较大的提高。八十年代，中央和地方联合投资近五十亿元，建设了一批粮、棉、肉、菜等农副产品商品生产基地。农产品的商品率由百分之五十四提高到百分之六十三；农副产品及其加工品的出口创汇额增长了一点五倍。

——农业开发突破了单项开发的模式，开创了农业综合开发的新局面。从一九八八年开始，国家筹集大量资金，进行农业综合开发，以增产粮、棉、油、肉、糖等主要农产品为重点，按照山水田林路综合治理、农业自然资源综合利用的原则，先后在全国设立了四十一个农业综合开发区，对增加农产品有效供给、增强农业发展后劲起到了重要作用。

九十年代，必须持续稳定地发展农业，更好地满足经济高速增长和人民奔小康的需要。当前，稳定和加快我国农业的发展还面临一些难题：第一，农业是既有自然风险又有市场风险的弱质产业，又是本身效益小、社会效益大的基础产业，在我国经济体制向社会主义市场经济转变的过程中，由于调控机制还不健全，受比较利益的驱使，资金、物资投放重点将会向非农产业倾斜，对农业发展不利。第二，耕地等农业资源不断减少，人口不断增加，农业生产的负荷日益加重。第三，农业物质基础薄弱，抗御自然灾害的能力差。第四，农业生产效益低，影响了农民的生产积极性。第五，农业生产上新台阶，缺少品质兼优的良种和低成本、高效益的种养新技术，不能适应生产发展的需要。因此，从长远和整体的角度看，九十年代农业发展的任务将是十分艰巨的。

我国农业发展仍有相当大的潜力。现有九千五百多万公顷耕地中，中低产耕地占百分之六十，加以改良，每亩可增产粮食几百斤；现有草场中，二三等草地占百分之八十，改良后载畜量可以成倍提高；现在已经利用的养殖水面平均亩产只有九十五公斤，养殖业的饲料报酬率还比较低，改进饲养方法后，可以大幅度增加肉类产量；全国尚有三千三百多万公顷宜农荒地、七千六百七十多万公顷荒山荒坡、一百三十多万公顷沿海滩涂、一千二百万公顷淡水水面有待开发利用。采取有效措施，增加农业投入，加快对农业资源的综合开发和利用，就可以大幅度提高农业的综合生产能力。

九十年代，是我国农业发展的关键性历史阶段，我们必须全面贯彻党的十三届八中全会决定和党的十四大精神，争取农业和农村经济在八十年代的基础上取得新的突破。发展农业要按照社会主义市场经济的要求，坚持靠政策、靠科技、靠投入的指导方针，采取有效的措施，促进农业持续、稳定、协调发展，把农业的综合生产能力和经济效益提高到一个新的水平，农林牧副渔各业和乡镇企业持续发展，促进农业再上新台阶。为此，特制定我国九十年代农业发展纲要。

一、九十年代农业发展的目标和指导思想

（一）九十年代我国农业发展的主要目标是：全面发展农村经济，主要农产品稳定增产，在数量、品种和质量上，适应全国人民小康生活和国民经济加快发展的需要。到二〇〇〇年，粮食产量要达到五千亿公斤，棉花产量达到五百二十五万吨，油料、糖料等经济作物和肉类、水产品要持续发展。农村经济要保持适当的发展速度，二〇〇〇年农业总产值（按一九九〇年不变价格）达到一万二千一百亿元，年均增长百分之四左右。全国乡镇企业总产值达到五万二千九百亿元（按一九九〇年不变价），年均增长百分之十八点五。农民生活要达到小康水平，农民人均纯收入达到一千二百元，年均增长百分之五点八。贫困地区经济发展步子要加快，到本世纪末，确保解决群众的温饱问题。

（二）九十年代农业发展的指导思想是：继续稳定以家庭联产承包为主的责任制，不断完善统分结合的双层经营体制，积极发展农业社会化服务体系，从各地实际出发逐步壮大集体经济实力。不断加强农业基础，加大农业投入，改善农业基础设施，确保农业再上新台阶，满足国民经济持续、快速、健康发展的需要。按照建立完善社会主义市场经济体制的要求，深化农村改革，加强农村市场、交通、运输、仓储、信息、咨询等基础设施和各种社会化服务体系的建设。加强农业科学研究和技术推广，带动农业向"高产、优质、高效"方向发展。继续组织农业综合开发，利用荒山、荒坡、荒水、荒滩、荒沙等农业后备资源，提高农业综合生产能力。优化农村产业和经济结构，大力发展创汇农业，使农业逐步走上"面向市场，利用资源，优化结构，提高效益"的道路。实行"种养加""贸工农"结合，开拓农村新兴产业，促进农林牧渔业与二三产业协调发展，扩大农村就业领域，增加农民收入，实现小康目标。

二、九十年代农业发展的总体布局

（三）农业生产必须遵循因地制宜、发挥各地自然资源和经济技术优势的原则，宜农则农、宜林则林、宜牧则牧、宜渔则渔，促进农林牧副渔全面发展，推进农业生产的区域化、专业化、商品化。

（四）国家鼓励和扶持发展粮食生产。全国的粮食产销要按照以省（区）为单位自给有余或基本自给、就近调运的原则，合理布局。到本世纪末，大多数省（区）要以本省（区）为单位做到粮食总量基本自给；少数调入粮食

的省（市、区）要按照互利的原则，与邻近的粮食调出省（区）建立长期稳定的粮食产销关系；粮食调出省（区）仍要从全局利益出发，发挥当地产粮的优势，根据本省（区）、国家和调入省（区）的需求，组织商品粮的产销；有条件做到粮食自给的省（区），要积极发展粮食生产，力争做到粮食消费自给。各地都要因地制宜，建立自己的商品粮生产基地。要根据市场需求调整粮食的品种结构，大力发展优质粮品种，增加饲料用粮。长江中下游和东南沿海地区要多生产优质稻谷，黄淮海地区、东北地区要积极发展小麦、玉米和大豆生产。

（五）经济作物和其他作物要按照因地制宜、扬长避短、适当集中的原则，继续调整布局。棉花生产，主要在黄淮海平原、长江中下游平原和新疆地区发展。油料生产，以长江流域及长江以南地区的油菜籽，长江以北的花生为重点，兼顾其他各类油料产区的开发与生产。糖料生产，要稳定发展东南沿海地区的甘蔗和东北、西北地区的甜菜，同时，要加快发展云南、广西的甘蔗生产。

（六）林业生产要以培育森林资源、提高森林覆盖率，增加木材和林产品供给能力为出发点，合理调整生产布局。在长江、沿海以及风沙危害大、水土流失严重的西北、华北北部、东北西部地区、太行山以及平原地区建设一批重点防护林、水土保持林和农田防护林工程。以集约经营的方式，在华东、中南、西南为主的地区建设速生丰产用材林基地。在长江以南和有条件的地区建设木本油料、香料、药材、干果等基地；在严重缺柴的浅山丘陵区、北方干旱、半干旱地区和沿海地区积极发展薪炭林，缓解农村能源困难，促进综合利用农作物秸秆"过腹还田"和发展沼气。

（七）畜牧业生产要在稳定发展肉猪的同时，大力发展食草型、节粮型畜禽生产。大中城市郊区应重点发展畜、禽、蛋、奶生产，以满足城市居民对鲜活畜禽产品的消费需求。农区要继续着重抓好肉猪生产，努力提高出栏率，积极发展瘦肉型猪的生产。同时，要积极推广秸秆氨化技术，大力发展农区养牛业。半农半牧区要充分发挥饲料饲草资源丰富的优势，加快发展牛、羊等草食性动物的生产。牧区要重视草原和"草库伦"建设，搞好草场的改良和开发利用，防止草原退化、沙化，提高肉类生产能力；积极发展羊毛生产，满足纺织工业发展的需要。

（八）水产业要大力发展海、淡水养殖，积极开发外海和远洋捕捞，重视水产品的加工和综合利用。淡水养殖重点是抓好珠江三角洲等十一大片地区的开发，并搞好水库养殖。海水养殖的重点是沿海滩涂的开发。在捕捞方面，要严格控制近海捕捞强度，积极开发东海、黄海外海的中上层鱼类和南海鱼类资源。同时要加快发展远洋渔业。

三、依靠农业科技进步，提高土地和各种农业资源的单位产出率

（九）实现九十年代农业的增产目标，必须抓住提高单位面积产量这个关键。要依靠科技进步，改善农业生产条件，不断提高单产水平。十年内粮棉亩产要分别增加五十公斤和十二公斤，接近八十年代亩产增长水平。

（十）积极组织实施节水灌溉新技术，提高灌溉水的利用率。要根据各地的不同情况，大力推广节水灌溉技术，发展节水型农业。推广管道输水、渠道衬砌、防渗和喷灌、滴灌等技术。加强水利工程设施的管理和维护，提高工程的使用效益，使我国灌溉水的利用率由百分之四十提高到百分之五十左右。

（十一）提高科学施肥和使用农药的水平。要采取深施化肥、测土配方施肥、有机肥与无机肥相结合等科学施肥措施，使化肥利用率由现在的百分之三十左右提高到百分之四十左右。对农民要进行培训，使其能及时、合理、科学地使用各类农药，提高病虫害综合防治水平。积极推广生物农药和生物防治技术，减少病虫害给农业造成的损失。

（十二）采取综合治理措施，提高现有耕地的质量。要通过坡地改梯田、平整土地、改良土壤、完善灌排系统、培肥地力和实行科学种田，使现有的三分之一的中低产田得到改造，较大幅度地提高单位面积产量。

（十三）要充分利用光热水土资源，改进耕作技术，提高复种指数，扩大播种面积。采取提高南方冬闲田种植率，扩大间、套作面积，在南方光热资源两季不足、一季有余的地区发展再生稻等措施，到本世纪末，使全国耕地复种指数由八十年代末期的百分之一百五十左右提高到百分之一百六十左右，平均每年约增加播种面积七十三万多公顷。

（十四）选育、推广、普及农业优良品种。加强农业基础研究和应用研究，储备和培育一批高产、优质、抗病虫害的农作物及林木优良品种和畜禽水产良种。同时，要有计划、有选择地从国外引进一批优良品种。在大力推广和普及各种常规优良品种的同时，重点选育优质高产的杂交水稻、杂交玉米、杂交油菜，加快推广瘦肉型猪和牛、绵羊、家禽等杂交优良品种。全国粮棉油生产用种在九十年代要更换一至二次，畜禽、水产、糖料、林果等良种普及率要进一步提高。

（十五）大力推广适用的农业技术。要实行良种良法配套，选择一批效果显著的适用技术，重点组织推广。到二〇〇〇年，要使农业科技成果的转化率由现在百分之四十左右提高到百分之五十左右。要继续大力开展"丰收计划"、"星火计划"、"燎原计划"等科技推广活动，推广模式化栽培、旱作农业、农地膜覆盖、保护地栽培、优化耕作制度、病虫鼠草害测报及综合防治等农业技术；推广家畜、家禽优化饲养技术及配合饲料、秸秆氨化技术、海淡水高效养殖和资源增殖、疫病防治等技术；推广普及农产品保鲜、加工、贮运等技术。要广泛开展对农民的技术培训和教育，提高农民的科学文化素质和科学种田的水平。

四、加强农产品商品生产基地建设

（十六）加强粮棉油糖商品基地建设。要在巩固完善现有商品粮生产基地县的基础上，新建二百二十六个，使全国商品粮基地县达到五百个，商品粮的综合生产能力达到全国商品粮产量的一半，并使其建设成为以生产商品粮为主的高产、优质、高效农业基地，同时，把黑龙江、新疆、内蒙古三大垦区建设成为以生产商品粮为主的农业商品基地；还要新建优质棉基地县一百五十个，新建一批糖料生产基地。把一批以生产棉花、糖料、橡胶为主的国有农场建设成为专业化、商品化的示范基地。

（十七）加快速生丰产名特优用材林和经济林基地建设。国家要在广东、广西、湖南、湖北、江西、福建、浙江、四川、贵州、云南等省（区）和东北、内蒙古的大型国有林区建设一批速生丰产用材林基地，新造林五百万公顷，以增加二十一世纪初期木材的供给能力。同时，在全国建设五百个名特优经济林生产基地。

（十八）加强"菜篮子工程"建设。

1. 肉蛋奶菜基地建设。新建二百个瘦肉型猪商品生产基地，增加年出栏五千万头；积极推广秸秆氨化养牛技术，建设一批商品肉牛生产基地，达到年出栏肉牛九十万头；在东北、内蒙古、东南等地建设奶牛和水奶牛生产基地，发展奶牛二十万头，年提供六十万吨商品奶；在西北、内蒙古等地建设山绵羊基地；在一些大中城市和工矿区建设一批集约化、现代化的蛋、肉鸡场，并建设一批蔬菜生产基地。在南方一些地区利用水草资源丰富的优势，建设一批禽类养殖基地。

2. 水产养殖基地建设。淡水养殖要抓好增产潜力较大的中低产鱼塘的改造和配套工程建设，提高单产水平。要利用江河湖泊等大中型水面、水库和一些沿江河洼地，积极发展水产养殖，建成一批新的水产品商品基地。海水养殖基地在搞好"两岛一湾"（辽东、山东半岛、渤海湾）养殖基地建设的同时，加快南方沿海滩涂的开发利用，积极发展海珍品养殖，逐步建成一批新的海珍品生产基地。继续搞好西非、北美、南美、南亚基地和南太平洋等远洋渔业基地建设。

（十九）加强农副产品出口基地建设。发展创汇农业，加强国际合作交流，把我国农业推向国际市场，推进农业现代化的步伐。在巩固完善现有农副产品出口基地的基础上，继续建设一批新的农副产品出口基地。充分利用我国农村劳动力资源和农副产品资源丰富的优势，采用先进适用技术，发展名、特、优、新产品和精加工、深加工制成品的出口，积极开拓国际市场。

五、加强农业综合开发

（二十）九十年代农业综合开发的主要任务是：

1. 保持全国耕地总面积的基本稳定，新开荒面积不少于被占用的耕地。采取严格的管理措施，控制占用耕地，坚持占用一亩垦复一亩的原则，全国开荒要达到二百一十万公顷以上。

2. 改造中低产田一千八百万公顷，造林六百六十万公顷，建设人工草场和改良草场二千万公顷，改良中低产水面一百六十七万公顷。

3. 通过农业综合开发，要扩大粮食综合生产能力三百八十亿公斤、棉花综合生产能力四十万吨。

（二十一）农业综合开发的重点是：

1. 黄淮海平原、三江平原、松辽平原、黄河三角洲、长江中下游平原等十大片国家级重点开发区，共开荒一百九十万公顷，改造中低产田一千四百六十七万公顷。

2. 燕山山前平原、渭北陇东地区、南阳盆地与鄂北冈地等十二片省级重点开发区，开荒二十八万公顷，改造中低产田三百三十多万公顷。

3. 内蒙古北部草原、新疆伊犁和阿勒泰草原、川西北、甘南、青海湖草原，东北农牧混合带等六片重点牧区和半牧区，共建设人工草场与改良草场一千三百三十万公顷，其中高标准人工草场三百三十多万公顷。

4. 西南岩熔地区、黄土高原丘陵沟壑区，这些贫困县要有三分之二以上的地区实现人均占有基本农田一亩左右。

5. 河西走廊、新疆绿洲等地区开展治沙二百三十三万公顷，开发利用沙区资源一百万公顷。

（二十二）农业综合开发要增强市场和质量、效益观念，根据市场需求在努力增加农产品产量的同时,把提高农产品质量和生产效益放在重要位置。切实做到以效益为中心,优化资源配置和生产结构、布局。立足于整个土地资源的综合开发和利用,实行山水田林路综合治理,深度开发和广度开发相结合。要促进农产品流通,搞好仓储设施和农村市场基础设施的建设。

(二十三)稳定和完善农业综合开发政策。"七五"期间对农业综合开发区实行的政策,如:治理改造中低产田后增产的粮食和新开垦耕地生产的粮食,五年内不安排国家定购任务;新开垦的耕地五年内免征农业税;国家安排一部分贴息贷款,既给指标,也给资金,由地方贴息;江河治理等大型水利工程,国家继续增加投资;在分配柴油、化肥、农药、农膜等农用生产资料方面给予优先安排等,九十年代要继续执行,稳定不变。

(二十四)加强农业综合开发资金的管理,提高使用效率。现有渠道用于农业综合开发的资金要确保落实,同时要从国有土地使用转让费和各种经济开发区的土地收入中拿出一定比例用于农业综合开发。农业综合开发要运用市场机制,采用项目公开招标等竞争手段,借鉴和采用世界银行等国际金融组织的项目管理办法,提高资金的使用效率。农业综合开发要与本地区农田水利基本建设、扶贫开发、山区小流域综合治理、植树造林、以工代赈等紧密结合,相互配套,从宏观上构成大规模的整体开发工程。

六、大力发展乡镇企业

(二十五)发展乡镇企业是繁荣农村经济、增加农民收入、转移农村剩余劳动力、促进农业现代化和国民经济发展的必由之路。九十年代,在巩固农业基础的同时,要把乡镇企业放在重要的战略地位。要继续贯彻"积极扶持,合理规划,正确引导,加强管理"的方针,大力开拓与农业相关联的新兴产业,坚定不移地支持乡镇企业的发展。

(二十六)乡镇企业要按照国民经济发展规划和产业政策,统筹规划,合理布局,调整结构,提高效益。要按照靠近原料产地、经济合理的原则,统筹安排城乡农产品加工布局。新增的农产品加工业,尽量放到农村去办。有条件的城市,要逐步把适宜放在农村的农副产品加工业转移到农村。乡镇企业要在不断提高产品质量和经济效益的前提下,保持一定的发展速度。对不同地区的乡镇企业要区别对待、分类指导。西部地区和少数民族地区要充分发挥其特有资源和劳动力优势,积极引进人才和技术,发展横向联合,建立一批资源加工型企业,带动全面发展。中部地区要努力发挥本地粮食等农产品资源优势,实行经济综合开发,提高加工水平,对粮食等农产品生产进行综合补偿。沿海地区要立足现有基础，加快技术改造，发展高新技术产品和出口创汇产品。要加强企业管理，促进乡镇企业上水平、上质量，提高企业素质。

（二十七）制定政策措施，积极引导扶持乡镇企业健康发展。特别要大力扶持中西部乡镇企业的发展。人民银行安排用于中西部地区和少数民族地区的专项贷款每年应适当增加，重点支持中西部粮食主产区发展乡镇企业。国际金融组织的乡镇企业贷款也要重点向中西部地区倾斜。鼓励东部地区与中西部地区、少数民族地区发展横向经济联合与协作。经济比较发达的地区要帮助贫困地区发展经济，实行区域间优势互补、相互促进、共同发展。

（二十八）要继续实行乡镇企业"以工建农"。通过乡镇企业的发展，增加对农业的投入，加强农业基础设施建设。到二〇〇〇年，在满足农业生产要求的前提下，乡镇企业力争再吸收五千万农村剩余劳动力。

（二十九）加强对农村小城镇建设的引导。农村小城镇建设，要依托现有集镇，科学规划，合理布局，分步实施，以带动农村第三产业的发展和剩余劳动力的转移。要引导乡镇企业在地域上相对集中，与小城镇建设相结合。要制定优惠政策，吸引农民进入小城镇，从事工业、商业、建筑、运输、服务等行业的工作。

七、加强农业发展支撑体系建设

（三十）水利工程是农业生产持续稳定发展的重要保障。中央和地方都要集中力量，建设一批重点水利工程。九十年代的主要建设项目有：

1. 防洪工程。长江建设三峡工程、澧水江垭水利枢纽，继续加高加固中下游堤防、治理洞庭湖和鄱阳湖，建设洪湖等蓄洪工程。太湖建设太浦河、望虞河和杭嘉湖南排等十项工程。黄河建设小浪底水利枢纽，加高加固下游堤防。淮河拓宽中游行洪通道，扩大下游入江入海出路，建设怀洪新河、沂沭洒洪水东调南下工程、石漫滩水利枢纽。珠江建设北江飞来峡、西江大藤峡水利枢纽。同时，继续建设海滦河和松辽河等水系的防洪工程，提高防洪能力。

2. 水资源工程。重点建设为京津华北供水的南水北调工程、黄河万家寨水利枢纽及引黄入晋工程、河北桃林口水库、新疆乌鲁瓦提水利枢纽。开工建设黄河大柳树工程。加快东北地区北水南调和安徽引江济淮等工程的前期工作，争取早日开工建设。

3. 灌排工程。建设和改造一批大型灌排工程，主要有四川武都、升钟灌溉工程和都江堰改造工程，宁夏、内蒙古河套灌排工程，陕西东雷抽黄工程，河南、山东大型引黄灌溉工程，安徽淠、史、杭灌区，内蒙古、吉林察尔森水库灌区，甘肃引大入秦和景泰提灌工程，海南松涛灌溉工程等，力争十年内净增有效灌溉面积五百三十三万公顷，二〇〇〇年全国灌溉面积达到五千三百三十多万公顷。

4. 水电工程。全国水利系统新增水电装机一千五百万千瓦，其中大型水电装机二百八十万千瓦，中型六百二十万千瓦，小型六百万千瓦。建成农村初级电气化县五百个。

5. 水土保持。九十年代治理水土流失面积四十万平方公里，主要是加快黄河中游和长江上游重点水土流失区的治理步伐，同时抓好珠江、海河、淮河、辽河等流域的水土保持工作，在西北地区要采取工程措施和生物措施相结合开展小流域治理，改善生态环境。

（三十一）加快支农工业的发展是保证农业上新台阶的重要条件。这方面的重点工作是：

1. 加强化肥工业建设。九十年代要建设年产重钙八十万吨的贵州瓮福化肥厂、五十六万吨重钙的湖北大峪口工程，年产氯化钾八十万吨的青海钾肥厂二期工程和云南高浓度磷复肥工程，以及海南、内蒙古、陕西渭河、江西九江、湖南洞庭化肥厂等一批大中型化肥生产厂和配套化学矿山项目。加快小化肥厂的改造，促进产品更新换代。二〇〇〇年化肥生产能力达到一点五亿吨（标肥）。

2. 加快农药、农膜、农机等农用工业建设。农药工业要加快调整品种结构，建设和改造一批大中型企业，大力发展高效低残留的农药新品种，并建立我国的农药研制中心。二〇〇〇年农药产量达到二十四至二十五万吨。要新建和重点改造一批农用地膜原料生产企业，生产更多规格品种的农用薄膜。二〇〇〇年农膜产量达到八十万吨。要加快农机工业的发展，二〇〇〇年生产能力达到年产大中型拖拉机二十万台，小型拖拉机五十万台，联合收割机一万台，内燃机八千万马力。农用柴油、农村用电都要逐步增加，努力为实现农业现代化创造条件。

（三十二）林业是农业高产稳产的生态屏障。九十年代要抓好以下重点林业建设项目：

1. "三北"防护林工程，到本世纪末完成造林总面积七百一十八万公顷。

2. 长江中上游九省一百四十五个县的防护林体系一期工程，造林六百六十七万公顷。

3. 沿海十一个省、区、市的防护林体系一期工程，造林二百四十四万公顷。

4. 继续抓好三江平原、松辽平原、华北平原和长江中下游平原等我国主要粮食产区的平原绿化工程和太行山绿化工程。

（三十三）加强气象预测预报体系建设。九十年代要加快气象现代化建设步伐，重点建设中期数值预报实时业务、静止气象卫星地面资料接收处理、气象卫星综合应用业务、大气监测自动化、气象综合信息网络、气象卫星监测应用等系统工程，强化灾害性天气监测和短期气候预测，提高预报的时效和精度，减少自然灾害给农业造成的损失。

（三十四）加强饲料工业建设。九十年代油料产区新建一批菜籽粕开发利用企业。建设五千吨级赖氨酸企业二个，十万吨级磷酸氢钙生产基地一至二个，建设大型饲料级维生素A、E装置一套。到二〇〇〇年，全国配、混合饲料加工能力要达到七千万吨以上，配、混合饲料产量力争突破五千五百万吨。

（三十五）加强畜禽用疫苗和药品厂的建设。九十年代畜禽疫病防治要继续坚持"预防为主"的方针，集中人力、财力抓好对畜禽和人类健康危害大的疫病防治。要重点建设和改造一批为全国服务的生物药品厂。"八五"期间，在山东济南和上海分别安排动物保健品建设项目，新增畜禽疫苗六十亿羽（头）份的生产能力。要对重点生物药品厂进行技术改造。

（三十六）加强农业科研建设。要加强国际科学技术的合作，组织好国内重大农业科技项目的研究工作。加强国家重点开放实验室和专业研究室的建设，充实和改善农业科研条件。要努力增加农业科研攻关、中间试验和新技术开发经费，力争研究出一批农业科技新成果用于农业生产。国家重点建设中国农科院、林科院、水科院等为全国服务的农林水科研院所。加强生物工程（包括基因工程、细胞工程、酶工程、发酵工程）的基础科学研究和良种繁育、栽培技术、灌溉技术、水土保持技术、病虫害防治和农产品加工、保鲜、储运等应用科学研究。各级政府要采取积极有效的措施，扶持和促进农业科研和技术推广工作紧密结合。既要集中力量扶持农业基础科学研究，又要十分重视科研成果的应用推广，加快农业科研成果的转化。

（三十七）抓好农村基础教育和农业高等教育。积极推进农村基础教育、职业教育和成人教育，促进教育同经济建设密切结合。县、乡两级要把教育纳入当地经济、社会发展规划，分级管理基础教育、职业技术教育、成人教育，在农村小学高年级和初中开展农业技术的普及教育。统筹规划经济、科技、教育的发展，基本普及九年义务教育。进一步搞好一批农林水利重点大学、院校、重点学科的建设，集中力量建设一批水平较高的重点中等农林水利学校。加快高中等农林水利院校实践教学基地建设，建立农林水利院校师资培训中心。各级政府要真正树立全面振兴农村经济必须依靠教育和"百年大计、教育为本"的思想，采取切实有力的措施，加快教育的改革与发展。

八、广辟农业投资渠道，增加农业建设资金

（三十八）完成九十年代的农业建设任务，需要大量投资。必须努力拓宽农业投资渠道，大幅度增加农业投资。国家预算内农业基本建设投资、国家财政支农资金、银行的农业信贷资金、以工代赈资金等现有渠道的农业投资要长期稳定，并逐步增加。为了保证农业发展的需要，从中央到地方，计划、财政、信贷盘子都要优先保证农业资金，一定要下决心改变农业投资份额小的状况。根据国家财税、金融、投资、外贸体制改革方向，积极开辟资金渠道，更多地吸收和利用外资。在利用外资主管部门的支持下，积极扩大农业利用外资的数量、范围，不断提高水平，并给予优惠的政策。

（三十九）增加农村集体、个人用于农业的投入。通过发展乡镇企业等措施，壮大农村集体经济实力。要制定相应的法规、政策，保证农村集体将一定比例的积累资金用于农业，引导农民增加用于农业建设的资金。各级政府要根据本地情况，进一步完善劳动积累制度，充分利用我国广大农村劳动力资源充裕的优势，加强农业基础设施建设。

（四十）动员社会各方面的力量，增加农业投入。通过多种方式集中一部分社会资金用于大中型农业基础设施建设。积极发展农工商一体化，创造条件推动农产品加工、运销企业投资于农业。

（四十一）管好用好农业投资，提高农业投资使用效率。中央和地方预算内基本建设投资要严格按照国家的基本建设投资管理办法进行管理，主要用于大江大河大湖治理、国家级重要农业商品生产基地、大型重点防护林工程、气象预测预报系统和农业社会化服务体系等重要农业基础设施建设。中央和地方财政支农资金、以工代赈资金、银行农业建设贷款都要保证用于加强农业生产建设。农村集体用于农业的建设资金，由农村集体掌握，不能平调和挪用。鼓励农民将资金用于生产性建设。不允许违反国家规定，以任何方式向农民搞集资和摊派，增加农民负担，不允许挤占农民用于农业生产的资金投入。在农业建设资金使用的管理上，既要发挥各级各部门增加农业投资的积极性，又要从宏观上建立有效的调控机制，对多渠道的农业投资进行总体规划和协调，在农业建设上形成合力。要加强农业建设项目前期论证，逐步推行项目业主责任制和招标制，提高农业投资的使用效率。

九、加强农业社会化服务体系建设

（四十二）加强农业社会化服务体系建设，对坚持实行以家庭联产承包为主的责任制，完善统分结合的双层经营体制，推动农村社会主义市场经济的发展，促进农业上新台阶具有重要作用。到本世纪末，要在全国逐步建立起以乡村集体和合作经济组织为基础，以专业经济技术部门为依托，以农民自办服务为补充的多经济成分、多形式、多层次的服务体系。

（四十三）农业社会化服务工作的重点是：1. 搞好村级集体经济组织开展的以统一机耕、排灌、植保、收割、运输等为主要内容的服务。2. 完善乡级农技、农机、水利（水保）、林业、畜牧兽医、水产、经营管理和气象服务等组织，搞好服务工作。3. 办好供销合作社和信用社。国家和集体的有关技术经济组织要大力帮助农民开展农产品和农用生产资料购销、仓储、加工、运输、出口，以及筹资、保险等为重点的服务。4. 搞好科研教育、信息、咨询等部门开展的技术信息、人员培训、技术承包等服务。5. 鼓励发展农民专业技术协会、研究会等组织，开展专业互助服务。6. 建立乡镇企业的支柱产业"龙头型"服务组织，面向国内外提供产供销的全程服务。通过各种服务组织为农业提供产前、产中、产后的全方位服务。

（四十四）各行业部门都要树立为农民、为农业生产服务的观念，不断改进工作作风，提高服务质量。要实行农科教结合、农工商结合，实行多部门服务功能配套，发展贸工农一体化，产供销一条龙的系列化综合服务，推动农业社会化服务向产业化、专业化和企业化发展。

（四十五）积极支持农民自办、联办服务组织。各级政府对农户自办、联办的社会化服务组织要给予支持，保护他们的合法权益。金融、科技、内外贸等部门要从资金、技术和物资供应上给予扶持。

（四十六）要进一步制定和落实农业社会化服务工作的扶持政策。要在资金上扶持农业社会化服务体系建设，落实有关科技部门兴办服务实体在工商管理、税收等方面的优惠政策。

十、加强领导，为农业发展创造良好的社会环境

（四十七）各级政府要加强对农业和农村工作的领导，牢固树立以农业为基础的思想，坚持把农业放在经济工作的首位。要多做调查研究，解决农业发展中的实际问题。要因地制宜，分类指导，特别注意扶持贫困地区发展经济。加强宏观管理和调控,保证农业所必需的资金,安排好农产品和农用生产资料的生产、收购和供应工作,努力创造有利于农业发展的社会环境。

(四十八)保护农业生产,维护农民利益。国家对农业生产,特别是粮、棉等关系国计民生的农产品生产实行切实的保护政策。各行各业要真心实意地为农业生产服务,为农民服务,维护农民的利益,大力支援农业的发展。

(四十九)加强法制建设,逐步实现以法治农,以法促农。要把宣传和普及《中华人民共和国土地管理法》、《中华人民共和国森林法》、《中华人民共和国水法》、《中华人民共和国草原法》、《中华人民共和国渔业法》、《中华人民共和国水土保持法》、《中华人民共和国农业法》和《中华人民共和国农业技术推广法》等作为重点,增强全民的法制观念。要健全农村法律机构,搞好农村法律的实施,积极开展农村法律咨询服务。加快制订保护农业资源、促进农业生产和农产品流通以及减轻农民负担等配套法规。运用法律手段,严厉打击制造、销售假冒、伪劣化肥、农药、种子等农业生产资料和各种破坏农业生产的行为,促进农产品生产和市场的稳定。

(五十)各级领导和行政管理部门要在国家农业发展纲要指导下,因地制宜地制订本地的农业发展规划,并认真组织实施。

第九章

深化市场：1999～2003年的粮食政策

进入21世纪以来，我国粮食安全面临的环境发生了很大变化。从国内看，1996年、1997年我国进入农产品供给平衡阶段以后，农业产值在国民经济中的份额迅速下降。从国际来看，加入WTO前后，我国农业面临产业结构调整和升级压力。从1999年到2003年我国许多地区提高了经济作物和优质农产品的种植，而当时的高层对粮食问题的乐观估计在某种程度上也弱化了"以粮为纲"的观念，城市化过程中的大量耕地占用，一些地区盲目推行"退耕还林、退耕还草"政策，导致全国粮食播种面积锐减。在国内外粮食环境的变化情况下，从1999年开始粮食总产量开始连续下降，到2003年我国粮食总产量只有43 070万吨，为1990年来的最低点，粮食总产量从1998年的51 229.5万吨降到了43 065万吨的最低值。粮食产量的上升导致粮价下跌，严重挫伤农民种粮的积极性。

第一节 时代背景：深化改革开放

1998年以来，我国粮食政策改革是在市场化导向的前提下，采取积极稳妥、循序渐进的改革原则，保护农民利益，在粮食生产和流通中逐步扩大市场调节的作用范围，市场化程度逐步提高。"国家粮食宏观调控下的粮食市场化"是这一段时期我国粮食政策的大背景。

一、西部大开发战略的提出对农业发展的影响

2000年1月,党中央对实施西部大开发战略提出了明确要求,国务院成立了西部地区开发领导小组,实施西部大开发战略拉开了序幕。三年来,国务院颁布了《关于实施西部大开发若干政策措施》《关于进一步做好退耕还林还草试点工作的若干意见》《关于进一步完善退耕还林政策措施的若干意见》。中央办公厅、国务院办公厅印发了《西部地区人才开发十年规划》。国务院办公厅转发了国务院西部开发办《关于西部大开发若干政策措施实施意见》。原国家计委、国务院西部开发办印发了《"十五"西部开发总体规划》。

西部大开发总的战略目标是:经过几代人的努力,到21世纪中叶全国基本实现现代化时,从根本上改变西部地区相对落后的面貌,努力建成一个山川秀美、经济繁荣、社会进步、民族团结、人民富裕的新西部。21世纪头10年,要力争使西部地区基础设施和生态环境建设取得突破性进展,科技教育、特色经济、优势产业有较大发展,改革开放出现新局面,人民生活进一步改善,为西部大开发奠定坚实的基础。要以加快基础设施建设为基础,以加强生态建设和环境保护为根本,以调整产业结构为关键,以发展科技教育为保障,以改革开放为动力,以提高人民生活水平为出发点,扎扎实实地推进西部大开发。

围绕深入实施中央提出的西部大开发战略,农业部出台了一系列有关的政策性文件,如《农业部关于加快发展西部地区农业和农村经济的意见》《农业部关于贯彻十五届五中全会精神加快西部地区农业发展的十大措施》《农业部关于加快西部地区特色农业发展的意见》等,围绕实施天然草地保护工程、加强粮食基地建设、建设特色农产品生产基地等十个方面进行了安排部署,明确了工作目标和主要工作措施。近年来,农业部先后与重庆、宁夏、青海、云南等有关省(市、区)政府签订协议文件,大力开展省部共建,加快推进西部现代农业建设。农业综合生产能力显著增强,主要农牧产品产量大幅增长;农业结构调整扎实推进,优势特色农业迅速发展;农业基础设施不断加强,生产生活条件明显改善;科研条件不断改善,科技应用水平稳步提高;农业资源保护能力逐步提高,生态环境不断改善;农业产业化加快发展,生产组织化程度不断提高;农牧民收入大幅增长,生活质量显著提高。

二、我国加入世界贸易组织对农业发展的影响

2001年12月11日,我国签署了加入世界贸易组织(WTO)议定书,标

志着我国正式加入世界贸易组织。在加入世界贸易组织的谈判中，我国就农业市场准入方面将作出以下让步和承诺：一是关税减让，答应将农产品平均关税继续降低，由目前的19%降到2005年的17%，其中重要农产品降到14.5%。除大宗农产品外，大部分农产品进口将取消数量限制，实行单一关税。对于采用配额关税的农产品，配额内的关税要采取低税率政策。配额外小麦、玉米、大米、棉花、豆油等产品关税也要相应降低税率。二是放开部分农产品市场。逐步扩大小麦、玉米、大米、棉花等大宗农产品进入中国市场的准入量。三是逐渐消除国营垄断。按照承诺，在过渡期中国政府对粮食、棉花、食用植物油、食糖和烟叶等农产品保留国营对外贸易体制。过渡期完成后，我国将不得不按照世界贸易组织的要求放开农产品进出口贸易领域，将豆油、小麦、大米和棉花等农产品贸易的一定比例让给非国有企业包括外资企业。四是取消出口补贴。中国承诺加入世界贸易组织不对任何农产品，特别是玉米、大米、棉花等产品进行出口补贴。五是履行世界贸易组织动植物检疫标准（SPS），在小麦、水果和肉类等农产品贸易上严格执行世界贸易组织的SPS标准。

从总体上看，我国加入世界贸易组织在农业领域的一定让步会有助于社会总体福利的增加，对我国经济发展是有利的，也会给我国农业的发展带来正面影响。首先，我国的农业自然资源相对稀缺，农产品增长空间狭小。多年来我们为了解决城乡居民的吃饭问题，不惜投入高昂的代价，毁林开荒、围湖造田，生产粮棉油等主要农产品，结果导致农业生产结构单一，生态环境恶化。按照比较优势原则安排农业生产，可以大大减轻国内农业资源压力，调整出较多的土地空间用于改善生态环境等目的。我国可以更有效地利用世界农业资源，推动我国农业产业结构优化。其次，加入世界贸易组织有利于提高我国农产品的质量和转变农业经济发展方式。目前，国外农产品进入我国市场，参与同类产品竞争，促使我国农业生产者采用新的技术提高农产品质量，增强农业竞争力。第三，加入世界贸易组织有利于改善出口环境，增强优势农产品出口。加入世界贸易组织有助于消除一些国家对我国农产品采取贸易歧视政策，在发生贸易摩擦和纠纷时，利用世界贸易组织进行仲裁，充分利用贸易对等原则、非歧视原则、公平原则、禁止数量限制原则等，扩大我国具有竞争优势的农产品的出口数量。第四，加入世界贸易组织有助于与发达国家在农业领域进行合作交流，引进资本和先进技术，促进农业生产经营方式转变，改造国内农业。第五，加入世界贸易组织推动了我国粮食流通体制改革。我国现行粮食流通体制，特别是粮食购销实行市场化趋向的改革,在预定期内让非国有部门逐渐进入粮食流通领域,以平等的身份进行竞争,实现我国粮食流通市场的规范化和高效化。

三、十六届三中全会深化农村改革

2003年10月21日,党的十六届三中全会通过的《中共中央关于完善社会主义市场经济体制若干问题的决定》(以下简称《决定》),将完善基本经济制度置于十分重要而突出的地位。以与时俱进的科学态度正确认识和把握社会主义初级阶段构建基本经济制度的规律,在改革中不断完善公有制为主体、多种所有制经济共同发展的基本经济制度,将为建成完善的社会主义市场经济体制奠定坚实的制度基础。《决定》指出了深化经济体制改革的指导思想和原则:以邓小平理论和"三个代表"重要思想为指导,贯彻党的基本路线、基本纲领、基本经验,全面落实十六大精神,解放思想、实事求是、与时俱进。坚持社会主义市场经济的改革方向,注重制度建设和体制创新。坚持尊重群众的首创精神,充分发挥中央和地方两个积极性。坚持正确处理改革发展稳定的关系,有重点、有步骤地推进改革。坚持统筹兼顾,协调好改革进程中的各种利益关系。坚持以人为本,树立全面、协调、可持续的发展观,促进经济社会和人的全面发展。指出了完善社会主义市场经济体制的目标和任务。按照统筹城乡发展、统筹区域发展、统筹经济社会发展、统筹人与自然和谐发展、统筹国内发展和对外开放的要求,更大程度地发挥市场在资源配置中的基础性作用,增强企业活力和竞争力,健全国家宏观调控,完善政府社会管理和公共服务职能,为全面建设小康社会提供强有力的体制保障。主要任务是:完善公有制为主体、多种所有制经济共同发展的基本经济制度;建立有利于逐步改变城乡二元经济结构的体制;形成促进区域经济协调发展的机制;建设统一开放竞争有序的现代市场体系;完善宏观调控体系、行政管理体制和经济法律制度;健全就业、收入分配和社会保障制度;建立促进经济社会可持续发展的机制。

党的十六届三中全会高度重视农业、农村和农民问题。《决定》不仅着眼于解决当前农村改革发展中存在的一些突出问题,而且围绕建立有利于逐步改变城乡二元经济结构的体制,从统筹城乡发展的高度,对深化农村改革提出了一些重大措施和作出了部署,为推进改革、完善农村经济体制指明了方向。

土地是农民最基本的生产资料和生活保障,稳定和完善农村土地承包制度是党的农村政策的基石。近年来,各地在稳定完善土地承包关系方面做了大量工作，总的形势是好的。但也有一些地方违反党在农村的基本政策，侵犯农民的土地承包经营权益。针对这些问题，《决定》提出了三个方面的改革思路：一是要长期稳定并不断完善以家庭承包经营为基础、统分结合的双层经营体制，依法保障农民对土地承包经营的各项权利；二是要完善土地流转办法，确保农户可依法、自愿、有偿流转土地承包经营权；三是要改革征地制度，完善征地程序。

中国农业和农村经济发展进入新阶段后，由于供求关系发生变化，多数农产品价格低迷，农业市场化程度低、结构不合理、竞争力差等问题凸显出来。围绕解决这些问题，《决定》从提高农民进入市场的组织化程度、完善农产品市场体系和加大国家对农业的支持保护力度这三个方面，提出了深化改革的政策措施。

农民负担重，既不利于农民改善生活和发展农村经济，又容易激化农村干群矛盾。2000年开始的农村税费改革试点，受到广大农民的普遍欢迎。目前试点已扩大到除西藏自治区以外的所有省区市。实行试点的地方，农民负担平均减轻了30%以上。目前的问题是，如果不同时推进县乡机构和农村义务教育体制等配套改革，已经减轻的农民负担很可能再出现反弹。因此，《决定》在充分肯定农村税费改革重要性和必要性的同时强调指出，要完善农村税费改革试点的各项政策，加快推进县乡机构和农村义务教育体制等综合配套改革。在完成试点工作的基础上，逐步降低农业税率，切实减轻农民负担。

《决定》对农村富余劳动力外出就业特别是到城镇就业问题高度重视，指出，农村富余劳动力在城乡之间双向流动就业，是增加农民收入和推进城镇化的重要途径。并提出以下改革措施：取消对农民进城就业的限制性规定；逐步统一城乡劳动力市场；深化户籍制度改革。

第二节　政策选择：深化市场取向改革

1998年，我国实行了以"三项政策、一项改革"为主要内容的声势浩大的改革，2001年又实行了放开主销区粮食市场的改革方案，对1998年粮改方案作出重大调整。1999~2003年，我国粮食市场化改革稳步推进，市场对粮食资源配置的基础性作用日益增强，粮食市场在指导生产、引导消费、实现交换、规范流通、调节供求和发挥价格指导等方面作用越来越明显。

一、粮食流通体制改革

购销市场化是粮棉流通体制改革的根本方向,但在改革步骤上,我们坚持从实际出发,着眼于保护农民利益和农业生产力,积极稳步地推进。1997年实行按保护价敞开收购农民余粮等政策。1998年进一步提出"三项政策、一项改革",即按保护价敞开收购农民余粮、国有粮食购销企业顺价销售、粮食收购资金实行封闭运行,加快国有粮食企业改革。2001年,在粮食主产区继续按保护价敞开收购农民余粮的同时,放开主销区粮食收购市场和价格,收到明显效果。国家为支持粮食流通体制改革,投入了很大数量的资金。棉花购销市场化改革也不断深化,取得了突破性进展。1998年作为政府五大改革之一的粮食流通体制改革的基本原则是"四分开,一完善",即政企分开、储备与经营分开、中央与地方责任分开、新老挂账分开、完善粮食价格机制。而改革的重点则是"三项政策、一项改革",即按保护价敞开收购余粮、顺价销售、农业发展银行收购资金封闭运行和加快国有粮食企业的自身改革。其中在粮食销售政策上的变化主要是:

(1) 所有的国有粮食企业,包括乡镇的粮库都要面向市场,不再承担粮食的行政管理职能。

(2) 坚持顺价销售的原则,即在收购价的基础上加上流通过程中的成本费用和最低利润进行销售,不得低价亏本销售。农业发展银行对粮食的收购、调销和储备的资金进行全过程的监管。

(3) 制定粮食的销售限价。在按保护价敞开收购粮食的同时,为了保护消费者的利益,政府制定了粮食销售的最高限价。一旦粮食的市场价低于保护价或超过限价时,将启动储备粮进行吞吐调节,以维护粮食的市场价的稳定和有效供给。

(4) 放开销区,保护产区,省长负责,加强调控。2001年7月全国粮食工作会议进一步确立了粮食流通体制改革的基本思路,这就是放开销区,保护产区,省长负责,加强调控。到2001年8月,已经放开的主销区有8个,从粮食的生产、收购到价格全面放开。这是我国粮食流通体制改革在经过十多年的曲折和反复之后的一次大步跨越,终于使我国局部地区的粮食收购销售政策解脱了束缚[①]。

深化粮食流通体制改革。按"保护价"敞开收购农民余粮,粮食收储企

---

① 杨祖义,瞿商. 浅析粮食购销政策的三次变化. 粮食问题研究,2005 (02):13-18.

业实行顺价销售、粮食收购资金封闭运行。1999年夏，国务院拉开了深化粮食流通体制改革序幕。其主要内容被概括为：按保护价敞开收购农民余粮、粮食收储企业实行顺价销售、粮食收购资金封闭运行"三项政策"。随后国家又出台了一系列新措施。从1999年到2000年这一阶段，市场粮油价格仍然处于低迷态势，粮食企业收购与销售粮食严格按照国家粮油价格政策，当时小麦收购保护价为每公斤1.28元，粳稻价格为每公斤1.10元左右。销售价格要顺价。2000年春天，经国务院批准，浙江成为全国第一个实行粮食购销市场化改革的省份。

2001年8月20日，国务院召开全国粮食工作会议，正式出台了《关于进一步深化粮食流通体制改革的意见》（国发〔2001〕28号），将改革范围扩大至全国，重点是浙江、上海、广东、福建、海南、江苏、北京、天津八省（直辖市）。该意见将改革浓缩为16个字，"放开销区、保护产区、省长负责、加强调控"。第三次粮改由此启动。

2004年5月26日《粮食流通管理条例》正式对外颁布，赋予了粮食行政管理部门管理全社会的粮食流通和对市场主体准入资格审查的职能。

2004年5月31日，国务院召开全国粮食流通体制改革工作会议，发布《国务院关于进一步深化粮食流通体制改革的意见》，2004年全面放开粮食收购市场，实现粮食购销市场化和市场主体多元化。

二、深化农村经济体制改革

党的十六届三中全会提出了保障粮食安全，严格保护耕地，以保障农民生计和维护农村稳定；同时，提出与国际接轨，开展农产品深加工。

（一）完善农村土地制度

土地家庭承包经营是农村基本经营制度的核心，要长期稳定并不断完善以家庭承包经营为基础、统分结合的双层经营体制，依法保障农民对土地承包经营的各项权利。农户在承包期内可依法、自愿、有偿流转土地承包经营权，完善流转办法，逐步发展适度规模经营。实行最严格的耕地保护制度，保证国家粮食安全。按照保障农民权益、控制征地规模的原则，改革征地制度，完善征地程序。严格界定公益性和经营性建设用地，征地时必须符合土地利用总体规划和用途管制，及时给予农民合理补偿。2000年，中央《关于制定国民经济和社会发展第十个五年计划的建议》指出，要加快农村土地制度法制化建设，长期稳定以家庭承包经营为基础、统分结合的双层经营体制。

此后，农村土地政策的法制化建设进入了快车道。进入21世纪，国家土地管理制度日益强化，各种必要法律法规逐步制订与完善。建立"世界上最严格的土地管理和耕地保护制度"成为中国政府追求的目标。2002年8月，《中华人民共和国农村土地承包法》明确规定了农村土地承包采取农村集体经济组织内部的家庭承包方式；国家依法保护农村土地承包关系的长期稳定，标志着从法律上规定了未来一段时期内农村土地产权政策的基本走向。

（二）健全农业社会化服务、农产品市场和对农业的支持保护体系

农村集体经济组织要推进制度创新，增强服务功能。支持农民按照自愿、民主的原则，发展多种形式的农村专业合作组织。鼓励工商企业投资发展农产品加工和营销，积极推进农业产业化经营，形成科研、生产、加工、销售一体化的产业链。深化农业科技推广体制和供销社改革，形成社会力量广泛参与的农业社会化服务体系。完善农产品市场体系，放开粮食收购市场，把通过流通环节的间接补贴改为对农民的直接补贴，切实保护种粮农民的利益。加大国家对农业的支持保护，增加各级财政对农业和农村的投入。加强粮食综合生产能力建设。完善扶贫开发机制。国家新增教育、卫生、文化等公共事业支出主要用于农村。探索建立政策性农业保险制度。

（三）深化农村税费改革

2002年4月，国务院办公厅向各省、自治区、直辖市人民政府，国务院各部委、各直属机构发布了《国务院办公厅关于做好2002年扩大农村税费改革试点工作的通知》，为了保证改革试点工作顺利进行，达到预期目的，2002年中央财政增加了用于农村税费改革试点的转移支付资金。按照适当照顾粮食主产区、民族地区和特殊困难地区的原则，中央财政用统一和规范的办法将转移支付资金分配给新增扩大改革试点的省，实行包干使用。对2001年经国务院批准的改革试点省及其试点县（市），中央财政按照既定的补助范围和数额继续给予转移支付补助。试点地区省级财政和有条件的市、县财政都要加大对改革试点的支持力度，通过调整支出结构，减少各种不必要的开支，千方百计安排足够资金支持农村税费改革。各级财政用于农村税费改革的资金必须确保专款专用。该通知强调，要努力做到"三个确保"，即确保农民负担得到明显减轻、不反弹，确保乡镇机构和村级组织正常运转，确保农村义务教育经费正常需要，这是衡量农村税费改革是否成功的重要标志。要把切实减轻农民负担放在首位，合理确定农业税计税要素，规范税收征收管理行为,严格村内"一事一议"程序,坚决杜绝各种名目的乱收费。乡镇机构和村级组织是我国政权建设的基础,要合理确定县、乡政府事权和财权,新增的农业税原则上留给乡镇政府,保障乡镇机构履行职能所需支出。农业税附加收入要全部用于村级开支,及时划转,不得截留挪用;村级开支确有困难的,乡镇财政要给予适当补助。农村义务教育关系到农村人口整体素质的提高,县级财政要按规定的标准安排农村中小学教师工资和公用经费。地方各级政府在安排农村税费改革财政转移支付资金时,要切实保证乡镇机构运转和农村义务教育经费正常需要。该通知指出,要扎实推进各项配套改革。农村税费改革不仅是国家与农民收入分配关系的调整,也涉及农村上层建筑的重大变革。试点地区在落实农村税费改革政策的同时,必须相应推进相关乡镇机构改革、农村教育改革和政府公共支出改革等相关配套改革,精简乡镇机构,合理控制人员编制,压缩乡村干部,优化教师队伍,努力节减开支。

2002年全国有20个省(自治区、直辖市,下同)以省为单位进行了农村税费改革试点,其他省继续在部分县(市)进行试点。农村税费改革是减轻农民负担和深化农村改革的重大举措。完善农村税费改革试点的各项政策,取消农业特产税,加快推进县乡机构和农村义务教育体制等综合配套改革。在完成试点工作的基础上,逐步降低农业税率,切实减轻农民负担。

(四) 改善农村富余劳动力转移就业的环境

农村富余劳动力在城乡之间双向流动就业,是增加农民收入和推进城镇化的重要途径。建立健全农村劳动力的培训机制,推进乡镇企业改革和调整,大力发展县域经济,积极拓展农村就业空间,取消对农民进城就业的限制性规定,为农民创造更多就业机会。逐步统一城乡劳动力市场,加强引导和管理,形成城乡劳动者平等就业的制度。深化户籍制度改革,完善流动人口管理,引导农村富余劳动力平稳有序转移。加快城镇化进程,在城市有稳定职业和住所的农业人口,可按当地规定在就业地或居住地登记户籍,并依法享有当地居民应有的权利,承担应尽的义务[①]。

三、对粮食主销区和主产区根据不同情况进行粮改

全国13个粮食主产省(区)包括:辽宁、吉林、黑龙江、内蒙古、河北、河南、湖北、湖南、山东、江苏、安徽、江西、四川。从主产区的贡献

---

① 十六届三中全会.《中共中央关于完善社会主义市场经济体制若干问题的决定》.

看，13个粮食主产省（区）耕地面积占全国的64%，产量占全国73%，提供商品粮占80%以上，粮食主产区在保障国家粮食安全方面具有举足轻重作用。从财力方面看，粮食主产省（区）多数是人均财力较少的省（区），产粮大县一般都是工业小县、财政穷县；从事权方面看，中央要求主产区稳定发展粮食生产，但粮食主产省（区）和产粮大县自身不存在粮食安全问题，由于比较效益低，缺乏重农抓粮的内在动力，部分地区在实际工作中"嘴上喊着粮食生产，手上抓着工商发展，心里想着财政好转"。从长远看，地方要求中央财政增加农业综合开发投入的呼声会越来越强烈，在粮食安全问题上如何形成中央和地方财力与事权相匹配的体制，已经成为影响农业综合开发的一个重大课题。2001年，我国根据粮食主销区和主产区不同情况进行粮改，目的是发挥农业资源的区域优势，让粮食主销区多发展高附加值的经济作物和养殖业，同时为粮食主产区腾出市场空间，促使粮价合理回升。市场化改革中遇到的问题只能通过进一步发育市场的办法来解决。有鉴于此，2001年，中央决定在8个粮食主销区放开粮食市场、价格和经营。从"定购"到"订单"，确立了新型的粮食产销关系；再从单一主体到多元主体，粮食市场体系建设全面启动；我国粮食收购市场不断放开，私营收储企业与国营收储企业一并成为粮食收购的主力军，私营企业以其自主经营、资金充足、运作灵活而具有较强的竞争优势，国营企业在这些方面显得有些不尽如人意。同时，加入世界贸易组织对我国的粮食生产流通也提出了挑战。从积极方面说，加入世界贸易组织可以促进我国粮食的市场化和自由贸易水平，加快粮食流通体制改革的进程；可以促进国有粮食企业改革，发展私营粮食企业，形成以国有粮食企业为主，多种经济成分并存的粮食市场主体。但是，加入世界贸易组织也将在总量平衡、粮价、流通体制和流通格局、粮食企业等五个方面对我国尤其是主产区的粮食问题产生很大的冲击和影响。

2003年，在安徽省和吉林省进行粮食补贴方式改革试点，在河南、湖南、湖北等省的部分地区，也开始了粮食补贴方式改革工作。

2003年的粮改不是继续完全放开，而是在现有改革的基础上抓住重点：一是加快粮食流通企业改革，特别是粮食收储企业改革；二是加快粮食市场体系的改革和完善。

四、退耕还林政策的实施

从1999年以来到2003年，我国中西部地区共有20个省（区、市）开展了退耕还林还草试点，累计完成退耕还林还草试点任务2 563.79万亩。其中，完成退耕地还林还草 1 427.12 万亩，宜林荒山荒地造林种草 1 136.67 万亩。1999 年先行启动的川陕甘三省的钱粮已全部兑现到户，共兑现粮食 13.25 亿斤，现金 1.14 亿元，种苗补助 3.36 亿元。2000 年的政策兑现正在抓紧进行。实行退耕还林还草，改善生态环境，是国家实施西部大开发战略的根本和切入点，党中央、国务院对此项工作高度重视。各试点省（区、市）各级党委、政府积极支持，密切配合，纷纷成立了由党政主要领导同志任组长、有关部门负责人组成的各级退耕还林还草领导小组及办公室，将此项工作列入各级政府重要工作目标。3 年来，广大群众退耕还林还草的积极性空前提高，广大农民已真正成为退耕还林还草的实施主体。同时，退耕还林还草工作的科技含量进一步加大，广大群众造林育林的技术水平得到大幅度提高，各地积极组织种苗生产、供应，加快了种苗基地建设。各地还探索出粮食供应、财务管理、作业设计、检查验收等一整套相关管理办法，并通过股份、租赁、承包、拍卖、建联办林场等形式，将林权落实到户，巩固了建设成果。

通过 3 年的试点工作，退耕还林还草的各项政策措施得到进一步完善。国家明确了向退耕户无偿提供粮食、实行现金补助和提供种苗补助的扶持政策，明确了"谁退耕、谁造林、谁经营、谁受益"的激励政策。各地还因地制宜大胆尝试，走生态环境建设与农民脱贫致富相结合的道路，探索出了户退户还、自退他还、土地置换、大户承包、产业化经营等较为成功的建设机制，总结出多个树草种混交模式、特殊立地类型的林草型、林药型等卓有成效的典型模式，实现生态建设与经济建设的协调发展。

第三节　政策效果：市场化逐步成熟

一、粮食市场化体制改革的重大意义

粮食市场化改革的实质是放开粮食生产，取消粮食定购、放开粮食收购市场，实行收购市场主体多元化，放开粮食收购价格，实行随行就市，在国家宏观调控下由市场调节粮食供求，实现余缺平衡。粮食体制沿着市场化的方向改革。农民利益的保护、国家粮食安全的保障、国有粮食企业的高效经营、粮食市场的有效运行以及粮食企业国有资产的保值增值，完全在市场化的大前提下，加以国家调控来实现。我国粮食市场化改革有利于全国统一、

开放、竞争、有序并与国际接轨的粮食市场体系的形成。未来粮食安全和发展的战略坚持总量、结构平衡;调整粮食种植结构,优化资源配置,发展优质农业;根据国内外市场需求组织粮食生产和粮食经营,建立健全统一、开放、竞争、有序并与国际接轨的粮食市场体系。我国粮食的贸易格局也在进行调整。从走势看,粮食生产和供给重心逐渐向中部和北方地区转移,今后中部和北方地区生产的粮食将主要解决西部地区粮食缺口,而东南沿海地区的粮食需求将部分转向国际市场。目前有关部门正在加快进行农业各类法律法规的修改和完善,以期规范和指导农民适应国际市场的规则和变化。中国粮食流通体制改革,以1993年取消粮食省际流通的计划调拨为标志,从"南粮北调"到"北粮南运",再到"中粮西进",中国粮食区域流通格局自20世纪80年代中期以来一直遵循比较优势的原则演进。加入世界贸易组织后中国粮食流通格局演变为"南进(口)北出(口)"。加入世界贸易组织意味着中国的粮食流通体制要与世界接轨,将进一步促进中国粮食的市场化改革;将打破国有粮食企业垄断经营的格局,冲击地方保护主义,衔接产销区之间的利益,实现粮食贸易的"公平、公正、公开"和规范有序竞争,促进粮食市场流通体制的不断完善。目前,粮食主销区的粮食市场和价格已经放开或即将放开。粮食主产区将按照市场化的取向,深化粮食流通体制改革,产销区之间的合作关系将进一步增强,国内粮食市场和国际粮食市场的整合程度将进一步提高,最后形成既与国际接轨也符合国情的、比较完善的粮食流通体制。在粮食市场化改革的进程中,区域粮食市场运行机制也将进一步完善。现有的区域粮食批发市场将继续发展,并逐步联结成网络,市场交易规则将逐步完善,信息化水平将不断提高,期货市场将稳步发展和规范,最终将形成全国统一、开放、竞争、有序并与国际接轨的粮食市场体系。国有粮食购销企业的改革将进一步加快,成为自主经营、自负盈亏的经营主体,在区域粮食流通中继续发挥重要作用。农业产业化龙头企业、合作经济组织以及其他经营组织将在区域粮食流通中发挥更大的作用,各个市场流通主体之间平等竞争、相互补充,促进区域之间的粮食贸易。加入世界贸易组织意味着中国的粮食流通体制要与世界接轨[①]。

二、粮食流通体制改革对粮食安全的影响

随着加入世界贸易组织,中国也成为世界粮食生产大国的开放市场。通

---

① 本部分节选自:吴群. 粮食市场化改革的现实意义及发展对策[J]. 粮食问题研究,2002(2).

过粮食进出口使中国的三大粮食品种小麦、大米和玉米都已实现了与国际市场的互动。中国进一步积极参与国际分工，充分利用国际市场，进一步调整农业结构，发挥我国粮食生产的比较优势，保障中国的粮食安全，提高了农民收入。从长远看，我国人多地少的国情不可逆转，我们需要通过进口弥补国内粮食生产资源的不足。同时，我们推广优质粮食品种的种植，粮食品质得到了广泛提升，可以出口部分优质粮食品种，使得国际市场开始接受中国的粮食，从而实现国际和国内两个市场的品种和品质调剂。这种有进有出的粮食进出口局面意味着中国在粮食生产上可以更充分地发挥比较优势，获取国际国内两个市场上粮食生产资源的最高效率的配置，从而获得开放经济条件下的最大利益。中国从1996年就开始在部分农产品重点产区部署国际标准化示范区，涉及29个省份的117个县。越来越多的农民开始种植国际标准田，生产面向出口的粮食，并通过出口优质粮增加了收入。2002年中国首次成为小麦净出口国，并开始成为东南亚地区越来越重要的小麦供应商。

农业产业政策调整重点主要是产业结构调整、区域布局政策调整和处理好粮食供给问题。首先是农业产业结构政策调整。一是种植业结构调整。主要是针对粮、棉、油等大宗农产品以及园艺作物的产业、产品结构调整，重点是在总量平衡的基础上，对种植业产品品质质量进行调整，调整重点是压缩粮食棉油产品生产，扩充名优和专用性产品生产。二是农业经济结构调整。重点是发展畜牧、水产业产品生产。三是农村经济结构调整。重点是发展以乡镇企业为主体的农村第二、第三产业，加快转移农业富余劳动力，促进小城镇发展，推动城乡经济结构、劳动力就业结构的优化。同时，农业战略性结构调整要求大力发展农产品加工业，提高农产品的增值效益。从实践情况看，这两年农业结构战略性调整成效明显：农业生产结构进一步优化；农产品品质结构进一步改善；畜牧业有了大发展；农业产业化发展迅速；农产品生产的区域化格局开始形成。

其次是区域布局政策调整。应结合农业发展新阶段的特点和发展目标，充分利用国际国内两个市场，发挥区域比较优势，在更大的范围内合理配置生产要素，提高资源利用水平和配置效率。要适当减少粮棉油等土地密集型农产品生产，增加畜牧、水产以及园艺等劳动密集型农产品生产。在政策调整上，对不同区域采取不同的政策导向。东部沿海发展地区要适当调减没有比较优势的粮棉生产，增加资金和技术密集、附加值高的农产品生产，发展创汇农业和现代化农业，扩大优势农产品出口；中部和粮棉主产区地区应在稳定粮食棉生产优势的基础上，大力发展畜牧业和农产品的加工，推进农业产业化经营。西部地区则要抓住西部大开发的历史性机遇,在大力发展不同区域特色产业的同时,实行退耕还林、还湖、还草,恢复和加强农业生态建设。

第三是完善粮食供给政策。这是农业产业政策调整的重要问题。目前,粮食生产能力已稳定在5 000亿公斤左右。但是,粮食问题关系国计民生,政府历来对此予以高度关注。粮食政策调整的基础,首先是要确保粮食生产能力。从总的形势看,粮食生产压力不轻:一是1997~2000年,因加强生态建设、实施退耕还林还草,耕地面积平均每年净减45万公顷,其中2000年净减近100万公顷。二是人口仍是调整增长的态势,2000年人口总数为12.95亿,年均增长仍达1 200万左右。人口增加,要求粮食生产保持稳定和持续增长的能力。由于人口基数大,粮食进口增加1个百分点,就是500万吨。从贸易角度看,这是个大数字。因此,解决粮食问题首先要立足于国内资源,实现基本自给,同时利用国际资源,进行品种和丰歉年间的调剂。其次要调整粮食生产结构。目前5 000亿公斤的粮食生产中,约有1/5左右是品质差、价格低、不受消费者欢迎的品种。从结构调整的区域分布看,要调减低质粮食品种,发展优质、专用的粮食生产。因此,要调减南方早籼稻面积,稳定中稻,发展优质稻;稳定发展北方冬小麦,改良东北春小麦品质,适当调减南方冬小麦,大力发展专用小麦;重点发展优质饲用玉米、配合加工需要发展高淀粉、高含油等玉米品种生产,适度扩大南方玉米生产,扩大优质品种和高质量的大豆生产,稳定发展名特优杂粮生产。总之,应把努力提高粮食品质和质量,作为粮食结构调整的重点。三是提高科技对粮食增长的贡献率。

三、农村税费改革的政策效果

2000年以来,按照中央的统一部署和安排,开始进行农村税费改革试点。2001年又将试点范围扩大到全国农业人口总数的3/4,并继续实行灾区农业税费减免。国家新增专项转移支付资金165亿元,同时通过调整支出结构,减少各种不必要的开支,千方百计安排足够资金支持农村税费改革,减轻了农民特别是低收入农民家庭的负担。2002年,农村税费改革在20多个省(区)的范围内均取得了明显成效,不仅规范了农村税费制度,有效遏制了农村"三乱",还带动和促进了农村其他各项改革。在试点省份和地区,农民负担普遍减轻30%以上,税费改革被广大农民群众誉为"德政工程"。2003年,农村税费改革试点在全国全面铺开。从1999年到2003年我国出现了改革以来最为严重的一次粮食大减产,粮食产量从1998年的最高位51 230万吨降到了最低时的43 065万吨。主要原因除了干旱外，更重要的是粮食种植面积急速减少。许多地区提高了经济作物和优质农产品的种植，而当时高层对粮食问题的乐观在一定程度上动摇了中国长期坚持的"以粮为纲"的观念。城市发展大量占用耕地，还有一些地区盲目推行"退耕还林、退耕还草"政策，导致全国粮食播种面积锐减。1997～2001年，我国大宗农产品价格下降了24.5%，农民收入增长缓慢。

粮食直补政策对退耕还林还草工程的持续性构成最大威胁。2004年实行的对种粮农民的直接补贴、良种补贴、农机补贴及减免农业税等政策，提高了种植粮食的比较收益，农民种粮积极性提高，2004年粮食产量突破4 650亿公斤。但这一政策却相对降低了退耕还林还草的比较收益，在一定程度上动摇了农户退耕的信心。如果这一政策与粮食市场供应偏紧、粮食价格回升、粮食产业持续升温的现状相结合，将加大退耕农户在补助期满后复垦种粮的可能，成为退耕还林还草工程可持续性的最大威胁。[1]

农村税费改革的主要目的是降税减负增收，因此对粮食生产、流通和消费都将产生深刻的影响。第一，促进农村产业结构调整。费改税后，农民的负担轻了，农民就有能力去提高粮食生产能力，同时费改税取消了一些不合理的收费，如取消特产税等，这就有利于提高粮食生产能力，可以让农民放开手脚去发展其他产业，从而促进农业产业结构调整。一方面，减轻了税赋，有利于发展农业生产，特别是更有利于发展经济效益较高的其他农作物。另一方面，就粮食而言，一般来说，品质较低的粮食品种，产量相对较高；而品质较好的粮食品种则产量相对较低，因此，减少了税费，就降低了生产成本，农民就更乐意种植高品质的粮食品种。所以税费的降低，对于调节粮食生产、生产适销品种、满足市场需求、促进供求平衡具有一定的推动作用。第二，有助于降低粮食生产成本。目前国内粮食生产成本较高，这是国内粮食缺乏竞争能力的一个主要原因，也是入世后面临的最大冲击之一。过去在封闭的国内粮食市场，生产成本的高低一定程度上决定了价格的高低，但在全球一体化贸易的情况下，粮食价格主要是以供求关系来决定的，因此加入世界贸易组织后，国内粮食生产成本并不能决定粮食市场价格的走向。粮食生产成本的降低，一方面增强国内粮食在国内和国际市场的竞争能力，有利于扩大销售，有利于扩大出口，有利于扩大需求；另一方面成本的降低对粮

---

[1] 李小云，王冬梅. 中国农业政策对生态服务补偿的影响[J]. 农业经济问题（月刊），2006（1）：24—28.

食销售价格的支撑作用减弱。在国内粮食供大于求、国际粮食价格低迷的情况下，为粮食销售价格进一步下降提供了空间。第三，减少粮食收购量。费改税后，对农村的税费将主要是以农业税的形式存在，而农业税也将大幅降低。作为农业税，过去基本上是以征收实物为主，且主要是粮食。费改税后，对农民所收的税费就只还存在农业税。

四、退耕还林与粮食安全①

1996年全国有耕地21亿亩，2003年耕地减少到18.51亿亩，2003年一年净减少3 806.1万亩，净减少的耕地面积中生态退耕3 356万亩（2003年中国国土资源公报，国土资源部网站）。耕地面积的减少使2003年粮食产量跌到430 615亿公斤（农调总队，2004），而近年来我国粮食消费需求大致在4 800亿~4 900亿公斤，按每亩300公斤计算，未来几十年只有保证粮食播种面积不低于16亿亩，才能满足粮食需求（万宝瑞，2004）。这显然与大面积退耕还林产生矛盾（1999~2003年退耕地造林1.08亿亩）。另外，严格保护耕地面积还受到区域粮食自给观念的影响。中国长期存在着保障粮食安全、各省基本平衡的思想。如果大面积退耕，那么在粮食总量缺口增大时，东部粮食安全有保障，西部偏远省份将因交通不便而出现"粮荒"。在上述情况下，2004年退耕还林还草工程中新增退耕面积指标由2003年的5 000万亩大幅度压缩为1 000万亩。这一突然调整导致各地措手不及。政策的不稳定性表明政府在粮食安全和生态安全之间还没找到协调发展的战略。②

实施退耕还林是党中央、国务院为改善生态环境作出的重大决策。但退耕还林从一开始就是一项十分复杂的社会系统工程，尤其是工程的实施必然以减少耕地为代价，这与当前我国实施的最严格的耕地保护制度形成了矛盾的统一体，不可避免地引起了社会各界对退耕还林到底还要不要继续推进、退耕还林对农业生产特别是耕地安全和粮食安全到底有没有影响等问题的激烈争论。

有学者认为，退耕还林为农业产业化建设带来了难得的历史发展机遇，不但可以从根本上逆转我国生态环境不断恶化的趋势，减少和遏制水土流失以及土地荒漠化，而且对粮食生产具有正向的外部效应。何蒲明通过分析提出了退耕还林有利于粮食安全，如果不退耕还林反而会影响粮食安全的观点。

---

① 赵玉涛. 退耕还林与粮食安全 [J]. 中国林业, 2009 (5A).
② 李小云, 王冬梅. 中国农业政策对生态服务补偿的影响 [J]. 农业经济问题（月刊），2006 (1): 24—28.

但还有学者的观点恰恰与此相反，他们认为退耕还林对我国的粮食生产的影响是负面的，在一定程度上将影响国家的粮食安全。特别是自 1999 年退耕还林之后，我国粮食产量连续 4 年大幅减少的客观情况，加上国土资源部公布的 2003 年、2004 年生态退耕减少的耕地分别占全国耕地面积减少总数的 64% 和 80% 数据，使更多的人接受了这一观点，社会上对退耕还林工程的可持续性提出了质疑。

实际上，对粮食生产影响的因素是多方面的，单纯从几年的粮食减产就定性退耕还林的影响有失偏颇。在退耕还林同样已经实施的情况下，从 2005 年开始，2006 年、2007 年我国粮食产量逐年递增，特别是 2007 年粮食产量突破 5 亿吨大关的事实，足以引起大家对退耕还林与我国粮食安全二者关系重新定位的思考。根据测算，今后全国还有 5 403 千公顷~6 855 千公顷坡耕地和严重沙化耕地需要退耕还林。该工程完成后，将有力地促进工程区土地利用结构和农村产业结构的优化调整，为中西部地区大量吸引人才、吸纳各方投资、发展旅游业以及拓宽就业门路等方面创造更为优良的外部环境。工程区土地资源将逐步实现宜耕则耕、宜林则林、宜牧则牧，农林牧各业有机结合，协调发展。国民生产总值将会大幅度提高，林、牧、副业等产值在国民生产总值中的比重将大幅度上升。特别是实施退耕还林后，工程区的生态环境将有效改善，大江、大河、重要湖库水源区水旱灾害造成的损失大大降低，农业生产条件得到进一步提高，农业生产力各要素将得到进一步优化配置，粮食综合生产能力进一步提高。据测算，即使工程区需要继续退耕还林的 5 403 千公顷~6 855 千公顷坡耕地和严重沙化耕地全部退耕还林，对于全国粮食生产影响也不大。

从实践中得出的数据我们又能看出，退耕还林对我国粮食生产在事实上产生了怎样的影响呢？根据《西部大开发土地资源调查评价》，西部地区 15 度以上不宜耕种坡耕地粮食平均单产每公顷 1 673 千克测算，每年将因此减少粮食产量 0.09 亿~0.11 亿吨，仅为 2006 年全国粮食总产量的 1.8%~4.4%。即使加上 1999~2006 年已经完成的 9 264 千公顷退耕还林任务，每年也只减少粮食产量 0.25 亿~0.27 亿吨，仅占 2006 年全国粮食总产量的 4.8%~5.4%。但据统计资料预测，到 2010 年，西部地区实施退耕还林后由于粮食单产的提高，粮食年增产可达 1 000 万吨，相当于 5 977 千公顷的坡耕地和严重沙化耕地退耕还林后减少的粮食产量。同时，退耕还林中发展的大量木本粮食和油料资源，不但会生产大量木本粮食和油料，还会有效改善工程区的粮食食物结构和营养结构。如果退耕还林中有 20% 选择了适宜当地种植的木本粮食油料树种，按木本粮食树种年平均单产每公顷 1 875 千克计算，则 5 403 千公顷~6 855 千公顷坡耕地和严重沙化耕地全部退耕后，加上已经退耕形成的 9 264 千公顷林地，每年可以增加木本粮食产量 0.047 亿~0.06 亿吨，约相当于 2 809 千公顷~3 566 千公顷的坡耕地和严重沙化耕地退耕还林后减少的粮食产量。以上二者合计每年可以增加粮食产量 0.147 亿~0.16 亿吨，约相当于 8 965 千公顷~9 563 千公顷的坡耕地和严重沙化耕地退耕还林后减少的粮食产量，几乎可以抵消 50%~60%因退耕还林减少的粮食产量。另外，退耕还林发展的林草资源还可以持续提供大量营养价值高、喂养效果好的饲料。虽然目前还不能准确预测和定量化退耕还林产生的饲料的产量和价值，但利用退耕还林发展的木本、草本饲料无疑将会大大减少工程区的饲料粮用量。

从以上分析可以看到，退耕还林的实施客观上的确减少了耕地数量，但从辩证的角度看，其与我国粮食安全二者之间的关系并不仅仅是矛盾和对立，而是辩证统一的。

五、划分粮食主产区与主销区的意义①

从 2001 年国务院"关于进一步深化粮食流通体制改革的意见"开始（其实更早是在 20 世纪 90 年代初讨论"比较优势"时就开始了），国家粮食安全基本上就形成了"主产区""主销区"的粮食生产的区域分工格局。

所谓的"主产区"，如黑龙江、吉林、河南、湖南、江西等 13 个省份，由于有"比较优势"，成为国家商品粮的生产主体，也就是承担了国家粮食安全的主要责任。但这 13 个省市基本上都是经济欠发达地区。而沿海发达的 8 个省市，如广东、浙江、福建等，则由于没有"比较优势"，成为"主销区"，卸下了粮食生产的"包袱"。

这种粮食安全的格局表面上是"发挥各自区域的比较优势"，但其实是不公平的。其原因是粮食生产存在严重的产业缺陷，在没有足够的转移支付或补贴的前提下，越是生产粮食的地区，经济必然越是贫困。这一道理其实各个地区都很清楚。有哪个地方依靠卖粮致富的呢？又有哪个地方"招商引资"会招来农民种庄稼呢？据河南省长在一次会议上介绍，河南的十大产粮大县，就是十大财政最穷县。而同时在"主销区"，如"珠三角""长三角"地区，所谓的"经济奇迹"正是通过对农业特别是对粮食生产的"排斥"来实现

---

① 节选自：胡靖. 粮食安全："非主产区"的意义[N]. 财经日报，2 009.4.23.

的。因此，政府"主产区""主销区"的划分，实际上就是让贫穷地区发展粮食生产，承担国家粮食安全的公共责任，而发达地区则"搭便车"。

但严重的后果还不仅是由此导致的东部、西部发展差距的扩大，而是"主产区""主销区"这种区域粮食安全制度的安排，将会影响国家粮食安全。

首先，尝到"甜头"的"主销区"将会继续其原来的"路径依赖"，几乎不可能复垦已经非农化了的耕地。"搭便车"的"经验"也会在区域内不断蔓延，导致整个"主销区"的粮食生产继续下滑。1997~2009年，广东粮食产量从1 966万吨下降为1 284万吨，浙江则从1 493万吨下降为728万吨，上海从230万吨下降为109万吨，北京从237万吨下降为102万吨。而"主产区"则会很快认识到发达地区经济快速增长的"经验"并迅速学习、效仿。结果，在增长的巨大压力、动力的驱动下，"主产区"的地方政府、农民也会纷纷放弃粮食生产，圈占耕地来搞"开发"。这正是目前很多"主产区"的态势和趋势。

此外，作为国家粮食安全支柱的"主产区"的粮食生产越来越成问题。水利多年失修，耕地被纷纷圈占。以前没有补贴，农民也生产粮食，现在有了补贴，农民还要撂荒。即使当地政府迫于压力敦促生产，但青壮年农民仍跑出去打工、做生意，年老的则在家从事"老人农业"、自给自足。也许有人会说，各级政府的补贴可以"激励"农民生产粮食。但是，"激励"能有多大呢？不能"激励"原来的"主销区"农民生产粮食，难道就能"激励""主产区"农民老老实实地永远生产粮食吗？

所以，粮食安全的公共责任必须要由各个省、市共同承担。当13个"非主产区"也承担一定的粮食生产责任时，增产1 000亿千克的计划才有希望实现，国家的粮食安全的风险才能得到真正的缓解。

第四节　现实的思考

1998年5月，政府以保护价敞开收购农民余粮，干预市场价格实施粮食补贴刺激了粮农积极性。随后，"两难"局面（产量增加，供大于求，市价持续低迷，财政不堪重负）出现，政府降低粮食保护标准，缩小保护范围。随之引发了1999~2003年耕地面积、种粮面积、粮食总产量、粮食单产和人均粮食占有量"五个减少"。2002年试点2004年全面推开的直补粮食生产者政策。2001年，国发28号文件提出"进行将补贴直接补给农民的试点"；2002年，在吉林东丰和安徽天长、来安3县进行粮食直补试点；2003年，全国16省（自治区、直辖市）放开粮食价格和市场，以粮食直补代替保护价政策。但自1999年后，我国粮食连续减产，2003年回落到20世纪90年代初期的水平。1999～2004年的粮食市场化改革在促进粮食流通规范化的同时也带来了我国粮食生产的一系列问题。

一、农民增收缓慢，城乡差距扩大

1999～2003年的5年中，农民人均纯收入平均年增长速度为4%，只相当于城镇居民收入增速的一半左右。虽然国家"九五"和"十五"规划目标中农民人均纯收入年增长率均为5%，但这5年中没有一年达到规划目标。虽然农产品供给充裕，但农民增收非常困难。由于农产品供大于求、农产品价格连年下滑，农民收入增长缓慢，特别是粮食主产区农民收入增长幅度低于全国平均水平，许多纯农户的收入持续徘徊甚至下降。从收入增长的绝对数来看，2003年农民人均纯收入为2 622元，比1996年的1 926元增加了696元；而同期城镇居民人均收入从4 838元增加到8 472元，增加了3 634元。城乡居民收入比值1996年为2.51:1，2003年扩大为3.23:1。农民增收缓慢、城乡差距扩大是农业政策调整首先要解决的问题。

二、粮食产量下降，供求关系趋紧

2003年全国粮食播种面积14.9亿亩，是历史上最少的年份；总产量4 307亿公斤，减至20世纪90年代以来的最低水平；人均粮食产量334.4公斤，降到1982年以来的最低水平。1996～1999年，我国粮食连续4年丰收；从2000～2003年，粮食连续4年减产。后4年平均产量与前4年相比，粮食产量下降500亿公斤以上。同时，粮食消费量逐年增加，粮食产需平衡的年度缺口逐年扩大。弥补粮食产需缺口主要靠挖库存。在粮食总量关系趋紧的同时，品种结构矛盾逐步暴露，特别是大米短缺的问题较为严重。粮食供求关系由供大于求向供求趋紧转变，主要标志是2003年10月和2004年3月粮食价格出现两次较大幅度上涨。2003年10月中旬后，国际市场大豆价格上涨引发国内粮食价格上升，主要是大豆、小麦及面粉价格明显上涨，涨幅达20%左右。2004年2月下旬到3月，南方部分地区大米价格大幅上涨引发全国大米价格上升，带动粮食价格上涨。2004年3月中旬，与上年同期相比，3

种主要粮食品种平均价格上涨 50% 左右，其中大米价格上涨 60% ~ 70%，小麦上涨 40% 以上，玉米上涨 21% 以上。粮食价格由长期持续低迷到连续出现上涨是粮食供求关系出现新变化的重要信号。

三、生产要素流失，资源约束增强

近几年我国农业和农村生产要素大量流失，给农业发展带来严重的"硬伤"。生产要素流失突出表现在耕地和资金两个方面。1996 ~ 2003 年，由于退耕还林、农业结构调整和非农建设占用等多种原因，全国耕地面积净减少 1 亿亩，平均每年减少 1 400 多万亩。耕地减少对农业综合生产能力造成实质性的、不可逆的损害，使我国农业发展面临的资源约束矛盾更加突出。农村金融资源的配置偏离"三农"的倾向十分严重，农村资金大量通过金融机构流入城市。农村资金短缺、农民贷款难成为制约农村经济发展的突出问题。

四、农民权益受损，社会矛盾突出

低价征用农民土地导致农民利益大量流失，而且征地补偿款拖欠严重。以土地换取发展资金，随意以低地价甚至"零地价"招商引资，严重侵害农民利益，引发诸多经济和社会矛盾。拖欠农民工工资极为普遍，仅建筑领域 2003 年底以前的拖欠工资就高达几百亿元。农民工的要求并不高，回家过年能够足额领到微薄的工资就心满意足。农民因征地问题的上访增多，农民工以极端方式讨要工资的事例增多，严重影响社会稳定。①

附录：

国务院关于进一步完善粮食生产和流通有关政策措施的通知

（2000 年 6 月 10 日　国发 [2000] 12 号）

各省、自治区、直辖市人民政府，国务院各部委、各直属机构：

近几年来，党中央、国务院针对我国粮食连年丰收、出现阶段性供大于

---

① 节选自：叶兴庆. 对我国农业政策调整的几点思考 [J]. 农业经济问题（月刊），2005（1）：21 - 24.

求的情况，制定了一系列正确的政策措施，特别是推进以"三项政策、一项改革"为重点的粮食流通体制改革，取得了明显成效。各地区、各有关部门按照中央的部署，加快对农业和粮食生产结构的调整，坚持按保护价敞开收购农民余粮，加大粮食顺价销售力度，加强粮食收购资金和粮食市场管理，推进粮食购销企业自身改革，保护了广大农民利益，稳定了粮食生产能力，对促进农村稳定和国民经济持续快速健康发展发挥了重要作用。但各地工作进展和政策执行情况还不平衡，粮食生产和流通中还存在一些需要重视和解决的问题，主要是：粮食生产结构调整面临不少实际困难；按保护价敞开收购农民余粮的政策没有完全落实，不少地方存在限收拒收、压级压价现象；粮价持续下降，粮食购销企业顺价销售困难较大，库存粮食陈化加重；一些粮食主产区风险基金落实难度大，超储补贴拨补不及时；粮食仓容严重不足，收储矛盾比较突出；收购资金封闭运行管理的措施，在有的地方还没有完全到位；国有粮食购销企业改革滞后，经营管理状况亟待改善。当前必须根据粮食生产和流通中出现的新情况、新问题，在坚持贯彻落实"三项政策、一项改革"的基础上，进一步完善有关政策措施，使粮食生产结构调整不断推进，粮食流通体制改革不断深化。现就进一步完善粮食生产和流通有关政策措施问题通知如下：

一、大力推进农业和粮食生产结构的战略性调整，促进生产和流通的协调发展

（一）粮食生产结构调整是农业生产结构调整的重点。在保护好基本农田和稳定粮食生产能力的前提下，各地区要因地制宜调整农业和粮食生产结构，优化区域布局。沿海经济发达地区和大城市郊区，要适当减少粮食种植面积，积极发展高效农业和出口创汇农业。生态脆弱地区，要有计划、有步骤地退耕还林、还草、还湖、还湿地，改善生态环境，有条件的地方要积极发展林果业、养殖业和高附加值经济作物。

（二）优化粮食品种，提高粮食质量和种粮效益。要加大实施种子工程的力度，进一步加强优质品种的引进、选育、繁育和推广工作，尽快淘汰和压缩劣质品种，全面优化农作物品种结构。粮食主产区要充分发挥粮食生产优势，大力调整生产结构，要由一般粮食品种向优质、专用品种转变，由单纯注重产量向提高效益转变，同时积极采取措施，由单一粮食生产向发展多种经营转变。

（三）进一步发挥市场对粮食生产的引导和促进作用。各地区和各有关部门要增加投入，重点支持粮食生产区的县级以上粮食批发市场和粮食市场信息网络建设，着力抓好粮食质量标准体系、检验检测体系和社会化信息服务体系的建设，引导农民和企业按照市场需求安排粮食生产和流通。同时，大力发展农业产业化经营，扶持一批有基础、有优势、有特色、有前景，并已同农民形成稳定购销关系的龙头企业，发展订单农业，促进粮食转化。

（四）各地区和各有关部门要加强对农业和粮食生产结构调整的指导，防止在结构调整过程中出现趋同化和忽视粮食生产的倾向。国家继续增加农田水利基础设施建设的投入，保护基本农田，发展节水灌溉农业，加大科技扶持力度，提高粮食单位面积产量和综合生产能力，保护农民种粮积极性。

二、认真落实按保护价敞开收购农民余粮政策，切实保护农民利益

（一）对列入保护价收购范围的粮食，国有粮食购销企业要切实做到常年常时挂牌敞开收购农民的余粮。在当前粮食库存大量增加、市场粮价走低、农民余粮较多的情况下，必须充分认识到按保护价敞开收购农民余粮，是保护农民利益和稳定粮食生产能力的关键措施。只有"敞开"，才能"放开"。如果没有完全做到按保护价敞开收购，就放开粮食收购市场，势必使粮价进一步下跌，直接损害农民利益，挫伤农民种粮积极性，对扩大内需、农村稳定和国民经济发展，产生严重不利影响。因此，当前国有粮食购销企业必须做到按保护价敞开收购农民余粮，认真执行国家粮食质量标准和按质论价、优质优价政策，不准限收、拒收、停收，不准压级压价收购，并要进一步改善服务态度，提高服务质量，方便农民售粮。粮食、物价、工商行政管理和质量技术监督部门要加强监督检查，防止粮食购销企业发生拒收限收和压级压价现象。

（二）继续适当调整粮食保护价收购范围。今年夏粮已进入收购季节，秋粮已经播种，各地区要认真贯彻执行《国务院办公厅关于部分粮食品种退出保护价收购范围有关问题的通知》（国办发〔2000〕7号）中关于保护价收购范围的有关规定。为进一步引导农民根据市场需求调整粮食生产结构，从2001年新粮上市起，继续调整保护价收购范围。晋冀鲁豫等地区的玉米、稻谷，可退出保护价收购范围，具体由各有关省级人民政府根据实际情况研究确定，并报国务院备案。对粮食主产区的重要粮食品种，主要是南方的中晚稻，东北地区和内蒙古东部的玉米、稻谷，黄淮海和西北地区的小麦，继续列入保护价收购范围，按保护价敞开收购。

（三）对列入保护价收购范围的粮食，农业发展银行要继续按现行办法，及时发放贷款，确保收购资金供应。对国有粮食购销企业按照"购得进，销

得出"的原则，收购退出保护价收购范围的粮食，农业发展银行要按照"以销定贷、以效定贷"的原则提供收购贷款。同时，要切实加强对粮食收购资金的监管，严禁国有粮食购销企业多头开户，防止挤占挪用收购资金。

三、适当增加粮食风险基金规模，保证资金及时拨付到位

为确保按保护价敞开收购农民余粮政策的贯彻落实，顺利实施粮食流通体制改革，今年在包干资金之外再增加粮食风险基金规模80亿元，主要用于粮食主产区，由中央财政和地方财政按照现行筹资比例分别负担。各级地方人民政府必须把应负担的粮食风险基金纳入同级财政预算，通过调整财政支出结构，确保预算安排的粮食风险基金高于上年。部分粮食主产省（区）确因地方财力不足而难以筹措时，经国务院批准可通过向商业银行借款解决，有关商业银行在严格审核的基础上要据实确认，借款利息要纳入地方预算。地方财政借款后，粮食风险基金仍不能及时足额到位的，中央财政将通过扣款强制到位。

为确保粮食超储补贴及时足额拨付到粮食购销企业，从今年起，应由地方筹集的粮食风险基金，必须按季划拨到省级财政在农业发展银行开设的专户，市、县级财政负担的风险基金由省级财政先行垫付，中央财政按季考核。地方财政部门必须在每季度最后一个月的15日之前，将应拨超储补贴通过农业发展银行足额拨付到粮食购销企业。如不能及时拨付，先由省级农业发展银行按上季度拨款数额的80%拨付给粮食购销企业，随后再行清算并拨补到位。具体办法由财政部会同农业发展银行等有关部门研究制定。

四、扩大国家粮库建设规模，增加有效仓容

针对当前粮食主产区粮食仓储设施严重不足、露天存粮较多、安全保粮难度大的实际情况，要进一步加强粮食仓储设施建设。一是在已建成250亿公斤仓容的基础上，今年和明年再分别安排100亿公斤仓容的粮库建设。今年建设的100亿公斤粮库项目，要按确保工程质量和进度的要求，抓紧进行；同时今年内要做好明年100亿公斤粮库建设的前期工作。各有关部门要密切配合，继续按现行办法管好建设资金和工程项目，抓好粮库建设。新建粮库主要安排在粮食主产区。新建粮库主要装储备粮，并坚持新粮入库。二是继续利用社会仓储设施和闲置场地，增加粮食储存能力。三是为解决当前粮食主产区基层收纳库严重不足的问题，农业发展银行要安排简易建仓贷款予以支持，贷款利息由省级财政统一补贴，贴息期限到贷款全部收回为止。具体

办法由农业发展银行制定。

五、进一步拓宽粮食购销渠道，搞活粮食流通

（一）对列入保护价收购范围的粮食，由国有粮食购销企业敞开收购，同时允许和鼓励省级工商行政管理部门审核批准的用粮企业、粮食经营企业，按国家收购政策要求，直接到农村收购粮食，充分发挥它们搞活粮食流通的积极作用。工商行政管理部门审批入市企业时，可征求粮食行政管理部门的意见。对经批准的大型用粮企业，允许跨地区到粮食产区直接收购，或者委托当地国有粮食购销企业收购自用粮。经省级政府认定，确属交通不便的边远地区，允许经地（市）或县级工商行政管理部门审核批准的粮食经营企业到农村收购粮食。

（二）对退出保护价收购范围的粮食，允许经地（市）或县级工商行政管理部门审核批准的用粮企业、粮食经营企业，直接到农村收购。

（三）农村集贸市场要坚持常年开放，鼓励农民通过集贸市场出售自产的粮食，并不受数量限制。允许经县级以上工商行政管理部门批准的粮食经营企业和粮商（包括私营、个体粮食经营者）到农村集贸市场和粮食批发市场购买和销售粮食。

（四）工商行政管理部门要继续采取有效措施，加强对粮食收购市场的管理，严禁无照经营和违规经营，严厉打击扰乱市场、损害农民利益的不法行为，维护市场的正常秩序。

六、积极促进粮食销售、加工转化和出口，加快库存粮食转换

（一）进一步加大粮食销售力度。国有粮食购销企业要重视市场营销工作，建立粮食销售激励机制，积极采取措施，开拓市场，扩大销售。对库存高价位周转粮食的轮库，采取购销结合的办法，实行等量对冲，推陈出新。转换库存粮食的必要合理费用，列入销售成本。各省级人民政府和中国储备粮管理总公司，必须认真做好周转库存粮和储备粮的轮换。国有粮食购销企业不得低价亏本销售，更不准以处理陈化粮为名，降价销售粮食，对因降价销售粮食造成的资金损失，由地方政府和企业承担。

（二）按照有关部门颁发的陈化粮鉴定标准，妥善处理陈化粮。对处理粮食收购企业商品周转库存的陈化粮所发生的价差亏损，原则上由粮食风险基金负担，具体由省级人民政府确定。"甲字粮"和"五〇六粮"的处理工作，要按照有关文件规定，由中国储备粮管理总公司商财政部、总后勤部抓紧进行。

（三）按照市场需求，在粮食主产区大力发展粮食精深加工，促进粮食转化和增值。对重点粮食深加工项目，国家要给予政策扶持，鼓励企业通过资本市场多方筹措资金，建成一批大型的技术先进的粮食精深加工转化项目。积极支持现有的粮食加工转化企业通过技术改造和资产重组等措施，形成合理的区域布局和规模结构，努力开发新产品和发展优质名牌产品。

（四）努力扩大粮食出口。继续执行中央对主产区粮食出口的有关优惠政策，允许地方在保证购销企业不出现新的亏损挂账前提下，支持地方粮食出口。鼓励有条件的地方，采取易货贸易、边境贸易等多种方式，向周边国家和地区出口粮食。为促进大米出口，在南方稻谷主产区选择一至两个具备条件的省级国有粮食企业，赋予大米出口经营权。

七、加快国有粮食购销企业改革步伐，提高企业竞争力

（一）粮食行政管理部门与粮食购销企业之间，必须真正做到政企分开。粮食行政管理部门要认真做好国家粮食政策的贯彻落实，监督、引导国有粮食企业搞好粮食流通，指导粮食企业加快自身改革，但不得向企业摊派费用。粮食行政管理部门的负责人不得兼任粮食购销企业的职务。

（二）加大粮食购销企业自身的改革力度。国有粮食购销企业要严格按照经营业务量合理定员、定岗。要建立能上能下和能进能出的人事、劳动机制，实行竞争上岗，企业主要管理人员可以向社会公开招聘，把政治素质好、业务能力强、懂经营、会管理的人才充实到领导岗位。继续抓好富余人员的下岗分流和减员增效工作，各级地方人民政府要积极支持，把下岗人员纳入当地社会保障和再就业体系。

（三）加强企业内部管理，提高经济效益。切实落实企业法人代表责任制，明确各项考核指标，严格进行年度考核，做到奖惩分明。建立健全以人为本的企业内部管理机制，实行内部承包，责任到人，指标到人。在收入分配上实行绩效挂钩、能高能低，充分调动企业干部职工的积极性，增强企业活力。加强对企业干部职工的业务培训，努力提高业务素质，特别是要提高企业法人和财会人员的素质。同时，有关部门要尽快落实《国务院关于进一步完善粮食流通体制改革政策措施的补充通知》（国发〔1999〕20号）中关于"对于原附营业务占用贷款中仍由国有粮食购销企业承担的部分，实行停息挂账"的政策，减轻国有粮食购销企业的负担。

八、切实加强领导，确保粮食流通体制改革顺利进行

当前我国农业和粮食生产已进入了一个新的发展阶段，各地区和各有关部门必须进一步统一思想，充分认识农业在国民经济中的基础地位，任何时候都不能放松粮食生产。各地区要认真落实粮食省长负责制和地方政府层层负责的粮食工作行政首长责任制，加强对粮食生产和流通工作的领导，确保各项政策落到实处，特别是要做到按保护价敞开收购农民余粮，保护农民利益。各级地方人民政府和各有关部门要加强对粮食收购政策执行情况的监督检查，对拒收限收、压级压价的，要严厉追究有关负责人的责任。各地区和各有关部门，要按照今年中央农村工作会议的部署和"三项政策、一项改革"的要求，继续抓好农业和粮食生产结构调整，推进粮食流通体制改革，促进粮食生产和流通的协调发展。

第十章

否定之否定：2004年以来的粮食政策

第一节 时代背景：以民为本

2004年以后，针对粮食生产发展出现的严峻形势，在党中央、国务院的领导下，各级政府对粮食生产的发展采取了更直接、更有力、更果断的扶持政策，有效抓住了气候条件有利和粮食价格回升的机遇，实现了粮食供给形势的初步好转。我国粮食产量连续5年持续恢复性增长。2004年我国粮食总产恢复到9 389亿斤。这一产量虽然与历史上的高产年相比仍低一些，但比上年增产了760亿斤，是历史上年增加量最大的一年，增长9%左右。2005年粮食生产继续呈恢复性增长势头。根据有关部门初步统计，预计粮食总产将达到9 600亿斤以上，比上年增产291亿斤；粮食亩产619斤，再创历史新高；同时，粮食结构的调整稳步推进。通过两年的持续增产，夏粮总产基本恢复到2000年的水平，有效缓解了小麦的供求矛盾，同时早稻和秋粮产量稳定增加，优质稻谷、优质专用玉米和优质专用大豆的比重进一步提高，大米的供求矛盾得到缓和，玉米的供应走向平衡有余。2008年在世界粮食危机之年，我国粮食总产量达到5.275亿吨，创历史新高。据农业部农情调度显示，2009年我国夏粮再次喜获丰收，预计总产超过2 450亿斤。2009年实现新中国成立以来首次连续第六年增产。这表明我国实施的粮食安全保障措施取得了一定成效。

一、科学发展观的提出

协调发展是科学发展观的基本原则。改革开放后，随着计划经济向市场经济的转轨，我国农村和城市经济发展迅速，城乡联系显著增强，但受城乡二元结构体制的影响，城乡经济社会一体化进程缓慢。城乡二元结构体制还存在，"三农"问题就无法从根本上得到解决。因此，破解"三农"难题必须突破传统的思维定式，坚持城乡协调发展，改变城乡二元结构体制，建立农业与工业、农村与城市、农民与市民之间的良性互动与转换机制，实现城乡发展双赢。

可持续发展是科学发展观的根本体现。科学发展观把实现可持续发展作为发展的根本准则，强调生态环境得到改善，资源利用效率显著提高，可持续发展能力不断增强，从而实现人与自然的和谐，推动整个社会走上生产发展、生活富裕、生态良好的文明发展道路。

调整农业发展战略，合理开发利用环境，全面保护农业可持续发展能力。（1）尊重自然与经济有序发展规律。农业系统是生产、经济、生态三者的统一，正是通过人类对原有农田环境的改良，良种、化肥、灌溉、机械、农药等的外部投入，才能改善环境质量，提高系统的生产力及其持续性，增加经济效益。没有生产持续性，农业系统将萎缩；没有经济持续性，农民没有积极性，农业系统就将运转不灵；没有生态持续性，资源环境遭到破坏，那么后代人也就没有农业生产与经济的发展可言。因此，必须坚持农业生产、经济、生态三个持续性结合原则，尊重自然与经济有序发展规律。（2）坚持集约化与持续性协同。农业集约化与持续性关系是双向、互为反馈的，农业行为可能破坏环境，也可以改善环境。要探索出一条既高产优质（即集约）又有良好资源环境生态（持续化）的发展道路，这要求从我国国情出发，坚持农业集约化与持续性协同，发展集约可持续农业。（3）要千方百计地保护耕地资源。耕地是农业生产的最基本空间，它的多少及优劣直接关系到农业能否实现可持续发展。因此，必须十分珍惜和合理利用土地，千方百计地保护耕地资源。

调整农业补贴政策，增加财政资金投入，支持农业可持续发展能力建设。（1）调整"黄箱"补贴政策。根据我国加入世界贸易组织的承诺，"黄箱"补贴额度被限定为农业总产值的8.5%。迄今为止，我国每年"黄箱"补贴为2 200多亿元，离8.5%的限度至少还有1 004亿元的支持空间。对此可以考虑的策略是：将对中间环节的补贴转向直接生产者，将农业补贴的重点从农产品流通领域转向农业生产领域，从保障农产品生产供给转向增加农民收入。这不仅可以减少补贴资金的流失，而且能使补贴更直接、更具体，更能达到补贴政策的目标要求；建立制度化和规范化的补贴机制，使之成为支持、保护和发展农业的一项制度，以加强农业补贴管理，提高农业补贴的运行效率，使农业补贴以支持农业可持续发展为中心，提高农业生产能力，增加农民收入；取消对农产品的出口补贴，包括价格补贴、实物补贴以及对出口产品加工、仓储、运输的补贴，将这些资金投到世界贸易组织规则允许的领域。
(2) 用足"绿箱"补贴政策。目前我国由于财政力量有限，世界贸易组织规定的 12 项"绿箱"补贴内容我国仅用了 6 项，每年的补贴额为 182 亿元。目前"绿箱"补贴的重点是增加农业科技投入补贴、农业基础设施建设的补贴、农村环境和生态保护投入补贴、农业中介服务补贴和农民教育培训补贴等。
(3) 增加财政支农资金投入。一是要认真贯彻落实《农业法》，确保各级财政每年对农业总投入的增长幅度高于财政经常性收入的增长幅度，提高农业财政支出占整个财政总支出的比重，各级财政每年应从新增财力中拿出一定份额用于农业。同时，谋划一批农业项目，加大国债资金的投入力度，扩大农业利用国债资金规模。二是要积极开展招商引资，吸引民间资本、工商资本、外商资本投向农业领域；通过深化农村金融体制改革，增加农业信贷投放，引导农村集体经济组织和广大农民增加投入；完善以工补农、以商促农、反哺农业的机制，吸引工业资本、商业资本以及其他生产要素向农业流动；增加农业贷款的财政贴息，扩大支持农业生产贴息的范围，以政策优惠鼓励社会资金投向农业。三是逐步将以改善农民基本生产条件和生活质量为重点的中小型基础设施建设纳入各级政府基本建设投资的范畴，重点支持节水灌溉、人畜饮水、乡村道路、农村水电、农村沼气、草场围栏等基础设施建设和农业科技投入，以提高农业可持续发展能力。

深化农村体制改革，建立农村服务体系，为农业的可持续发展提供保障。一是改革土地征用制度，对国家重点工程、公益性事业建设用地，可以通过国家征用耕地的途径获得土地使用权，但要大幅度提高土地补偿费、安置费标准，为失地农民提供能够参加失业、医疗、养老保险的费用，解决农民的长期生活问题；对工商业等经营性建设需使用农村集体土地又符合土地利用总体规划的，在依法办理农用土地转为建设用地后，允许农村集体土地进入土地一级市场，允许土地的所有者以土地使用权入股、出租等方式直接参与土地开发；政府出让征用的农村集体土地获得的净收益，要规定一定比例投资农业，改善农业生产条件。二是深化粮食流通体制改革，按照"放开购销，重点保护，转换机制，加强调控"的思路，认真总结主产区放开粮食市场的经验与教训，在粮食主销区实行粮食购销市场化改革的基础上，粮食主产区按照粮食购销市场化改革的取向，积极稳妥地放开粮食市场，实现价格随行就市、收购主体多元化。三是探索建立农业保险服务体系，国家应鼓励现有商业保险公司开展农业保险业务或建立政策性保险机构；支持农民和农业经营组织建立为农民生产服务的互助保险合作组织；积极吸引国外保险公司在我国粮食主产区设立农业保险机构。四是进一步完善农村金融服务，引入竞争机制，扩展金融服务范围，进行金融创新，为农民提供更多的金融工具和金融选择；促进小额信贷等扶贫信贷的发展，发挥各种类型小额信贷贷款额度小、期限短、手续简单、方便易行的优势，为贫困农民提供信贷服务。

二、国家粮食丰产科技工程的实施

针对自2000年以来，我国粮食生产出现了耕地面积、粮食播种面积、粮食产量和人均占有量"四个连年减少"的问题。2004年，按照国务院对我国粮食生产的部署，科技部、农业部、财政部、国家粮食局联合12个粮食主产区人民政府，启动实施了"国家粮食丰产科技工程"（2004~2010年）。粮食丰产科技工程总体思路是立足我国粮食主产区的三大平原（东北、华北、长江中下游平原），主攻三大粮食作物（水稻、小麦、玉米），主抓"三区"建设（核心区、示范区、辐射区）的"三三三"战略，实施以可持续超高产为核心，以强化技术集成创新为重点的科技攻关部署。工程的总体目标是通过依靠科技创新，持续提高粮食综合生产能力，为保障国家粮食安全、增加农民收入和保护生态环境提供有效科技支撑。该项目针对长江中下游、华北和东北三大平原的特点，主攻水稻、小麦、玉米三大作物。坚持技术集成、技术创新与示范应用三条路线并举，共设置"大面积技术集成研究与示范、丰产共性关键技术研究、产后减损增效技术研究与粮食安全预测预警研究"四大类型22个课题，集中在吉林、湖南、河南等11个主产省实施国家粮食丰产科技工程，各省分别建立"1万亩核心试验区、100万亩技术示范区和1 000万亩技术辐射区"。"十一五"期间，科技部已将"粮食丰产科技工程"列入重点专项，计划投入资金3.2亿元，其中国家1.8亿元，地方配套1.4亿元。工程将以恢复和持续提高我国粮食综合生产能力，为国家粮食持续增产、农民持续增收提供有效科技支撑为目标，集成国家、部门和地方的优势科技资源，对粮食持续丰产共性关键技术和产后减损增效技术攻关、技术集成转化与大面积应用示范、粮食丰产监测与安全战略研究进行系统设计和部署。

通过该工程的实施，计划"十一五"期间建立核心试验区 14 万亩、示范区 1 350 万亩、辐射区 1.35 亿亩，累计示范面积 7 亿亩以上，预计新增粮食 3 000 多万吨，新增经济效益 300 多亿元；研制优化丰产技术新模式 30 ~ 35 套，显著增强我国粮食综合生产能力，进一步提升我国粮食科技水平和国际竞争力，为保证未来粮食安全和农民增收、农业增效提供科技支撑。

三、社会主义新农村建设

所谓社会主义新农村，是指在社会主义条件或社会主义制度下，反映一定时期农村社会以经济发展为基础，以社会全面进步为标志的社会状态。党的十六届五中全会通过的《中共中央关于制定国民经济和社会发展第十一个五年规划的建议》，明确了今后 5 年我国经济社会发展的奋斗目标和行动纲领，提出了建设社会主义新农村的重大历史任务，为做好当前和今后一个时期的"三农"工作指明了方向。建设"社会主义新农村"是我国现代化进程中的重大历史任务，它的提出及付诸实施具有重大的现实意义。其一，建设社会主义新农村，是扩大内需、发展经济的有效途径。目前，中国最应启动内需的地方就是农村，而"社会主义新农村"建设能创造需求，有效推动经济的快速发展。其二，建设社会主义新农村，是缩小城乡差距、实现共同富裕的重要举措。实现共同富裕是社会主义的基本原则，是社会主义优越性的重要体现。然而，"共同富裕"不是"平均富裕"，也不是让先富起来的部分地区和人群停止发展，它的核心是"共同"，是使所有人能够共同参与发展的机会，共同提高发展的能力，共同促进发展的水平，共同分享发展的成果。建设社会主义新农村，就是要赋予广大农民平等的发展机会、平等的发展能力、平等的享受发展的成果，弥合城乡差距与贫富差距，实现共同富裕。其三，建设社会主义新农村，是构建社会主义和谐社会的必然要求。农业是国民经济的基础。没有农村的稳定和全面进步，就不可能有整个社会的稳定和全面进步；没有农村的小康，就没有全面小康；没有农民的小康，就不可能有全国人民的小康。社会主义新农村建设，与解决"三农"问题是相互统一的。①

扎实推进社会主义新农村建设要通过统筹城乡经济社会发展。

(1) 建设社会主义新农村是我国现代化进程中的重大历史任务。全面建设小康社会，最艰巨、最繁重的任务在农村。加速推进现代化，必须妥善处

---

① 余惠芬，唐波勇. 社会主义新农村：背景、意义及其构建 [N]. 光明日报理论版，2006. 2. 26.

理工农城乡关系。构建社会主义和谐社会，必须促进农村经济社会全面进步。农村人口众多是我国的国情，只有发展好农村经济，建设好农民的家园，让农民过上宽裕的生活，才能保障全体人民共享经济社会发展成果，才能不断扩大内需和促进国民经济持续发展。当前，我国总体上已进入以工促农、以城带乡的发展阶段，初步具备了加大力度扶持"三农"的能力和条件。"十一五"时期，必须抓住机遇，加快改变农村经济社会发展滞后的局面，扎实稳步推进社会主义新农村建设。

（2）围绕社会主义新农村建设做好农业和农村工作。"十一五"时期是社会主义新农村建设打下坚实基础的关键时期，是推进现代农业建设迈出重大步伐的关键时期，是构建新型工农城乡关系取得突破进展的关键时期，也是农村全面建设小康加速推进的关键时期。"十一五"时期要高举邓小平理论和"三个代表"重要思想伟大旗帜，全面贯彻落实科学发展观，统筹城乡经济社会发展，实行工业反哺农业、城市支持农村和"多予少取放活"的方针，按照"生产发展、生活宽裕、乡风文明、村容整洁、管理民主"的要求，协调推进农村经济建设、政治建设、文化建设、社会建设和党的建设。当前，要完善强化支农政策，建设现代农业，稳定发展粮食生产，积极调整农业结构，加强基础设施建设，加强农村民主政治建设和精神文明建设，加快社会事业发展，推进农村综合改革，促进农民持续增收，确保社会主义新农村建设有良好开局。

（3）扎实稳步推进社会主义新农村建设。推进新农村建设是一项长期而繁重的历史任务，必须坚持以发展农村经济为中心，进一步解放和发展农村生产力，促进粮食稳定发展、农民持续增收；必须坚持农村基本经营制度，尊重农民的主体地位，不断创新农村体制机制；必须坚持以人为本，着力解决农民生产生活中最迫切的实际问题，切实让农民得到实惠；必须坚持科学规划，实行因地制宜、分类指导，有计划、有步骤、有重点地逐步推进；必须坚持发挥各方面积极性，依靠农民辛勤劳动、国家扶持和社会力量的广泛参与，使新农村建设成为全党全社会的共同行动。在推进新农村建设工作中，要注重实效，不搞形式主义；要量力而行，不盲目攀比；要民主商议，不强迫命令；要突出特色，不强求一律；要引导扶持，不包办代替。

（4）加快建立以工促农、以城带乡的长效机制。顺应经济社会发展阶段性变化和建设社会主义新农村的要求，坚持"多予少取放活"的方针，重点在"多予"上下功夫。调整国民收入分配格局，国家财政支出、预算内固定资产投资和信贷投放，要按照存量适度调整、增量重点倾斜的原则，不断增加对农业和农村的投入。扩大公共财政覆盖农村的范围，建立健全财政支农资金稳定增长机制。2006 年，国家财政支农资金增量要高于上年，国债和预算内资金用于农村建设的比重要高于上年，其中直接用于改善农村生产生活条件的资金要高于上年，并逐步形成新农村建设稳定的资金来源。要把国家对基础设施建设投入的重点转向农村。提高耕地占用税税率，新增税收应主要用于"三农"。抓紧制定将土地出让金一部分收入用于农业土地开发的管理和监督办法，依法严格收缴土地出让金和新增建设用地有偿使用费，土地出让金用于农业土地开发的部分和新增建设用地有偿使用费安排的土地开发整理项目，都要将小型农田水利设施建设作为重要内容，建设标准农田。进一步加大支农资金整合力度，提高资金使用效率。金融机构要不断改善服务，加强对"三农"的支持。要加快建立有利于逐步改变城乡二元结构的体制，实行城乡劳动者平等就业的制度，建立健全与经济发展水平相适应的多种形式的农村社会保障制度。充分发挥市场配置资源的基础性作用，推进征地、户籍等制度改革，逐步形成城乡统一的要素市场，增强农村经济发展活力。①

四、国家粮食安全中长期规划的颁布

国家发展和改革委员会 2008 年 11 月 13 日公布了《国家粮食安全中长期规划纲要（2008—2020 年）》。这份纲要全文约 16 900 字，包括我国粮食安全取得的成就、我国粮食安全面临的挑战、保障粮食安全的指导思想和主要目标、保障粮食安全的主要任务、保障粮食安全的主要政策和措施五大部分和五大专栏。

五大专栏包括保障国家粮食安全主要指标、粮食生产能力建设重点工程专栏、非粮食物发展重点工程、粮食流通、加工领域重点工程，以及拟编制的重点专项。

这份纲要介绍了我国粮食安全取得的成就：粮食综合生产能力保持基本稳定；粮食流通体制改革取得重大突破；粮食安全政策支持体系初步建立；粮食宏观调控体系逐步完善。

这份纲要强调了我国粮食安全面临的七大挑战：消费需求刚性增长；耕地数量逐年减少；水资源短缺矛盾凸现；供需区域性矛盾突出；品种结构性矛盾加剧；种粮比较效益偏低；全球粮食供求偏紧。

这份纲要还详细介绍了保障粮食安全的六大主要任务：提高粮食生产能

---

① 节选自：中共中央　国务院关于推进社会主义新农村建设的若干意见，2005 年 12 月 31 日。

力；利用非粮食物资源；加强粮油国际合作；完善粮食流通体系；完善粮食储备体系；完善粮食加工体系。

《纲要》最后介绍了保障粮食安全的八大主要政策和措施：强化粮食安全责任；严格保护生产资源；加强农业科技支撑；加大支持投入力度；健全粮食宏观调控；引导科学节约用粮；推进粮食法制建设；制定落实专项规划。

《纲要》还列举了拟编制的十大重点专项规划：全国新增500亿公斤粮食生产能力规划（2009—2020年）；耕地保护和土地整理复垦开发规划，由国土资源部牵头会同有关部门组织编制；水资源保护和开发利用规划；农业及粮食科技发展规划；节粮型畜牧业发展规划；油料及食用植物油发展规划；粮食现代物流发展规划；粮食储备体系建设规划；粮食加工业发展规划和居民科学健康消费粮油的政策措施。

《国家粮食安全中长期规划纲要（2008—2020年）》是我国政府编制的第一个中长期粮食安全规划，对保障我国当时十多亿人口吃饭和经济社会发展具有重大战略意义。

近年来，我国粮食综合生产能力稳定提高，粮食供需总量基本平衡，市场平稳运行，粮食安全形势总体良好。但从中长期看，我国粮食供应面临人口增加、耕地减少、水资源短缺等多重压力，粮食稳步增产的难度增大，供需将长期处于紧平衡状态，保障粮食必须未雨绸缪。

保障粮食安全，必须坚持立足国内，实现粮食基本自给。我国的粮食产量和消费量占世界的20%左右，国际市场上粮食交易量十分有限，十多亿人口的粮食不可能依赖国际市场。近年来，全球粮食供应偏紧，市场价格大幅上涨，一些国家相继因食品短缺发生动乱。我国粮食连续5年丰收，保持了较高的自给率，保证了国内粮食市场和价格的基本稳定。该纲要在主要目标中提出，要把粮食自给率稳定在95%以上，粮食播种面积稳定在15.8亿亩以上，到2020年，粮食综合生产能力达到5 400亿公斤以上，正是基于这个基本方针。

保障粮食安全，必须坚持家庭联产承包经营责任制长期稳定不变，同时积极推进农业经营体制机制创新，努力提高种粮农民收入，保护和调动农民种粮积极性。该纲要提出，国家财政支出要重点向"三农"倾斜，大幅度增加对农业和农村的投入；要完善粮食补贴和奖励政策，今后要随着经济发展逐年较大幅度增加对农民种粮的补贴规模；要完善粮食最低收购价政策，逐步理顺粮食价格，促使粮食价格保持在合理水平，使种粮农民能够获得较多收益；要加大金融对农业和粮食生产的支持力度。

保障粮食安全，必须坚持在充分发挥市场机制作用的基础上，加强粮食宏观调控，继续深化粮食流通和储备体制改革，健全粮食市场体系，加强粮食物流体系建设，健全储备粮调控机制；要加强国际合作，完善粮食进出口贸易体系，稳定进出口贸易渠道，加强进出口调节。

保障粮食安全，必须强化粮食安全责任，建立健全中央和地方粮食安全分级责任制，实行最严格的耕地保护制度和节约用地制度，切实保护粮食生产资源。必须下大力气加强农业基础设施建设，强化农业科技进步，促进农业和粮食生产可持续发展。

广大群众也要增强粮食安全意识，按照建设资源节约型社会的要求，科学饮食、健康消费，在全社会形成爱惜粮食、反对浪费的良好风尚。①

第二节　政策选择：科学发展

2004年2月8日，新世纪的第一个关于"三农"的中央一号文件——《中共中央　国务院关于促进农民增加收入若干政策的意见》公布，历史性地实施"两减免（减免农业税和农林特产税）、三补贴（粮食直接补贴、良种推广补贴和农机具购置补贴）"，着眼于减负增收。自此，一号文件重新锁定"三农"问题。2004～2010年的7个"一号文件"，核心思想是城市支持农村、工业反哺农业，通过免除农业税、财政直接补贴农民等一系列多予、少取、放活的政策措施，使农民休养生息，重点强调给农民平等权利，给农村优先地位，给农业更多反哺。2006年开始正式全面免征农业税一项，农民当年减负500多亿元，2008年中央财政安排"三农"投入5 625亿元，创历史新高。

一、粮食购销的市场化政策

在科学发展观的引领下，决策层推出了以"取消农业税、反哺农业"为核心的农业新政，对农业、农村和农民实行"多予、少取、放活"，从而扭转了长期以来中国农业为工业化提供经济剩余、农村为城市化积累初始资本的

---

① 江国成.《国家粮食安全中长期规划纲要（2008—2020年）》正式公布. 新华网，2008年11月13日.

政策导向，启动了新时期适应中国经济发展水平的农业政策架构（钱克明，2005）。这里，取消农业税属于釜底抽薪的政策。随着中国社会主义市场经济体制的不断完善，传统时期为计划经济量身定做的、在改革时期进行制度改良的乡镇管理体制，已不适应农村生产力发展的需要，出现了农村上层建筑不适应农村生产力发展需要的矛盾。由于农业税（包括特产税）的受益主体主要是县乡政府，取消农业税就从制度上切断了乡镇政府向农民收取各项税费的渠道，从而从根本上解决了令决策层长期困扰的农民负担问题，减轻了农民的制度性负担，缓解了干群矛盾。这同时也增大了基层干部的负担和压力，引发了乡镇职能空洞化、县乡财政亏空等一系列政府利益问题，需要中央政府做出新的利益调整。如果说取消农业税是"少取"的话，那么反哺农业则属于"多予、放活"。反哺农业是协调发展观向科学发展观演变的逻辑延伸，是农业保护政策的自然演进。本质上讲，农业保护政策属于事后调整，特别是以最低保护价形式出现的价格保护更是一种被动保护。鉴于中国长期对农业、农村和农民的历史欠账，在新时期国家财力大幅度增长的背景下，决策层逐渐形成了以"反哺农业"为核心理念的农业支持保护发展观，这集中体现在2004年、2005年、2006年、2007年四个中央"一号文件"都是关于农业技术推广、加强农村基础设施建设以及改革、健全和完善农村投融资体制方面的政策措施，粮食政策的演变进入了一个宏观调控下粮食购销市场化阶段的新阶段。

《中共中央 国务院关于促进农民增加收入若干政策的意见》要求，要调整农业结构，扩大农民就业，加快科技进步，深化农村改革，增加农业投入，强化对农业支持保护，力争实现农民收入较快增长，尽快扭转城乡居民收入差距不断扩大的趋势。2004年5月，国务院提出了粮食流通体制改革的总体目标，即在国家宏观调控下，充分发挥市场机制在配置资源中的基础性作用，实现粮食购销市场化和市场主体多元化；建立对种粮农民的直补机制，保护粮食主产区和种粮农民利益，加强粮食综合生产能力建设；深化国有粮食购销企业改革，切实转换经营机制，发挥国有粮食购销企业的主渠道作用；加强粮食市场管理，维护粮食正常流通秩序；加强粮食工作省长负责制，建立健全适应社会主义市场经济发展要求和符合我国国情的粮食流通体制，确保国家粮食安全。主要的政策内容包括放开粮食收购和价格，健全粮食市场体系。确定了一般情况下，粮食收购价格由市场供求决定，国家只是在宏观调控的基础上实行价格导向的作用。同时，进一步全面实行对种粮农民的直补机制，补贴资金从粮食风险基金里优先安排。对于国有粮食购销企业的改革，集中在政企分开、转换经营机制以及提高企业的竞争力上。此外，国家还着力加大对粮食市场的监管和调控力度，在改善宏观调控的同时，确保国家粮食安全。为了保护粮食生产者的积极性，促进粮食生产，维护经营者、消费者的合法权益、保障国家粮食安全和维护粮食流通秩序，2004年5月26日，国务院颁布了《粮食流通管理条例》，规定国家鼓励多种所有制市场主体从事粮食经营活动，促进公平竞争，并规定依法从事的粮食经营活动受国家法律保护，将粮食市场发展纳入法制化轨道。同时，还明确了粮食价格主要由市场供求形成，国务院发展改革部门及国家粮食行政管理部门主要负责全国粮食的总量平衡、宏观调控和重要粮食品种的结构调整以及粮食流通的中长期规划。

2005年1月30日，《中共中央 国务院关于进一步加强农村工作提高农业综合生产能力若干政策的意见》下发，即改革开放以来中央"第七个一号文件"。文件要求，要稳定、完善和强化各项支农政策，切实加强农业综合生产能力建设，继续调整农业和农村经济结构，进一步深化农村改革，努力实现粮食稳定增产、农民持续增收，促进农村经济社会全面发展。2005年12月30日，国家粮食局发布了《关于进一步加强粮食批发市场发展的意见》，明确了规范粮食批发市场发展的思路。2006年2月21日，《中共中央 国务院关于推进社会主义新农村建设的若干意见》下发，即改革开放以来中央"第八个一号文件"。文件要求，要完善强化支农政策，建设现代农业，稳定发展粮食生产，积极调整农业结构，加强基础设施建设，加强农村民主政治建设和精神文明建设，加快社会事业发展，推进农村综合改革，促进农民持续增收，确保社会主义新农村建设有良好开局。同年5月，国务院发布了《关于完善粮食流通体制改革政策措施的意见》，指出粮食流通体制的改革要以科学发展观为统领，从推进国有粮食购销企业改革、转换企业经营机制入手，积极培育和规范粮食市场，加快建立全国统一开放、竞争有序的粮食市场体系，并再次明确了宏观调控对粮食安全的重要作用。

2007年1月29日，《中共中央 国务院关于积极发展现代农业扎实推进社会主义新农村建设的若干意见》下发，即改革开放以来中央"第九个一号文件"。文件提出发展现代农业是社会主义新农村建设的首要任务，要用现代物质条件装备农业，用现代科学技术改造农业，用现代产业体系提升农业，用现代经营形式推进农业，用现代发展理念引领农业，用培养新型农民发展农业，提高农业水利化、机械化和信息化水平，提高土地产出率、资源利用率和农业劳动生产率，提高农业素质、效益和竞争力。进入2007年，国家继续加强对粮食生产的支持力度。2007年中央财政在继续保持2006年120亿元农资综合直补资金不变的基础上，新增156亿元农资综合直补资金。同时，2007年粮食直补资金也比上年预计要增加约9亿元，增长到151亿元以上。此外，国家还及早公布了继续实行小麦最低收购价政策，并明确了最低收购价不低于去年水平，有力地保护和调动了农民的种粮积极性①。

二、粮食生产能力建设

2004年的"一号文件"提出了加强粮食主产能力建设的要求。一是要加强主产区粮食生产能力建设。抓住了种粮农民的增收问题，就抓住了农民增收的重点；调动了农民的种粮积极性，就抓住了粮食生产的根本；保护和提高了主产区的粮食生产能力，就稳住了全国粮食的大局。从2004年起，国家将实施优质粮食产业工程，选择一部分有基础、有潜力的粮食大县和国有农场，集中力量建设一批国家优质专用粮食基地。要着力支持主产区特别是中部粮食产区重点建设旱涝保收、稳产高产基本农田。扩大沃土工程实施规模，不断提高耕地质量。加强大宗粮食作物良种繁育、病虫害防治工程建设，强化技术集成能力，优先支持主产区推广一批有重大影响的优良品种和先进适用技术。围绕农田基本建设，加快中小型水利设施建设，扩大农田有效灌溉面积，提高排涝和抗旱能力。提高农业机械化水平，对农民个人、农场职工、农机专业户和直接从事农业生产的农机服务组织购置和更新大型农机具给予一定补贴。二是要支持主产区进行粮食转化和加工。主产区要立足粮食优势促进农民增加收入、发展区域经济，并按照市场需求把粮食产业做大做强。充分利用主产区丰富的饲料资源，积极发展农区畜牧业，通过小额贷款、贴息补助、提供保险服务等形式，支持农民和企业购买优良畜禽、繁育良种，通过发展养殖业带动粮食增值。按照国家产业政策要求，引导农产品加工业合理布局，扶持主产区发展以粮食为主要原料的农产品加工业，重点是发展精深加工。国家通过技改贷款贴息、投资参股、税收政策等措施，支持主产区建立和改造一批大型农产品加工、种子营销和农业科技型企业。三是要增加对粮食主产区的投入。现有农业固定资产投资、农业综合开发资金、土地复垦基金等要相对集中使用，向主产区倾斜。继续增加农业综合开发资金，新增部分主要用于主产区。为切实支持粮食主产区振兴经济、促进农民增收，

---

① 节选自：沈昌发．改革开放三十周年粮食流通体制改革的回顾与展望［N］．中国食品产业网，2009. 3. 5.

要开辟新的资金来源渠道。从2004年起，确定一定比例的国有土地出让金，用于支持农业土地开发，建设高标准基本农田，提高粮食综合生产能力。主销区和产销平衡区也要加强粮食生产能力建设。进一步密切产销区的关系。粮食销区的经营主体到产区建立粮食生产基地、仓储设施和加工企业，应享受国家对主产区的有关扶持政策。产区粮食企业到销区建立仓储、加工等设施，开拓粮食市场，销区政府应予以支持并实行必要的优惠政策。[①]

2005年"一号文件"提出，为调动地方政府发展粮食生产的积极性，缓解中西部地区特别是粮食主产区县乡的财政困难，中央财政要采取有效措施，根据粮食播种面积、产量和商品量等因素，对粮食主产县通过转移支付给予奖励和补助。建立粮食主产区与主销区之间的利益协调机制，调整中央财政对粮食风险基金的补助比例，并通过其他经济手段筹集一定资金，支持粮食主产区加强生产能力建设，有关部门要抓紧研究提出具体实施方案。

2007年"一号文件"提出了要努力稳定粮食播种面积，提高单产，优化品种，改善品质。继续实施优质粮食产业、种子、植保和粮食丰产科技等工程。推进粮食优势产业带建设，鼓励有条件的地方适度发展连片种植，加大对粮食加工转化的扶持力度。

2008年"一号文件"进一步强调了稳定粮食播种面积，优化品种结构，提高单产水平，确保粮食生产稳定发展。落实粮食省长负责制，主销区和产销平衡区要稳定粮食自给水平。支持发展主要粮食作物的政策性保险。大力发展油料生产，鼓励优势区域发展棉花、糖料生产，着力提高品质和单产。积极应对全球气候变化，加强防灾减灾工作。支持农垦企业建设大型粮食和农产品生产基地，充分发挥其在现代农业建设中的示范带动作用。

2010年"一号文件"要求全面实施全国新增千亿斤粮食生产能力规划，尽快形成生产能力。加快建立健全粮食主产区利益补偿制度，增加产粮大县奖励补助资金，提高产粮大县人均财力水平。有关扶持政策要向商品粮调出量大、对国家粮食安全贡献突出的产粮大县（农场）倾斜。

2011年的"一号文件"《中共中央 国务院关于加快水利改革发展的决定》，强调水利是现代农业建设不可或缺的首要条件，要把水利工作摆上党和国家事业发展更加突出的位置，着力加快农田水利建设，推动水利实现跨越式发展。到2020年，基本完成大型灌区、重点中型灌区续建配套和节水改造任务。结合全国新增千亿斤粮食生产能力规划实施，在水土资源条件具备的

---

① 节选自：《中共中央国务院关于促进农民增加收入若干政策的意见》，2003年12月31日。

地区，新建一批灌区，增加农田有效灌溉面积。实施大中型灌溉排水泵站更新改造，加强重点涝区治理，完善灌排体系。健全农田水利建设新机制，中央和省级财政要大幅增加专项补助资金，市、县两级政府也要切实增加农田水利建设投入，引导农民自愿投工投劳。加快推进小型农田水利重点县建设，优先安排产粮大县，加强灌区末级渠系建设和田间工程配套，促进旱涝保收高标准农田建设。健全防汛抗旱统一指挥、分级负责、部门协作、反应迅速、协调有序、运转高效的应急管理机制。加强监测预警能力建设，加大投入，整合资源，提高雨情汛情旱情预报水平。建立专业化与社会化相结合的应急抢险救援队伍，着力推进县乡两级防汛抗旱服务组织建设，确保粮食安全。

三、粮食生产扶持政策

近年来，我国以2004年以来的八个"中央一号"文件的提出为标志，政府出台的扶持粮食生产发展的一系列新的重大政策和措施，具体包括四个方面。

一是补贴政策，包括种粮农民直接补贴、良种补贴和农机具购置补贴。2004年，全国29个省的直接补贴总额为116亿元；良种补贴资金总计28亿元；农机具购置补贴中央财政安排资金7 000万元，地方各级财政安排4亿多元，补贴购置各类农机具9.8万多台套。2005年国家继续实行种粮农民直接补贴，并增加良种补贴和农机具购置补贴，尤其是增加了对良种补贴的支持力度和范围。2006年"一号文件"强化了稳定、完善、强化对农业和农民的直接补贴政策，要加强国家对农业和农民的支持保护体系，对农民实行的"三减免、三补贴"和退耕还林补贴等政策，深受欢迎，效果明显，要继续稳定、完善和强化。2006年，粮食主产区要将种粮直接补贴的资金规模提高到粮食风险基金的50%以上，其他地区也要根据实际情况加大对种粮农民的补贴力度。增加良种补贴和农机具购置补贴。适应农业生产和市场变化的需要，建立和完善对种粮农民的支持保护制度。2007年"一号文件"进一步提出了健全农业支持补贴制度。包括加大良种补贴力度，扩大补贴范围和品种。扩大农机具购置补贴规模、补贴机型和范围。加大农业生产资料综合补贴力度。中央财政要加大对产粮大县的奖励力度，增加对财政困难县乡增收节支的补助。同时，继续对重点地区、重点粮食品种实行最低收购价政策，并逐步完善办法、健全制度。2009年"一号文件"提出要在上年较大幅度增加补贴的基础上，进一步增加补贴资金。增加对种粮农民直接补贴。加大良种补贴力度，提高补贴标准，实现水稻、小麦、玉米、棉花全覆盖，扩大油菜和大豆良种补贴范围。大规模增加农机具购置补贴和加大农资综合补贴力度。

二是税收政策，包括减免农业税和免征农业特产税。2004年全国减免农业税234亿元，免征农业特产税68亿元，共使农民受益302亿元。2005年以来，按照稳定、完善和强化的要求进一步加大了对农业和粮食生产的政策支持，中央财政新增140亿元转移支付资金，用于免征592个国家扶贫开发重点县农业税在内的农业税减免。2005年，在国家扶贫开发工作重点县实行免征农业税试点，在其他地区进一步降低农业税税率。在牧区开展取消牧业税试点。国有农垦企业执行与所在地同等的农业税减免政策。因减免农（牧）业税而减少的地方财政收入，由中央财政安排专项转移支付给予适当补助。2005年全国有28个省宣布免征农业税，2006年全国取消农业税。

三是价格政策，主要是制定重点粮食品种的最低收购价和采取措施控制化肥等农资价格上涨。2004年国家制定了水稻主产区的最低收购价，确定早籼稻、中籼稻和粳稻的最低收购价分别为每百斤70元、72元和75元。同时，国家对化肥生产、运输、进出口等环节都给予了一定的优惠政策，对化肥出厂价实行上限控制，并规定化肥从出厂到零售的综合经营差率最高不得超过7%，以及加大了价格监测力度。2005年我国粮食价格总体回落，国家对重点粮食品种继续实行最低收购价政策，早籼稻、中籼稻和粳稻的最低收购价分别为每百斤70元、72元和75元，并在四个早稻主产区、七个中晚稻主产区全面启动了最低收购价格预案。广西、江苏等一些未列入国家最低收购价格预案的省区也纷纷启动了按最低收购价收购农民粮食的政策措施，政策的执行及时有效地保护了农民的利益。2005年国家还继续采取了扶持化肥生产、加强农资市场监管等一系列综合措施控制农资价格上涨。2006年"一号文件"强调了坚持和完善重点粮食品种最低收购价政策，保持合理的粮价水平，加强农业生产资料价格调控，保护种粮农民利益。继续执行对粮食主产县的奖励政策，增加中央财政对粮食主产县的奖励资金。2009年"一号文件"提出为了保障农业经营收入稳定增长，要保持农产品价格合理水平，2009年继续提高粮食最低收购价。扩大国家粮食，2009年地方粮油储备要按规定规模全部落实到位，适时启动主要农产品临时收储，鼓励企业增加商业收储。加强"北粮南运"，继续实行相关运费补贴和减免政策，支持销区企业到产区采购。把握好主要农产品进出口时机和节奏，支持优势农产品出口，防止部分品种过度进口冲击国内市场。

四是投入政策，不仅农业投入力度加大，而且重点向粮食主产区倾斜。

2004全年中央财政用于"三农"的支持共2 626亿元，增长22.5%。农业国债项目资金376亿元，占国债项目总额的34.2%。中央明确规定各市、县土地出让金15%以上用于农业土地开发。在13粮食主产区484个产粮大县和国有农场启动了优质粮食产业工程。此外，政府还加大了耕地资源保护力度，稳妥推进农村信用社改革和农业政策性保险试点等农村金融体制改革，鼓励粮食过腹转化和加工转化增值，探索粮食产销区的利益平衡机制等。2005年国家继续加大对农业的投入，其中中央财政安排150亿元，增加对产粮大县和财政困难县的转移支付，进一步加强农田水利和农村基础设施建设，同时增加农业科技投入和重大农业技术推广项目专项补贴，进一步加强粮食增产的科技支撑力度。2009年"一号文件"进一步提出了要增加农业农村投入。大幅度增加对中西部地区农村公益性建设项目的投入。2009年起国家在中西部地区安排的病险水库除险加固、生态建设、农村饮水安全、大中型灌区配套改造等公益性建设项目，取消县及县以下资金配套。城市维护建设税新增部分主要用于乡村建设规划、农村基础设施建设和维护。

五是建立农业风险防范机制。2007年"一号文件"提出了要加强自然灾害和重大动植物病虫害预测预报和预警应急体系建设，提高农业防灾减灾能力。积极发展农业保险，按照政府引导、政策支持、市场运作、农民自愿的原则，建立完善农业保险体系。扩大农业政策性保险试点范围，各级财政对农户参加农业保险给予保费补贴，完善农业巨灾风险转移分摊机制，探索建立中央、地方财政支持的农业再保险体系。鼓励龙头企业、中介组织帮助农户参加农业保险。

四、农业基础设施建设

（一）农田水利设施建设

2005年"一号文件"针对当前农田水利设施薄弱、亟待加强的状况，提出了从2005年起，要在继续搞好大中型农田水利基础设施建设的同时，不断加大对小型农田水利基础设施建设的投入力度。中央和省级财政要在整合有关专项资金的基础上，从预算内新增财政收入中安排一部分资金，设立小型农田水利设施建设补助专项资金，对农户投工投劳开展小型农田水利设施建设予以支持。2006年"一号文件"提出了大力加强农田水利、耕地质量和生态建设。在搞好重大水利工程建设的同时，不断加强农田水利建设。加快发展节水灌溉，继续把大型灌区续建配套和节水改造作为农业固定资产投资的重点。2007年的"一号文件"要求把加强农田水利设施建设作为现代农业建设的一件大事来抓。加快大型灌区续建配套和节水改造,搞好末级渠系建设,推行灌溉用水总量控制和定额管理。2008年"一号文件"强调了狠抓小型农田水利建设和大力发展节水灌溉技术,要求抓紧编制和完善县级农田水利建设规划,整体推进农田水利工程建设和管理。2009年"一号文件"提出了启动东北涝区排水泵站等更新改造建设。继续加大农业综合开发中型灌区骨干工程节水改造力度。增加中央和省级财政小型农田水利工程建设补助专项资金,依据规划整合投资,推进大中型灌区田间工程和小型灌区节水改造,推广高效节水灌溉技术。2011年"一号文件"把水利作为国家基础设施建设的优先领域,把农田水利作为农村基础设施建设的重点任务,提高防汛抗旱应急能力。

(二) 保护耕地

2005年"一号文件"强调要严格保护耕地。控制非农建设占用耕地,确保基本农田总量不减少、质量不下降、用途不改变,并落实到地块和农户。严禁占用基本农田挖塘养鱼、种树造林或进行其他破坏耕作层的活动。修订耕地占用税暂行条例,提高耕地占用税税率,严格控制减免。搞好乡镇土地利用总体规划和村庄、集镇规划,引导农户和农村集约用地。加强集体建设用地和农民宅基地管理,鼓励农村开展土地整理和村庄整治,推动新办乡村工业向镇区集中,提高农村各类用地的利用率。加快推进农村土地征收、征用制度改革。2006年"一号文件"进一步提出了坚决落实最严格的耕地保护制度,切实保护基本农田,保护农民的土地承包经营权。2007年的"一号文件"提出要强化和落实耕地保护责任制,切实控制农用地转为建设用地的规模。合理引导农村节约集约用地,切实防止破坏耕作层的农业生产行为。2008年"一号文件"要求严格执行土地利用总体规划和年度计划,全面落实耕地保护责任制,建立和完善土地违法违规案件查处协调机制,切实控制建设占用耕地和林地。2008年党的十七届三中全会审议通过的《中共中央关于推进农村改革发展若干重大问题的决定》,在作出了赋予广大农民更加充分而有保障的土地承包经营权等重大决策的同时,着重提出了要坚持最严格的耕地保护制度,层层落实责任,坚决守住18亿亩耕地红线的硬性要求;并提出了划定永久基本农田,建立保护补偿机制,确保基本农田总量不减少、用途不改变、质量有提高等具体要求。2009年"一号文件"指出要求大力推进土地整治,搞好规划,统筹安排土地整理复垦开发、农业综合开发等各类建设资金,集中连片推进农村土地整治,实行田、水、路、林综合治理,大规模开展中低产田改造，提高高标准农田比重。继续推进"沃土工程"，扩大测土配方施肥实施范围。

五、农业科技创新

2005年"一号文件"指出要建立以政府为主导、社会力量广泛参与的多元化农业科研投入体系，形成稳定的投入增长机制。要不断提高国家科技投入用于农业科研的比重，有关重大科技项目和攻关计划要较大幅度增加农业科研投资的规模。深化农业科研体制改革，抓紧建立国家农业科技创新体系。从2005年起，国家设立超级稻推广项目。扩大重大农业技术推广项目专项补贴规模，优先扶持优质高产、节本增效的组装集成与配套技术开发。2006年"一号文件"进一步提出了深化农业科研体制改革，加快建设国家创新基地和区域性农业科研中心，在机构设置、人员聘任和投资建设等方面实行新的运行机制。鼓励企业建立农业科技研发中心，国家在财税、金融和技术改造等方面给予扶持。2007年"一号文件"从加强农业科技创新体系建设、推进农业科技进村入户、大力推广资源节约型农业技术、积极发展农业机械和加快农业信息化建设几个方面提出了加强农业科技创新的思路。2008年"一号文件"要求加快推进农业科技研发和推广应用。切实增加农业科研投入，重点支持公益性农业科研机构和高等学校开展基础性、前沿性研究，加强先进实用技术集成配套。2009年"一号文件"要求加大农业科技投入，多渠道筹集资金，建立农业科技创新基金，重点支持关键领域、重要产品、核心技术的科学研究。加快推进转基因生物新品种培育科技重大专项，整合科研资源，加大研发力度，尽快培育一批抗病虫、抗逆、高产、优质、高效的转基因新品种，并促进产业化。实施主要农作物强杂交优势技术研发重大项目。强化农业知识产权保护。支持龙头企业承担国家科技计划项目。加强和完善现代农业产业技术体系。深入推进粮棉油高产创建活动，支持科技人员和大学毕业生到农技推广一线工作。

六、坚持和完善家庭联产承包责任制

2008年"一号文件"指出以家庭承包经营为基础、统分结合的双层经营体制是宪法规定的农村基本经营制度，必须毫不动摇地长期坚持，在实践中加以完善。各地要切实稳定农村土地承包关系，认真开展承包后续完善工作，确保农村土地承包经营权证到户。加强农村土地承包规范管理，加快建立土地承包经营权登记制度。继续推进农村土地承包纠纷仲裁试点。严格执行土

地承包期内不得调整、收回农户承包地的法律规定。按照依法自愿有偿原则，健全土地承包经营权流转市场。农村土地承包合同管理部门要加强土地流转中介服务，完善土地流转合同、登记、备案等制度，在有条件的地方培育发展多种形式适度规模经营的市场环境。坚决防止和纠正强迫农民流转、通过流转改变土地农业用途等问题，依法制止乡、村组织通过"反租倒包"等形式侵犯农户土地承包经营权等行为。

　　党的十七届三中全会强调要求稳定和完善农村基本经营制度。认为以家庭承包经营为基础、统分结合的双层经营体制是适应社会主义市场经济体制、符合农业生产特点的农村基本经营制度，是党的农村政策的基石，必须毫不动摇地坚持。要求健全严格规范的农村土地管理制度。土地制度是农村的基础制度。按照产权明晰、用途管制、节约集约、严格管理的原则，进一步完善农村土地管理制度。坚持最严格的耕地保护制度，层层落实责任，坚决守住18亿亩耕地红线。划定永久基本农田，建立保护补偿机制，确保基本农田总量不减少、用途不改变、质量有提高。继续推进土地整理复垦开发，耕地实行先补后占，不得跨省区市进行占补平衡。搞好农村土地确权、登记、颁证工作。完善土地承包经营权，依法保障农民对承包土地的占有、使用、收益等权利。加强土地承包经营权流转管理和服务，建立健全土地承包经营权流转市场，按照依法自愿有偿原则，允许农民以转包、出租、互换、转让、股份合作等形式流转土地承包经营权，发展多种形式的适度规模经营。有条件的地方可以发展专业大户、家庭农场、农民专业合作社等规模经营主体。土地承包经营权流转，不得改变土地集体所有性质，不得改变土地用途，不得损害农民土地承包权益。实行最严格的节约用地制度，从严控制城乡建设用地总规模。完善农村宅基地制度，严格宅基地管理，依法保障农户宅基地用益物权。农村宅基地和村庄整理所节约的土地，首先要复垦为耕地，调剂为建设用地的必须符合土地利用规划、纳入年度建设用地计划，并优先满足集体建设用地。改革征地制度，严格界定公益性和经营性建设用地，逐步缩小征地范围，完善征地补偿机制。依法征收农村集体土地，按照同地同价原则及时足额给农村集体组织和农民合理补偿，解决好被征地农民就业、住房、社会保障。在土地利用规划确定的城镇建设用地范围外，经批准占用农村集体土地建设非公益性项目，允许农民依法通过多种方式参与开发经营并保障农民合法权益。逐步建立城乡统一的建设用地市场，对依法取得的农村集体经营性建设用地，必须通过统一有形的土地市场、以公开规范的方式转让土地使用权，在符合规划的前提下与国有土地享有平等权益。抓紧完善相关法律法规和配套政策，规范推进农村土地管理制度改革。①

七、农村产业结构优化

2005年"一号文件"提出要坚持立足国内实现粮食基本自给的方针，以市场需求为导向，改善品种结构，优化区域布局，着力提高单产，努力保持粮食供求总量大体平衡。稳定和增加粮食播种面积，改革种植制度，提高复种指数。实施优质粮食产业工程，建设商品粮生产基地，推进优质粮食产业带建设。2006年"一号文件"指出要按照高产、优质、高效、生态、安全的要求，调整优化农业结构。加快建设优势农产品产业带，积极发展特色农业、绿色食品和生态农业，保护农产品知名品牌，培育壮大主导产业。继续实施种子工程。2007年的"一号文件"提出发展现代农业是社会主义新农村建设的首要任务，是以科学发展观统领农村工作的必然要求。推进现代农业建设，顺应我国经济发展的客观趋势，符合当今世界农业发展的一般规律，是促进农民增加收入的基本途径，是提高农业综合生产能力的重要举措，是建设社会主义新农村的产业基础。

八、统筹城乡发展

2008年"一号文件"提出要探索建立促进城乡一体化发展的体制机制，着眼于改变农村落后面貌，加快破除城乡二元体制，努力形成城乡发展规划、产业布局、基础设施、公共服务、劳动就业和社会管理一体化新格局。健全城乡统一的生产要素市场，引导资金、技术、人才等资源向农业和农村流动，逐步实现城乡基础设施共建共享、产业发展互动互促。切实按照城乡一体化发展的要求，完善各级行政管理机构和职能设置，逐步实现城乡社会统筹管理和基本公共服务均等化。

党的十七届三中全会强调必须统筹城乡经济社会发展，始终把着力构建新型工农、城乡关系作为加快推进现代化的重大战略。统筹工业化、城镇化、农业现代化建设，加快建立健全以工促农、以城带乡长效机制，调整国民收入分配格局，巩固和完善强农惠农政策，把国家基础设施建设和社会事业发展重点放在农村，推进城乡基本公共服务均等化，实现城乡、区域协调发展，使广大农民平等参与现代化进程、共享改革发展成果。

---

① 节选自：胡锦涛．高举中国特色社会主义伟大旗帜 为夺取全面建设小康社会新胜利而奋斗．十七届三中全会报告，2007年10月15日．

2010年"一号文件"强调要积极引导社会资源投向农业农村。各部门各行业要主动服务"三农",在制定规划、安排项目、增加资金时切实向农村倾斜。大中城市要发挥对农村的辐射带动作用。鼓励各种社会力量开展与乡村结对帮扶,参与农村产业发展和公共设施建设。企业通过公益性社会团体、县级以上人民政府及其部门或者设立专项的农村公益基金会,用于建设农村公益事业项目的捐赠支出,不超过年度利润总额12%的部分准予在计算企业所得税前扣除。有关部门要抓紧健全科技、教育、文化、卫生等下乡支农制度,通过完善精神物质奖励、职务职称晋升、定向免费培养等措施,引导更多城市教师下乡支教、城市文化和科研机构到农村拓展服务、城市医师支援农村。健全农业气象服务体系和农村气象灾害防御体系,充分发挥气象服务"三农"的重要作用。把统筹城乡发展作为全面建设小康社会的根本要求,把改善农村民生作为调整国民收入分配格局的重要内容,把扩大农村需求作为拉动内需的关键举措,把发展现代农业作为转变经济发展方式的重大任务,把建设社会主义新农村和推进城镇化作为保持经济平稳较快发展的持久动力,按照稳粮保供给、增收惠民生、改革促统筹、强基增后劲的基本思路,毫不松懈地抓好农业农村工作。

第三节 政策效果:粮食安全保障显著

从2004年"一号文件"开始,中央明确提出,一是降低农业税税率,而且在黑龙江和吉林进行全部免除农业税的试点;二是2004年"一号文件"还出台了种粮直接补贴、良种补贴、农机补贴"三补贴"政策,后来这些补贴进一步扩大。这些政策出台前还有争议,但出台后效果之好超乎想象。2004年增产粮食775亿斤,使那一年成为历史上增产量最大的一年,把粮食紧张的局面一下子缓解了。这几年补贴项目、范围、规模不断扩大,以后又加上了农业生产资料综合补贴,现在叫"农业四补贴"。一开始是三十几亿元,一路加到2004年达到1 230.8亿元。很多政策出台时不说是"石破天惊",也是出乎很多人预料。例如2005年出台农村义务教育"两免一补"政策,现在有1.4亿农村学生全都接受免费义务教育。新型农村合作医疗制度,筹资标准一开始是每人每年30元,随后很快就增加到50元、100元,现在已经到120元(陈锡文,2010)。连续的"一号文件"保护了农民利益,推动了农业发展,保障了国家粮食安全。从实践情况看，近年来我国出台的一系列粮食支持政策达到了预期的效果，有效调动了农民的粮食生产积极性，提高了耕地质量和生产的科技含量，增强了农业抗御自然灾害的能力，提高了粮食生产的竞争力，促进了农民收入增加，粮食综合生产能力得到提高，农民和农村社会发展得到全面推进，支持了国民经济的高增长，初步构建了保障我国粮食安全和促进农民增收的发展体制和运行机制。国家统计局 2009 年 12 月 31 日发布公告说，全国粮食总产量预计 10 616 亿斤，再创历史新高，连续 6 年增产，首次实现连续 3 年超万亿斤；全国农民人均纯收入首次突破 5 000 元大关，实际增幅 6% 以上，连续 6 年保持较高增幅。

　　粮食主产省取得的发展效果尤为明显。如吉林省：2004 年以来广大农民群众种粮积极性和干部抓粮食生产的积极性空前高涨，粮食种植面积大幅回升；加上克服了严重干旱等自然灾害造成的不利影响，取得了粮食生产近年来少有的好形势。2004 年实现了几个突破：粮食总产量突破历史最高水平，达到 2 510 万吨，比上年增长 11.1%；农民收入首次超过全国平均水平，超过 3 000 元，增幅首次达到两位数。2005 年粮食产量达到 2 600 万吨，再创历史新高。2009 年，吉林省粮食生产在抗旱保粮、抗灾自救下，把灾害造成的损失程度降到了最低，粮食总产量达到 530 亿斤。河南省：2004 年粮食生产创出历史最高水平，总产达 4 260 万吨，比上年增产 690 万吨，增幅 19.3%；农民人均纯收入 2 550 元，比上年增长 14%，8 年来首次实现两位数增长。2005 年粮食生产再度实现增产，粮食产量有望首次突破 4 500 万吨，增产 27 万吨。2009 年河南省粮食总产 1 078 亿斤，同比增长 5 亿斤，连续 4 年稳定在 1 000 亿斤以上，连续 6 年创历史新高。2009 年，河南农村居民人均纯收入达 4 806.95 元，增长 7.5%；人均消费支出 3 388.47 元，增长 11.3%。全省农村居民恩格尔系数 36.0，达到生活富裕的水平。湖北省：2004 年粮食总产量 2 100 万吨，比上年增产 179.10 万吨，增长 9.3%，一举扭转粮食产量自 1998 年以来连续下降局面。同时，农民收入增长走出多年低速徘徊的局面，人均收入达到 2 897 元，比上年增加 330 元，涨幅达到 13%，为 1997 年以来增幅最高的一年。2005 年粮食产量再次增产，预测达到 2 225 万吨，增产 45 万吨。

　　分析近年来我国粮食发展政策的情况，在经济、政治及农业政策设计的实践上都具有重要意义。这些政策启动了适应我国经济发展水平的全新的农业政策架构。综合对这次政策调整的分析和评价，可以概括六个特点和经验。

　　一是政策措施出台及时，针对性强。2004 年是我国固定资产投资增长过快、部分行业投资过热、粮食供求形势严峻、宏观经济运行面临突出矛盾的年份，为了避免宏观经济过热与粮食短缺"两碰头"，对经济社会全局造成重大不利影响，特别是预防由于粮价上涨引发通货膨胀和未来几年出现粮食安全问题，政府实施了必要的宏观调控。实践证明，中央所采取的一系列支持粮食生产的调控措施是有预见性的，是果断及时的。各项政策措施的目标十分明确，针对性强，达到了促进粮食增产、农民增收和市场稳定的目的。

二是政策措施组合应用，涉及面广。中央实施的一系列调控措施，涉及农田和耕地、粮食生产、市场价格、进出口和库存等多个方面。基本思路是：通过控制保护农田和耕地，保护粮食生产和粮食安全的基础条件；通过实行"三补贴"政策，鼓励粮食生产、调动农民种粮积极性；通过实施最低收购价政策，稳定粮食生产、引导市场粮价和增加农民收入；通过进出口和库存调节，稳定市场，避免市场出现剧烈波动，保障供需平衡。这一系列政策措施，无论是单项力度还是组合威力，都是多年来所没有的。

三是调控立足市场，以经济手段为主。采取了经济、法律和行政手段并举，以经济手段为主的综合措施。从运行情况看，这些措施既不同于计划经济体制下的政府直接干预，也不是完全放任的市场调节，而是坚持尊重市场规律、发挥市场机制合理配置资源的作用，以经济手段为主，辅以法律手段和必要的行政手段。从总体上来说，在调控思路和调控手段运用方面进行了有益探索，也是符合实际的现实选择。

四是财政投入力度大，农民直接受惠多。以 2004 年为例，根据财政部统计，中央财政为落实"两减免三补贴"政策共安排补助支出 313.2 亿元，其中转移支付 219 亿元补助地方财政减收缺口。地方财政也明显加大了投入力度。如黑龙江从省级财政拿出 18 亿元粮食风险基金直接补给农民和农垦职工；河南省财政用于直接补贴农民的资金达到 11.6 亿元；天津市安排 1 000 万元财政资金用于良种补贴，安排 1.2 亿元资金用于对农民的直接补贴。据统计，2004 年农民从"两减免三补贴"政策中直接受益 451 亿元。"两减免"使农民减负增收 302 亿元。农民人均税收负担大幅度下降，下降额为 30 元，下降幅度为 44.3%。税费负担占当年农民纯收入的比例由上年的 2.6% 下降到 1.3%。

五是政策支持重点突出，覆盖面扩大。中央财政粮食直接补贴主要用于粮食生产和粮食主产区。直补资金绝大部分投在 13 个粮食主产省（区），并基本上与粮食生产挂钩。2004 年，全国 8 个省份（地区）免征农业税，到 2005 年 1 月，全国已有 25 个省、自治区、直辖市宣布取消农业税。国家良种补贴的规模和范围不断扩大，补贴范围已的小麦、大豆扩大到大豆、小麦、玉米和水稻四大主要粮食作物，补贴规模由以前的3亿元扩大到2004年28.5亿元、2005年超过30亿元；2004年全国地方各级财政共投入农机具补贴资金4.1亿元，带动农民投入20亿元，共补贴购置各种农机具10万多台套。

六是政策效果突出，社会各界对这些政策反响强烈。我国粮食产量连续两年增产，增产总量超过1 000亿斤，实现了粮食供给形势的好转。农村居民人均纯收入实际增长超过6%，农业收入成为农民增收的最大亮点。两年来，农民（尤其是粮食主产区农民）对政策反应最积极、最欢迎，但同时也担心政策得不到很好落实或不能持久。地方政府也因大大缓解了以前农业结构调整与农民的紧张关系而感到压力减轻，支持政策的实施；但有些地方也反映工作负担和财政压力增大。国内外专家学者在高度肯定这些政策的方向和成果时，也对政策及其具体操作方式和方法提出了有益的改进意见和建议。①

第四节　粮食政策的保障作用增强

提高农业综合生产能力，必须明确主攻方向，抓住关键环节，采取综合措施，坚持不懈地加以推进。一要坚持不断地完善强农惠农政策，加强农业支持保护，持续调动和保护农民生产积极性。二要坚持不断地增加农业农村投入，推动重大工程项目建设，提高农业抗御自然灾害的能力。三要坚持不断地加快推进农业科技进步，健全农业社会化服务体系，促进农业发展方式转变。四要坚持不断地推进农业结构战略性调整，完善现代农业产业体系，提高农业发展质量和效益。五要坚持不断地加强农民培训，推进农业农村人才队伍建设，强化农业人才支撑。六要坚持不断地深化农村改革，推动有利于农业农村发展的制度创新，强化农业发展体制机制保障。

新时期夯实农业基础，必须按照统筹城乡发展的要求，坚持从统筹推进工业化、城镇化和农业现代化协调发展的大格局、大趋势中来谋划和推进。促进加快建立健全以工促农、以城带乡长效机制，促进调整国民收入分配格局，不断强化强农惠农政策，推动资源要素向农村配置，充分发挥工业化、

---

① 节选自：韩俊等. 近几年我国粮食发展政策评价及问题分析［J］. 国务院发展研究中心，2006.3.29.

城镇化对发展现代农业的带动促进作用,对扩大农产品加工流通、加快农村基础设施建设、提高农村公共服务水平等方面的辐射带动作用。促进农村劳动力有序转移就业和有条件的农村人口进城定居,加快小城镇建设,形成大中小城市和小城镇协调发展、城镇化与新农村建设良性互动的局面,努力实现农业现代化与工业化、城镇化协调发展。①

---

① 农业部. 拓宽农民增收渠道深入推进农村改革 [N]. 腾讯网, 2010.1.12.

第十一章

保障粮食安全的生态与科技机制

第一节　生态环境保护机制构建

一、问题的提出

我国是发展中的农业大国,农业基础设施相对落后,而粮食生产过程是直接在自然环境中进行,农业生态环境对粮食生产起着决定性作用。生态环境的自净能力和容量是有限的,经济活动造成的生态环境破坏程度一旦越过临界点,粮食生产和人类其他活动必将遭到自然的报复。近年来,我国粮食总体生产力明显提高的同时,环境污染也日益严重,农业生态环境面临着巨大的挑战。现阶段,保障我国粮食安全的关键任务在于围绕粮食主产区加强农业生态环境保护机制建设,为提升粮食产量和粮食品质提供必要条件。河南省是我国第一产粮大省,粮食年产量占世界粮食总产量的 1/52,占我国的 1/10。为此,本章将以河南省为代表的粮食主产区为例,从生态环境保护对粮食安全的作用机理、农业生态环境存在的问题及对策建议等方面进行分析,探讨粮食安全视角下的主产区生态环境保护机制的构建问题。

二、生态环境对粮食安全的作用机理分析

早在 1992 年我国政府就提出了"粮食安全"的概念,即"能够有效地提

供全体居民以数量充足、结构合理、质量达标的包括粮食在内的各种食物"。在既定的农业技术水平和有限的环境约束条件下，粮食安全受到人口、耕地、水资源、气候、能源等生态环境因素的制约。生态环境保障是粮食安全的基础，能够从粮食产量和质量方面对粮食安全产生重要影响。积极处理和认真对待农业生态环境问题是保证粮食质量、提高粮食产量、实现粮食安全的重要内容。

（一）生态环境对粮食安全的作用机制

在工业化和城镇化推进过程中必须积极采取措施保护粮食生产可持续进行的生态环境条件，这是实现国家粮食安全必然要求。粮食生产的可持续生产离不开肥沃的土壤、充足的水资源和适宜的气候等生态环境条件。随着人类对自然资源的盲目开发程度的深入，粮食生产所必需的耕地、水等自然资源稀缺性问题和生态环境的承载力问题越来越严重。随着我国人口数量的持续增长及其对物质和生活质量的需求大幅提升，工业化和城镇化将成为必然要求，现代工业的典型特征是在大规模人工产品的工业生产过程中对自然资源进行了掠夺性开发的同时直接消耗了大量的石油、煤炭等矿产资源，并排放了大量具有严重污染性的废气、废液、废渣等，而且对自然资源的掠夺性开发和高排放的污染物严重破坏了农业生态环境系统。随着工业对农业发展的逐渐渗透，在农业生产中大量使用了化肥、除草剂、生长调节剂、农药等化学合成物质以及畜禽粪便的不当处置、农田废弃物、污水灌溉等使农业生产环境污染程度不断加重。大量依靠石油、煤炭及化学物质进行生产的工农业的发展带来了酸雾、酸雨等造成农村地区原本清洁的大气、水源和土壤的严重破坏，导致水源污染、水质下降、土壤污染、耕地质量下降等生态问题。农业生态环境的恶化最终对粮食与食品造成污染，制约了粮食质量和产量的提升，成为阻碍粮食生产可持续发展的重要因素。

（二）生态环境恶化对粮食产量增加的障碍机理

水、耕地等自然资源是小麦、水稻、玉米等粮食作物生长的最重要、最基础的物质保障，农业生态环境污染破坏了耕地、水资源的平衡，造成粮食减产不可逆转。生态环境恶化导致粮食产量受到威胁的主要表现在是耕地面积的减少和气候变化造成粮食的大量减产。目前我国耕地仅占世界耕地的9%，水资源仅占世界的5%，但人口占世界人口的25%。近十年来，我耕地面积减少的速度越来越快，到2010年人均耕地只有1.39亩，不到世界人均耕地的1/3，而且中低产田占耕地的2/3。我国是一个人口众多的国家，据专家预测,到2015年将达到14.11亿,2025年将达到15.44亿,2035年将有可能达到16亿。人口的持续增长,使得我国粮食需求呈线性上升趋势,粮食的需求弹性小刚性大。我国耕地中低产田的比例大,而且污染程度高、盐碱化速度快,在现有技术水平单产量的上升空间是很小的。耕地面积不断减少,单产量上升空间很小而人口不断增加的矛盾,构成我国粮食生产的弱质化特征。粮食生产是生物性生产,使得自然再生产与经济再生产交织在一起,自然条件的变化对粮食生产的影响很大。生态环境恶化导致的自然灾害,包括气候变化引起的旱灾和水灾以及病虫害等也频繁出现,有时在同一时间不同地区旱灾与水灾同时出现。尽管新中国成立后大力改善了农田水利建设,但是抵抗自然灾害的能力仍然很弱。例如,根据农业部农情调度,2010年入冬以来一直到2011年2月,河北、山西、江苏、安徽、山东、河南、陕西、甘肃八省出现了严重旱情。产粮大省山东省遭遇了50年一遇的大旱,有3 000多万亩冬小麦受旱,约占全省小麦播种面积的55.9%;河南全省受旱面积增至1 796万亩,其中重旱181万亩。截至2011年2月5日,上述八省冬小麦受旱9 611万亩,占八省冬小麦种植面积的35.1%,占八省耕地面积的21.7%,受旱八省冬小麦面积和产量均占全国的八成以上。自然灾害对农业生产的影响是一个很大的因素,不仅使当年粮食减产,而且对灾后几年的粮食生产都会造成影响。

(三) 生态环境恶化对粮食品质提升的障碍机理

农业生态环境污染并逐渐加重的趋势对农业生产造成巨大损害,导致以粮食为原料的食品质量受到严重威胁。近几十年来,受GDP政绩追求的影响,大量采用石油、煤炭等能源产生了大量二氧化碳和硫氧化物等大气污染物一方面产生了"温室效应"破坏了粮食作物赖以生存的气候环境。另一方面,这些有害气体与空气中的水分相结合形成酸雨。含有硫酸、硝酸、盐酸和许多有机酸的酸雨使土壤的酸度随着增加,导致土壤中的钙、磷、钾等元素的过量溶解和损失,造成土壤肥力的降低,同时还会造成土壤中某些有毒元素活化,对土壤造成严重的污染。当土壤中的铝、镉等重金属溶解时以粮食为原料的食品极易产生锅、镉、汞中毒现象,这些食品被人体吸收以后可能会带来大脑神经系统损伤和骨骼严重变形的严重问题。农业生态环境污染程度带来的土壤重金属超标、灌溉水源的污染以及人类大量滥用面粉增白剂、添加剂等使有毒物在粮食等食品中残留严重,导致粮食品质的下降;而粮食品质的下降会诱发多种疾病,导致消费者的身心健康受到损害。

三、我国粮食主产区生态环境恶化的成因分析

改革开放以来，我国粮食生产能力得到了快速提升，2010年我国粮食总产量达到了54 640万吨，实现了连续七年的粮食增产。其中，全国第一粮食生产大省河南粮食总产量从1978年的2 097.4万吨增长到2010年的5 437万吨，增加了1.6倍；人均粮食产量从1978年的296.79公斤增长到2010年的543.7公斤，增加0.8倍①。河南省粮食生产实现了连续7年创新高、连续5年粮食总产量超千亿斤的良好状况，在保障本省1亿人口粮食需求的同时，每年向全国其他省份每年输出粮食及以粮食为原料的食品1 500万吨。在我国粮食总产量持续增加的同时，粮食安全面临的生态环境问题隐患日趋严重，随时会带来粮食产量和粮食、食品质量的退化，严重制约着我国粮食生产的可持续发展。对于粮食主产区来说最大的问题就是在工业化和城镇化进程中存在耕地面积缩减、水资源短缺带来的粮食增产潜力下降和工业污染、化肥、农药过量投入导致的耕地质量、粮食品质下降等问题。以河南省为例，人均耕地面积只有1.22亩，低于全国平均水平的1.39亩。近年来，随着工业化和城镇化的深入，城镇延展、公用事业征用、退耕还林等因素使河南省耕地面积每年平均以20多万亩的速度减少。2010年7月发布的《2009年河南省环境状况公报》显示，尽管河南省生态环境保护取得了显著成效，空气、水、耕地等生态环境有较大改善，但农业面源污染等严重对粮食安全依然存在巨大隐患，以河南为代表的粮食主产区农业生态环境问题依然十分严峻。

我国粮食主产区生态环境恶化的主要表现及原因主要有以下几个方面：

第一，传统的粮食耕作方式破坏了农业生态环境。长期以来，一些地方由于过于强调粮食生产，进行大面积开荒造田、毁林耕种，在耕作中大量使用化肥、农药和不合理的灌溉方式使农业生态系统受到破坏。传统的粮食耕作方式尽管短时期增加了粮食总产量，但不利于粮食生产的可持续性，严重威胁到了粮食安全和食品安全。大面积砍伐毁林、开荒使我国的森林、草地赤字增加对空气的净化功能下降增加了"温室效应"的可能性，同时由于防沙、固土和气候的调节功能下降造成旱涝气候、土地沙漠化、水土流失、和沙尘暴等自然灾害，农业生态平衡遭到严重破坏。化肥、农药、除草剂等的无节制使用在实现粮食产量幅度增加、农业劳动量减少的情况下也带来了耕地资源退化、生态污染和粮食品质的劣化。以河南省为代表的粮食主产区在

---

① 河南省统计局. 河南统计年鉴2010. 中国统计出版社，2011.

粮食生产中以氮肥为主，而氮肥的利用率相对较低，超过一半的部分流失到河流、湖泊等水体中或者渗透到土壤中去；农药、杀虫剂等化学物质的使用量每年以上万吨的速度增加，污染日趋严重。过度的化肥、农药等化学物质使用造成土壤板结，耕地生产能力下降；粮食品质下降和水质污染，使农业生态系统和食物链受到严重污染。从产业链的角度讲，由于化肥的主要原料是煤炭、天然气等矿产资源，也带来了资源的约束和消耗。农药、除草剂的使用更是直接破坏了农业生态平衡，增加了对土壤、水体和大气的污染，更严重的是对粮食和食品产生直接污染，造成以粮食为原料的食品品质下降。

第二，工业和生活污染对农业生态环境造成巨大威胁。除了化肥、农药、除草剂等对农业生态环境造成了严峻的威胁之外，工业污染、农业生产工业化和农村居民生活方式的变化也加剧了农业生态环境的破坏程度。随着我国工业化和城镇化的进程加快，城市生活产生的大量垃圾直接在城市郊区农村堆放、填埋、焚烧等方式进行处理；城市工业和农村工业的"废气、废水、废渣"的排放使农村的大气、河流、和土壤遭到了严重污染。农业生产和农村生活造成的生态环境污染主要表现为人畜排泄物直接流入水体，生活垃圾和作物秸秆、食用菌生产残渣等农业生产垃圾对农村水体的严重污染。在禁止秸秆在田间焚烧之后，仅河南省每年就有2 000万吨的秸秆、食用菌残渣、藤蔓等被推入水中或者置于村头一经降雨便对水源造成污染。以河南宿鸭湖水库为例，在检测中发现水质污染严重，化学耗氧量超标3.2倍，挥发性酚超标1.4倍，水污染给河南省的粮食生产和粮食质量带来了潜在威胁。河南省每年在农业生产中还使用超过1万吨的农膜，而仅有一半能够回收，剩下的一般就只能在农田中慢慢分解造成污染了。

第三，旱涝等自然灾害频繁加重了农业生态环境问题。近年来，由于自然灾害的增加使粮食主产区资源环境问题更加严峻，加之水资源分布不平衡和污染严重，对粮食生产带来了挑战。我国粮食主产区土地面积和水资源及其不平衡，北方耕地面积约占全国总面积的3/5，而水资源仅占全国总量的1/5。与此相对照，南方耕地面积占全国总量的2/5，而水资源仅占全国总量的4/5。加之，以水土为重点的农业基础设施不完备，抵御自然灾害能力不强，对粮食等食物产业构成严重制约。近年来，粮食增产最多的河南、黑龙江、吉林、辽宁和山东是国家级粮食主产区，但由于每年降雨不均匀，气候干旱导致这五个粮食主产区省份是水资源严重匮乏，其中，河南、山东人均水资源量不足全国的1/4。产粮大省河南由于森林覆盖率低，旱、涝等气候性自然灾害频繁，春季、初夏、盛夏、冬天发生干旱的概率高，对冬小麦等粮食生产的造成了严重影响,增加了河南省粮食生产的难度系数。粮食主产区还面临着水土流失的威胁,全国目前有水土流失面积占国土总面积的 37%,需要治理的面积有 200 多万平方公里。在河南西部的黄河流域,每年水土流失量达到 6 500 万吨,南部淮河流域,每年的水土流失量达到 7 000 万吨,在土壤流失的过程中还造成了氮磷钾等肥料的流失。水土流失会恶化生态环境,加剧洪涝和干旱灾害,极大地破坏农业生产条件。

第四,耕地数量和质量的下降制约了粮食生产安全。受工业化城镇化的影响和水土流失的威胁,我国耕地面积持续减少,距离生存保障临界点的 18 亿亩红线越来越近,生态污染的影响导致我国耕地质量变劣,地力下降。生态恶化造成我国自然灾害频繁,林草植被遭受破坏,耕地沙化严重,加剧了我国耕地面积的减少。近年来,天然沙漠扩张和沙质土壤上植被破坏导致的土地沙化问题迅速蔓延。据统计,我国沙化土地面积超过 170 万平方公里,占国土面积的 18%,对我国粮食安全提出了严峻的挑战。我国目前有 1 亿亩耕地属于盐渍土,土壤的盐渍化加剧了我国耕地资源短缺的问题。盐碱地和酸性土壤造成土壤板结、通透性差、肥料利用率低,不利于作物根系生长,抗旱能力差,严重制约着高产、优质、高效生态农业的发展,在粮食主产区的华北地区耕地有机质含量低于 1.2%,比 1.5% 以上含量的高产稳产田标准低,严重制约了我国粮食生产水平的提高。

第五,粮食主产区缺乏健全的农业生态环境补偿机制。尽管我国改革开放以来已经出台了一系列与生态环境保护有关的法律法规,但生态环境补偿法律保障不力、方式过于单一、标准不尽合理、征用各自为政、缺乏有效监管和范围狭窄等问题仍非常明显。现阶段我国生态环境补偿机制的推行还面临许多困难和制约因素。目前我国环境管理体制存在严重缺陷,横向管理体制不健全,尤其是缺少城乡协调体制,无法解决城乡生态环境补偿问题,制约了农业生态环境补偿机制的建立。特别是对我国农村地区来说,生态环境十分脆弱,自身资本投入不足,资本市场又发展滞后,限制了农业生态环境投资的增加。

四、我国粮食主产区生态环境优化的途径

粮食安全是一个国家繁荣富强、长治久安的基础,保障粮食安全要做到积极解决粮食主产区的生态环境问题,保障粮食产量和品质的同步提升。对于河南等粮食主产区来说,积极采取措施保护耕地面积和质量、大气和水资源等构成的生态环境系统等是保障国家粮食安全的重要途径。针对以河南省为代表的粮食主产区粮食生产所面临的生态环境问题,建议采取以下几个方

面的措施来改善农业生态环境，提升我国粮食可持续生产能力。

首先，积极促进农业节能减排，改善农村生态环境。根据公共物品理论和外部不经济性内部化理论，针对工业化、城镇化过程和农业工业化过程中带来的生态环境污染，要进一步完善资源有偿使用制度和排污费制度。资源有偿使用制度是为了有效保护环境和维持资源持续利用国家采取强制手段使开发利用自然资源的单位和个人支付相应费用的管理措施，通过资源有偿使用制度的推行以降低农业生产、生活用能消耗。针对农村居民生活和农业生产废弃物造成农业生态环境问题，要通过科技推广提高农业废弃物的综合利用率，推进农业副产品和农村废弃物的资源化利用，着力推进以农户为单元的循环农业发展模式，条件许可的地方积极建造沼气池对人畜粪便和秸秆进行循环利用，提升农业废弃物无害化处理和循环再利用，从而保障农业生态环境，为实现粮食生产品质的提升创造条件。

其次，积极转变农业经济发展方式，提升农业生态环境承载力。针对毁林开荒的生态环境破坏问题，要重点推进林业工程建设，鼓励全社会开展植树造林活动，提高我国森林覆盖率。健全和严格执行关于草原植被保护的制度和法律规范，积极实施草原保护工程，严禁草原复垦，实现草原植被和生态环境的持续保护。针对传统粮食生产中的大量使用化肥、农药和除草剂等化学物质导致农业生态环境破坏的问题，要积极利用科技实现农业生产方式转变，由依靠化肥、农药、助长剂投入为主的化学化、高投入、高能耗、低效益的传统农业，向实现化肥农药减量化、畜禽粪便无害化、生态系统清洁化为主要内容的大力推广秸秆沼气、生物质能、太阳能等清洁能源利用的现代有机农业转变。大力发展有机农业、生态农业、复合农业，实现有机化、生态化、低投入、低能耗、高效益的新兴农业生产方式。

再次，强化以农田水利为重点的农业基础设施建设。针对河南等粮食主产区旱涝等自然灾害发生频繁的实际，要积极推行农田、水利、林业综合治理的农业生态环境保护模式。一是要加大对中低产田改造和土壤改良的力度，实施保护性耕作来提高耕地质量，增加高产稳产农田比重，积极推广秸秆还田和施用有机肥、种植绿肥。二是做好水利工程等基础设施建设。完善大型灌区建设配套设施和积极研发节水灌溉技术和节水改造任务，推广节水灌溉，搞好旱作农业示范工程。创新投资机制，采取以奖代补等形式，鼓励和支持农民广泛开展小型农田水利设施、小流域综合治理等项目建设。推进重点流域和区域水土流失综合防治，加快荒漠化石漠化治理，加强自然保护区建设。

最后，完善农村生态环境补偿制度。农业生态环境补偿是指对损害生态环境的行为进行收费或对保护生态环境的行为进行补偿,以提高该行为的成本或收益,达到保护生态环境的目的。建立和完善我国农村生态环境补偿机制,必须从我国农业生态环境问题产生的实际出发,通过制度化和法制化的方式实现解决农业生态环境补偿问题。城市工业和城市生活垃圾等外源污染是农村环境污染的一个来源因素,要着力健全城乡一体化的生态环境补偿制度设计。尽快建立起合理的农村环境保护补偿与救济机制,从制度和法律的层面有效地保障受到不平等待遇的农民生态环境权。要加大公共财政对农村生态环境保护的投入力度,着力控制农村面源污染,发展农业清洁生产,积极开发利用农村再生能源。为粮食生产提供一个清洁、安全的生态环境。

第二节 科技障碍及对策分析

转变农业经济发展方式是指在农业经济发展过程中既要积极实现农业经济的"数量"增长,更要注重农业经济发展的"质量"提升和"结构"优化,由以往的数量型扩张向质量型发展的转变。党的十七届三中全会指出:"农业发展的根本出路在科技进步。顺应世界科技发展潮流,着眼于建设现代农业,大力推进农业科技自主创新,加强原始创新、集成创新和引进消化吸收再创新,不断促进农业技术集成化、劳动过程机械化、生产经营信息化。"因此,转变农业经济发展方式要求将农业发展建立在深入贯彻和落实科学发展观,依靠科技创新积极提高人口素质、调整和优化农村产业结构、节约农业资源、保护生态环境、注重农业经济的质量效益的基础上。

一、转变农业经济发展方式的关键是科技创新

当前,我国农业经济发展中存在着农业产业结构单一、农业生产方式粗放、城乡差距巨大、农业科技利用水平低和农业生产方式与生态环境矛盾尖锐等问题。

(一)农业产业结构优化需要科技创新

随着农业和社会生产力的发展以及在此基础上社会对各种农产品需求的变化,必然导致农业内部比例关系的相应变化。然而,由于科技发展滞后,我国农业产业结构调整相对缓慢,产业结构不合理成为长期困扰我国农业经济发展的深层次矛盾。目前,我国农业产业结构不合理主要表现在:农村中第一产业比重过大,第二、第三产业比重过小,有70%的农村人口从事农业活动。在农林牧渔的产值结构中,农业比重过大,林牧渔的比重过小。到2007年,种植业产值占农业总产值的50.4%,相当于林业、牧业和渔业总和,林业比重只有3.8%,比1978年提高了0.4%,在很大程度上反映出潜在资源优势的选择和产业关联度的扩展等方面,还存在较大的认知和行动差距。在农作物的种植结构中种植结构单一,优质产品的比重依然很低,高效经济作物面积较小,科技扶持的力度不够,农产品附加值低,市场竞争力不强。[①] 农业作物的种植面积所占的比重过大,经济作物的种植面积比重过小。尽管农业、经济作物和其他作物种植面积比由1978年的80.4∶9.6∶10转变为2007年的68.9∶26.65∶4.45,经济作物种植比重明显提高,种植结构(产品和品种结构)的调整取得了较快进展[②],口粮在种植业中依然处于绝对优势地位。改革开放以来,我国农村经济有了较大发展,但由于农业产业结构不合理,导致农业经济发展过程中出现了农产品增产不增收,农民收入增长缓慢等问题。

(二) 发挥农业生产规模经济效益需要科技创新

我国农业增加值仅占国内生产总值的13%左右,农村从业人员中在第一产业从业的占70.8%,在第二产业从业的占15.6%,在第三产业从业的占13.6%。过剩的农业劳动力和分散、均田的小规模土地经营方式,导致农业生产效率低,难以形成规模效益,难以抵御市场、气候等风险的冲击,极易出现生产上的大幅波动。尽管目前我国的农业科技进步贡献率有所增加,达到48%左右,但仍比发达国家低30%~35%左右,农业科技成果的转化率仅为30%~40%,只相当于发达国家的1/2。[③] 当前,科技水平低所导致的我国农业综合生产能力低是影响我国农业经济发展方式转变的一大障碍。

(三) 解决农业环境污染问题需要科技创新

农业生产过程中由于科技水平落后,导致生产中对化肥农药的过量使用

---

① 谷素华. 我国农业发展现状及农民增收的有效途径. http://www.hebei.gov.cn, 2007.6.8.
② 林鲁生. 我国农业产业结构演变趋势分析 [J]. 合作经济与科技. 2009年3月号下(总第365期):19-20.
③ 林鲁生. 我国农业产业结构演变趋势分析 [J]. 合作经济与科技. 2009年3月号下(总第365期):19-20.

是造成生态环境污染的最主要原因,也是农业效益低下的主要因素。欧美国家的氮元素利用率在75%以上,而我国仅35%左右,即65%的化肥随水所排入河流。我国化肥农药生产和使用处于高能耗、强污染、高成本、低产出的状况,合理施肥在缓解我国石油等能源危机具有十分重要的意义。2005年我国化肥产量为4770万吨,2006年农药原剂为129.6万吨,其中有65%流入水中,导致水资源大面积污染,造成水生生物绝灭,农业排水已成为当今世界的三大污染源之一。过量施用化肥农药,也降低了农产品的质量。由于在农业生产中大量施用化肥农药和除草剂等化学品及工业废弃如电池等对土壤的污染,致使农产品中有害有毒成分增加。农产品失去了原有的口感和味道,更造成有毒物质进入人体而致病致癌,严重威胁人类健康。同时,由于化肥和农药的大量使用,我国农产品在国际贸易中遭遇"绿色壁垒"的严格限制,使我国农产品的国际竞争力大大降低。

(四) 提高农业投入产出率需要科技创新

现阶段,与发达国家相比,我国农业科技的整体实力相对较弱,自主创新能力不强。据国务院发展研究中心的研究,在农业发展上我国农业科技水平主要表现为"三低":一是单产增速低。2006年,水稻、小麦、玉米三大作物平均单产分别为415公斤、303公斤和360公斤,但与1996年相比,分别增长了5.21%、20.92%和2.90%,年均增长率仅为0.51%、1.91%和0.28%。我国粮食单产与先进国家水平差距较大,水稻、小麦和玉米的平均单产分别处于全世界的第12位、第28位和第38位,仅相当于高产国家的64.9%、45.73%、33.55%。二是资源利用效率低。我国化肥当年利用率仅为30%~35%,发达国家已达60%以上;我国农田灌溉水利用率仅40%左右,发达国家为70%左右。虽然,我国以占世界7%的耕地生产了世界22%的农业,但由于农业生产科技水平低,同时也消耗世界20%的水资源和30%的化肥、农药,属于典型的资源消耗型农业发展方式。三是成果转化低。据统计世界发达国家的农业科技成果转化率在65%~85%之间,而我国仅为30%~40%。我国农业增长科技贡献率仅为48%左右,与发达国家平均70%的科技贡献率差距很大。目前我国农业科技推广体系薄弱,难以支撑农业生产科技水平的提高,大型农机作业推广应用水平不高,导致土壤质量下降。农业用水约占全社会用水的2/3,农业用水效率低也是一个突出问题,目前我国的农业用水效率仅及发达国家的一半左右。①

二、制约农业科技创新的障碍因素分析

农业科技创新不仅指科技发明在农业经济发展中的运用，还包括农业科技的研究、开发和推广，是一个包含科技、社会和经济在内的复杂系统。然而，由于我国的教育资源和科研资源主要集中在城市，农业经济发展的科技投资比较利益低，使得农业发展的科技含量低，经营方式粗放，农业科技创新不足成为制约农业经济发展方式转变的又一障碍。目前，我国农业科技创新不足主要体现在以下几个方面：

首先，科技创新平台建设不够，机制不完善。在国家科技基础建设中，农业科技平台所占比重较低。截止到2009年，在220个国家重点实验室中，涉及农业领域的仅有23个，与农业作物育种和生物技术有关的仅有9个。141个国家工程技术研究中心中，涉农的只有30个。国内从事农业科技创新研究的单位众多，科研机构、高校和企业各自在封闭的系统内活动，互相之间缺乏优势互补的机制，造成科技资源的极大浪费，总体运行效率较低。由于体制的不完善，我国农业科技创新领域整合能力弱，综合水平低。在一些重要研究领域特别是高新技术自主创新方面还缺乏自主和独特的核心技术，重大原始性创新成果和产业发展关键技术成果供给明显不足。②

其次，经费保障不力。我国农业科研经费占农业GDP的0.43%，远远低于高收入国家3.29%和中等收入国家1.37%的平均水平。目前我国农业科研人员投入还不足发达国家平均水平的一半，特别是对粮食安全相关项目的支持强度长期处于相对较低而且波动不定的状态，难以支撑国家粮食安全科技发展的投入需求。现有科技经费归不同部门掌握，条块分割严重，配置比例不合理，难以集成使用；大部分农业科研单位的科研设施条件简陋，无论是在试验条件、基础设施、科研力量，还是在承担课题和获得经费资助方面，都与发展现代农业对科技创新的要求相距甚远。

最后，我国科技创新推广体系不完善。我国农业科技创新研究和推广体系着重于良种、水利等以增产为目标的农业科技，忽视对农产品市场经济效益的开发。我国农业科研力量的90%集中在产中阶段，其中55%又集中在种植业领域。这种格局造成我国农产品大多以鲜食、鲜销的形式进入市场，大

---

① 国务院发展研究中心课题组. 我国粮食生产能力与供求平衡的整体性战略框架 [J]. 改革, 2009 (6): 78 - 83.
② 张雪娥. 当前我国农业科技创新能力的问题及出路 [J]. 市场论坛, 2008 (8): 9 - 11.

多数农产品采后贮藏、加工、包装技术落后，加工水平低、比例小。农民获得的市场经济效益较低。科技创新成果转化和推广是支持现代农业发展的关键环节。我国每年取得 6 000 多项省部级以上农业科技创新成果，但真正投入生产使用的不超过 1/3。科技创新成果推广转化难的根本原因是科技创新水平低。由于市场经济体制不完善，长期以来我国科技创新注重成果的技术参数、指标的先进性等所体现的"学术价值"而不是其"市场价值"，其结果是要么科技成果水平太高无法产业生产衔接，要么是科技成果的成本太高而失去市场竞争力。另外，基层农业科技推广体系还不能完全适应市场经济的要求、科技创新成果转化的风险防范机制不完善和科技创新成果转化的中介市场落后也是造成我国农业科技创新推广体系滞后的原因。

三、依靠科技创新促进农业经济发展方式转变的对策思路

在面临日益严峻的耕地、水和资金等农业生产资源约束条件下，科技创新是实现农业发展方式转变的关键。科技创新可以渗透到中低产田治理、节水灌溉、育种、培肥和机械化耕作等生产环节，也可以积极有效进行市场信息收集、贮藏、运输等市场和流通环节。

（一）完善农业科技创新的机制和基础

第一，完善农业科技创新体制，整合科技创新资源。农业科技创新工作应遵循的原则是既要加大政府的支持力度，又要充分发挥市场机制的作用，形成政府主导的、多元化的新型农业科技创新体系。积极深化科技体制改革，加快农业科技创新体系和现代农业产业技术体系建设，加强对公益性农业科研机构和农业院校的支持。建成中央、高校和地方科研院所有机结合的布局合理、优势互补、联合协作的，能够面向现代农业发展、具有国际优势的新型农业科技创新体系。适应世界农业科技的发展趋势，积极引进和消化吸收国外先进农业技术与经验，提高农业科技创新系统的整体功能和效率，加速先进适用技术的组装配套和大面积推广。通过科技创新实实在在地提升农业的素质、效益和竞争力。[1]

第二，加大对农业科技创新的政策支持力度。农业科技创新活动具有较强的风险性和探索性，其成果是典型的公共产品，具有非竞争性和非排他性，投资者不能完全占有科技创新活动收益，因此，农业科技创新活动必须以政

---

[1] 张雪娥. 当前我国农业科技创新能力的问题及出路 [J]. 市场论坛，2008 (8)：9-11.

府为投资主体或者通过财政对农业科技创新主体进行补贴,以保持农业科技创新投入的连续性和稳定性。政府应积极采取措施,为农业科技创新营造良好的政策法制环境,建立农业科技发展基金和完善农业保险机制,鼓励农业高新技术企业进入资本市场等措施有力支持农业科技创新。[①] 建立农业科技创新基金,支持农业基础性、前沿性科学研究,力争在关键领域和核心技术上实现重大突破。

第三,加强对农业科技知识产权的保护。为了更好地促使先进适用技术应用于农业生产,加速科学技术特别是高新技术全面向农业产业的渗透,实现我国农业生产力水平质的飞跃,营造良好的农业科技发展环境,要尽快完善农业知识产权制度。要实施农业知识产权保护战略,必须加强和制定农业科技知识产权保护策略,对有重大价值的农业科技成果实施知识产权保护。尤其是我国自行研制等品种资源,具有遗传基因研究价值等作物品种的知识产权保护工作,以促进高技术农业产业的健康发展,利用高技术对传统农业进行产业改造和升级,增强国际竞争能力。支持发展绿色食品和有机食品,加大农产品注册商标和地理标志保护力度。

第四,建立科技创新团队。优秀的科技人才和高绩效的科技创新团队是农业科技创新以及转化为现实生产力的关键力量。在市场经济条件下,要遵循市场规律积极吸引和留住科技创新人才,不断优化科技创新团队。首先,正视农业科技的风险性、艰苦性特征,运用一流的待遇吸引和保留以流动人才。尊重科技创新规律,最大限度调动优秀科技人才和创新团队的创新激情。其次,运用现代管理理念和人才理念,在创新平台、科技项目、科研经费等科技资源的配置,以及科研成果的评价、个人业绩的考核、生活待遇的提高等方面运用现代激励理论,不断提高优秀农业科技人才和创新团队的科技创新积极性。

(二) 确定农业科技创新的关键点

农业科技创新要着眼于建设现代农业,力争在农业重大成果攻关方面取得突破。积极推进农业科技自主创新,加强原始创新、集成创新和引进消化吸收再创新,要瞄准世界农业科技发展前沿,以生物技术和信息技术为重点,组织科技攻关和技术引进,实现农业科技的跨越式发展。适应农业规模化、精准化、设施化等要求,加快开发多功能、智能化、经济型农业装备设施,

---

① 张雪娥. 当前我国农业科技创新能力的问题及出路 [J]. 市场论坛, 2008 (8): 9-11.

重点在田间作业、设施栽培、健康养殖、精深加工、储运保鲜等环节取得新进展。推进农业信息服务技术发展，重点开发信息采集、精准作业和管理信息、农村远程数字化和可视化、气象预测预报和灾害预警等技术。[①] 对于没有直接经济效益但关系到未来农业科技发展的基础性研究和应用性研究应由政府进行稳定支持，主要包括事关农业现代化建设的高新技术领域，事关农业增效、农民增收的公益性研究领域，事关农业科技可持续发展的应用基础研究领域等，重点强化水资源高效利用、农业环境保护与清洁生产研究，为现代农业持续发展提供长久技术支撑。

（三）促进农业科技成果的推广

建立健全农业科技成果推广与转化体制，加快新技术、新品种、新材料、新工艺、新产品等科技成果的应用是实现农业经济发展方式转变的关键环节。农业科技成果推广是当前农业科技的薄弱环节。新阶段要加强农业科技推广体制创新，加速把农业科技成果转化为现实生产力，实现农业经济发展方式的转变。重点抓好优良品种、节水灌溉、配方施肥、病虫害综合防治、作物栽培与管理等的推广。首先，要建立新型多元化农技推广体系，强化农技推广服务的公益性职能，全面推进农业科技入户工程，扶植农业科技示范户，提高其辐射带动能力。培育和壮大一批具有较强区域带动性的特色支柱产业，在促进农民增收致富的同时推动区域经济发展。其次，加强农业科技服务平台建设，积极支持以科技情报信息机构、成果管理机构、技术交易机构为基础的公共科技信息平台，建设健全农业科技交易市场网络，加速科技成果的转化。打造科技交流合作平台，建立起企业和高校、科研机构之间联系沟通的桥梁与纽带，为人才集聚和农业科技企业自主创新能力的提升搭建一个综合性的合作与交流平台。第三要引导建立起完善的科技中介服务体系。通过建立生产力促进中心、高新技术创业服务中心、工程技术研究中心、科技创业中心等，促进科技与经济的结合，为各类科技创新主体建立紧密联系，为科技创新活动提供重要的支撑性服务加速科技成果产业化。[②]

（四）加强技能培训，提高农民素质

转变农业经济发展方式必须着力提高农村劳动者素质，使其具备现代农

---

① 中国共产党十七届三中全会公报. 中共中央关于推进农村改革发展若干重大问题决定 [R]. 2008.10.19.

② 张雪娥. 当前我国农业科技创新能力的问题及出路 [J]. 市场论坛, 2008 (8): 9-11.

业经济发展所必需的技能和素质。要积极对农民开展农业生产技能、经营管理和农业政策法规培训。首先,要在切实保障农村义务教育的基础上,通过发展职业教育、成人教育和各种短期培训,提高农民的专业技能。其次,要组织科技人员深入农村传授科技知识,开展多种形式的文化教育和科技普及活动。再次,要加大对大专院校和中等职业学校农林专业学生的助学力度,鼓励他们毕业后到农村为发展现代农业建功立业。依托重大农业科研项目、重点学科、科研基地,加强农业科技创新团队建设,培育农业科技高层次人才特别是领军人才。稳定和壮大农业科技人才队伍,加强农业技术推广普及,开展农民技术培训。①

总之,转变农业经济发展方式是我国转变经济发展方式的重要组成部分,也是深入贯彻和落实科学发展观、促进资源节约和环境保护、建设生态文明、提高广大人民群众生活质量的根本体现和有力措施。通过完善科技创新体制和科技创新平台,确定农业科技创新重点,培育科技创新拔尖人才和科技创新推广和成果转化体系,运用先进的农业科技是实现农业经济发展方式的转化的必由之路。

---

① 吴向伟. 转变农业发展方式的内涵与途径 [J]. 经济纵横, 2008 (2): 23 – 25.

第四篇

展望未来：我国未来的粮食政策趋势

2003年以来，我国粮食产量连续7年持续恢复性增长。2008年在世界粮食危机之年，我国粮食总产量达到5.275亿吨，创历史新高。据农业部农情调度显示，2010年实现了新中国成立以来首次连续第七年增产。这表明我国实施的粮食丰产科技工程和相关粮食安全保障措施取得了一定成效。但是，我们还应该看到，我国保障粮食安全的道路还很漫长，还远远没有达到理想的目标。一方面，随着我国人口增加和经济社会的发展，粮食消费需求将持续刚性增长，而粮食生产方式依然粗放、基础设施和技术装备相对落后，耕地减少、人口资源环境约束增强、气候变化影响加剧导致的自然灾害频发，对我国的粮食安全带来了严峻挑战。另一方面，2007年以来，世界上出现了新一轮粮食危机，国际市场粮价大幅上涨，国际粮食供求矛盾突出，一些国家因食品短缺发生动乱。客观现实反复警告着我们：要持久保障我国粮食安全，就必须推动粮食科技创新，促进粮食增产。

第十二章

我国粮食生产现状及政策趋势

"手中有粮,心中不慌。"党的十七大明确提出了"确保国家粮食安全"的要求。2008年底召开的中央经济工作会议、中央农村工作会议进一步强调:"粮食安全的警钟要始终长鸣,巩固农业基础的弦要始终绷紧,解决好'三农'问题作为全党工作重中之重的要求要始终坚持。"这是中央立足我国基本国情,针对当前我国发展的阶段性特征,着眼于国民经济又好又快发展作出的战略决策,充分体现了中央对粮食安全问题的深谋远虑。

第一节 我国粮食生产的基本状况分析

一、全国基本粮情分析

(一) 全国粮食总产量变动

我国粮食总产量自改革开放以来增长迅速,从1978年的29 717万吨到2015年的62 143.5万吨,粮食总产量共计增加了32 426.5万吨,37年间增长了1倍多。实施"粮食丰产科技工程"12年来,粮食主产区对我国的粮食安全保障做出了卓越贡献,中国粮食产量实现了"十二连增"。2015年,全国粮食总产量62 143.5万吨(12 428.7亿斤),比2014年增加1 440.8万吨(288.2亿斤),增长2.4%(见图12-1)。然而,据国家统计局公布的全国粮食生产数据显示,2016年全国粮食总产量61 623.9万吨(12 324.8亿斤),比2015年减少520.1万吨(104.0亿斤),减少0.8%。

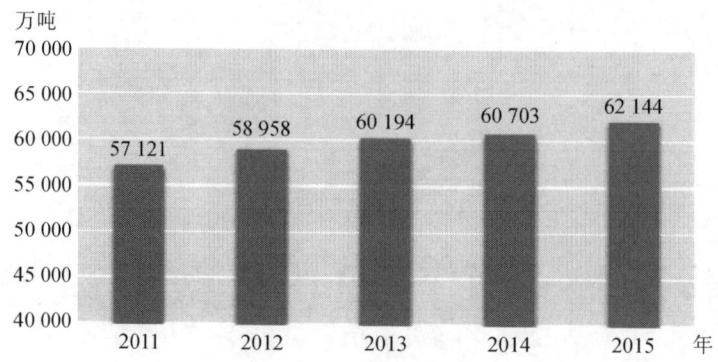

图 12-1　2011~2015 年我国粮食总产量变动情况

2003~2015 年全国粮食总产量增加 40.97%，年均增幅为 3.72%（见图 12-2）。其中，粮食主产区的粮食产量增加了 53.34%，年均增幅为 4.85%。特别是 2004~2015 年，我国粮食总产量实现连续 12 年增加，自 2007 年的粮食总产量达到 1 万亿斤以上，到 2014 年的连续 8 年，我国粮食总产量一直保持在 1 万亿斤以上，其中粮食主产区的粮食总产量占全国的比重始终保持在 70% 以上，最高年份是 2013 年的总产量达到了 9 200 亿斤，占全国粮食总产量的 75.8%。粮食主产区粮食产量对全国粮食的贡献巨大。

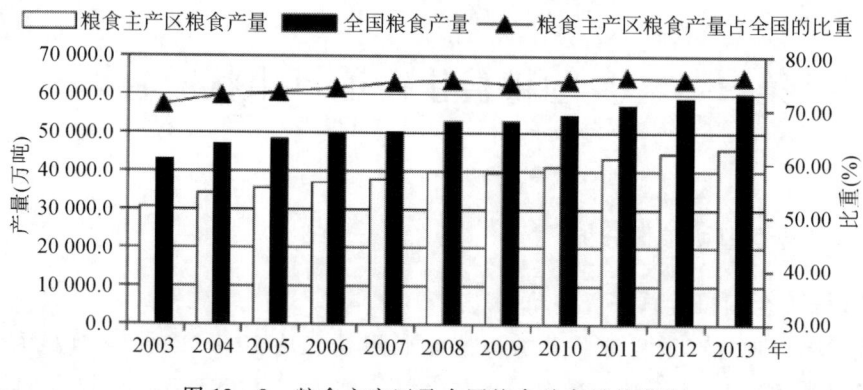

图 12-2　粮食主产区及全国粮食总产量的变化

（二）粮食播种面积变动

2003 年以来，我国粮食播种面积呈缓慢较快增长的趋势，从 2003 年的 9 904 万公顷增加到 2012 年的 11 127 万公顷，增加了 11.9%（见图 12-3）。粮食主产区的粮食播种面积从 2003 年的 6 805 万公顷增加到 2013 年的 8 023 万公顷，11 年间增加了 17%。2015 年全国粮食播种面积 11 302.82 万公顷

（169 542.3 万亩），比上年减少 31.47 万公顷（472.1 万亩），减少 0.3%。全国粮食作物平均单产每公顷 5 452.1 公斤（363.5 公斤/亩），每公顷比 2015 年减产 30.7 公斤（2.0 公斤/亩），减少 0.6%。

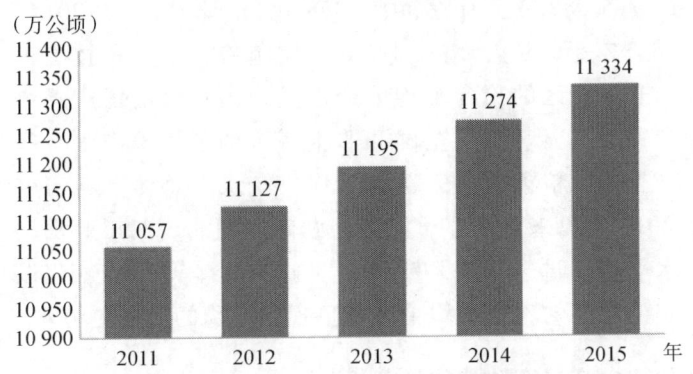

图 12-3　2011~2015 年我国粮食种植面积变化

2015 年的粮食生产中，河北、内蒙古、辽宁、吉林、黑龙江、河南、山东、安徽、江苏、江西、湖北、湖南和四川 13 个粮食主产区的粮食种植总面积为 8 108 万公顷，占全国种植总面积的 71.8%。2007 年至今，粮食主产区粮食播种面积占全国的比重一直在 70% 以上，最高为 2007 年的 72.1%（见图 12-4）。

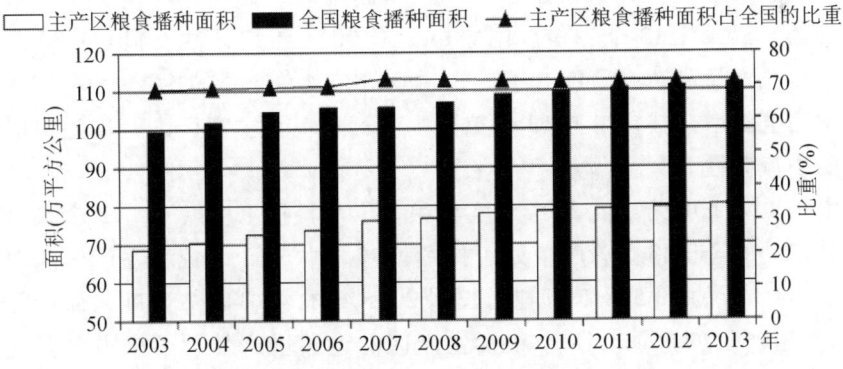

图 12-4　粮食主产区及全国粮食播种面积

在耕地和淡水资源有限的情况下，全国及粮食主产区粮食增产的来源主要是粮食单产水平提高。比较播种面积扩大和单产水平提高两个粮食增产来源，中国粮食单产水平提高对粮食增产的贡献连续多年相对较多。如 2015 年全国粮食播种面积 11 334.05 万公顷（170 010.7 万亩），比 2014 年增加 61.79 万公顷（926.9 万亩），增长 0.5%。其中，稻谷播种面积 9 564.89 万公顷（143 473.4 万亩），比 2014 年增加 104.54 万公顷（1 568.1 万亩），增长 1.1%。2015 年全国粮食单位面积产量 5 482.9 公斤/公顷（365.5 公斤/亩），比 2014 年增加 97.8 公斤/公顷（6.5 公斤/亩），提高 1.8%。其中，谷物单位面积产量 5 982.9 公斤/公顷（398.9 公斤/亩），比 2014 年增加 90.8 公斤/公顷（6.1 公斤/亩），增长 1.5%。实施粮食丰产科技工程以来，我国粮食主产区、非主产区的粮食平均单产都呈现出平稳的增产趋势。粮食主产区的平均单产，一是显著高于全国和非主产区的平均单产水平；二是增产速度呈快速提升趋势，粮食主产区稻谷平均单产水平总体上高于全国平均亩产水平；三是 2013 年以来，江苏、江西、湖南、湖北、四川等水稻主产区的稻谷平均单产水平均超过全国平均水平。实施粮食丰产科技工程以来，我国粮食主产区、非主产区的粮食平均单产都呈现出平稳的增产趋势。

二、全国粮食产量变动的结构分析

（一）主产区粮食产量对全国粮食总产量的贡献分析

"十二连增"标志着中国粮食生产迈上了一个新的台阶，也意味着中国亿吨粮食生产能力已呈稳态化趋势。中国粮食生产能力不断提高，与国家加大农业投入、实施粮食丰产科技工程、最低收购价和收储政策以及近年来中国自然灾害对粮食生产的负面影响相对较轻等因素密切相关。粮食主产区包括辽宁、河北、山东、吉林、内蒙古、江西、湖南省、四川、河南、湖北省、江苏、安徽、黑龙江 13 个省份。国家粮食局 2015 年统计数据显示：2015 年主产区粮食总产量高达 47 341.2 万吨，占全国粮食总产量的比重为 76.18%，约 91.5% 的全国增产粮食来自 13 个粮食主产区，粮食主产区已经成为中国粮食安全的中流砥柱。

由表 12-1 可见，自 2004 年实施粮食丰产科技工程以来，13 个粮食主产区及其带动的全国粮食总产量处于持续增产之中。13 个粮食主产区的粮食总产量由 2003 年的 30 578.5 万吨增长到 2015 年的 47 341.2 万吨，保持了连续"十二年增产"的记录。13 个粮食主产区的连续增产带动了全国粮食的连续丰产，全国粮食总产量也由 2003 年的 43 070 万吨增加到了 2015 年的 62 144 万吨的水平，2004~2015 年，粮食主产区粮食平均总产量占全国粮食平均总产量的 75.06%。13 个粮食主产区自 2003~2015 年的粮食平均增产率为 3.75%，全国粮食产量平均增长率为 3.13%，2004~2015 年粮食主产区粮食增产对全国粮食增产的平均贡献率高达 90.29%。

表 12-1　　主产区粮食产量对全国粮食丰产的贡献分析

年份	13个主产区粮食总产量（万吨）	主产区粮食增产率（%）	全国粮食总产量（万吨）	全国粮食增产率（%）	主产区粮食增产对全国粮食增产的贡献率（%）	主产区总产量占全国总产量比重（%）
2003	30 578.50		43 070.00			
2004	34 115.00	11.57	46 947.00	9.00	91.22	72.67
2005	35 443.20	3.89	48 402.00	3.10	91.29	73.23
2006	36 824.20	3.90	49 804.00	2.90	98.50	73.94
2007	37 640.20	2.22	50 160.00	0.71	229.21	75.04
2008	39 917.50	6.05	52 871.00	5.40	84.00	75.50
2009	39 960.20	0.11	53 082.00	0.40	20.24	75.28
2010	41 184.10	3.06	54 648.00	2.95	78.15	75.36
2011	43 421.60	5.43	57 121.00	4.53	90.48	76.02
2012	44 609.80	2.74	58 958.00	3.22	64.68	75.66
2013	45 763.40	2.59	60 194.00	2.10	93.33	76.03
2014	46 022.20	0.57	60 703.00	0.85	50.84	75.82
2015	47 341.20	2.87	62 144.00	2.37	91.53	76.18
均值	40 217.01	3.75	53 700.31	3.13	90.29	75.06

资料来源：国家统计局编：历年《中国农村统计年鉴》，中国统计出版社。

（二）粮食种植结构变化对粮食增产的影响

近年来，我国粮食增产的一个重要原因在于粮食生产结构调整，主要表现为稻谷和玉米两种单产水平较高的粮食作物生产比例扩大（见表12-2）。稻谷、小麦和玉米三大作物在粮食总产量中的比重持续增加，中国稻谷、小麦和玉米三大主粮产量由2006年的18 172万吨、10 847万吨、15 160万吨分别增加到2016年的20 824.5万吨、13 018.7万吨、22 458.0万吨。三大粮食作物总产量占粮食总产量的比重由88.7%上升到90.2%。三大粮食作物增产对全国粮食增产的贡献率达到了98.2%。

值得提出的是在三大粮食作物中，玉米增产对全国粮食2006~2016年增产的贡献最大，自2012年以来，玉米产量连续5年在全国粮食总产量中稳居首位，由2006年的15 160万吨增长到2016年的22 458万吨，占粮食总产量的比重也由2006年的30.4%上升到36.1%。2006~2016年，玉米增产对全国粮食增产的贡献率为59.1%。玉米对全国粮食增产的贡献高，其原因在于：

一是玉米耕作方式、优良品种推广以及水肥一体化等生产条件改善,玉米增产潜力持续得以挖掘,使玉米单产水平持续提高,玉米单产由2006年的5 326.3公斤/公顷增加到5 972.7公斤/公顷,年均增长1.3%。二是玉米的市场需求持续增加。随着科学技术的发展,玉米的用途更加广泛,玉米在食物消费结构变化中比重持续提高,种植效益提高,农民对玉米的种植意愿也随之提高,中国玉米种植面积由2006年的2 846.3万公顷增加到了2016年的3 811.7万公顷,十年增加了965.4万公顷。另外,近十年来,稻谷增长对全国粮食增产的贡献也较多,稻谷产量由2006年的18 172万吨增长到了20 824.5万吨,稻谷单产水平也由2006年的6 280公斤/公顷增加到了2016年的6 892.5公斤/公顷,新增产量对粮食总产新增产量的贡献达到21.5%。近十年来,稻谷和玉米增产对粮食增产的贡献合计达到80.6%。由上述分析可见,稻谷与玉米对粮食增长的贡献具有主导作用。

表12-2　　　　三大作物产量变化对全国粮食总产量的贡献率

年份	比较项目	稻谷	小麦	玉米	三大作物合计	粮食总产
2006年	产量（万吨）	18 172.0	10 847.0	15 160.0	44 179.0	49 804.0
	在总产量中的比重（%）	36.5	21.8	30.4	88.7	—
2013年	产量（万吨）	20 329.0	12 172.0	21 173.0	54 274.0	60 194.0
	在总产量中的比重（%）	33.8	20.2	36.2	90.2	—
2015年	产量（万吨）	20 693.4	12 885.0	21 955.4	55 533.8	61 623.9
	在总产量中的比重（%）	33.6	20.9	35.6	90.1	—
2016年	产量（万吨）	20 824.5	13 018.7	22 458.0	56 301.2	62 143.5
	在总产量中的比重（%）	33.5	20.9	36.1	90.6	—
2016年比2006年	新增产量（万吨）	2 652.5	2 171.7	7 298.0	12 122.2	12 339.5
	贡献率（%）	21.5	17.6	59.1	98.2	—

资料来源:(1)国家统计局编:《中国统计年鉴2007-2016》,中国统计出版社;(2)国家统计局:历年《国民经济和社会发展统计公报》,国家统计局网站。

随着科技进步推动的粮食消费功能拓展,粮食消费结构会进一步变化,进而使中国粮食生产结构会进一步调整。粮食种子、栽培、种植等技术进步将会带来粮食单产水平的进一步提高。尽管中国粮食播种面积进一步增加的空间不大,但随着粮食生产技术进步,主产区粮食生产技术从攻关田、核心试验区、示范区和辐射区的扩散,高标准农田建设和水利工程的推进,粮食平均单产水平依然具有提高的潜力。另外，根据课题组对粮食主产区的数据调研与农户调研发现，黑龙江、吉林和山东等地区粮食种植大户的单产水平（超过10%）明显高于一般农户，这说明，粮食生产的规模化、专业化对粮食单产水平提高具有重要的贡献作用。随着耕地保护力度的进一步加强和农民种粮积极性的激励与维护，在中国农村土地流转规模持续扩大的情况下，规模化、专业化粮食生产经营主体会越来越多，粮食平均单产水平也会趋于进一步提高。因此，中国粮食增产的潜力依然存在空间。

三、粮食主产区三大作物单产变动分析

2003~2015年我国粮食总产量历史性地实现了"十二连增"，十二年连续增长的过程，在中国历史上从来没有过，世界上也是罕见的。但粮食的供求，主要在品种结构上出现了一种失衡的局面，导致国内市场价格有所波动，而且出现了产量、进口的数量和粮食的农村量这三个量都在增长的复杂局面。陈锡文指出，在农业经营方式上进行创新，开展大规模农田水利等基本建设，依靠科技创新提高农业的效率。"十二五"期间，为实现新增千亿斤粮食的目标，国家科技部继续在黑龙江、吉林、辽宁、内蒙古、河南、河北、山东、湖南、湖北、江苏、江西、四川、安徽13个粮食主产省（区）组织实施"国家粮食丰产科技工程"，突出强调要为保障国家粮食安全提供有效科技支撑。我国全国及各产区省份稻谷、小麦和玉米的单产数据是根据全国及各产区省份稻谷、小麦和玉米的产量与播种面积数据计算得到。其中，稻谷包括早稻、中稻和晚稻，小麦包括冬小麦和春小麦。全国三大主粮单产总体上均在波动变化中显著提升。伴随着全国三大主粮单产的进一步提升，各时期全国三大主粮单产平均值总体上也在不断增长。从粮食主产区不同时期三大作物单产变化情况来看，稻谷单产变化幅度和小麦单产变化幅度总体上持续波动变化。玉米单产变化幅度总体上呈现出近似"M"形的变化特征。水稻、玉米和小麦是中国的三大粮食作物，其中水稻是单产最高的作物，统计表明全国水稻平均单产较玉米和小麦分别提高39%和19%。

（一）粮食主产区小麦单产水平

我国小麦主产区省份和全国的单产总体上均明显提升。从粮食主产区省份看，2015年，河南、河北、山东、安徽等省区的小麦单产水平高于其他主产区省份，且明显高于全国小麦平均产量水平（见图12-5）。

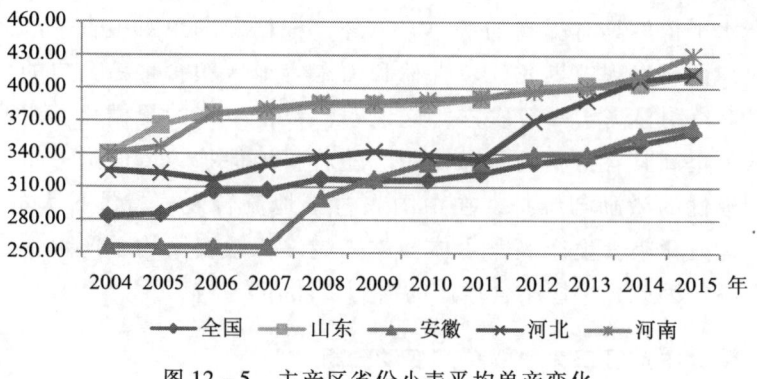

图 12-5 主产区省份小麦平均单产变化

实施粮食丰产科技工程以来,一是粮食主产区和全国小麦平均单产水平都呈现平稳、快速增长趋势;二是粮食主产区小麦平均单产水平显著高于全国平均亩产水平;三是2009年以来,河北、山东、河南、安徽等小麦主产区的平均单产水平均呈快速上升且超过全国小麦单产水平。

(二) 粮食主产区玉米单产水平

近年来,我国玉米每亩产量在340~400公斤之间,低于美国玉米每亩单产600~670公斤的产量水平。据《全国农产品成本收益资料汇编》,我国玉米生产玉米每亩产值约1 100元,每亩生产净利润约200元左右。实施粮食丰产科技工程以来,我国玉米产量呈现快速增长趋势,吉林、辽宁、黑龙江、山东等粮食主产区省份和全国的玉米单产总体上呈波动上升趋势。吉林、内蒙古、山东、黑龙江和辽宁等粮食主产区省份的玉米单产基本都处于全国前列,且明显高于其他主产区省份。

由图12-6可见,一是全国玉米平均单产呈现稳定、缓慢增长趋势,而粮食主产区玉米平均单产水平呈现波动变动趋势;二是辽宁、山东、吉林三省玉米平均单产水平显著高于全国平均亩产水平,且呈现高位波动特征;三是黑龙江玉米平均单产水平2013年以来呈快速提升趋势;四是河南等省份的玉米平均单产水平增长缓慢。

(三) 稻谷平均单产水平变化

水稻是中国的主要粮食作物,2004年以来,水稻种植面积和总产量分别占粮食作物面积和总产的27.4%和36.1%。中国是全球主要的水稻生产国,近年其水稻面积占全球18.5%,仅次于印度;水稻总产占全球27.7%,居全球首位;水稻单产高于全球平均单产50%。实施粮食丰产科技工程以来,粮

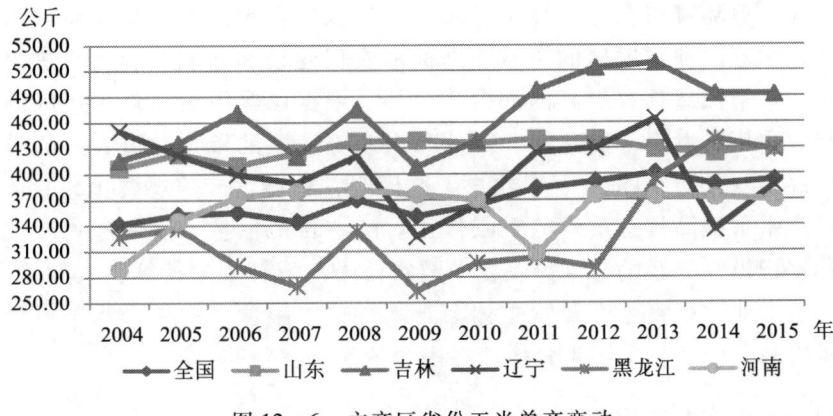

图 12-6　主产区省份玉米单产变动

食主产区稻谷主产区省份和非主产区省份的单产总体上均显著提高。从粮食主产区省份看，辽宁、江苏、四川、河南、吉林和湖北的稻谷单产一直位处前列，且明显高于其他主产区省份，黑龙江、湖北、吉林、江西和广西的稻谷单产年均增长率位处前列。江苏、四川、安徽、江西、湖北、湖南等主产区省份的水稻产量处于平稳上升趋势。

由图 12-7 可见，全国稻谷平均单产水平呈现平稳、缓速增长趋势，多数稻谷主产区的平均单产水平呈现快速、变动上升趋势；粮食主产区平均单产水平总体上高于全国平均亩产水平；2014 年以来，江苏、江西、湖南、湖北、四川等水稻主产区的稻谷平均单产水平均超过全国平均水平。

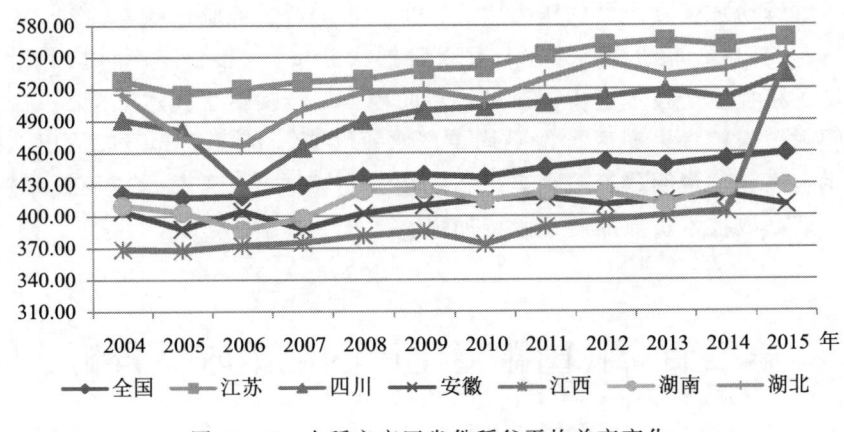

图 12-7　水稻主产区省份稻谷平均单产变化

随着科技进步推动的粮食消费功能拓展，粮食消费结构会进一步变化，进而使中国粮食生产结构会进一步调整。粮食种子、栽培、种植等技术进步将会带来粮食单产水平的进一步提高。尽管中国粮食播种面积进一步增加的空间不大，但随着粮食生产技术进步，主产区粮食生产技术从攻关田、核心试验区、示范区和辐射区的扩散，高标准农田建设和水利工程的推进，粮食平均单产水平依然具有提高的潜力。另外，根据课题组对粮食主产区的数据调研与农户调研发现，黑龙江、吉林和山东等地区的粮食种植大户的单产水平明显高于（超过10%）一般农户。这说明，粮食生产的规模化、专业化对粮食单产水平提高具有重要的贡献作用。随着耕地保护力度的进一步加强和农民种粮积极性的激励与维护，在中国农村土地流转规模持续扩大的情况下，规模化、专业化粮食生产经营主体会越来越多，粮食平均单产水平也会趋于进一步提高。因此，中国粮食增产的潜力依然存在空间。

四、粮食增产的基本分析

粮食安全依然是中国社会经济发展的基础性、重要性课题。尽管十年来全国粮食总产量呈现出平稳上升趋势，但相对于人口增长、社会经济发展对粮食需求的持续增加和城镇化进程加快使耕地资源更为紧张，粮食安全的重要性、紧迫性依然突出，如何通过粮食丰产高效技术开发推动粮食生产技术进步、技术效率提升，实现粮食单产水平持续提高对保障我国社会经济实现可持续发展显得更加重要。

粮食产量持续增加的压力增大。粮食主产区的粮食生产能力逐年增强，粮食产量逐年增加，对随着农民种粮比较效益的下降，现有单产水平、播种面积以及劳动人口结构等资源条件下，多数粮食主产区的粮食增产能力接近极限，继续增加粮食产量的压力巨大，进一步增产，面临严峻考验。

"一田三区"粮食单产水平呈显著阶梯状分布，"粮食丰产科技工程"实施推动了粮食生产技术进步，对进一步的粮食增产提供了技术支持。

辐射区与粮食主产区省份平均单产水平接近，都显著低于攻关田、核心区、示范区，这说明尽管粮食丰产高效技术能够增产，但技术应用效率较低，粮食丰产高效技术扩散滞后，亟待加强。

第二节 我国粮食生产的成本收益分析

一、粮食作物的总体成本收益情况

2016年粮食单产 6 982 公斤/公顷（465.5 公斤/亩），较上年下降

0.41%。考虑 2 016 以来三种粮食作物的综合价格下降 8.24%，农户价格预计 2 140 元/吨，产值为 15 329 元/公顷（1 026 元/亩），较上年下降 7.9%。其中，农户现金收益为 7 924 元/公顷（528.3 元/亩），较上年下降 13.37%，单产、产值和现金收益均出现不同程度下滑明显对三种主要粮食作物生产有不利影响。

从生产成本来看，近年来，我国粮食生产中化肥、农药、农用薄膜、机械租赁使用量逐年上升。同期，农田有效灌溉面积增加了 75.1 万公顷。数据显示，现代化农业生产要素的大量投入，在促进我国粮食增产的同时，严重污染了土地和水资源，成为我国未来保障粮食安全的重要制约因素。华中产区玉米种植的总成本由 1995 年的 192.82 元/亩增长到了 2014 年的 1 019.77 元/亩，增加了 5.29 倍，年平均增长 9.28%。小麦种植的总成本从 1995 年的 221.36 元/亩增长到了 2014 年的 967.63 元/亩，增长了 3.43 倍，年平均增长 8.54%。稻谷种植的总成本从 1995 年的 307.91 元/亩增长到 2014 年的 1 047.13 元/亩，增加了 3.4 倍，年平均增长 7.26%。东北产区玉米种植的总成本由 1995 年的 226.27 元/亩提高到了 2014 年的 1 065.79 元/亩，增长了 4.71 倍，年均增长 10.46%。小麦种植的总成本从 1996 年的 189.42 元/亩增长至 2014 年的 619 元/亩，增长了 3.27 倍，年均增长 8.32%。稻谷种植的总成本由 1995 年的 379.98 元/亩增长到了 2014 年的 1 357.33 元/亩，增长了 3.57 倍，年均增长 7.81%（邱楠，2016）。

由表 12-4 可知，粮食的直接费用 10 年来涨了 2.7 倍，从 2001 年的 150 元/亩，到 2013 年 402 元/亩，稳定快速增长，涨幅 169%。其中，机械租赁费在直接费用中所占比重最大，平均 60% 之多。近些年来机械租赁费用上涨幅度也是最快的，从 2001 年每亩 73.1 元，到 2013 年每亩 280 元，涨幅 283%。尽管从全国范围看租赁作业费明显高于机械作业费，但差距在逐步缩小。2001 年租赁作业费与机械作业费的比重为 2.2∶1，到 2013 年变为 1.2∶1，说明机械作业费上涨幅度快于租赁作业费用。化肥农药费在直接费用中所占比重平均为 45%，且近些年来化肥农药费用增长迅速，2001 年每亩 63.1 元，到 2013 年每亩涨到 170 元，涨幅 170%。同机械租赁费用情况相同，化肥费用显著高于农药费用，但差距明显缩小，2001 年化肥农药费用比重为 6.6∶1，到 2013 年变为 5.3∶1，说明我国每亩农药使用量增加显著高于化肥使用量的增长。种子农膜费增长也十分明显，2001 年每亩 18.6 元，到 2013 年涨到 59.6 元，涨幅 220%，年均增长率为 10.66%，其中农膜费用平稳，种子费用增长较快。

表 12 – 4　粮食直接费、种子农膜费、化肥农药费与机械租赁费　（单位：元/亩）

年份	2001	2002	2003	2004	2005	2006	2007	2008	2009	2010	2011	2012	2013
直接费用	150	154	153	178	204	219	234	282	290	304	349	387	402
种子农膜	18.6	23.7	20.6	22.6	26.9	28.5	29.5	31.4	34.5	41.5	49.3	56.0	59.6
化肥农药	63.1	66.0	67.2	83.0	98.7	103	109	139	138	133	152	170	170
机械租赁	73.1	73.5	73.5	88.3	101	120	137	165	175	198	230	259	280

资料来源：根据历年全国农产品成本收益资料汇编计算整理。

如表 12 – 5 和表 12 – 6 所示，粮食的总成本 10 年来涨了 2.9 倍多，从 2001 年的 350.6 元/亩，到 2013 年 1 026.19 元/亩，增长迅速，年均增长率 9.49%，涨幅 193%；粮食现金成本增速略低于总成本增速，2001 年粮食的现金成本为 193.1 元/亩，到 2013 年上升至 473.8 元/亩，年均增长率 7.90%，涨幅 145%；粮食种植的机会成本 10 年来上涨了 8.1 倍，从 2001 年的 1 170.9 元/亩，到 2013 年以涨到 4 743.6 元/亩，年均增长率 21.49%，增幅 305.12%；而粮食种植者每年每亩的现金收益时常波动，总体来看年均增长率为 12.05%，而 2013 年的现金收益下降了 4.54%，仅为 625.3 元；净利润方面，粮食种植每亩年均收益从 2011 年开始显著下降，下降幅度已连续两年超过 20%，其中 2013 年下降了 56.69%，净利润仅为 72.9 元。综合总成本、现金成本和机会成本的变化情况，我们可以发现总成本和现金成本不断攀升，净利润虽然出现了先上升后下降的现象，但粮食价格始终高于总成本和现金成本，因此，粮食种植者可以继续进行粮食生产，生产中所耗费的资源得到了补偿。

表 12 – 5　稻谷、小麦、玉米三种粮食平均成本收益情况　（单位：元/亩）

项目	2008 年	2009 年	2010 年	2011 年	2012 年	2013 年
物质和服务	287.78	297.40	312.49	358.36	398.28	415.12
人工成本	75.02	188.39	226.90	283.05	371.95	429.71
化肥投入	118.49	117.55	110.94	128.27	143.40	143.31
产值	748.81	792.76	899.84	1 041.92	1 104.82	1 099.13
总成本	562.42	600.41	672.67	791.16	936.42	1 026.19
净利润	186.39	192.35	277.17	250.76	168.40	72.94

资料来源：根据 2014 年《农产品生产成本收益汇编》相关数据整理获得。

表 12-6　　　　　　　　　粮食成本利润表　　　　　　　（单位：元/亩）

年份	2001	2002	2003	2004	2005	2006	2007	2008	2009	2010	2011	2012	2013
总成本	350.6	370.4	377.0	395.5	425.0	444.9	481.1	5 624	600.4	672.7	791.2	936.4	1 026.2
现金成本	193.1	203.6	199.8	218.0	228.8	243.2	261.7	314.6	326.1	348.5	399.7	449.7	473.8
机会成本	1 170.9	1 163.6	1 254.5	1 418.2	1 563.6	1 720.0	1 927.3	2 190.9	2 576.4	3 072.7	3 725.5	4 163.6	4 743.6
现金收益	196.9	171.7	211.5	373.9	318.8	356.7	404.6	434.3	466.7	551.4	642.2	655.1	625.3
净利润	39.4	4.9	34.2	196.5	122.6	155.0	185.2	186.4	192.4	227.2	250.8	168.4	72.9

数据来源：根据历年全国农产品成本收益资料汇编计算整理。

2016 年粮食作物种植单位面积总成本 16 554 元/公顷（1 103.6 元/亩），较上年增长 1.24%。其中，现金成本为 7 405 元/公顷（493.7 元/亩），较上年增长 0.15%。总成本构成来看，物质与服务费用 6 436 元/公顷（429.1 元/亩），较上年增长 0.94%；人工成本为 6 962 元/公顷（464.1 元/亩），较上年增长 3.78%；土地成本为 3 156 元/公顷（210.4 元/亩），较上年下降 3.38%。

单位面积种植利润，2016 年三种粮食作物单位面积净利润 -1 225 元/公顷（81.7 元/亩），较上年下降 1 518 元/公顷（101.2 元/亩），成本利润率为 -7.48%，为 2000 年以来首次出现粮食种植利润为负值局面。

2016 年粮食收益为负值将会严重影响 2017 年粮食生产。依据粮食单产发展趋势、1~2 月农资和粮食价格发展趋势测算（下同），2017 年主产区粮食单产可能恢复到 7 008 公斤/公顷，农户价格为 2 033 元/吨，农户单位面积产值 14 692 元/公顷；2017 年生产物质服务成本提升 6 514 元/公顷，人工成本将会进一步提高到 7 197 元/公顷，土地成本 2 967 元/公顷（见图 12-8）。单位面积亏损额度达到 1 986 元/公顷，粮食种植的成本利润率进一步降到 -12.04%。粮食生产成本利润率降到历史低位水平。对于市场化生产种田大户出现严重亏损，将会严重影响新年度粮食生产，需要引起关注。

历史分析与评论：从 2003~2015 年粮食单产和单位面积产值的比较来看，单位面积产值增长的速度和单产增速保持同步，提高粮食单产水平是提高粮食种植收益的基本的保证。2015~2016 年单产出现增长出现停滞，单位面积的产值出现下滑。粮食作物种植收入提升最终取决于的粮食单位面积的生产能力。

二、稻谷生产的成本收益

2016 年粮食主产地区稻谷单产 7 409 公斤/公顷（折合糙米产 5 930 公斤/

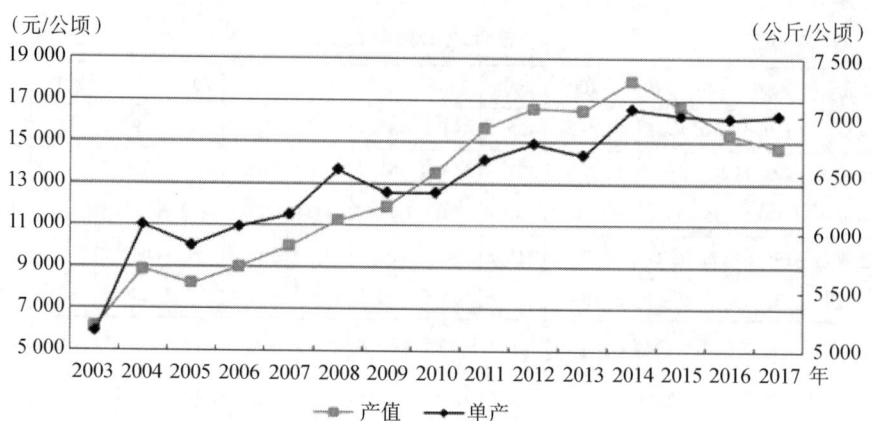

图 12-8 粮食作物的单产水平与收益变动分析

公顷）（493.93 公斤/亩），较上年提高 0.26%；单位面积产值为 20 056 元/公顷（1 336.9 公斤/亩），较上年下降 0.63%。其中，农户现金收益为 11 160 元/公顷（744 公斤/亩），较上年下降 2.15%。

生产成本来看，2016 年稻谷单位面积总成本 17 919 元/公顷（1 194.63 公斤/亩），较上年下降 0.63%。其中，现金成本为 8 637 元/公顷（575.8 公斤/亩），较上年下降 2.96%。成本构成来看，物质服务费用 6 910 元/公顷（460.7 公斤/亩），较上年增长 3.43%；人工成本为 7 891 元/公顷（526.06 公斤/亩），较上年增长 3.43%；土地成本为 3 118 元/公顷（207.87 公斤/亩），较上年下降 3.25%。

2017 年成本收益预期，预计单产 7 464 公斤/公顷（折合糙米 5 971 公斤/公顷），农户价格 2 619 元/吨，产值 19 800 元/吨，其中现金收益为 10 817 元/公顷。单位面积成本为 18 019 元/公顷，其中现金成本 8 728 元/公顷。总成本构成为物质服务费 7 108 元/公顷，人工费 8 066 元/公顷。土地成本为 2 924 元/公顷。土地成本回落利于土地的流转和农业生产的发展。单位面积成本利润率为 1 783 元/公顷，成本利润率降到 9.9% 历史新低水平。稻谷生产形势依然不容乐观（见图 12-9）。

2005~2015 年的时间区间内，粮食单产和粮食产值的增幅是同步的，单位面积的产量和产值不完全同步，但是要实现产值的增长必须有产量的增长。2010~2014 年的产值增长高于单产的增长，导致 2016 年产值增速的回落。农户稻谷种植收益首先必须有产量的提升。

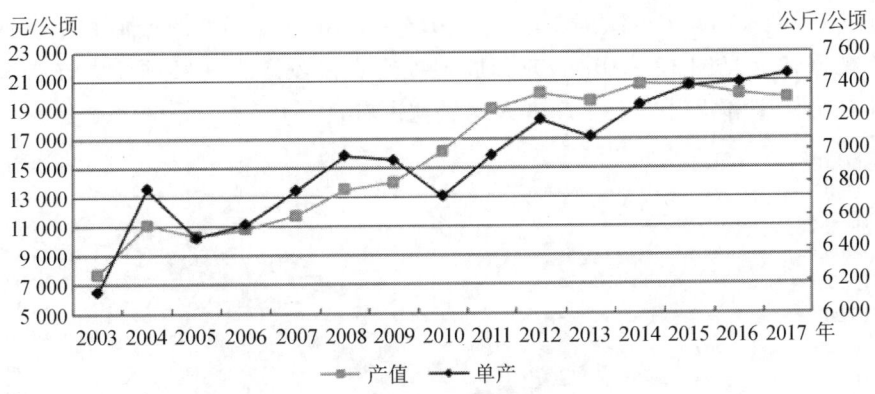

图 12-9 稻谷生产的单产水平与收益变动分析

三、主产区小麦生产的成本收益

小麦种植成本收益分析，2016 年主产区小麦单产 6 226 公斤/公顷（415.07 公斤/亩），较上年下降 1.36%；后期价格出现回升，作物年度农户价格 2 332 元/吨，较上年增长 0.13%，产值为 14 516 元/公顷（967.73 公斤/亩），较上年下降 1.23%。其中，现金收益为 8 321 元/公顷（554.73 公斤/亩），较上年提高 2.18%，产量下降推动后期粮食价格猛烈上涨，带来总体现金收益回升。

生产成本来看，2016 年小麦种植单位面积成本 14 564 元/公顷（970.93 元/亩），较上年下降 1.23%。其中，现金成本为 6 585 元/公顷（439 元/亩），较上年下降 4.31%。成本构成来看，物质与服务费用 6 065 元/公顷（404.33 元/亩），较上年下降 3.78%；人工成本为 5 673 元/公顷（378.2 元/亩），较上年增长 3.79%；土地成本为 2 825 元/公顷（188.33 元/亩），较上年下降 5.67%。

单位面积种植利润 343 元/公顷（22.87 元/亩），较上年增长 31.26%，成本利润率为 2.97%，单位面积净利润和成本利润率为历史的低位水平。

2017 年预计主产区单产可望回升到 6 347 公斤/公顷，农户价格回升到 2 495 元/吨。单位面积产值为 15 835 元/公顷，现金收益 9 511 元/公顷。总成本 14 758 元/公顷，现金成本 6 714 元/公顷，增长明显；农药、柴油价格大幅增长会推动生产投入增长。分类构成来看，物质服务成本 6 242 元/公顷，人工成本 5 850 元/公顷，土地成本 2 666 元/公顷；实际小麦收益的大幅下降和秋粮价格持续下滑引致土地租金大幅下滑。

小麦生产来看，1978~1995 年，1996 年小麦的单位面积单产、产值增长同步；1996~2013 年再次同步增长，2013~2016 年各年度的产值和单产保持完全的同比（见图 12-10）。充分展现提升农民收入水平必须建立在提高农业生产力水平和提升农业生产者人均耕地占有量。

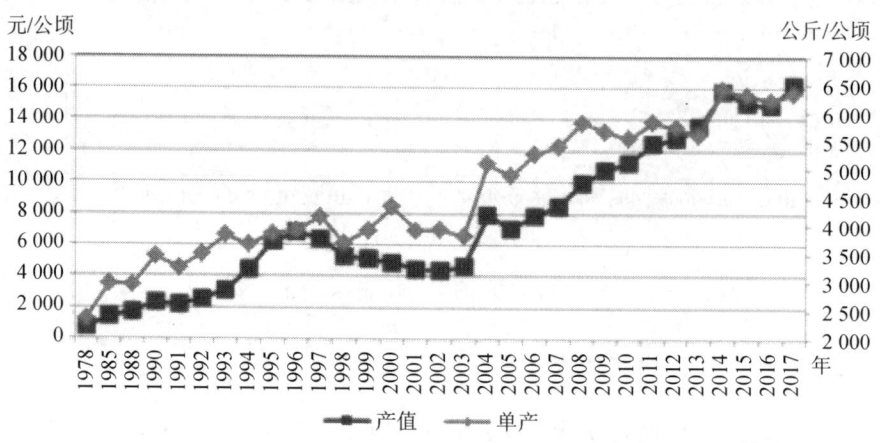

图 12-10 小麦生产的单产水平与收益变动分析

农村问题的核心是国家没有有效提升农村劳动者的人均资本占有量，我国经济增长带来的资本主要东部沿海地区和大中城市进行的资本的积累和投入。改变农村人均收入水平，改善农业的状况我们必须加大农业的科技研发投入，提升农村地区的生产水平，缩小城乡差距；完全放开人口国家的户籍限制，让人力资源跟随资源的流动而流动，才是解决当前为题的根本之策。

四、玉米生产的成本收益

2016 年全国玉米主产区单产 7 216 公斤/公顷（481.07 公斤/亩），较上年下降 1.59%；主产区农户价格 1 508 元/吨，较上年下降 20%；单位面积产值为 11 324 元/公顷（754.93 公斤/亩），较上年下降 20.5%。其中，农户现金收益为 5 146 元/公顷（343.07 公斤/亩），较上年下降 34.4%。1990~2014 年玉米单位面积产值增长幅度和单产增长保证同步（见图 12-11）。从较长时间来看，提高的玉米的种植收益最终取决于的玉米单产增长速度。2015 年、2016 年单产出现回落，影响农户单位面积的收益，同时价格在国家增产的影响下，出现明显的下滑。

生产成本来看，2016 年玉米生产总成本 16 208 元/公顷（1 080.53 元/亩），同上年基本持平。现金成本为 6 178 元/公顷（411.87 元/亩），较上年下降 3.45%，为 2005 年以来现金成本首次下滑。成本构成来看，物质与服务

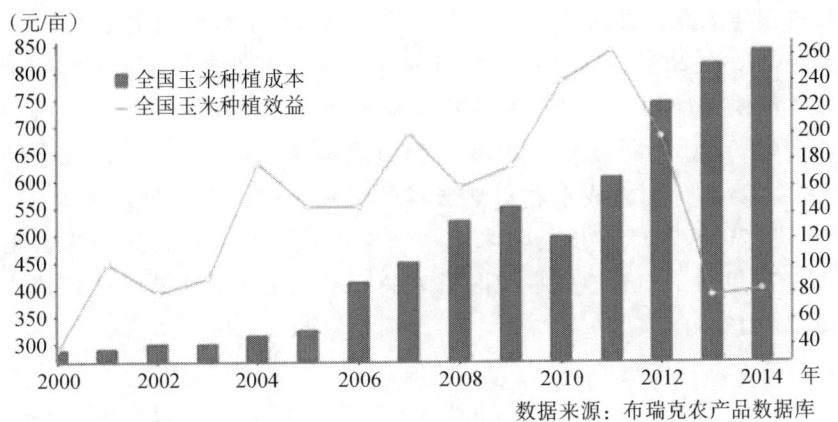

数据来源：全国农产品成本收益资料、布瑞克咨询及农产品集购网16988整理

图12-11 玉米生产的成本与收益变动分析

费用5 450元/公顷（363.33元/亩），较上年下降3.42%；人工成本为7 314元/公顷（487.6元/亩），较上年增长4.02%；土地成本为3 444元/公顷（229.6元/亩），较上年下降3.84%。从土地成本构成来看，土地流转比重达到11.30%。

单位面积种植利润-4 883元/公顷（-325.53元/亩），较上年亏损程度进一步加深，单位面积成本利润率降到-30.3%。东北地区国家给予4 500~5 250元/公顷（300-350元/亩）不等的直接补贴后，农户成本收益率接近于平衡点盈亏平衡的水平。

国家在东北地区的直接目标价格直补对东北地区2017年玉米生产的稳定至关重要，但是其他没有补贴的地区生产将会出现明显下降，尤其是西北、华北、西南非优势区流转土地的家庭农场生产将会放弃玉米的生产。

2017年预计主产区单产可望回升到6 347公斤/公顷，按照1~2月玉米价格的同比变动测试，单位面积产值为9 372元/公顷，现金收益3 287元/公顷。总成本15 751元/公顷，现金成本6 084元/公顷。分类构成来看，物质服务成本5 464元/公顷，人工成本7 571元/公顷，土地成本2 716元/公顷。单位面积净利润-6 379元/公顷，成本利润率为-43.21%。

玉米产业单产和产值1990~1993年基本同步变化。1993~2002年单产增长缓慢，产值变动超出单产的增长；2002年以后到2014年单产和产值的变化基本同步。单产水平的较快提高推动玉米种植较快发展，玉米价格提高不是推动农户收入增长的关键因素。价格的波动指数通货膨胀实际反映。

2003年以来，由于玉米加工业和畜牧业的发展，促进了需求增长，玉米市场价格逐年上涨，推动了玉米生产效益的提高。玉米种植的净利润在2011年达到最高值为263元/亩。而后随着种植成本，特别是高利润导致的土地和人工成本的快速增加，以及玉米库存不断高企，国家玉米收储政策调整，种植效益大幅下滑。数据显示，2014年种植成本较上年上涨5%，其中种植成本的上升主要是劳动力成本和土地成本的上涨，环比涨幅分别达到4.2%和13.9%。从2014/2015年度的玉米成本结构来看，人工成本占48%，土地成本占22%，仅人工和土地成本就占了70%。其他主要是租赁和化肥成本，各占总成本的13%。

第三节　我国粮食安全的影响因素分析

我国粮食生产依然处于依靠能源投入的粗放型发展阶段，是以石油为原料的化肥、农药、除草剂和农业柴油的大量使用促进粮食增产的。在工业化和城镇化进程中，中国耕地面积增加空间有限，影响粮食总产量的最重要因素是单产水平，研究粮食生产的重点逐渐放在粮食生产的影响因素方面。用依靠化肥、农药等要素投入增加粮食生产水平的效果具有负面效应，通过技术进步影响粮食产量成为重要选择。农民人均种粮纯收入、政府财政支持、有效灌溉、农业机械总动力和农村用电量对粮食生产具有重要影响，农田基础设施、经济制度也是影响粮食生产技术效率的重要因素。灌溉面积、化肥使用量、受灾面积等是影响粮食生产水平的显著因素，提高粮食产量水平要注重做好农田水利建设、科学施肥、增强防灾抗灾能力和完善支持政策。

党的十八大报告指出，要增强农业综合生产能力，加快推进农业发展方式转变，更加注重粮食生产的数量质量效益并重，更加注重农业技术创新和农业可持续的集约发展，走资源节约、产出高效、环境友好的粮食安全道路。实现粮食丰产与资源生态永续利用的协调兼顾。中国粮食生产既要克服资源约束持续推进粮食产量提升，更要考虑生态环境成本，实现向数量与质量并重的粮食安全目标转变。已有研究主要从推动粮食总产量的角度分析化肥施用量、耕种面积、灌溉、机械总动力、农业劳动力、粮食价格、自然灾害、农业政策等因素的作用，而从节约能源投入角度对粮食生产影响因素及要素技术组合优化的实证研究尚不多见。本文运用全国30个地区的面板数据，实证分析粮食单产的能源投入等要素贡献、产出弹性与替代关系，以考察粮食生产的要素替代可能性与技术变动趋势,为政府制定提高粮食生产效率和实现可持续发展的相关政策提供科学依据。

一、自然资源因素分析

改革开放以来,我国将粮食生产作为保障粮食安全的最优先政策,粮食单产持续提高,在 1978~2015 年增长了 5 倍多。全国 75% 以上的粮食产量、80% 以上的商品粮来自 13 个粮食主产区。我国粮食总需求呈现刚性增长,每年需要增加粮食 30 亿公斤以上,85% 以上也来自于粮食主产区。然而,在现有的农业资源条件下(包括单产水平、播种面积以及劳动人口结构等),全国多处粮食主产区已经接近产量的极限,如何实现进一步增产,面临严峻考验。2015 年,中国农业能源消耗超过了 10 千万吨标准煤,其中,化肥的总产量和消费量均超过了世界总量的 1/3,过量的能源消耗已成为中国粮食生产的魔咒。中国人多地少,人均耕地面积、人均淡水资源仅为世界平均水平的 40%、25%,随着城镇化、工业化的推进,耕地被占用的情况客观存在。中国是世界上少数贫水国之一,全国有 16 个省份人均水资源占有量显著低于缺水警戒线,农业用水紧张程度加大且利用率不高。环境污染和气候变化,造成的土壤退化、地下水位下降、生物多样性减少等生态问题依然严重。另外,随着工业化与城镇化的发展,农村青壮年劳动力持续专业、耕地限制、粮食生产品质下降等问题也开始凸显。新常态下,我国粮食生产面临的挑战主要表现在以下几个方面:

第一,耕地资源紧张。粮食产量、粮食安全与耕地面积、耕地质量存在必然的联系,耕地资源的有效供给是保障粮食安全的根本保证和客观要求。现阶段,影响我国耕地资源的约束与挑战主要包括耕地数量与耕地质量问题。其一,耕地数量持续减少。据《2015 中国国土资源公报》显示,截至 2014 年底,全国共有农用地 64 574.11 万公顷,其中耕地 13 505.73 万公顷(20.26 亿亩);2014 年,全国因建设占用、灾毁、生态退耕、农业结构调整等原因减少耕地面积 38.80 万公顷,通过土地整治、农业结构调整等增加耕地面积 28.07 万公顷,年内净减少耕地面积 10.73 万公顷;2015 年全国因建设占用、灾毁、生态退耕、农业结构调整等原因减少耕地面积 450 万亩,通过土地整治、农业结构调整等增加耕地面积 351 万亩,年内净减少耕地面积 99 万亩。另外,随着人口持续增加,城市居民建设用地、工业用地持续扩张,耕地资源被侵蚀的态势持续,耕地面积与城市建设之间的平衡难以调节,耕地数量的持续减少情况难以逆转。其二,耕地质量与利用率整体不高。现阶段,全国耕地平均质量总体偏低。截止到2015年，全国优等地面积为386.5万公顷，占全国耕地评定总面积的2.94%；高等地面积为3 577.6万公顷，占全国耕地评定总面积的26.53%；中等地面积为7 135.0万公顷，占全国耕地评定总面积的52.84%；低等地面积为2 394.7万公顷，占全国耕地评定总面积的17.69%（见图12－12）。根据《国务院关于印发全国国土规划纲要（2016—2030年）的通知》（国发〔2017〕3号），现阶段，全国土壤环境状况总体不容乐观，部分地区土壤污染较重，耕地土壤环境质量堪忧，工矿废弃地土壤环境问题突出。全国土壤总的点位超标率为16.1%，耕地土壤点位超标率为19.4%。

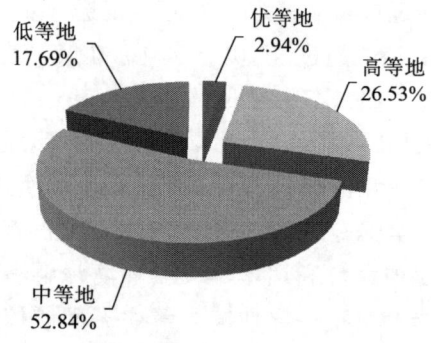

图12－12　全国优、高、中、低等地面积比例构成

第二，水资源严重不足。水资源是农业生产的基本条件，水资源禀赋对粮食生产具有重要性意义。中国是一个干旱缺水严重的国家。淡水资源总量为28 000亿立方米，占全球水资源的6%，居世界第四位，但人均只有2 200立方米，仅为世界平均水平的1/4、美国的1/5，是全球13个人均水资源最贫乏的国家之一。扣除难以利用的洪水径流和散布在偏远地区的地下水资源后，我国现实可利用的淡水资源量则更少，仅为11 000亿立方米左右，人均可利用水资源量约为900立方米，并且其分布极不均衡。随着我国人口的增加，经济发展和城市化进程加快，水资源形势将更为严峻，以水资源紧张、水污染严重和洪涝灾害为特征的水危机已经成为我国粮食生产的重要制约因素。现阶段，我国水资源对粮食生产约束更加明显。一方面，中国水资源禀赋较差，且水资源的空间分布极不均衡，水资源与耕地资源的空间极不匹配。《2015中国环境公报》显示，我国降水空间分布极不平衡，安徽南部、浙江西部、江西东北部、福建西北部、广西东北部、广东中部等地降水量超过2 000毫米；长江中下游及以南地区、重庆、四川东部、贵州、云南大部、海

南等地为 800~2 000 毫米；东北、华北大部、西北东南部、内蒙古东北部、四川西部、西藏东部、青海东南部等地为 400~800 毫米；内蒙古中西部、陕西北部、宁夏、甘肃中部、青海大部、西藏中部和西部、新疆北部等地为 100~400 毫米；新疆南部、甘肃西部等地不足 100 毫米。长江流域以北地区的耕地面积占全国耕地面积的 65%，而淡水资源量仅为全国的 29%，粮食主产区水资源严重不足。13 个粮食主产区省份中有 7 个省份属于贫水地区，冀鲁豫粮食主产区粮食产量占全国的 25.3%，但水资源仅占全国的 3.5%；东北地区粮食产量占全国的 17.6%，其淡水资源仅占全国的 6.9%（王国敏、崔坤周，2012）。另一方面，人为因素等造成的水资源稀缺性进一步加剧水资源污染日益严重。《2015 年中国环境公报》显示，全国地表水污染较重，全年 Ⅰ 类水河长占评价河长的 8.1%，Ⅱ 类水河长占 44.3%，Ⅲ 类水河长占 21.8%，Ⅳ 类水河长占 9.9%，Ⅴ 类水河长占 4.2%，劣 Ⅴ 类水河长占 11.7%。从水资源分区看，Ⅰ~Ⅲ 类水河长占评价河长比例为：西北诸河区、西南诸河区在 97% 以上；长江区、东南诸河区、珠江区为 79%~85%；黄河区、松花江区为 66%~70%；辽河区、淮河区、海河区分别为 52%、45% 和 34%。另外，由于全球气候因素导致旱涝和冰冻灾害频发，给粮食生产带来了极大不稳定性，其中旱涝灾害对粮食生产的危害最大。由于全国 52% 的耕地没有任何灌溉排水条件，即便有灌溉排水设备的地区也存在大量农田水利设施老化严重的现象，造成粮食生产"看天吃饭"，缺水无法引水、水患不能疏导。2015 年，耕地实际灌溉亩均用水量 394m^3，农田灌溉水有效利用系数 0.536。

二、能源与环境要素投入分析

以石油为基础的粮食生产要素中，农业机械总动力、化肥、农药、农膜和农用柴油的投入量分别由 1991 年的 29 388.6 万千瓦、2 590.3 万吨、76.1 万吨、64.21 万吨和 863.1 万吨增加到 102 559.1 万千瓦、5 838.8 万吨、180.6 万吨、283.3 万吨和 2 107.6 万吨，分别增长了 249%、125.4%、137.3%、271% 和 144%[①]。2015 年全国水稻、玉米、小麦三大粮食作物化肥利用率为 35.2%，农药利用率为 36.6%。石油能源的大量投入，使其成为温室气体排放的重要来源，也导致农业生态环境污染日趋严重。中国粮食生产面临着水资源短缺加剧、耕地面积日趋减少、生态环境资源压力加大和国际粮食市场动荡、国

---

① 根据历年《中国统计年鉴》（国家统计局编，中国统计出版社出版）的数据计算。

内粮食需求持续增加的现实挑战。化肥、农药、农用柴油等石化能源的高强度、低效率使用使碳、磷、氮等过度排放，造成大气、水体和土壤污染。农业污染导致的土壤、水体质量下降日益严重。国家环境保护部、统计局和农业部2010年联合发布的《第一次全国污染源普查公报》数据显示，中国农业面源污染非常严重，2007年的农业化学需氧量（COD）排放量是1 324.09万吨，占全部化学需氧量排放总量的43.7%；农业生产的总磷和总氮排放量为28.47万吨和270.46万吨，分别占排放总量的67.4%和57.2%。现阶段，农业污染已经超过了工业污染，为了避免引发环境灾害，必须推动农业技术创新，优化要素投入组合，提高技术效率，推动粮食可持续生产。

近年来，我国粮食生产中化肥、农药、农用薄膜、机械租赁使用量逐年上升（见表12-7及表12-8）。同期，农田有效灌溉面积增加了7.5万公顷。数据显示，现代化农业生产要素的大量投入，在促进我国粮食增产的同时，严重污染了土地和水资源，成为我国未来保障粮食安全的重要制约因素。

表2-7　　　粮食直接费、种子农膜费、化肥农药费与机械租赁费　　（单位：元/亩）

年份	2001	2002	2003	2004	2005	2006	2007	2008	2009	2010	2011	2012	2013
直接费用	150	154	153	178	204	219	234	282	290	304	349	387	402
种子农膜	18.6	23.7	20.6	22.6	26.9	28.5	29.5	31.4	34.5	41.5	49.3	56.0	59.6
化肥农药	63.1	66.0	67.2	83.0	98.7	103	109	139	138	133	152	170	170
机械租赁	73.1	73.5	73.5	88.3	101	120	137	165	175	198	230	259	280

资料来源：根据历年全国农产品成本收益资料汇编计算整理。

表12-8　　　　　　农用化肥、农膜、柴油和农药使用量

指标	单位	2009年	2010年	2011年	2012年	2013年	2014年
1. 化肥施用量（折纯量）	万吨	5 404.4	5 561.7	5 704.2	5 838.8	5 911.9	5 995.9
氮肥	万吨	2 329.9	2 353.7	2 381.4	2 399.9	2 394.2	2 392.9
磷肥	万吨	797.7	805.6	819.2	828.6	830.6	845.3
钾肥	万吨	564.3	586.4	605.1	617.7	627.4	641.9
复合肥	万吨	1 698.7	1 798.5	1 895.1	1 990.0	2 057.5	2 115.8
2. 农用塑料薄膜使用量	万吨	208.0	217.3	229.5	238.3	249.3	258.0
#地膜使用量	万吨	112.8	118.4	124.5	131.1	136.2	144.1
地膜覆盖面积	千公顷	15 501.1	15 595.6	19 790.5	17 582.5	17 657.0	18 140.3
3. 农用柴油使用量	万吨	1 959.9	2 023.1	2 057.0	2 107.6	2 154.9	2 176.3
4. 农药使用量	万吨	170.9	175.8	178.7	180.6	180.2	180.7

资料来源：根据历年《中国农村统计年鉴》汇总整理。

（一）化肥投入

21 世纪以来，中国粮食生产中的化肥消耗量以超过年均 5% 的速度增加。2013 年化肥消耗总量达到 7 153.7 万吨，分别是美国、日本、德国的 3.84 倍、55.6 倍和 34.4 倍。中国粮食生产的施肥强度为 32.3 千克/亩，而美国、日本和欧盟的农业生产施肥强度分别为 7.81 千克/亩、23.36 千克/亩、7.53 千克/亩（West，2002）。显然，中国粮食生产上处于依靠能源投入的粗放型生产阶段，与技术投入为主的集约型发展阶段存在较大差距。中国每年在化肥生产过程中需消耗 7 500 万吨煤炭、超过 100 亿立方米天然气、超过 500 亿千瓦时电力和 65 万吨石油，化肥是典型的高能耗产业和国家实施节能减排的重点行业。推动中国粮食生产的精细化、集约化，发展生态、高效农业需要通过技术进步提升化肥使用效率、优化化肥生产结构、减少化肥投入量和投入强度。

（二）农药投入

为了保障和促进农作物生长，防止病虫害，提高粮食产量，中国近年来的农药使用量呈快速增加趋势。1991 年，农药使用量为 76.15 万吨；2012 年达到创纪录的 180.6 万吨，比 1991 年增长了 1.4 倍。除了 2000 年的农药使用量稍有下降外，其他年份都呈快速增加趋势。农药和化肥生产一样也是能源密集型化工产业。据估算，2012 年中国农药生产消耗能源折合 8.45×10^5 吨标准煤。在粮食生产过程中，农药的使用效率不高，仅有 10%~20% 的农药能够被农作物枝叶吸收，而剩余部分都散落在土壤和水中，造成土壤和水污染。

（三）农业机械动力和农用柴油投入

农业机械动力是用于农业生产的各类机械动力的总和，主要包括耕作、排灌、收获、运输和植物保护的机械动力（农用机械的动力引擎包括电动机和内燃机，其功率单位均可折算成瓦特）。农业机械动力的基础在于农业机械化程度，即在农业生产过程中采用适用的机械设备提高农业生产技术水平、生产效率和经济效益、生态效益的过程。提升农业机械化程度对促进农业生产集约化、抵御自然灾害，进而提高农业生产效率、增加产量水平、降低生产成本具有重要的现实意义。现阶段，中国农业机械化程度依然相对较低，2012 年每千公顷耕地的大型拖拉机使用量为 43.6 台，收割机使用量为 6.8

台。而早在 2007 年，德国每千公顷耕地大型拖拉机使用量就为 64.6 台、收割机使用量为 7.2 台；日本的机械化程度更高，分别达到了 433.9 台和 221.2 台。农业机械动力增加替代农业劳动力流出满足农业生产需要，同时也提高了农业生产效率。2012 年，全国农用大中型拖拉机为 485.2 万台，小型拖拉机为 1 797.2 万台，农用排灌电动机为 1 248.8 万台，农用排灌柴油机为 982.3 万台，农用机械总动力达到 102 559 万千瓦。农业机械化程度的提高一方面提升了农业生产效率和集约化程度；另一方面，对石油燃料等能源的消耗也随之显著增加。2012 年中国农业生产消耗的石油能源中仅农用柴油使用量就达 2 107.6 万吨，占农业生产所消耗各类燃油总量的 90% 左右。

三、劳动力资源老弱化

农业劳动力是影响粮食生产的基本因素，随着我国城镇化和工业化进程的加快，农业劳动力流向城市第二、第三产业已成为客观趋势，未来农业生产中"谁来种田"和"谁会种田"将成为影响我国粮食生产的突出问题（见表 12-9）。国家统计局的抽样调查数据显示，2016 年全国农民工总量 28 171 万人，比上年增长 1.5%。农民工总数的持续增加意味着农业劳动力的不断减少。第二、第三产业附加值高于农业附加值，第二、第三产业从业人员工资水平上涨也带来了农民种粮机会成本的增加，种粮比较收益进一步下降，从而更影响农业劳动力投入的积极性。在农业劳动力流出规模持续扩大和农业生产从业人员不断减少的情况下，如何才能保证粮食生产的可持续，实现粮食产量的持续增加；能否通过农业生产技术优化粮食生产要素投入结构，通过财政政策支持和鼓励高技能劳动力从事粮食生产和提升高产粮食作物的种植比重，推动农业劳动力和高产粮食作物的结合，从而实现粮食可持续增产成为值得研究的现实问题。

表 12-9　　　　　　　　　农业就业人数

年份	农村就业人数（年末）	第一产业（万人）	所占比重（%）
2003	47 506	36 204	76.2
2004	46 971	34 830	74.2
2005	46 258	33 442	72.3
2006	45 348	31 941	70.4
2007	44 368	30 731	69.3

续表

年份	农村就业人数（年末）	第一产业（万人）	所占比重（%）
2008	43 461	29 923	68.9
2009	42 506	28 890	68.0
2010	41 418	27 931	67.4
2011	40 506	26 594	65.7
2012	39 602	25 773	65.1
2013	38 737	24 171	62.4
2014	37 943	22 790	60.1

农民种粮积极性逐渐减弱。就目前调查显示，35岁以下的青壮劳动力没有人愿意种粮，农村普遍缺乏有知识的劳动力，甚至在很多农村粮食产业已变为副业。由于粮食种植的比较效益连年下降，经济作物种植的吸引力逐渐增加，某些地区粮食生产出现"妇女化""老龄化""副业化"和"兼业化"四大特点。

如表12-10所示，粮食人工成本10年来涨了2.9倍，从2001年的128.67元/亩，到2014年429.7元/亩，稳定快速增长，年均增长率11%。其中，家庭雇工费用涨幅最快，从2001年每亩9.1元，到2013年每亩32.4元，10年间涨了3.4倍多，年均增长率为11.8%。而家庭用工折价方面，与雇工费用相比上涨较慢，10年间也上涨了2.9倍。总体来讲，我国粮食人工成本上涨较快，其中家庭雇工费用上涨幅略高于家庭用工折价上涨幅度，但家庭用工折价是雇工费用的11倍。长期来看，未来我国粮食人工成本增长势头依然强劲，尤其是家庭用工折价。

表12-10　粮食人工成本、家庭用工折价与家庭雇工费用

年份	2001	2002	2003	2004	2005	2006	2007	2008	2009	2010	2011	2012	2013
人工成本	128.7	130.1	137.7	141.3	151.4	151.9	159.6	175.0	188.4	226.9	283.1	371.9	429.7
家庭用工折价	119.6	121	128.3	129.3	140	140.1	145.7	158.3	171.1	206.3	259.5	342.3	397.3
家庭雇工	9.1	9.1	9.4	11.9	11.4	11.8	13.9	16.7	17.3	20.6	23.6	29.6	32.4

资料来源：根据历年全国农产品成本收益资料汇编整理。

三、科技投入与科技发展不足

科技进步是促进粮食增产的最有效途径，但我国科技进步对粮食单产的

贡献率仅为49%，远低于发达国家70%的水平。除水稻外，主要粮食品种单产、粮食科技发展水平与发达国家相比仍有较大差距。突出表现为三个方面：一是作物品种潜力与国际尖端水平的差距；二是配套生产技术规范化、标准化、现代化的差距；三是农业生产者的经营水平和技术水平的差距。2001～2005年，我国水稻、小麦、玉米的平均单产分别处于全世界的第12位、第28位和第38位，仅相当于高产国家的64.9%、45.73%、33.55%。进一步提升科技创新能力，加速科技成果的转化，实现粮食大面积增产任务艰巨。① 我国现在农业科技投资占农业总投资的比重仅为0.3%左右，世界平均为1%，发达国家是5%。我国农业科研体制僵化，造成科技与生产脱节，农业科研应用滞后，要使农业科技在农业总产值中的贡献率从目前的30%左右的低水平上有一个大幅度的提高，就需要大幅度的增加国家对农业科技的投入。但是国家对农业投入的增量受到政府财力的弱化和非农业公共支出规模持续扩张的约束。另一方面，成千上万的科学家都集中于遗传育种技术方面，使栽培技术和田间生产管理技术缺位；在杂交水稻技术问世推广以后，再无大的突破性的农业技术问世。而是在技术研究发展的方向方面，把大量的人力、物力投入于转基因工程，进行转基因食品的研究，而忽视了其他技术的发展。目前在国外转基因牛、羊、鱼、虾、蔬菜、水果、粮食都相继问世，这对于增加食物产量，保证食物供给的数量安全无疑起到了进步作用。虽然转基因产品是20世纪后期高新科技的主要成果，但由于转基因农产品对人体健康是否有潜在不利影响尚无定论。

我国农产品价格基本与世界农产品市场保持紧密的联动关系，但2007年底我国政府不断出台政策控制农产品价格上涨，导致我国粮食价格低于国际水平。我国粮食种植成本却不断提高。农产品生产成本主要包括种子、化肥、农药、机械作业、排灌费以及人工成本。近年化肥、农药、农机等农用生产资料价格不断上涨，雇工成本不断提高，粮食的比较效益最低。2003～2006年，粮食每亩实际收益（含补贴）分别为201元、382元、329元和320元。虽然扶持粮食生产政策不断加强，但农民收益甚至有所下降。进入2008年后，石油价格上涨带动了化肥、农药以及机械作业的价格。商务部发布的数据显示，尿素价格比2007年年底上涨10%，钾肥和磷肥价格涨幅则超过了20%，大大增加了农作物生产成本。目前的种粮成本与2007年同期相比上升15%，但粮价仅上升6%，种粮的成本收益率已从去年同期的21%下降到目

---

① 杜青林. 努力巩固粮食生产，稳定发展的好形势 [J]. 农民致富之友, 2006 (11): 3-4.

前的 16%。

四、农业生产基础设施薄弱

长期以来，我国农业基础设施投入不足，由于历史形成的城乡二元经济结构格局，国民收入分配长期不利于农业、农村和农民，农业投资偏少粮食生产抗灾能力不强。1998 年国家实施积极的财政政策以来，加大了对农业基础设施建设的投资力度，但投资结构不尽合理，主要用于大江大河治理和生态环境建设。

走中国特色农业现代化道路，根本之策是大力加强农业基础建设。近年来，我国坚持并落实工业反哺农业、城市支持农村和多予少取放活的方针，大幅度增加农业农村投入，加快完善农业生产条件，农村基础设施建设取得了重大进展。但也要看到，基础脆弱仍然是我国农业发展的最大制约。现在财政支持"三农"建设，一年增加的有效灌溉面积不到 1 个百分点，农田小型水利设施在个别地方，甚至逐步萎缩。农业技术推广人员得不到必要的报酬，就有可能转行。农民现在外出打工越来越多，留在家里修路、修渠的青壮年劳动力越来越少。只有农业投入增加，农业基础地位增强了，农业能提供越来越多的产品，就保证了农产品市场的稳定和整个社会经济的稳定。

五、粮食流通及粮食市场体系存在缺陷

粮食流通是联系粮食生产与消费的桥梁和纽带。由于自然原因，我国存在粮食产区、销区和平衡区。销区要从产区购买粮食以满足消费需求，产区要把粮食销往销区以实现粮食再生产，粮食流通受基础设施建设等多种因素制约，其中粮食市场体系建设至关重要。我国粮食市场的发育程度比较低，距社会主义市场经济体制的要求还相差甚远。一是对粮食集贸市场监管不力，集贸市场秩序存在混乱现象。二是批发市场建设滞后，市场功能不完善，辐射范围有限，而且存在盲目建设、定位不准等现象。三是期货市场发展滞后，功能存在缺陷，有待完善。四是电子商务建设相对落后，并难以实现网站间的互联共享等。五是市场规则不完善，粮食交易缺乏法律约束，合同兑现率很低。六是粮食市场仍然存在分割现象，形成全国统一高效的粮食流通市场体系还存相当长的路要走。粮食物流组织化程度低，资源分散，粮食经营企业数量多、规模小、产销脱节，难以形成规模效益。

通过以上分析，我们可以得出以下初步结论：一是我国耕地资源和淡水资源具有日趋减少的趋势，耕地质量和淡水资源质量也日益受到威胁；二是

我国粮食生产资源利用率低；三是未来我国粮食安全形势不容乐观，供需缺口明显。因此，我国粮食生产自然环境的现状决定了依靠增加种植面积来实现增加粮食总产量是不现实的，通过增加各投入因素来提高粮食产量的效果也不能达到未来人口增加和工农业生产对粮食的需求。在中国可耕地不断减少，而人口又持续增加的情况下，要保障13亿~15亿中国人民丰衣足食，使粮食生产跃上新台阶，根本出路在于不断创新的科学技术进步，提高粮食单产水平。

第四节 我国粮食生产因素的影响排序

对粮食丰产科技工程实施绩效进行深入、全面评价的前提是厘清影响粮食生产的技术、要素等因素的贡献程度，在分析不同区域粮食生产的影响因素基础上，选择灰关联度模型测量化肥、农药、灌溉、农业机械等因素对粮食产量提升的作用程度，并以灰关联度为标准，对各类生产要素在粮食丰产中的贡献程度排序。

一、模型设置

灰色系统是指既含有已知信息又含有未知或不确定信息的系统，粮食生产系统受到复杂因素的影响，因素信息具有不确定性和不完全性，因此粮食生产系统是一个灰色系统，可以采用灰色理论进行分析研究。灰色关联分析是一种多因素统计分析方法，它是以各因素的样本数据为依据，用灰关联度来描述因素间关系的强弱大小和次序。设定粮食产量为参考数列，各能源投入为比较数列，采用除以平均值的方法进行初值化处理，消除不同量纲对分析结果的影响，即：

$$\xi_i(k) = \frac{\min_i [\Delta_i(\min)] + \rho \max_i [\Delta_i(\max)]}{|x_0(k) - x_i(k)| + \rho \max_i [\Delta_i(\max)]}$$

$\xi_i(k)$ 是第 i 个时刻比较曲线 k 与参考曲线 x_0 的相对差值，它称为 x_i 对 x_0 在 i 时刻的关联系数。其中，ρ 是分辨系数，一般在0与1之间选取（通常取0.5）。令 $\Delta \max = \max |x_0(k) - x_i(k)|$，$\Delta = \dfrac{\sum_{j=k}^{n}\sum_{k=i}^{n}|x_0(k) - x_i(k)|}{m*n}$，$\alpha =$

$\Delta/\Delta max$。当 $\Delta max > 3\Delta$ 时，$\rho \in (\alpha, 1.5\alpha)$，否则，$\rho \in (1.5\alpha, 2\alpha)$。然后，可得到反映两组对比数列在特定时刻的紧密程度的灰关联度 $\gamma = \frac{1}{m}\sum_{k=1}^{m}\xi_i(k)$。

以不同区域的粮食总产、单产为参考序列，影响粮食产量的科技支持（包括粮丰工程投入、农业技术创新）、要素投入（农业劳动力、农业机械、化肥、农药等农业生产资料、农用柴油等能源投入）、粮食生产条件（气候条件、土壤条件、农田灌溉条件、病虫害防治、市场需求等）、政府支持（相关补贴等）为比较序列。对实施粮食丰产科技工程以来不同区域粮食作物生产因素的相关数据进行灰关联分析，研究各类型要素投入、技术投入与粮食生产的关系，计算出灰关联度对粮食生产中各因素贡献程度进行排序，为进一步分析不同类型的粮食丰产高效技术的综合效率提供基础。

二、各地区粮食总产量的要素关联度分析

为了更全面地测量各类粮食生产要素与各地区粮食总产量的关联关系，基于数据可得性和完善程度，本研究选择江苏（稻麦模式）、江西（稻稻模式）、吉林（玉米模式）、河北（麦玉模式）和四川（综合模式）五个省份进行灰关联模型分析。测量结果如表 2-11。

表 12-11　　生产要素与粮食总产灰关联度排序（ >0.65）

要素指标	江苏	江西	四川	吉林	河北	平均
播种面积	0.9085	0.8418	0.9497	0.7565	0.8378	0.8589
节水灌溉面积（万亩）	0.9516	0.8052	0.9304	0.6841	0.8912	0.8525
年销售量（万吨）	0.7595	0.6323	0.9237	0.9055	0.6959	0.7834
年平均日照时数（小时）	0.8181	0.9384	0.7291	0.7590	0.6369	0.7763
旱涝保收面积（万亩）	0.7737	0.6451	0.9082	0.7698	0.7376	0.7669
年平均降水量（mm）	0.8021	0.7866	0.8432	0.7999	0.5623	0.7588
传统方式灌溉面积（万亩）	0.9368	0.8180	0.6122	0.6978	0.7259	0.7581
机电排灌面积（万亩）	0.7404	0.7248	0.7101	0.7814	0.6518	0.7217
粮丰推广人员（人）	0.7466	0.7752	0.7004	0.7680	0.6109	0.7202
项目区农技人员	0.5867	0.7444	0.7600	0.6135	0.8131	0.7035
生活污水净化沼气池（个）	0.5870	0.9547	0.5958	0.7241	0.6308	0.6985
有效灌溉面积（万亩）	0.5808	0.6535	0.9576	0.6476	0.6414	0.6962
机电井（万眼）	0.7490	0.6824	0.7008	0.7199	0.5947	0.6894

续表

要素指标	江苏	江西	四川	吉林	河北	平均
中高产田比重	0.6949	0.6086	0.6333	0.7165	0.6908	0.6688
氮肥（以纯N计，万吨）	0.6063	0.6798	0.7120	0.7593	0.5845	0.6684
农用柴油使用量（吨）	0.7251	0.6337	0.6168	0.6375	0.7229	0.6672
水土流失治理面积（平方千米）	0.7499	0.6390	0.5860	0.6805	0.6734	0.6658
灌溉水利用率（%）	0.6556	0.6748	0.6411	0.7359	0.6200	0.6655
化肥利用率（%）	0.7112	0.6899	0.6313	0.6121	0.6293	0.6548
粮丰研发人员（人）	0.5766	0.6214	0.6291	0.7133	0.7290	0.6539
复合肥（万吨）	0.6933	0.5956	0.6105	0.6350	0.7298	0.6528
财政供养单位（个）	0.6797	0.7529	0.5861	0.6433	0.5906	0.6505

在对50多个要素指标进行关联度分析中发现，粮食生产因素与总产量的五省平均灰关联度大于0.65的要素分布呈现以下特征：

（1）耕地面积依然是决定粮食总产量的首要因素。在粮食生产过程中，播种面积与粮食总产量的平均关联度达0.8589，因此，保持和增加粮食总产量的首要因素必须以粮食播种面积为基础。

（2）灌溉面积及效率对保持粮食总产量的贡献明显。本项目研究列举的六个灌溉因素与粮食总产量的灰关联度均大于0.65，其中，节水灌溉面积、旱涝保收面积、传统方式灌溉面积、机电灌溉面积、有效灌溉面积和灌溉水利用率的灰关联度分别为0.8525、0.7669、0.7581、0.7217、0.6962、0.6655。这说明，粮食生产过程中的灌溉情况对粮食总产量的影响明显。在下一步的粮食丰产技术研究中，灌溉技术及效率应当是重点研究内容。

（3）市场因素对各地区粮食总产量的影响明显。在市场经济条件下，市场需求对粮食生产活动影响显著，粮食年销售量对五省粮食总产量的平均灰关联度为0.7834，其中，四川、吉林的灰关联度更是高达0.90以上。这说明，市场因素对粮食生产活动的影响非常突出。

（4）气候因素不可避免的对粮食产量产生影响。年平均日照时数（小时）、年平均降水量（mm）对地区粮食总产量的平均灰关联度分别为0.7763、0.7588，可见气候对粮食生产的关系密切。这说明粮食丰产科技工程实施过程中，应该和气象技术进行有机结合；也意味着加强生态环境保护，防止气候恶化是未来粮食可持续生产有效进行的重要条件。

（5）粮食生产技术研发与扩散是粮食总产量增加的重要因素。灰关联度测量的结果显示，粮丰推广人员（人）、项目区农技人员、粮丰研发人员

（人）、实施粮食丰产科技工程的财政供养单位（个）与各地区粮食总产量的灰关联度分别为 0.7202、0.7035、0.6539、0.6505，这说明粮食丰产技术在粮食生产中的作用显著。其中，粮丰科技推广、项目区农技人员与各地区粮食总产量的平均灰关联度在 0.7 以上，这表明，在粮食生产过程中，技术推广与扩散对粮食总产量的贡献相较于粮食技术研发更突出。上述结果也表明，实施粮丰工程对项目区的粮食总产量增加的贡献突出。

（6）农业生态环境要素对各地区粮食总产的贡献逐步显现。灰关联度统计结果显示，生活污水净化沼气池（个）、中高产田比重（根据土壤质量及产量水平划分）、水土流失治理面积（平方千米）等体现农业生态环境的因素对粮食总产量的影响开始呈现。未来的粮食生产要实现可持续发展，加强农业生态环境保护和防治农业生态面源污染是其重要内容。

（7）化肥、柴油等传统要素投入及效率依然是影响粮食总产量的重要因素。由测算结果可见，氮肥（以纯 N 计，万吨）、农用柴油使用量（吨）、化肥利用率（%）、复合肥（万吨）与各地区粮食总产量的平均关联度分别为 0.6684、0.6672、0.6548、0.6528。由此可见，化肥在粮食生产中的地位和作用依然具有不可撼动的特征，从各类化肥投入量对粮食总产量贡献明显外，化肥利用率的贡献也开始突出出来。

三、各地区粮食单产的要素关联度分析

粮食单产是指单位面积的粮食产量，本研究选择公斤每公顷为单产单位。随着人口增加以及工业化、城镇化进程的加快，越来越多的土地将用于非粮食生产，因此，在粮食播种面积增长空间有限的情况下，逐步提高粮食单产水平是增加粮食总产量、保障我国粮食安全的重要战略途径。基于数据的可得性及完善性，对各因素与粮食单产水平灰关联度的测量依然选择江苏、江西、吉林、河北、四川五个省份（或项目区）作为样本进行分析。测量结果见表 2-12。

表 12-12　生产要素与粮食单产灰关联度排序（>0.65）

要素指标	江苏	江西	四川	吉林	河北	平均
旱涝保收面积	0.8905	0.8248	0.9399	0.8043	0.7759	0.8471
机电排灌面积	0.9448	0.8062	0.6763	0.8059	0.6819	0.7830
节水灌溉面积	0.7071	0.5546	0.9578	0.6185	0.9525	0.7581
有效灌溉面积	0.6916	0.7973	0.9111	0.6684	0.6713	0.7479

续表

要素指标	江苏	江西	四川	吉林	河北	平均
年平均日照时数（小时）	0.8458	0.6544	0.7727	0.7710	0.6766	0.7441
项目区农技人员	0.7051	0.7118	0.7878	0.5957	0.8483	0.7297
传统方式灌溉面积	0.7469	0.7605	0.5942	0.7260	0.7737	0.7203
粮丰推广人员（人）	0.6898	0.8018	0.7310	0.6774	0.6640	0.7128
氮肥（以纯N计）	0.7523	0.7603	0.6880	0.6919	0.6243	0.7034
农膜残留处理率（%）	0.7464	0.8040	0.6108	0.7348	0.6184	0.7029
年平均降水量（mm）	0.7775	0.5972	0.8235	0.7160	0.5916	0.7012
年平均温度（℃）	0.7482	0.6717	0.6982	0.7148	0.5986	0.6863
年销售量（万吨）	0.6115	0.5267	0.8558	0.7626	0.6576	0.6828
灌溉水利用率（%）	0.6762	0.7280	0.6256	0.6904	0.6773	0.6795
农药利用率（%）	0.7316	0.7033	0.6609	0.7079	0.5833	0.6774
磷肥（以P_2O_5计，万吨）	0.7348	0.7493	0.6310	0.6199	0.6137	0.6697
化肥利用率（%）	0.6310	0.7421	0.6178	0.6584	0.6913	0.6681
钾肥（以K_2O计，万吨）	0.6835	0.7254	0.5671	0.6310	0.7102	0.6634
粮丰研发人员（人）	0.5643	0.7215	0.6453	0.7254	0.6602	0.6633
中高产田比重	0.5823	0.6829	0.6123	0.7034	0.7206	0.6603
农业科技机构数（个）	0.7209	0.6638	0.5178	0.7004	0.6657	0.6537
复合肥（万吨）	0.6519	0.7502	0.6084	0.5926	0.6568	0.6520

由灰关联度测量结果可见，各项目区粮食单产影响因素与粮食总产影响因素的贡献排序既有相似之处，也存在细节差异，尤其是技术效率对粮食单产水平的影响相对明显。

（1）灌溉面积及效率是影响粮食单产水平的突出因素。旱涝保收面积、机电排灌面积、节水灌溉面积、有效灌溉面积、传统方式灌溉面积、灌溉水利用率等六个灌溉指标与粮食单产水平的平均灰关联度分别为0.8471、0.6795、0.7581、0.7479、0.7203、0.7830。这说明，在气候变化和水资源日趋紧张情况下，节水灌溉技术、耐旱种子技术等的研发与扩散对粮食单产提升具有重要意义。

（2）气候条件对粮食单产水平的影响显著。测量结果显示，年平均日照时数（小时）、年平均降水量（mm）、年平均温度（℃）等气候变化指标与各地区粮食单产水平的灰关联度分别为0.7441、0.7012和0.6863。这意味着，一是要积极进行气象技术改进和保护生态环境，避免气候恶化影响粮食产量；二是粮食丰产技术研发、扩散与改进应该考虑粮食生产地的气候变化因素。

（3）技术扩散程度是提升粮食单产水平的重要因素。代表粮食丰产技术扩散与研发的项目区农技人员、粮丰推广人员（人）、粮丰研发人员（人）和农业科技机构数（个）等指标与各地区粮食单产水平的平均灰关联度分别为 0.7297、0.7128、0.6633 和 0.6537，这表明粮食生产技术研发与扩散在粮食单产水平提高方面具有明显作用，测算结果也说明实施粮食丰产科技工程对项目区粮食单产提高具有明显贡献。

（4）要素投入及效率对粮食单产水平提高具有明显影响。氮肥（以纯 N 计，万吨）、磷肥（以 P_2O_5 计，万吨）、钾肥（以 K_2O 计，万吨）、复合肥（万吨）、化肥利用率（%）、农药利用率（%）等代表要素投入和技术效率的指标与粮食单产水平的灰关联度分别为 0.7034、0.6697、0.6634、0.6520、0.6774 和 0.6681。化肥、农药等要素投入量及效率与粮食单产水平的关联关系表明，我国粮食生产水平正处于由以要素投入为主的粗放型向集约型生产模式转变中，未来的粮食生产技术研发一方面要注重积极优化要素投入结构，另一方面要积极提升要素使用效率，向集约型粮食生产方式转变成为大势所趋。

（5）生态友好型粮食生产技术对粮食单产水平的正面作用开始呈现。代表农业生态环保和环境改善技术水平的农膜残留处理率（%）、中高产田比重与粮食单产水平的灰关联度分别为 0.7029、0.6603。这表明，将生态友好粮食生产技术纳入粮食过程对粮食单产水平提升具有正面作用。进一步的粮食丰产科技工程实施有必须考虑将农业生态环境保护技术纳入其中。

四、研究小结

上述关于粮食生产要素与粮食总产、单产的关联度分析结果表明，粮食生产是一个复杂的投入产出过程，从动态发展看，粮食生产过程呈现以下特征：

首先，化肥、农药、柴油等物质要素对粮食生产作用依然突出，但化肥投入结构、化肥利用率、农药利用率等技术效率对粮食生产的贡献逐渐显现，这说明我国粮食生产正在由粗放型生产模式向集约型生产模式转变，受能源、劳动力流动和技术进步等因素的影响，我国粮食生产的要素技术组合处于动态变化之中。

其次，技术研发与扩散对粮食生产的贡献显著。灰关联度测算结果显示，各类技术效率提升，研发人员及经费投入，扩散人员、机构及经费投入等对粮食总产、单产的提升贡献明显，粮食生产技术研发及扩散是粮食生产水平提升的重要因素。上述结果表明，粮食丰产科技工程对项目区粮食总产量、单产水平提高的贡献凸显。

第三，市场因素是影响粮食生产的重要因素。在市场经济条件下，粮食是一种特殊产品，种粮户对市场需求反应敏感，年销售量等市场因素对粮食生产必然产生显著影响。

第四，生态环境因素对粮食生产过程影响逐渐突出。随着工业化和城镇化进程加快，我国粮食生产面临着耕地面积下降、生态环境压力持续增大的严峻形势。如何在减少能源投入、保护农业生态环境基础上提升粮食增产能力是我国粮食生产方式转型的客观要求。在粮食丰产科技工程实施过程中，积极纳入生态友好型粮食生产技术研究是实现粮食生产可持续发展的客观要求。

第十三章

粮食生产的技术进步及效率研究

第一节 农业科技进步与粮食增产的关系分析

一、主产区粮食科技进步贡献率测算方法选择

科技进步是保障粮食安全的主要驱动因素,是实现粮食生产持续增产的必要条件。粮食生产科技进步贡献率反映了扣除要素生产率致使粮食产量增长部分占全部粮食增产的比重,是技术进步对粮食产量增长率的贡献份额。长期而稳定地对其测算有利于保证国家粮食安全。深入分析影响粮食生产各投入要素的作用,科学准确地测算全国粮食生产要素,尤其是主产区粮食生产要素的产出弹性和科技进步贡献率,有助于从总体上把握中国粮食生产的科技进步水平,对制定粮食安全战略、进一步深化发展粮食丰产科技工程具有重要的参考价值。

(一)科技进步贡献率与粮食增产

科技进步概念最早来源于经济学家熊彼特的《经济发展理论》一书,他提出了"创新理论",强调生产技术的革新和生产方法的变革在社会经济发展过程中具有至高无上的作用。科技进步的内涵主要包括生产要素的提高、科技知识的进步、资源的重新配置、管理水平的提高等。在现代经济发展过程中,实现经济增长通常有两方途径:一是通过增加土地、资本、劳动等生产要素投入,实现扩大再生产,这属于外延式扩大再生产;二是通过技术创新与扩散，通过提升劳动者素质、优化资源配置，进而实现生产效率提高来增加产出，这属于内涵式扩大再生产。通过科技进步推动经济增长属于典型的内涵式扩大再生产。

粮食生产科技进步贡献率就是在粮食增产中由科技进步引起的增长所占的比重，反映科技进步对粮食生产作用程度的一项综合指标。影响粮食增产的要素包括农业生产劳动力投入，化肥、农药、种子、机械动力、灌溉工程等资本投入和良种培育、产田改造、栽培技术等科技进步。要准确地分析科技进步对粮食生产的贡献率，就必须将科技进步因素从影响粮食增产的众多要素中分离出来，并对其进行系统测算。

（二）粮食科技进步贡献率测算方法

根据已有文献资料分析，测量经济增长的科技进步贡献率使用最多的定量方法是柯布－道格拉斯（C－D）生产函数法和索洛（Solow）余值法。我国学者朱希刚（1997）最早采用索洛余值法对科技进步贡献率进行测算。农业部在1997年发布的《关于规范农业科技进步贡献率测算方法的通知》，将朱希刚等采用的索洛余值法作为测算农业科技贡献率方法的国家试行标准。本研究采用柯布－道格拉斯生产函数法进行回归分析和经验分析法确定模型参数（产出弹性），采用索洛余值法测算粮食生产的科技进步贡献率。

柯布－道格拉斯生产是由美国数学家柯布（C. W. Cobb）和经济学家保罗·道格拉斯（Paul H. Douglas）在共同探讨投入—产出关系过程中创造出来的生产函数，重点强调了资本与劳动投入量与产出量的关系，其函数形式：$Y = AK^{\alpha}L^{\beta}$，其中，Y为产出量，K为资本投入量，L为劳动力投入量，A为一定的科技水平，α、β分别为资本和劳动的产出弹性系数。首届诺贝尔经济学奖获得者丁伯根（J. Tinbergen）认为科技进步水平A应该是时间的函数，可表示为：$A_t = A_0 e^{rt}$，其中，A_0为常数，表示基期的科技水平，r为科技进步系数。则原式可化为：$Y = A_0 e^{rt} K^{\alpha} L^{\beta}$。基于粮食生产投入的实际，本研究将其调整为$Y_t = Ae^{\delta t} K_t^{\alpha} L_t^{\beta} M_t^{\gamma}$（$\delta > 0$，$0 \leq \alpha$，$\beta$，$\gamma \leq 1$），其中，K代表农业机械动力、农田灌溉、化肥、农药等资本投入，L代表粮食生产过程中的农业劳动力投入，M代表粮食播种面积，α、β、γ分别代表物质资本投入、劳动力投入和耕地投入的粮食产出弹性，δ代表粮食生产的科技进步贡献。为便于计算，将扩展后的粮食生产函数两边同时取对数，可得：

$$\ln Y_t = \ln A + rt + \alpha \ln K_t + \beta \ln L_t + \gamma \ln M_t + \mu \tag{1}$$

根据上述公式，利用实施粮食丰产科技工程以来的数据对各类资本产出弹性、劳动产出弹性和耕地产出弹性进行估计，并结合以往经验研究，确定各项产出弹性系数，为测算出粮食生产的科技进步贡献率提供基础。

运用年份数据计算，取 $dt = 1$，并将 dY_t、dK_t、dL_t、dM_t 转换为 ΔY_t、ΔK_t、ΔL_t、ΔM_t，将粮食生产的资本要素投入分解为机械动力投入 J、农田灌溉投入 G、化肥投入 F 和农药投入 P，其产出弹性分别为 α_1、α_2、α_3、α_4，对（1）式两边求微分，可得：

$$\delta = \frac{\Delta Y_t}{Y_t} - \left(\alpha_1 \frac{\Delta J_t}{J_t} + \alpha_2 \frac{\Delta G_t}{G_t} + \alpha_3 \frac{\Delta F_t}{F_t} + \alpha_4 \frac{\Delta P_t}{P_t} + \beta \frac{\Delta L_t}{L_t} + \gamma \frac{\Delta M_t}{M_t} \right) \quad (2)$$

其中，$y = \frac{\Delta Y_t}{Y_t}$、$j = \frac{\Delta J_t}{J_t}$、$g = \frac{\Delta G_t}{G_t}$、$f = \frac{\Delta F_t}{F_t}$、$p = \frac{\Delta P_t}{P_t}$、$l = \frac{\Delta L_t}{L_t}$、$m = \frac{\Delta M_t}{M_t}$ 分别表示粮食生产增产率、机械动力消耗增长率、灌溉投入增长率、化肥消耗增长率、农药消耗增长率、农业劳动力投入增长率和耕地面积增长率。由此，可得：

$$\delta = y - (\alpha_1 j + \alpha_2 g + \alpha_3 f + \alpha_4 p + \beta l + \gamma m) \quad (3)$$

由（3）可计算出第 t 年 i 地区的粮食生产的科技进步贡献率 $stpcr_{it} = \frac{\delta}{y}$（4）。

（三）测算指标及模型参数的确定

1. 粮食生产的指标选择

全球粮食生产实践表明，在石油农业条件下，粮食生产水平越高，能源消耗越多。发达国家的化肥、农药、柴油等化石能源要素在传统农业生产投入中的比重为 85%，在有机农业生产中也达到了 60%。改革开放以来，中国粮食产量持续提高，在 1978～2013 年间增长了 5 倍多，也由此带来了化肥、农药、农用柴油等以石油为原料的能源投入持续攀升。2013 年，中国农业能源消耗超过了 9 000 万吨标准煤，其中，化肥的总产量和消费量均超过了世界总量的 1/3[①]，过量的能源消耗已成为中国粮食生产的魔咒。为了探究中国粮食生产中的能源节约和粮食生产技术变动趋势，本文选择粮食生产中的化肥、农药、农业柴油等能源投入和农业劳动力、机械动力等要素作为分析指标。

（1）粮食产量。粮食生产的产量数据，即我国水稻、小麦和玉米三大主要粮食作物产量数据来自中国统计局公布数据（三大粮食作物产量合计），投

---

① 根据历年《中国统计年鉴》、《中国农村统计年鉴》、《中国能源统计年鉴》（国家统计局编，中国统计出版社出版）的数据计算、整理，本文以下部分相同。

入变量数据来自各年份《全国农产品成本收益资料汇编》《中国农村统计年鉴》中三大作物对应的各项物质费用和劳动用工等投入情况。根据希克斯—列昂惕夫（Hicks - Leontief）整合条件，当产品的相对价格或数量的变化具有相似性或对生产函数满足分离条件时，可以将产出进行整合。根据前期研究文献结论，可知三大粮食作物在生产波动上和产品属性上具有相似性，可直接将三者的产量整合为粮食总产量作为产出变量。

（2）农业机械动力投入。农业机械动力是用于农业生产的各类机械动力的总和，主要包括耕作、排灌、收获、运输和植物保护的机械动力（农用机械的动力引擎包括电动机和内燃机，其功率单位均可折算成瓦特）。农业机械动力的基础在于农业机械化程度，即在农业生产过程中采用适用的机械设备提高农业生产技术水平、生产效率和经济效益、生态效益的过程。提升农业机械化程度对促进农业生产集约化、抵御自然灾害，进而提高农业生产效率、增加产量水平、降低生产成本具有重要的现实意义。现阶段，中国农业机械化程度依然相对较低，2012年每千公顷耕地的大型拖拉机的使用量为43.6台、收割机使用量为6.8台，而早在2007年，德国就达到了每千公顷耕地大型拖拉机使用量为64.6台和收割机使用量为7.2台，日本的机械化程度更高，分别达到了433.9台和221.2台。农业机械动力增加替代农业劳动力流出满足农业生产需要，同时也提高了农业生产效率。2012年，全国农用大中型拖拉机为485.2万台、小型拖拉机为1 797.2万台、农用排灌电动机为1 248.8万台、农用排灌柴油机为982.3万台，农用机械总动力达到102 559万千瓦。农业机械化程度的提高一方面提升了农业生产效率和集约化程度，另一方面对石油燃料等能源的消耗也随之显著增加。2012年中国农业生产消耗的石油能源中仅农用柴油使用量就达2 107.6万吨，占农业生产所消耗各类燃油总量的90%左右。

（3）农田灌溉面积。一般情况下，有效灌溉面积应等于灌溉工程或设备已经配备，能够进行正常灌溉的水田和水浇地面积之和，是反映我国耕地抗旱能力的一个重要指标。统计数据显示，中国已经建成设计灌溉面积超过30万亩的大型灌区447个，1万至30万亩的中型灌区5 967个。现有塘坝、小型泵站、机井、水池、水窖等独立运行的小型农田水利工程2 000多万处，大中型灌区末级渠道、小型灌区固定渠道近300万公里，固定灌溉管道约180万公里，相应的配套建筑物近700万座，难以计数的田间工程几乎覆盖了所有的农田灌溉面积。

（4）粮食播种面积。指各地区三大粮食作物播种面积之和，以千公顷计。

(5) 化肥投入。21 世纪以来，中国粮食生产中的化肥消耗量以超过年均 5% 的速度增加。2013 年化肥消耗总量达到 7 153.7 万吨，分别是美国、日本、德国的 3.84 倍、55.6 倍和 34.4 倍。中国粮食生产的施肥强度为 32.3 千克/亩，而美国、日本和欧盟的农业生产施肥强度分别为 7.81 千克/亩、23.36 千克/亩、7.53 千克/亩（West，2002）。显然，中国粮食生产上处于依靠能源投入的粗放型生产阶段，与技术投入为主的集约型发展阶段存在较大差距。中国每年在化肥生产过程中需消耗 7 500 万吨煤炭、超过 100 亿立方米天然气、超过 500 亿千瓦时电力和 65 万吨石油，化肥是典型的高能耗产业和国家实施节能减排的重点行业。推动中国粮食生产的精细化、集约化，发展生态、高效农业需要通过技术进步提升化肥使用效率、优化化肥生产结构、减少化肥投入量和投入强度。

(6) 农药投入。为了保障和促进农作物生长，防止病虫害，提高粮食产量，中国近年来的农药使用量呈快速增加趋势。1991 年，农药使用量为 76.15 万吨，2012 年达到创纪录的 180.6 万吨，比 1991 年增长了 1.4 倍。除了在 2000 年的农药使用量稍有下降外，其他年份都呈快速增加趋势。农药和化肥生产一样也是能源密集型化工产业。

(7) 农业劳动力投入。农业劳动力是影响粮食生产的基本因素，随着中国城镇化和工业化进程的加快，农业劳动力流向城市第二、第三产业已成为客观趋势，未来农业生产中"谁来种田"和"谁会种田"将成为影响中国粮食生产的突出问题之一。在农业劳动力流出规模持续扩大和农业生产从业人员不断减少的情况下，如何才能保证粮食生产的可持续，实现粮食产量的持续增加；能否通过生产技术优化粮食生产要素投入结构，通过财政政策支持和鼓励高技能劳动力从事粮食生产和提升高产粮食作物的种植比重，推动农业劳动力和高产粮食作物的结合，从而实现粮食可持续增产成为值得研究的现实问题。

选择全国 31 个省份的粮食生产作为研究对象，以便于全面了解 13 个粮食主产区省份与全国粮食生产科技进步贡献率的比较差异；研究周期为 2004~2014 年，重点分析实施粮丰工程以来 13 个粮食主产区粮食生产科技进步贡献率变化情况。分析包括 1 个产出指标和 6 个投入指标。产出指标为年度粮食总产量（万吨）；投入指标包括：粮食播种面积（千公顷）、农业机械总动力（万千瓦）、有效灌溉面积（千公顷）、化肥施用量（万吨）、农药使用量（吨）和农业劳动力数量（万人）。研究的数据均来自历年《中国统计年鉴》和《中国农村统计年鉴》。

2. 模型参数的确定

根据 C-D 生产函数法和索洛余值法计算科技进步贡献率时,要先估计出各生产要素的产出弹性值,产出弹性取值不同会导致测算结果的不同。学者对此进行了大量的研究探索,提出了最小二乘估计法、分配份额等多种估计方法。研究中采用最小二乘法对全国 31 个省份粮食生产的回归分析结果如表 13-1 所示。

表 13-1　　　　　　　　粮食增产的要素贡献回归分析

Variable	Coefficient	Std. Error	t - Statistic	Prob.
粮食播种面积	0.251891	0.033401	27.30127	0.0000
农业机械动力	0.116175	0.029682	3.577090	0.0004
农田灌溉面积	0.076794	0.032896	2.334493	0.0202
化肥施用量	0.250949	0.019047	12.65006	0.0000
农药施用量	0.150354	0.011970	0.447252	0.6550
农业劳动力	0.148311	0.024447	6.066616	0.0000
R - squared	0.986477	Mean dependent var		2.956823
Adjusted R - squared	0.986163	S. E. of regression		0.063381
Sum squared resid	1.213564	F - statistic		3 147.144
Log likelihood	419.3469	Prob (F - statistic)		0.000000

在测算粮食生产科技进步贡献率时,采用索洛余值法进行测算首先需要确定物质资本投入、劳动力投入和耕地投入的产出弹性系数。为了更科学地测算粮食主产区的粮食生产科技进步贡献率,本研究在上述回归分析求出各投入要素的弹性系数基础上,参考国内外经验(如中国科学院农业经济研究所课题组在对农业科技进步贡献率进行测算时,确定的物质资本投入的总体产出弹性为 0.55,劳动力投入的产出弹性为 0.20,耕地投入的产出弹性为 0.25),结合我国粮食丰产科技工程实施情况,对实施粮食丰产科技工程以来的各投入要素的弹性系数调整如下:物资资本投入总体产出弹性值为 0.52 (其中,机械动力投入 0.10,灌溉投入 0.1,化肥消耗 0.22,农药消耗 0.10),劳动力的产出弹性系数为 0.23,耕地的产出弹性系数为 0.24。

二、主产区粮食科技进步贡献率测算结果及分析

根据公式 $\delta = y - (\alpha_1 j + \alpha_2 g + \alpha_3 f + \alpha_4 p + \beta l + \gamma m)$ 和公式 $stpcr_{it} = \dfrac{\delta}{y}$,将确定的物质资本投入、耕地投入和劳动力投入的产出弹性系数代入公式,计

算出全国和 13 个主产区的粮食生产科技进步贡献率（如表 13-2 所示）。

表 13-2　　　　　2004~2015 年粮食生产科技进步贡献率

年份	粮食生产科技进步贡献率	
	粮食主产区总体水平	全国总体水平
2004	0.519	0.416
2005	0.525	0.411
2006	0.564	0.403
2007	0.532	0.348
2008	0.559	0.442
2009	0.485	0.399
2010	0.483	0.427
2011	0.511	0.503
2012	0.529	0.532
2013	0.546	0.539
2014	0.586	0.545
2015	0.617	0.567
均值	0.537	0.461

从上述计算结果看，2004 年以来全国粮食增产科技进步贡献率累积值为 56.7%，年均科技进步贡献率为 46.1%；13 个主产区总体粮食增产科技进步贡献率累积值为 61.0%，年均科技进步贡献率是 53.7%。这说明从全国粮食生产看，物质要素投入依然是粮食增产的主要驱动力量，而实施"粮食丰产科技工程"的 13 个粮食主产区已经初步完成了由物质要素投入促进粮食增产的粗放型生产模式向由科技进步促进粮食增产的集约型模式转变的过程。

图 13-1 展示了历年 13 个粮食主产区和全国粮食增产科技进步贡献率的变动趋势。

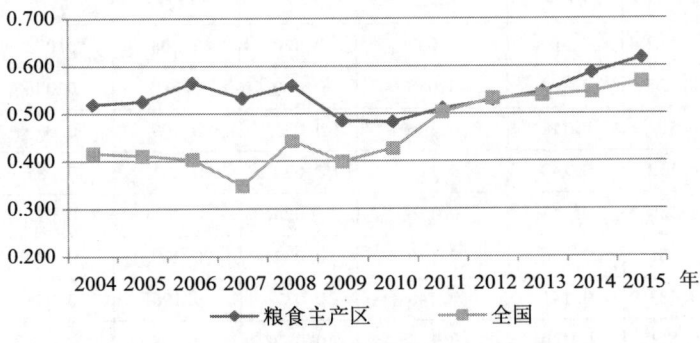

图 13-1　粮食生产科技进步贡献率变动趋势

从 2004 年至 2009 年期间，粮食主产区和全国粮食增产的科技进步贡献率整体上处于明显的波动趋势，其主要原因是粮食科技投入的作用尚未显现，粮食生产过程中过于强调化肥、农药、机械动力存量的快速增长，但缺乏科学合理配置，导致物质资本投入的巨大浪费，科技进步作用也难以有效发挥。从 2009 年开始，粮食主产区和全国粮食增产科技进步贡献率一直处于连续稳定的增长状态。近两年来，粮食主产区整体粮食增产科技进步贡献率呈明显增长趋势，这表明实施"粮食丰产科技工程"对推动粮食科技成果转化为现实的粮食生产力促进作用在持续增强。从粮食主产区和全国粮食增产科技进步贡献率的年度变化趋势看，粮食主产区粮食科技进步对全国粮食增产的影响非常显著。

表 13 - 3 描述的是 13 个粮食主产区粮食生产投入要素的贡献率。从计算结果来看，对粮食增产贡献除了科技进步贡献率最大之外，耕地投入、机械动力和化肥消耗对粮食增产的贡献率每年也都超过了 10%，农药消耗对粮食增产的贡献率呈现下降趋势。更有意思的结果是劳动力对粮食增产的贡献率为负值。上述测算结果说明主产区粮食增产的最重要动力是科技进步，其次是耕地、机械和化肥等资本投入，而劳动投入对粮食增产的贡献率基本上处于被忽略的状态。劳动力投入对粮食增产的贡献率为负值的原因在于 2004 年以来农业劳动力由第一产业向第二、第三产业大量专业，粮食主产区各省份的粮食生产劳动力投入是逐年下降的，粮食产量的变动值（增产量）为正值，劳动力的变动值（增产量）为负值，显然导致劳动力对粮食增产的贡献率是不可能显著为正值的。

表 13 - 3   2004 ~ 2015 年粮食主产区粮食生产要素贡献率

年份	科技贡献率	耕地投入	机械动力	灌溉投入	化肥消耗	农药消耗	劳动力投入
2004	0.519	0.100	0.057	0.020	0.308	0.003	-0.037
2005	0.525	0.103	0.088	0.020	0.218	0.056	-0.030
2006	0.564	0.111	0.106	0.023	0.199	0.079	-0.112
2007	0.532	0.143	0.112	0.024	0.191	0.085	-0.067
2008	0.559	0.118	0.120	0.026	0.171	0.075	-0.068
2009	0.485	0.140	0.146	0.032	0.200	0.080	-0.084
2010	0.483	0.141	0.148	0.037	0.196	0.083	-0.087
2011	0.511	0.120	0.138	0.039	0.178	0.067	-0.052

续表

年份	科技贡献率	耕地投入	机械动力	灌溉投入	化肥消耗	农药消耗	劳动力投入
2012	0.529	0.116	0.138	0.043	0.172	0.065	-0.062
2013	0.546	0.118	0.129	0.041	0.166	0.059	-0.059
2014	0.586	0.122	0.118	0.032	0.143	0.051	-0.051
2015	0.617	0.125	0.113	0.030	0.141	0.025	-0.051

表13-4是对13个粮食主产区省份历年粮食增产科技进步贡献率的变动情况。可以看出，首先，江苏、山东、河北、河南、江西五省份的粮食生产科技进步贡献率总体上超过了50%，且呈稳定增长趋势；其他地区尽管有各种情况的波动特征，但总体上呈现增长趋势。其次，从理论上讲，粮食生产科技进步贡献率应该处于[0，1]区间之内，但本研究测算的部分省份粮食生产科技进步贡献率为负值，且呈明显的不规则趋势。显现，这些处于[0，1]区间外的科技进步贡献率测算值属于异常值，这可能是因为数据本身有误或者测量系统误差造成的，也可能是因为要素配置不合理产生的结果。科技进步贡献率为负值，从理论上是可以解释的，尽管产出有所增加，但由于产出增长的速度低于要素投入增长速度的加权和，即要素配置不科学使产出增长质量较低，其结果表现为科技进步贡献率为负值（薛国华，2006）。需要指出的是，科技进步贡献率为负值，并不表明科技进步对粮食增产没有贡献，而是说明当年的耕地、物质资本与劳动等要素配置不合理，导致要素的巨大浪费，以至于抵消了科技进步贡献效果（王博，2006年）。

表13-4　　13个粮食主产区粮食生产科技进步贡献率变化

年份	河北	内蒙古	辽宁	吉林	黑龙江	江苏	安徽	江西	山东	河南	湖北	湖南	四川
2004	0.285	0.645	0.454	0.502	0.719	0.388	0.512	0.641	0.552	0.473	0.445	0.451	0.569
2005	0.540	0.684	0.458	0.590	0.647	0.431	0.473	0.513	0.774	0.747	0.446	0.267	0.634
2006	0.592	0.523	0.425	0.634	0.573	0.886	0.823	0.578	0.714	0.860	0.387	0.322	0.050
2007	0.658	0.371	0.371	0.366	0.432	0.908	0.599	0.533	0.721	0.726	0.409	0.442	-0.038
2008	0.657	0.437	0.440	0.599	0.574	0.960	0.606	0.546	0.730	0.693	0.366	0.559	0.222
2009	0.622	0.272	-0.725	0.022	0.489	0.973	0.596	0.568	0.725	0.676	0.405	0.521	0.065
2010	0.615	0.320	-0.362	0.390	0.489	0.979	0.550	0.439	0.703	0.645	0.436	0.340	0.146
2011	0.670	0.377	0.346	0.480	0.489	0.941	0.470	0.549	0.713	0.565	0.351	0.410	0.355
2012	0.677	0.366	0.308	0.456	0.462	0.993	0.556	0.531	0.720	0.587	0.411	0.441	0.282

续表

年份	河北	内蒙古	辽宁	吉林	黑龙江	江苏	安徽	江西	山东	河南	湖北	湖南	四川
2013	0.702	0.403	0.457	0.511	0.455	0.999	0.467	0.589	0.740	0.607	0.429	0.401	0.443
2014	0.665	0.568	-0.609	0.497	0.477	0.960	0.565	0.634	0.727	0.628	0.524	0.510	0.695
2015	0.695	0.540	0.217	0.529	0.489	0.946	0.618	0.633	0.762	0.665	0.545	0.572	0.707

综合上述分析可见，粮食主产区的科技进步对粮食增产的贡献作用已经超过了耕地、物质资本和劳动力等要素，粮食主产区实施"粮食丰产科技工程"等带来的科技进步已成为粮食丰产的主要驱动力和决定性因素。

三、粮食科技进步贡献率的驱动因素分析

（一）科技进步对粮食科技进步贡献率影响的理论分析

1. 科技进步影响粮食育种及耕、种、收等技术研发、扩散全过程。科技进步表现为将难以编码的隐性知识、技能与经验通过组织文化、信息交流、技术扩散等过程镶嵌于粮食技术研发与种植单位、研发与扩散人才、粮食耕种收全过程之中，通过知识资源的有效吸收、整合与转化，促进粮食生产技术效能提升。随着科技进步创造及其促进的科技进步，粮食生产已进入主要依靠能源要素、良种培育、机械耕作和灌溉工程支持的现代农业阶段，科技进步与劳动力、劳动工具、劳动对象的融合程度超越了传统农业的手工劳动和"靠天吃饭"的自然农业阶段。粮食育种、耕作、种植与收割已经成为无形的知识、技术作用载体，其产出效能与效率取决于科技进步的渗透程度。

2. 科技进步影响粮食生产要素结构优化与产出效能。耕地、良种、化肥、农药、农业机械设备等生产要素结构优化与升级是促进粮食增产的基本条件。科技进步通过内嵌于粮食种子、肥料、栽培、收割等技术研发人员和生产者、技术扩散部门、种植单位等，实现粮食生产技术效能提升，促进良种培育、化肥效率、农药、灌溉工程、产田改造、机械动力等的知识与技术含量，提升劳动力生产效能，从而实现粮食生产中的要素投入结构优化，进而推动粮食科技进步贡献率提升，促进粮食生产的内涵式提升。

3. 科技进步的有效供给可以提高粮食生产管理效能。中国粮食生产客观上存在人地关系紧张和生态环境问题突出的现实矛盾，分散生产、管理松散和效能低下的外延式、粗放式粮食生产方式还在较大范围存在。需要通过科技进步有效供给支持粮食生产过程的科学决策、高效管理和规模经营，改变粮食生产的落后局面。一是科技进步在促进粮食生产中能够提升粮食生产经营者的市场意识，优化粮食及其种子、肥料等农资的价格信号传递机制，促

进粮食技术研发创新效率，促进粮食生产的要素资源配置与效率提升；二是科技进步有效供给有助于粮食研发、种植和要素供给单位增强技术学习、消化、创新能力，提升粮食生产技术进步和管理效率；三是科技进步有效供给有助于促进政府职能转变与粮食生产经营主体的决策程序与经营手段创新，尤其是保障和激励中低产田改造和农田水利建设，为粮食生产综合效率提升提供支持，为提升粮食生产效率提供重要保障。

总之，科技进步能够通过推动粮食生产的耕、种、收技术研发、应用与扩散全过程，粮食生产要素结构优化与产出效能提升，粮食生产过程管理创新，进而促进粮食生产函数优化，实现粮食科技进步贡献率提升。因此，在推动供给侧结构性改革和保障粮食质量安全过程中，探讨科技进步对粮食科技进步贡献率提升的影响具有非常重要的现实意义。

（二）研究方案设计

1. 变量选取与数据处理

基于对已有研究关于粮食科技进步影响因素的归纳综合，结合粮食主产区数据的可获得性，本文选取粮丰科技人才投入（包括研发人才、扩散人才）、农业科技机构资本、粮食科技农业科技投入强度、科技服务体系、粮食经济发展水平和人均 GDP 作为粮食科技贡献率提升的解释变量。

（1）粮丰人才投入：粮丰人才投入是掌握粮食生产技能、经验的显性与隐性知识载体，本文选择粮食丰产技术研发人员（RDH）和粮食丰产技术扩散人员（KSH）作为代理变量，数据源于对 13 个粮食主产区省份实施粮食丰产科技工程中的科技人员数据调查获取。

（2）粮丰科技机构资本（COR）：农业科技机构资本是进行粮食育种、栽培、种植、机械动力等知识创造、技术研发与技术扩散的物质平台，本文选择从事农业技术研发和扩散的科技机构数作为代理变量，数据源于各省区历年统计年鉴和对粮食主产区各省份的调查获取。

（3）农业科技投入强度（RDQ）：农业科技投入强度是粮食科技进步的基本条件，决定着粮食技术研发创新能力。本文选农业科技支出强度作为代理变量，其计算方法为：农业科技支出强度＝（科技支出＋农林副支出）／一般预算支出，数据源于粮食主产区各省份历年统计年鉴。

（4）农业科技环境资本（KRC）：农业科技环境资本是粮食生产过程中进行技术研发、技术扩散、科技服务等知识产出的环境体系，用粮食主产区省份有效专利与 R&D 人员比重最为代理变量，数据源于对粮食主产区省份的历年统计年鉴。

（5）粮食经济发展水平（DED）。粮食经济发展水平是粮食产业发达程度的基础和体现，粮食经济发展水平越高，意味着该地区越有条件通过科技进步促进粮食生产效率提升。本文的粮食经济发展水平代理变量用"特定省份的（粮食作物播种面积/农作物播种面积）×（农业总产值/农林牧渔业总产值）"表示。该数值越大说明所在省份的粮食经济发展水平越高。数据源于各粮食主产区省份的 2005~2015 年历年统计年鉴。

（6）人均 GDP。人均 GDP 是特定地区经济发展水平的重要衡量指标之一，人均 GDP 越高表明该地区经济发展水平越高。根据配第克拉克定理和库茨涅兹定理，区域经济发展水平越高可能对农业的重视程度下降。另外，区域经济发展水平越高，一定程度上有助于实现粮食生产的机械化、规模化，从而促进粮食生产的科技化水平提高。由此可见，人均 GDP 对粮食科技进步贡献率的影响值得验证。人均 GDP 的测算采取一定时期特定地区 GDP 总量除以总人口，数据源于粮食主产区各省份历年统计年鉴。

2. 计量模型选择

为了考查上述驱动因素对粮食科技进步贡献率的影响，将驱动因素等引入柯布 - 道格拉斯生产函数之中，设 $Y_{it} = AL_{it}^{\alpha} K_{it}^{\beta} S_{it}^{\gamma} e^{\varepsilon_{it}}$，L、K、S 分别代表要素变量，$\alpha$、$\beta$、$\gamma$ 表示各要素产出弹性，i 表示省份，t 表示时间，ε_{it} 为随机误差项。将粮丰科技人才投入、农业科技机构资本、农业科技投入强度、农业科技环境资本、粮食经济发展水平、人均 GDP 等要素纳入粮食生产函数的解释变量，由此，确定驱动因素影响粮食科技进步贡献率提升的分析模型：

$$SCR_{it} = \gamma_0 + \gamma_1 RDH_{it} + \gamma_2 KSH_{it} + \gamma_3 COR_{it} + \gamma_4 RDQ_{it} + \gamma_5 KRC_{it} \\ + \gamma_6 IPR_{it} + \gamma_7 GDPP_{it} + \varepsilon_{it} \tag{4}$$

其中，γ_0 为截距项，γ_i 为各要素产出弹性，ε_{it} 为随机误差项。

3. 面板数据回归分析结果

由于粮食丰产科技工程各因素对粮食科技进步贡献率提升具有驱动作用，科技进步贡献率反过来也可能会对粮丰科技因素具有促进作用，为了避免个体固定效应模型 OLS 分析可能存在的内生变量导致估计偏差，对计量模型进行 IV 估计与 D - M 检验，基于 D - M 检验的 p 值为 0.77。可见，自变量与本期随机干扰项不存在相关关系，由此排除计量模型的内生性问题，采用个体固定效应模型进行 OLS 估计是有效的。运用 EViews6.0 统计软件对粮丰科技因素驱动粮食科技进步贡献率提升进行回归分析。由表 13 - 5 可见，有控制变量的回归分析中 R^2 为 0.86，Adj - R^2 为 0.83，F 检验值为 23.86；无控制变量的回归分析中 R2 为 0.99，Adj – R2 为 0.98，F 检验值为 88.48；这表明两个回归模型具有较好的整体拟合优度。粮丰科技人才投入（包括研发人才资本和技术扩散人才资本）、农业科技机构资本、农业科技投入强度、农业科技环境资本等五个变量都显著影响主产区粮食科技进步贡献率，地区粮食经济发展水平对粮食科技进步贡献率的影响也显著为正，而人均 GDP 对粮食科技进步贡献率的影响不显著。具体分析如下：

表 13 – 5　　粮食科技进步贡献率驱动因素的 OLS 回归结果

变量	有控制变量	无控制变量
RDH	0.3025***（9.5819）	0.2424***（53.7685）
KSH	0.2837***（8.5873）	0.1917***（49.0860）
COR	0.1669**（1.9795）	0.3920***（44.7416）
RDQ	0.4903***（8.6746）	0.4285***（64.7471）
KRC	– 0.4895***（– 6.0859）	– 0.5291***（– 37.5391）
DED	1.4751***（8.3306）	—
GDPP	0.0021（0.0296）	—
c	– 1.2073**（– 2.1413）	1.9683***（– 60.2113）
R^2	0.864451	0.990522
$Adj – R^2$	0.832417	0.983402
F – statistic	23.86330	88.47894

注：括号内的数字为回归系数的 t 统计值。*、**、***分别表示 1%、5% 和 10% 显著性水平。

粮丰科研人力资本、技术扩散人力资本的回归系数分别为 0.30 和 0.28，且在 1% 水平显著。在既定粮食生产条件下，粮食研发人才资本、粮食技术扩散人才资本每增加 1 个百分点，粮食科技进步贡献率能够分别提升 0.30 个、0.28 个百分点。无控制变量的回归分析中粮丰科研人力资本、技术扩散人力资本的回归系数分别为 0.24 和 0.19，且在 1% 水平显著。这说明粮丰科技人才投入对主产区粮食科技进步贡献率起到正向驱动作用

农业科技机构资本的回归系数为 0.17，在既定粮食生产环境下。农业科技机构资本每提高 1 个百分点，主产区粮食科技进步贡献率可提高 0.17 个百分点，且在 5% 水平上显著；在无控制变量的回归结果中，农业科技机构资本的回归系数为 0.39，且在 1% 水平上显著。这说明知识创造、应用与扩散组织对粮食技术进步有显著促进作用，能够提升主产区粮食科技进步贡献率。

农业科技投入强度的回归系数为 0.48，农业科技投入强度每增加 1 个百分点，主产区粮食科技进步贡献率将提升 0.49 个百分点，且在 1% 水平上显

著;无控制变量的回归分析结果中,农业科技投入强度的回归系数为0.43,且在1%水平上显著。这说明增加农业科技投入,提升粮食科技农业科技投入强度对促进粮食科技进步,提升粮食科技进步贡献率具有驱动作用。

农业科技环境资本的回归系数为-0.49,无控制变量的农业科技环境资本的回归系数为-0.53,二者都在1%水平上显著。这说明以有效专利数除以研发人员数为代表的农业科技环境资本对主产区粮食科技进步贡献率提升存在负向作用,其原因在于现阶段地区工业科技对粮食科技的溢出效应尚未发生,且存在挤出效应。

地区粮食经济发展水平的回归系数是1.48,在特定技术环境条件下,地区粮食经济发展水平每提升1个百分点,粮食科技进步贡献率会提高1.48个百分点,其在1%的显著水平上正向影响粮食主产区科技进步贡献率。这说明地区粮食经济发展水平越高,意味着粮食生产经营者对粮食科技进步越重视,也越有条件从事粮食科技研发活动。

回归结果中人均GDP的回归系数是0.0021,在一定技术环境条件下,地区人均GDP每提高1个百分点,粮食科技进步贡献率将提高0.0021个百分点,但不显著。这说明粮食主产区人均GDP水平提高,对粮食生产的机械化、规模化和科技化水平的提高作用尚不明显。这可能和我国农业生产的分散性经营相关。

(三) 稳健性检验

粮食科技进步贡献率的变动具有连续性和动态性特征,为了有效避免某些变量可能存在的非严格外生和OLS估计可能产生的扰动项自相关现象,尤其是在随机误差项可能存在异方差和序列相关情况下有效进行实证检验,本文选择系统GMM估计法对主产区粮食科技进步贡献率变动的知识资本驱动进行稳健性检验,将粮食科技进步贡献率的一阶滞后项纳入计量模型作为解释变量:

$$\ln SCR_{it} = c + \alpha_0 \ln SCR_{it} + \alpha_1 \ln RDH_{it} + \alpha_2 \ln KSH_{it} + \alpha_3 \ln COR_{it} + \alpha_4 \ln RDQ_{it} + \alpha_5 \ln KRC_{it} + \alpha_6 \ln IPR_{it} + \alpha_7 \ln GDPP_{it} + u_t + v_i + \varepsilon_{it} \quad (8)$$

由系统GMM估计结果可见,主产区粮食科技进步贡献率一阶滞后项对当期粮食科技进步贡献率的回归系数在1%显著水平上为正值0.41,无控制变量的科技进步贡献率一阶滞后项回归系数也在1%显著水平上为0.49,这说明粮食研发创新、管理创新和技术扩散等推动的科技进步具有显著的动态连续性和累积促进性。粮丰科技人才投入、农业科技机构资本、农业科技投入强度等各类知识资本变量对主产区粮食科技进步贡献率的显著正向促进作用与前文的 OLS 估计结果相似；农业科技环境资本在 1% 显著水平下的回归系数为 -0.14，无控制变量的模型估计结果是在 10% 显著水平下的回归系数为 -0.01，依然表明工业技术对农业技术进步的溢出效应尚未实现。由表 13-6 可见，地区粮食经济发展水平在 1% 显著水平下对主产区粮食科技进步贡献率变动由正向促进作用；地区人均 GDP 对粮食科技进步贡献率也具有正向促进作用，但不显著。运用系统 GMM 估计法得出的计量结果与前文实证结果一致。有控制变量和无控制变量的系统 GMM 估计法的计量分析结果与前文实证结果一致。说明本文的实证分析结果是可靠的。

表 13-6　　　　　　　　系统 GMM 估计法回归结果

变量	有控制变量	无控制变量
SCR-1	0.4103*** (128.0747)	0.4925*** (162.8456)
RDH	0.2541** (20.0008)	0.2093** (32.6452)
KSH	0.1870** (19.2569)	0.0843** (20.6391)
COR	0.1214** (7.1616)	0.2434** (26.6835)
RDQ	0.2293** (20.3772)	0.1096** (11.6290)
KRC	-0.1449*** (-7.1369)	-0.0132* (-3.8319)
DED	1.0105*** (30.0485)	
GDPP	0.1003 (5.7644)	
c	-1.3324*** (-10.0827)	1.0652*** (31.1681)
Wald-x^2 统计量	162 233.3 (0.00)	186 231.2 (0.00)
Sargan 检验	122.5 (0.196)	163.2 (0.185)
AR (1) 检验 p 值	0.162	0.120
AR (2) 检验 p 值	0.632	0.722

注：回归系数下方括号内的数字为回归系数的 t 统计值，其中，*、**和***分别表示 1%、5% 与 10% 显著性水平。在系统 GMM 回归分析过程中设定制度环境与知识资本为内生变量；AR (1)、AR (2) 检验的原假设为 "H0：扰动项不存在自相关"，要求差分方程不存在二阶自相关；Sargan 检验的原假设为 "H0：工具变量过度识别"，若 H0 被接受，说明变量选择合理。

（四）基本结论与启示

粮食主产区的粮食生产技术进步变化程度明显，无论是粮食主产区整体的科技进步贡献率还是各个主产区省份的粮食科技进步贡献率，都呈明显的波动上升趋势。粮食主产区的科技进步对粮食增产的贡献率已经超过了耕地、化肥、农药、机械动力和劳动力等要素,科技进步已成为粮食丰产的决定性驱动力。2004~2014年我国主产区总体粮食科技进步贡献率累积值为52.1%,年均51.2%。科技进步是推动我国粮食主产区乃至全国粮食增产的主要因素,粮食主产区初步完成了由以物质要素投入为主的粗放型粮食生产模式向以科技进步为主的集约型粮食生产模式转变过程。在驱动主产区粮食科技进步贡献率变动因素中,知识型人才资本(技术研发与技术扩散人才资本)、农业科技机构资本、研发投资强度等知识资本对粮食科技进步贡献率提升呈现显著的正向驱动作用;农业科技环境资本的显著负向作用表明工业研发创新对粮食科技进步的挤出效应大于溢出效应。另外,地区粮食经济发展水平对粮食科技贡献率提升具有明显促进作用。基于上述研究结果,可以提出以下政策启示:

(1) 强化粮食丰产的科技支撑战略。随着我国耕地面积、水资源短缺和劳动力持续转移等因素的制约,科技进步已成为实现粮食增产的最重要途径,保障粮食安全战略的重点依然是加快粮食科技创新,引进和消化新技术,提高粮食生产科技水平。

(2) 健全粮食科技贡献率提升的知识资本驱动机制。鼓励推动关键粮食科研机构建设,提供研发创新与管理决策创新的组织基础;注重高层才人才引进和培养激励机制,发挥高层次研发人才、管理人才在关键、前沿技术创新中的核心作用;加大内部、外部研发经费支持力度,科学实施合作创新与协同创新,促进粮食科技进步贡献率提升。

(3) 通过政策创新推进粮食生产的技术进步与要素组合优化。通过财政支持和农业技能培训,鼓励和吸引有技能的农村劳动力投入粮食生产,提升粮食生产精细化程度和种植效率;有效加强农田基础设施建设,结合各地实际发展节水灌溉设施,通过管理创新发挥科技进步对粮食增产的作用。

第二节 粮食全要素生产率变化及构成分析

通过全面分析13个项目区的粮食全要素生产率及其构成的变化对粮食生产技术综合效率进行评价。本研究运用DEA—Malmquist指数法效率评价模型,以不同粮食生产决策单元(省份)不同年份的投入产出作为评价主体,运用DEAP2.1数据分析软件计算和测量13个项目区的技术投入、要素投入等和以不同地区粮食产量水平产出指标的技术效率、规模效率和全要素生产率。测定实施粮丰工程以来13个项目区粮食生产全要素生产率的变化,并对全要素生产率的影响因素(技术效率、技术进步、规模效率和纯技术效率)变化进行详细的分析,对粮丰工程效果进行评价。

一、粮食全要素生产率测量方法选择

(一)指标选择与研究方法

采用基于数据包络分析法的 DEA – Malmquist 测量13个粮食主产区省份粮食生产全要素生产率及其动态变化。DEA 方法由美国运筹学家 A. Charnes 和 W. W. Cooper 在1978年首先提出,其优点在于无须事先确定投入产出间的函数关系,从而避免了主观因素的影响。假设有 n 个不同地区、不同作物的粮食生产决策单元,每个粮食生产决策单元都有 m 种类型的"输入 X_{ij}"(表示某地区特定作物对"资源"的消耗)以及 s 种类型的"输出 Y_{ij}"(表示特定作物在消耗了"资源"之后的产出),则粮食生产决策单元的输入和输出向量分别为 $x_j = (x_{1j}, x_{2j}, \cdots, x_{nj})^T$ 和 $y_j = (y_{1j}, y_{2j}, \cdots, y_{nj})^T$。粮食生产决策单元的线性规划模型如下:

$$P_{C^2R} \begin{cases} max \mu^T y_0 = V_P \\ s.t. \ \omega^T x_j - \mu^T y_j \geq 0, \ j = 1, 2, \cdots, n \\ \omega^T x_0 = 1 \\ \omega \geq 0, \ \mu \geq 0 \end{cases}$$

其中,ω^T、μ^T 分别为 m 种输入和 s 中输出的权系数,规划最优解为 ω^0、μ^0。

从模型(1)和上述定义可知,V_P 越大,表明粮食生产决策单元能够用相对较少的输入得到相对较多的输出。决策单元的效率评价指数为:$h_j = \sum_{r=1}^{p} u_r y_{rj} / \sum_{i=1}^{m} v_r x_{rj}$,其中,$j = 1, 2, \cdots, n$。则第 $j0$ 个决策单元的相对效率优化评价模型为:

$$max h_{j0} = \sum_{r=1}^{p} u_r y_{rj0} / \sum_{i=1}^{m} v_r x_{rj0}$$

$$s.t. \begin{cases} \sum_{r=1}^{p} u_r y_{rj} / \sum_{i=1}^{m} v_r x_{rj} \leq 1 \quad j = 1,2,\cdots,n \\ v_i, u_r \geq 0, 1 = 1,2,\cdots,m; r = 1,2,,\cdots,s \end{cases}$$

采用 DEA 模型的效率测量包含技术有效与规模有效的综合效率值,用于判断粮食生产的技术有效、规模有效性和测量特定技术的纯技术效率。DEA分析法作为一种非参数方法，不受输入、输出数量量纲影响，无须预先设定生产函数，而且能够综合考虑规模不变和规模可变的情形，评价结果较高的客观性。Malmquist 生产率指数是在距离函数基础上定义的，无须输入相关价格信息，适合进行跨区域、跨时期的样本生产效率测量。运用 DEA - Malmquist 指数法可以将全要素生产率分解为技术效率变化和技术进步变化指数，还能进一步分解为纯技术效率指数和规模效率指数，能够较为深刻地揭示效率变动的源泉。生产效率是指投入与产出的比例关系，反映了资源的利用效果；全要素生产率是反映全部投入中每个单位所生产的产出水平，即总产量与全部要素投入量之比。最先提出 Malmquist 指数的 Caves et al（1982）认为，Malmquist 指数是通过在参照技术下，通过对 s 到 t 时期的产出观测值和利用投入能够带来的最大产出水平之间的比较来对生产率进行测算的方法。Fare et al（1989）采用两个时期的 Malmquist 生产率指数几何平均值来计算全要素生产率指数：

$$M_0(x_t, y_t, x_{t+1}, y_{t+1}) = \left[\frac{D_0^{t+1}(x_{t+1}, y_{t+1})}{D_0^{t+1}(x_t, y_t)} \times \frac{D_0^t(x_{t+1}, y_{t+1})}{D_0^t(x_t, y_t)}\right]^{1/2}$$

其中，$D_0^t(x_t, y_t)$ 代表第 t 期的当期技术效率水平；$D_0^t(x_{t+1}, y_{t+1})$ 代表以第 t 期技术表示的第 $t+1$ 期的技术效率水平；$D_0^{t+1}(x_t, y_t)$ 表示以第 $t+1$ 期技术表示的第 t 期的技术效率水平；$D_0^{t+1}(x_{t+1}, y_{t+1})$ 表示以第 $t+1$ 期技术表示的第 $t+1$ 期的技术效率水平。

生产率的进步可能是技术效率的变化与生产技术进步的结果。技术效率是在给定要素及技术投入情况下生产者获取最大产出的能力，反映了生产过程中已有技术的有效利用程度，实际上是以接近生产前沿面的程度进行衡量。由此，Fare et al（1989）基于规模不变的 CRS 模型将全要素生产率进一步分解为技术效率和技术变动（方括号内部分）两个部分。

$$M_0(x_t, y_t, x_{t+1}, y_{t+1}) = \left[\frac{D_0^t(x_{t+1}, y_{t+1})}{D_0^t(x_t, y_t)} \times \frac{D_0^t(x_{t+1}, y_{t+1})}{D_0^{t+1}(x_t, y_t)} \times \frac{D_0^t(x_{t+1}, y_{t+1})}{D_0^{t+1}(x_t, y_t)}\right]^{1/2}$$

为了揭示规模报酬变动的 VRS 模型的全要素生产率的构成，Feng（1994）进一步将上述方程中 Malmquist 指数中技术效率变化分解为纯技术效率和规模效率变化。其中，纯技术效率是指在规模报酬可变（VRS）假设下的年度生产达到的技术效率水平；规模效率是综合技术效率与纯技术效率的比值，规模效率越接近于 1，表示粮食生产越接近最适规模，规模效率低则表明在特定技术水平的粮食生产投入尚未达到最优规模。具体而言，可以用

DEA - Malmquist 指数法将全要素生产率（TFP）进一步分解为综合技术效率、纯技术效率和规模效率变化，如下式：

$$M_0(x_t, y_t, x_{t+1}, y_{t+1}) = \frac{S_0^{t+1}(x_{t+1}, y_{t+1})}{S_0^t(x_t, y_t)} \times \frac{D_0^{t+1}\left(x_{t+1}, \frac{y_{t+1}}{VRS}\right)}{D_0^t\left(x_t, \frac{y_t}{VRS}\right)}$$

$$\times \left[\frac{D_0^t(x_{t+1}, y_{t+1})}{D_0^{t+1}(x_{t+1}, y_{t+1})} \times \frac{D_0^t(x_{t+1}, y_{t+1})}{D_0^{t+1}(x_t, y_t)}\right]^{1/2}$$

采用 DEA - Malmquist 指数法利用上式对实施粮食丰产科技工程以来的各省（粮食主产区及非主产区）的粮食全要素生产率进行测量分析。

（二）数据来源及处理

选择全国31个省份的粮食生产作为研究对象，以便于全面了解13个粮食主产区省份与全国其他省份粮食生产综合技术效率的比较差异；研究周期为2004~2015年，重点分析实施粮丰工程以来13个粮食主产区粮食生产综合技术效率和全要素生产率变化情况。DEA模型包括1个产出指标和6个投入指标。产出指标为各省份年度粮食总产量（万吨）；投入指标包括：各省份粮食播种面积（千公顷）、农业机械总动力（万千瓦）、有效灌溉面积（千公顷）、化肥施用量（万吨）、农药使用量（吨）和农业劳动力数量（万人）。本研究的数据均来自历年《中国统计年鉴》和《中国农村统计年鉴》。

运用DEAP2.1软件对2004~2015年的粮食产出和投入数据进行效率测算。在测算出2004~2014年全国31省份粮食生产的综合技术效率、纯技术效率和规模效率水平的基础上测算分别了13个粮食主产区省份和18个非粮食主产区省份十年来的全要素生产率变化，并把全要素生产率变化分解为技术效率、技术进步变化，其中，技术效率变化包括纯技术效率和规模效率变化。

全要素生产率增长常常被视为科技进步的指标。基于DEA - Malmquist 指数运用DEAP2.1对全国31个省份2004~2015年的粮食总产量及相关投入数据进行了粮食生产全要素生产率及其构成进行了测算。分别从全国31个省份，主产区和非主产区比较的角度对粮食生产全要素生产率进行分析。

二、粮食生产技术进步及效率变化总体情况

（一）年度变化情况

测算出2004~2015年13个粮食主产区省份和18个非粮食主产区省份的全要素生产率变化，并把全要素生产率变化（TFPC）分解为技术效率变化

(EFFCH)、技术进步变化(TECHCH),其中,技术效率变化包括纯技术效率(PECH)和规模效应变化(SECH)。

实施粮食丰产科技工程以来,全国13个粮食主产区省份2004~2015年的粮食生产技术效率测算结果看,13个粮食主产区实施粮丰工程十年的粮食生产技术效率变化年度平均值为1.012,年均提高1.2%。其中,纯技术效率平均值为0.995,年均提高-0.5%;规模效率变化平均值为1.016,年均提高1.6%;全要素生产率变化平均值为1.048,年均增长4.8%(见表13-7)。18个非主产区的粮食生产技术效率变化年度平均值为1.001,年均提高0.1%。其中,纯技术效率平均值为0.997,年均提高-0.3%;规模效率变化平均值为1.002,年均提高0.2%;全要素生产率变化平均值为1.004,年均增长0.4%(见表13-8)。

表13-7　　　　　主产区粮食生产综合效率年度变化情况

年份	EFFCH	TECHCH	PECH	SECH	TFPCH
2004~2005年	0.976	1.017	0.967	1.009	1.010
2005~2006年	0.993	1.047	0.982	1.011	1.040
2006~2007年	1.093	0.968	1.038	1.053	1.058
2007~2008年	0.928	1.132	0.973	0.954	1.050
2008~2009年	1.111	0.986	1.046	1.062	1.095
2009~2010年	0.955	1.099	0.974	0.980	1.050
2010~2011年	0.977	1.010	0.972	1.005	1.007
2011~2012年	0.994	1.033	0.998	0.996	1.027
2012~2013年	1.032	1.010	0.983	1.050	1.042
2013~2014年	1.063	1.036	1.021	1.041	1.101
2014~2015年	1.067	1.048	1.023	1.043	1.118
均值	1.017	1.035	0.998	1.019	1.054

表13-8　　　　　非主产区粮食综合生产效率年度变化情况

年份	EFFCH	TECHCH	PECH	SECH	TFPCH
2003~2004	1.000	1.000	1.000	1.000	1.000
2004~2005	0.976	1.017	0.967	1.009	1.010
2005~2006	0.969	1.065	0.950	1.021	1.050
2006~2007	1.059	1.031	0.986	1.075	1.111
2007~2008	0.983	1.167	0.959	1.025	1.167

续表

年份	EFFCH	TECHCH	PECH	SECH	TFPCH
2008~2009	1.092	1.150	1.003	1.089	1.278
2009~2010	1.043	1.264	0.977	1.067	1.342
2010~2011	1.019	1.277	0.950	1.073	1.351
2011~2012	1.013	1.319	0.948	1.069	1.388
2012~2013	1.045	1.332	0.932	1.122	1.446
2013~2014	1.111	1.380	0.951	1.168	1.592
2014~2015	1.186	1.447	0.973	1.218	1.781

上述结果表明，实施粮丰工程以来，主产区省份的技术进步、种植规模效率相对于非主产区而言得到了年度提升明显，对全要素生产率提升产生了促进作用。但技术效率变化，尤其是纯技术效率变化未能有效赶上技术进步变化的程度。

(二) 粮食生产效率累积变化情况

为了从纵向与横向两个方面测量粮丰工程实施十年综合技术效率变化，以 2003 年为基期，将 2003 年的粮食生产综合技术效率值确定为 1，以后年份的累积综合效率值采取累乘法计算得出。可计算出主产区和非主产区的粮食生产综合技术效率变化累积值（见图 13-2 和图 13-3）。

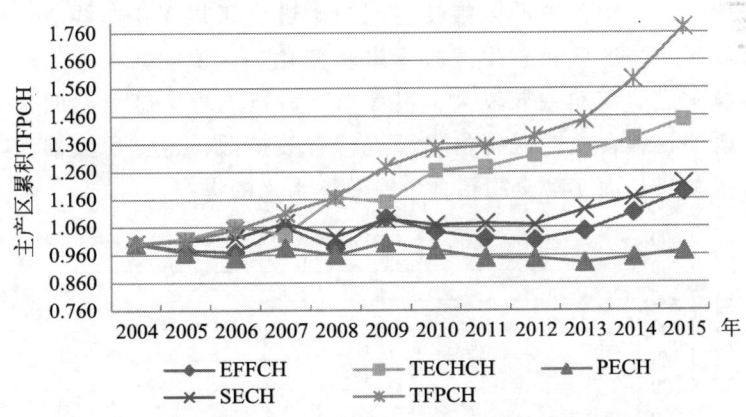

图 13-2 粮食主产区粮食生产技术进步及效率累积变化趋势

粮丰工程十年以来，主产区整体粮食生产全要素生产率累积提高 59.2%，其中，技术进步累积变化提高 38%，技术效率累积变化提高 11.1%。在技术效率累积变化方面，纯技术效率累积变化为 -4.9%，推动技术效率累积提高

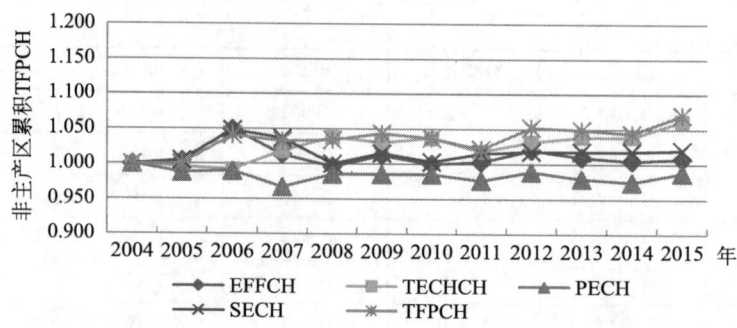

图 13-3 粮食非主产区粮食生产技术进步及效率累积变化趋势

的因素是规模效率累积变化,十年提高了 16.8%。与此对应,非主产区整体粮食生产全要素生产率累积提高 3.2%,其中,技术进步累积变化提高 2.2%,技术效率累积变化提高 1%。在技术效率累积变化方面,纯技术效率累积变化为 -1.6%,规模效率累积变化提高了 1.6%。总体而言,粮食主产区综合效率指标出纯技术效率变化累积值低于非主产区外,其他指标均显著高于非主产区。

(三) 粮食生产技术进步累积变化

从粮食生产的技术进步变化看,粮食主产区技术进步累积变化总体上呈明显上升趋势,其中,2006~2007 年、2008~2009 年的技术进步有明显的下降波动(见图 13-4)。总体上看,粮食主产区的粮食生产技术进步累积变化上升趋势明显,非粮食主产区粮食生产技术进步累积变化曲线波动较小,主产区显著高于非主产区粮食生产技术进步变化。这说明,粮食生产主产区和非主产区技术进步变动差异较大,粮食丰产科技工程实施引发的粮食生产技术进步,既要在粮食主产区省份内部进行有效扩散,也要积极推动其向非主产区进行扩散,从而实现全国粮食生产总体水平的提高。

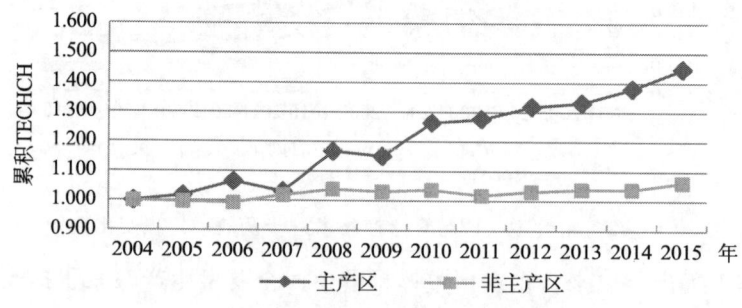

图 13-4 粮食生产技术进步累积变化趋势

从主产区分省份的粮食生产技术进步累积变化趋势看，除内蒙古外，其余 12 个主产区的粮食生产技术进步累积变化均呈明显的上升趋势（见图 13-5）。截止到 2014 年，技术进步累积变化都提升了 40% 以上，技术进步最明显的四川省累积值提升超过了 80%。内蒙古自 2013 年开始实施粮丰工程以来，技术进步累积变化明显，也超出了 2011 年的 20%。

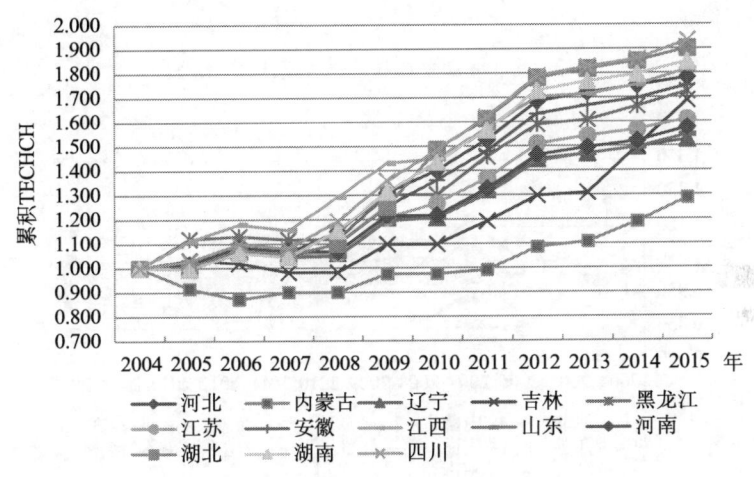

图 13-5　各主产区粮食生产技术进步累积变化趋势

三、粮食生产技术效率累积变化

按照 Malmquist 指数法分析，技术效率变化包括纯技术效率和规模效率变化。从对 13 个粮食主产区实施粮丰工程十年的粮食生产技术效率累积变化测算结果看，粮食主产区整体生产技术效率累积变化呈显著的波动特征，2011 年以后呈平稳上升趋势；主产区整体规模效率累计变化值呈现波动上升趋势，而纯技术效率累积变化值则始终在低于 1 的水平下徘徊（见图 13-6）。非主产区的粮食生产技术效率、规模效率均低于主产区，且波动幅度较小，上升缓慢，纯技术效率累积变化趋势尽管总体上高于主产区，波动幅度较小，但也小于 1。这说明实施粮食丰产科技工程以来，粮食主产区的技术效率、技术应用和粮食种植规模相对于非主产区而言得到了明显提高，但总体技术效率值依然存在较大的提高空间，技术应用和种植规模具有明显的改进空间。

从主产区分的粮食生产技术效率累积变化趋势看，除了黑龙江的技术效率累积变化值相对稳定之外，其余主产区省份的粮食生产技术效率累积变化均呈明显的波动趋势（见图 13-7）。其中，2005~2006、2007~2008、2009~2012 年呈现明显的下降特征。

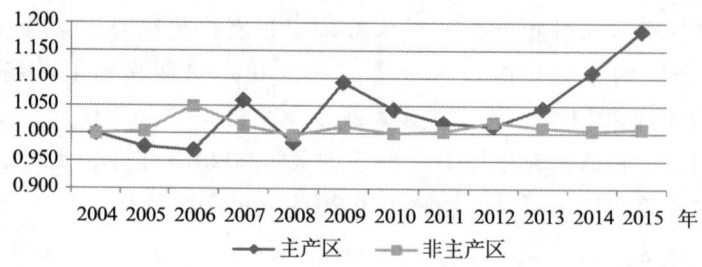

图 13-6 粮食生产技术效率累积变化趋势

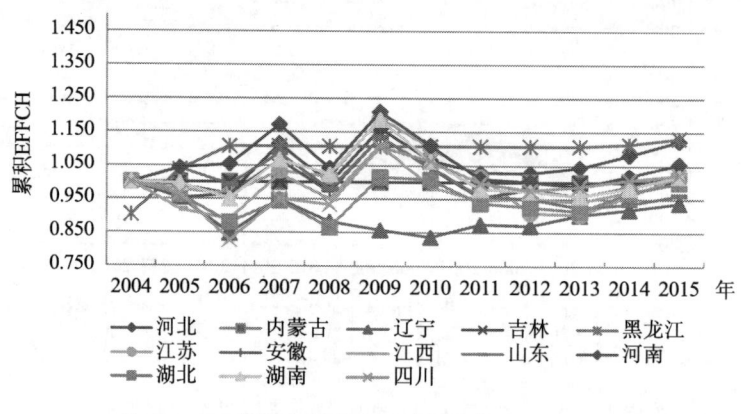

图 13-7 各粮食主产区技术效率累积变化趋势

四、粮食全要素生产率累积变化

全要素生产率变化是技术进步变化与技术效率变化共同作用的结果。从粮食主产区全要素生产率与非粮食主产区全要素生产率比较看,从2005年开始,粮食主产区整体全要素生产率累积变化值呈现出显著上升趋势;非主产区整体粮食全要素生产率波动幅度较小,但与主产区整体全要素生产率累积变化增长差距呈显著的扩大趋势(见图13-8)。这说明,2004年以来,粮食主产区的科技进步整体水平高于非主产区水平,实施粮丰工程,推动粮食丰产高效技术改进的效果明显。

从主产区的粮食生产全要素生产率累积变化趋势看,2004年以来,除少数主产区外的粮食全要素生产率累积变化值缓慢增长外,多数粮食主产区如黑龙江、辽宁、吉林、河南、四川等的粮食生产全要素生产率累积变化呈显著上升趋势(见图13-9)。2013年之后,内蒙古的粮食全要素生产率累积变化值也呈显著增长趋势。尽管粮食主产区技术效率有所下降,但技术进步呈现快速提升,是导致其全要素生产率上升的原因。总体上看,实施粮食丰产

第四篇　展望未来：我国未来的粮食政策趋势 | 269

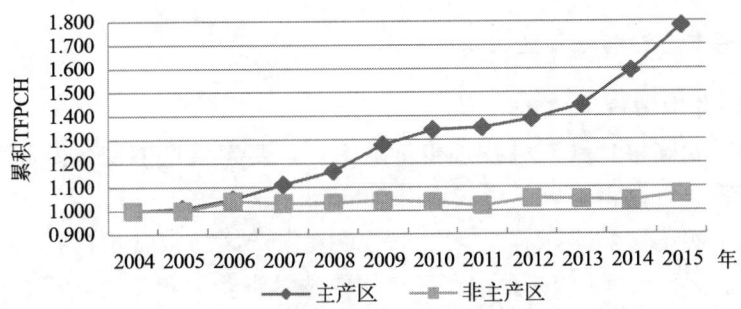

图 13-8　粮食生产全要素生产率累积变化趋势

科技工程以来，粮食主产区的粮食生产全要素生产率累积变化值上升的主要原因在于技术进步变化。

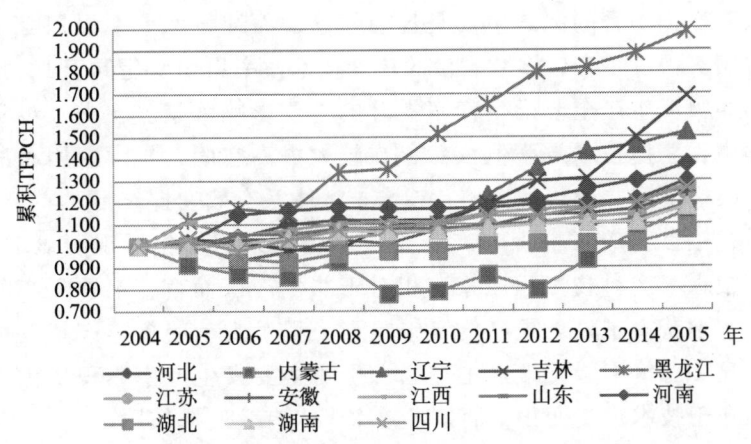

图 13-9　各粮食主产省份全要素生产率累积变化趋势

各省份的粮食生产全要素生产率累积变化的波动特征是由于各省份的技术进步累积变化和技术效率累积变化较大的波动性引起的，而各省份的技术效率累积变化的显著波动可能与粮食生产过程中的各年份气候变化、种粮比较收入引起的农民种粮积极性变动有关。当粮食生产过程中遭遇到干旱、洪涝等气候灾害或者病虫害等对粮食总产量产生扰动时，DEA 通常将这些扰动因素解释为技术倒退或者技术效率降低等。因此，在有效揭示粮食生产全要素生产率的技术进步、技术效率贡献时，有必要对气候灾害、病虫害等因素进行区隔分析。

五、基本结论与政策建议

（一）基本结论

通过对我国粮食增产科技进步贡献率、全要素生产率变化及相关构成指标进行测算，可以得出以下初步结论：

首先，实施"粮丰工程"十年来，粮食主产区的粮食生产技术进步变化程度明显，无论是 13 个粮食主产区整体的技术进步累积变化，还是各个主产区省份的粮食生产技术累积变化，都呈现明显的上升趋势。技术进步呈现快速提升，是推动科技进步贡献率或全要素生产率上升的原因。由此可见，科技进步是推动我国粮食主产区乃至全国粮食增产的主要因素。

其次，粮食生产技术效率变化波动明显，呈现复杂的变化特征。粮食主产区整体技术效率变化呈现显著的波动状态，增长缓慢。推动粮食主产区整体技术效率变化提升的因素主要是规模效率，而纯技术效率累积变化值呈现低水平徘徊。粮食主产区多数省份的粮食技术效率累积变化低于 1，技术效率不高是制约粮食生产全要素生产率提升的重要影响因素。在进一步实施粮丰工程过程中，总体技术效率值依然存在较大提高空间，技术应用和种植规模具有明显改进空间，亟待加大粮食技术扩散体系有效发挥作用。

最后，粮食主产区粮食生产全要素生产率累积变化呈现明显增长趋势，说明实施粮食丰产科技工程以来，相对于非主产区而言，粮食主产区的科技进步整体水平获得了显著提高，实施粮丰工程对推动粮食丰产高效技术进步的效果明显。总体上看，粮食主产区省份的全要素生产率累积变化值上升的主要原因在于技术进步变化，而技术效率尚未有效发挥作用。

（二）政策建议

实施粮食丰产科技工程以来，粮食主产区的粮食生产科技进步贡献率和全要素生产率累积变化呈现明显的增长趋势，我国粮食产量实现了连续十二年增产，粮食生产技术进步变化和规模效率变化推动的粮食生产科技进步是推动粮食丰产高效技术综合效率提升的重要因素。然而，我国粮食综合生产能力依然较低，粮食生产技术效率依然不高，不同项目区省份的粮食生产技术进步变化及全要素生产率变化很不平衡。因此，为有效保障我国粮食安全，还需要结合我国粮食生产实际进一步完善和科学实施粮食丰产科技工程，采取科学的政策措施提高粮食丰产高效技术综合效率与效益。

1. 深入推进粮食科技进步，进一步提升粮食丰产综合技术效率。实施粮丰工程十年来，主产区粮食生产科技进步贡献率、全要素生产率变化呈现累积增长趋势的主要原因是粮食生产技术进步变化的累积提升，科技进步已成为推动粮食生产、粮食丰产、高效技术综合效率提升的主要因素。随着我国耕地面积、水资源短缺和劳动力持续转移等因素的制约，提高科技进步已成为提高粮食丰产技术综合效率提升、实现粮食丰产的最重要途径，其中进步进步是全要素生产率提升的关键。因此，粮食丰产科技工程实施的重点依然是加快粮食生产科技创新，引进和消化新技术，提高整体粮食生产科技水平。

2. 高度重视推动粮食生产技术效率提高。实施粮食丰产科技工程以来，粮食主产区粮食播种面积扩大、单产和总产增长对全国粮食安全的贡献增大。粮食主产区的粮食生产全要素生产率提升主要是粮食生产技术进步推动的，粮食生产技术效率贡献较小，尤其是纯技术效率甚至对技术效率提升的作用甚至是反向的。这预示着在实施粮食丰产科技工程过程中，不能单纯进行科技研发和技术引进，更需要进行技术管理，包括技术选择、技术扩散、消化和吸收。在重视主产区粮食科技创新、加快粮食科技进步的同时，重点做好技术选择、技术扩散和技术应用等管理工作，提高粮食生产技术效率，挖掘粮食生产全要素生产率提升潜力，有效实现粮食生产的可持续性。

3. 科学推动粮食丰产高效技术扩散，因地制宜采用粮食生产适用技术，提高粮食生产技术效率。粮食生产技术效率反映了是否有效利用技术和技术应用的规模效率，直接影响到粮食生产全要素生产率和最终产出水平。现阶段，粮食生产存在着技术效率偏低问题，主要原因在于纯技术效率过低，这是由于种植户缺乏对粮食技术的充分有效利用。因此，要加大粮食技术扩散管理，提高粮食种植户丰产技术水平，提高粮食丰产高效技术应用效率，因地制宜采用粮食生产适用技术，提高粮食生产技术效率，切实把粮食丰产高效技术转化为实际生产力，支持调整各省份粮食播种面积是进一步提升粮食生产技术效率的必要途径。

第三节 粮食生产的要素贡献与技术组合变动分析

党的十八大报告指出，要增强中国农业综合生产能力，通过农业技术创新实现粮食生产的数量与质量效益并重，走资源节约、环境友好和产出高效的新型粮食安全道路。尽管中国粮食产量保持了11年连续丰产，2014年粮食总产量达到6.07亿吨①，但由于粮食生产方式依然处于粗放型阶段，粮食增产是建立在大量使用化肥、农药、杀虫剂、农用柴油等能源投入基础之上。中国用占全球8%的耕地面积，生产出了全球21%的粮食，也消耗了全球35%的化肥和超过全球30%的农药、除草剂等，农用柴油消耗量超过了2 150万吨。化肥、农药、农用柴油等石油能源的高强度、低效率的生产过程和投入使用，使其成为温室气体排放和碳、磷、氮等过度排放造成的土壤、水体污染的重要来源，继粗放型工业污染之后的又一环境污染罪魁。近年来，农业污染程度呈持续扩大的趋势，在影响粮食生产能源投入的诸多因素中，技术进步被认为是提升能源效率、减少能源要素投入的主导因素。技术创新能够显著优化要素组合，降低粮食生产的能源投入水平，这方面的实证研究也较为丰富，但大部分研究均未从技术进步、要素组合优化及其对粮食生产能源投入的影响进行详细研究。郑旭媛（2013）等认为，以化石能源为原材料或动力来源的农业生产活动及其碳排放严重影响了农业生态环境，土壤退化、水资源短缺等生态环境压力是影响粮食质量安全的重大因素。王征兵（2011）认为，实现粮食生产过程中能源投入节约的关键措施是依靠科技创新，通过研发和推广生态友好型粮食丰产技术进行精耕细作，发展精细农业，强调能源节约和循环利用；通过技术进步提升劳动力、机械动力生产效率和对化肥、农药、耕地、水资源的节约使用。在通过技术进步优化要素替代关系，进而实现化石能源投入节约的研究方面，牛亮云等（2012）基于灰关联熵模型对化肥、农药、农田灌溉、农用柴油等化石能源为原料、动力的要素投入在粮食生产中的贡献程度进行了实证分析。分析表明，化肥、农药和灌溉的产出贡献大但效率低，农业机械、农用柴油的产出贡献大、效率高，农业机械化是弥补农业劳动力短缺的重要途径。陈书章、宋春晓等（2013）等基于超越对数生产函数模型，运用全国小麦主产区的面板数据对小麦生产的技术进步、要素需求和替代弹性进行了实证分析。结果表明，中国小麦生产呈现出劳动力节约型、化肥节约型和机械使用型等非中性技术进步特征。李光泗、朱丽莉（2014）等基于超越对数生产函数对农业劳动力持续流出背景下的粮食生产要素贡献、替代关系进行的实证研究发现，化肥、机械、劳动力和耕地对粮食总产量的产出弹性均为正。其中，劳动力的贡献最大，耕地对劳动的替代弹性较大；而化肥、机械对劳动的替代作用较小，现阶段的粮食生产技术

---

① 根据历年《中国统计年鉴》（国家统计局编，中国统计出版社出版）的数据计算。

进步尚不能满足物质要素对劳动力流出的弥补与替代。针对如何实现粮食生产可持续发展问题，姚延婷（2014）通过实证研究认为，提高化肥、农药和农田灌溉效率及其能源投入效率的技术创新是推动粮食生产模式转型，保障粮食质量安全的科学路径。

已有研究主要从推动粮食总产量的角度分析化肥施用量、粮食耕种面积、灌溉、机械总动力、农业劳动力、粮食价格、自然灾害、农业政策等因素的作用，但从有偏技术进步、要素替代视角对粮食生产要素组合变动的实证研究尚不多见。本文将对中国粮食生产的要素组合变动进行系统分析，探究中国粮食生产的有偏技术进步、要素替代弹性推动要素组合变动趋势下如何实现能源要素节约。为此，采用超越对数生产函数模型，通过2003~2015年全国30个省份的粮食生产面板数据估计不同要素投入对粮食丰产的要素贡献、价值份额和替代关系进行实证研究，考察粮食生产技术进步推动要素组合变动和实现能源要素节约的可能性。

一、理论分析与研究设计

（一）有偏技术进步

根据希克斯（1932）的理论，技术进步可分为劳动节约型、资本节约型和中性技术进步三种类型。其中，中性技术进步反映的是通过技术进步实现所有要素效率的提升和节约。Acemoglu（2002）认为，能够改变要素边际生产率的技术进步为要素增强型技术进步；能够改变要素间边际替代率的则称为要素偏向型技术进步，即有偏技术进步。如果通过技术进步使要素 i 的边际技术替代率相对于要素 j 有更大的提高，则技术进步是偏向要素 i 的。在有偏技术进步中，如果要素间是替代关系，则要素增强型技术进步也有助于提升要素 i 的效率；如果要素间是互补关系，则要素增强型技术进步是中性的。粮食生产技术进步对化肥、农药、农用柴油等能源要素的节约主要包括两个途径：一是通过中性技术进步提高粮食生产的全要素生产率，实现包括能源要素在内的成本节约；二是基于要素替代关系，推进粮食生产中的要素偏向性技术进步，提升粮食生产综合效率。

（二）模型设置

选择超越对数生产函数模型的原因在于：一是该模型既能够科学估计要素产出贡献，又能够有效计算各要素间的替代或互补关系；二是超越对数生产函数在测算要素替代弹性时不需要任何前提假设，能够对粮食生产技术进步偏向作出判断；三是超越对数生产函数可看作是经过二次微分生产函数的二阶近似，且无须对其具体形式进行规定。

假设粮食生产函数为：$Y = Y(AL, AF, AP, AD, AM)$。其中，Y 表示粮食生产函数，AL、AF、AP、AD、AM 分别为劳动力、化肥、农药、农业机械和农用柴油的投入变量。使用三阶泰勒展开式能够更详细地解释超越对数生产函数二阶展开式难以进行的检验（Stevenson，1980），为此，选择超越对数生产函数的三阶泰勒展开式作为估计模型：

$$\begin{aligned}
\ln Y_t =\ & \alpha_0 + \alpha_y \ln Y_{t-1} + \alpha_l \ln AL_t + \alpha_f \ln AF_t + \alpha_p \ln AP_t + \alpha_d \ln AD_t + \alpha_m \ln AM_t \\
& + \alpha_{lf} \ln AL_t \ln AF_t + \alpha_{lp} \ln AL_t \ln AP_t + \alpha_{ld} \ln AL_t \ln AD_t + \alpha_{lm} \ln AL_t \ln AM_t \\
& + \alpha_{fp} \ln AF_t \ln AP_t + \alpha_{fd} \ln AF_t \ln AD_t + \alpha_{fm} \ln AF_t \ln AM_t + \alpha_{pd} \ln AP_t \ln AD_t \\
& + \alpha_{pm} \ln AP_t \ln AM_t + \alpha_{dm} \ln AD_t \ln AM_t + \beta_{ll} (\ln AL_t)^2 + \beta_{ff} (\ln AF_t)^2 \\
& + \beta_{pp} (\ln AP_t)^2 + \beta_{dd} (\ln AD_t)^2 + \beta_{mm} (\ln AM_t)^2
\end{aligned} \quad (1)$$

根据谢泼德引理，$\dfrac{\partial \ln Y}{\partial \ln A_j} = \dfrac{A_j}{Y} \cdot \dfrac{\partial Y}{\partial A_j} = \eta_j, (j = L, F, P, D, M)$，结合方程（1）可计算求出要素价值份额 $\eta_j = \alpha_j + \sum_k \alpha_{jk} \ln A_k + 2\alpha_{jj} \ln A_j, (j \neq k)$。

替代弹性的正负、大小代表了生产要素间的替代或互补关系程度，能够体现出对技术进步偏向的判断。生产函数中的要素替代弹性计算可采用在一定技术环境和要素价格条件下，用要素 j、k 的投入比重相对变化与 j、k 的边际技术替代率比重相对变化之比进行计算，能够较好地反映技术进步推进的要素替代关系。基于此，要素 j 与要素 k 替代弹性可表述为：

$$\sigma_{jk} = \dfrac{\partial \left(\dfrac{A_j}{A_k} \right) \Big/ \dfrac{A_j}{A_k}}{\partial \left(\dfrac{MPA_k}{MPA_j} \right) \Big/ \dfrac{MPA_k}{MPA_j}} = \dfrac{\partial \left(\dfrac{A_j}{A_k} \right) \cdot \dfrac{MPA_k}{MPA_j}}{\dfrac{A_j}{A_k} \cdot \partial \left(\dfrac{MPA_k}{MPA_j} \right)}$$

其中，$\dfrac{MPA_k}{MPA_j} = \dfrac{\partial Y / \partial A_k}{\partial Y / \partial A_j} = \dfrac{\eta_j A_k}{\eta_k A_j}$。

将 $\dfrac{MPA_k}{MPA_j} = \dfrac{\eta_j A_k}{\eta_k A_j}$ 代入 σ_{jk}，计算可得：

$$\sigma_{jk} = \left[1 + \left(-\alpha_{jk} + \dfrac{\eta_j}{\eta_k} \alpha_{kk} \right) (-\eta_j + \eta_k)^{-1} \right]^{-1}$$

σ_{jk} 大于零相当于要素总体替代关系，即技术进步带来要素 j 与要素 k 的投入比减少；σ_{jk} 小于零意味着技术进步使两要素的投入比增加，呈总体互补关系。增加自变量数目有助于提高回归方程的拟合优度，但估计参数会成倍增加,增大复杂性。鉴于上述要素投入已是粮食生产总成本的主体,选择这些指标能够说明粮食生产实际。

(三)变量描述与数据来源

基于数据的可得性,本文选择粮食单产水平为被解释变量,选择劳动用工量、化肥施用量、农药施用量、农业机械动力投入和农用柴油使用量为解释变量。AL、AF、AP、AD、AM 分别为劳动用工量、化肥施用量、农药施用量、农业机械投入量和农用柴油使用量的变量符号。

(1)劳动用工量(AL):粮食生产中每亩劳动用工日作为指标,数据来源于历年全国农产品成本收益资料汇编。随着我国城镇化、工业化的深入推进,农业劳动力持续由第一产业向第二、第三产业转移,粮食生产中的劳动力供给,尤其是技能的劳动力供给对粮食生产的贡献将会越来越突出。

(2)化肥施用量(AF):每亩粮食生产施用的化肥公斤数作为指标,数据来源于历年全国农产品成本收益资料汇编。我国粮食生产依然处于石油农业阶段,以石油为原材料的肥料对粮食丰产的贡献具有重要地位。

(3)农药施用量(AP):每亩粮食生产施用农药公斤数,数据源于历年的《中国统计年鉴》和《中国农村统计年鉴》。随着气候变暖和病虫害的持续增加,农药在粮食生产中扮演者非常重要的地位。

(4)农业机械投入量(AD):每亩粮食生产投入的机械动力(千瓦),数据源于历年《全国农产品成本收益资料汇编》及相关省份农业厅网站。农业生产中耕、种、收全过程的机械化率在持续提高,农业机械设备在粮食生产中的贡献分析具有重要意义。

(5)农用柴油使用量(AM):每亩粮食生产中农用柴油投入公斤数,数据源于历年的《中国统计年鉴》和《中国农村统计年鉴》,农用柴油使用量对农业机械、设备、灌溉等都具有重要作用,是粮食生产中的重要原材料供给。

为了深入分析中国粮食生产的能源投入、替代关系与技术变动趋势,选择以下具体的产出和要素投入指标。粮食产出指标选择各省份的粮食单产水平,即每亩产量(公斤,Y);粮食生产的主要影响因素,能源投入指标分别选择每亩化肥投入量(公斤,F)、每亩农药使用量(公斤,P)、每亩农用柴油使用量(公斤,D);非能源要素投入指标选择每亩劳动用工(日,L)、每亩机械动力投入(千瓦,M)。在回归方程的计量分析中,增加自变量数目能够提高回归方程的拟合优度。然而,由于自变量数目增多的同时,估计参数会成倍增加,从而增大计量分析的复杂性。由于上述要素投入合计已占粮食生产总成本的九成左右,本文选择这些指标能够有效说明粮食生产实际。

二、实证结果及分析

(一) 回归结果

根据前文对解释变量、计量模型的设置,选择全国除西藏外的 30 个省市、自治区的粮食生产数据运用超越对数生产函数模型进行计量分析。基于 F 检验和 Hausman 检验结果,运用个体固定效应模型进行面板回归分析较为合适,模型设计、变量选择和估计方法能够较为恰当地反映中国粮食生产现状和发展趋势(见表 13 – 9)。

表 13 – 9　　　　　　　　　回归分析结果

变量及其平方项		回归结果	交互项	回归结果
变量	lnAL	0.363*** (0.931)	lnAL * lnAF	-0.417 (-2.875)
	lnAF	0.139** (0.629)	lnAL * lnAP	-0.289 (-1.503)
	lnAP	0.171* (0.581)	lnAL * lnAM	-0.373 (-1.198)
	lnAD	0.283* (1.540)	lnAL * lnAD	-0.198* (-1.363)
	lnAM	0.246*** (1.196)	lnAF * lnAP	0.461* (1.404)
平方项	(lnAL)2	1.955* (1.875)	lnAF * lnAD	0.461* (1.403)
	(lnAF)2	-0.147 (1.147)	lnAF * lnAM	0.122** (2.548)
	(lnAP)2	-0.229** (-0.511)	lnAP * lnAD	0.131 (0.963)
	(lnAD)2	0.126* (1.342)	lnAP * lnAM	0.152 (0.864)
	(lnAM)2	0.172* (4.632)	lnAD * lnAM	0.352** (1.333)
常数项		2.236*** (4.630)		
Adjusted R – squared		0.962		
F – statistic		86.333		
Hausman		163.330		

注:***表示1%水平显著,**表示5%水平显著,*表示10%水平显著。

由超越对数生产函数模型估计结果显示,各解释变量的回归系数均显著,有一半生产要素交互项的回归系数显著,除化肥之外其他要素平方项的回归系数均显著,各解释变量的估计结果与理论预期相同。基于计量模型的回归分析结果说明,所选择的超越对数生产函数模型、解释变量和计量分析过程等,能够较为准确地反映粮食生产的基本情况。从劳动用工量对粮食生产的贡献程度看,劳动用工量对粮食产量增产的回归系数及平方项系数均为正值且显著，说明现阶段的劳动用工量对粮食增产的现实作用和边际贡献，即未来的作用都呈正向趋势。这与我国现阶段农村劳动力持续向城市、第二及第三产业转移，投入在粮食生产中的人工劳动日益减少的现实情况相符合。劳动用工量投入的持续减少使其边际贡献呈现上升趋势。劳动用工量与其他物质要素交互项的回归系数均为负值，劳动用工量与化肥、农药、农用柴油交互项的回归系数结果不显著，说明其存在替代关系但不明显；劳动用工量与农业机械动力投入的交叉项回归结果显著为负，说明农业机械、自动化设备对人力的替代作用在持续增强。

从农业机械设备对粮食产量的回归结果看，其回归系数及平方项回归系数均显著为正值，说明农业机械设备在粮食生产中的发挥着正向作用且这种作用的边际贡献呈递增状态。这与现阶段我国农业机械化程度在粮食生产的耕、种、收各阶段持续提高的现实情况相符合。农业机械设备投入与化肥、农药、农用柴油使用量交叉项的回归系数均为正值，说明我国粮食生产的机械化程度对粮食增产的贡献更加显著。农业机械设备对劳动力具有一定的替代作用，在粮食生产中的作用持续增强，与已有文献的研究结论一致。

随着在粮食耕、种、收等生产过程机械化程度的提高，粮食生产过程中对农用柴油使用量也随之增加，本文的实证研究很好地验证了理论预期与现实情况。农用柴油使用量的一阶回归系数显著为正值，说明其对粮食产量的贡献显著，而农用柴油使用量平方项的回归系数显著为正值，说明随着农业机械化程度的持续提高，未来一段时间中农用柴油使用量对粮食生产的贡献依然处于上升态势。农用柴油使用量与化肥施用量、农药施用量交叉项的回归系数均为正值，说明农用柴油使用量与化肥、农药能够协同推进粮食增产。但相对而言，农用柴油使用量与化肥施用量的协同作用程度比其与农药施用量的协同作用程度更显著。

从化肥、农药对粮食产量的回归结果看，在粮食生产过程中，化肥、农药对现阶段的粮食增产具有显著贡献。化肥依赖型农业是现阶段我国粮食生产的主要特征；在气候变暖、病虫害频发的情况下，粮食生产对农药的依赖程度依然较高。从粮食生产的技术变动趋势看，化肥、农药对粮食产量的边际贡献呈递减趋势，表现为化肥施用量、农药施用量平方项的回归系数均为负值。新型肥料开发与种植技术创新成为粮食丰产技术的变革方向。这也印证了牛亮云（2012）、何蒲明、娄方舟（2014）、刘英基（2015）等关于化肥、农药对粮食生产贡献作用的研究结果。农药施用量平方项的回归系数显著为负值。由此可见，农药对粮食产量的贡献从长期看是负向的，这必将影响粮食生产要素的未来变动趋势。如何通过粮食种植技术抗病虫害，减少农药施用量将成为未来粮食生产技术需要突破的领域。化肥施用量与农药施用量交叉项的回归系数显著为正值，说明二者在促进粮食增产中是互补协同关系，而非替代关系。化肥与农药、农用柴油、农业机械的交互项回归系数均显著为正，农药与农用柴油、农业设备的交互项系数均显著为正，这说明化肥、农药与农用柴油使用量、农业设备在现阶段粮食生产中呈正向协同促进作用。

（二）生产要素价值份额

根据粮食生产超越对数生产函数模型的回归分析结果，将化肥、农药、农用柴油、劳动用工和农业机械设备的回归系数和要素数据分别代入价值份额公式，可计算出各投入要素价值份额或产出弹性（见表13-10）。

表13-10　　　　　　粮食生产要素价值份额

要素	2003	2004	2005	2006	2007	2008	2009	2010	2011	2012	2013	2014	2015	均值
AL	0.731	0.718	0.728	0.736	0.763	0.786	0.793	0.787	0.801	0.801	0.816	0.811	0.820	0.776
AF	0.074	0.063	0.068	0.071	0.086	0.098	0.089	0.104	0.106	0.123	0.123	0.133	0.130	0.098
AP	0.044	0.032	0.046	0.048	0.046	0.053	0.054	0.057	0.052	0.057	0.061	0.063	0.064	0.052
AD	0.053	0.043	0.046	0.043	0.048	0.050	0.054	0.056	0.059	0.061	0.063	0.066	0.067	0.055
AM	0.040	0.042	0.043	0.046	0.051	0.056	0.063	0.066	0.070	0.072	0.074	0.079	0.087	0.061

可见，粮食生产的要素价值份额估计结果与理论预期相符，劳动用工施用量、农业机械设备、农用柴油使用量的价值份额呈稳定上升趋势，化肥施用量、农药施用量的价值份额呈现明显的波动变动特征。在粮食生产中不同生产要素的价值份额差异较大，劳动用工量、化肥施用量在粮食生产中的价值份额较大。从生产要素在粮食增产中的价值份额看，各要素价值份额均大于零。首先，劳动用工量的价值份额连续保持最大且呈增长趋势，从2001年的0.731增长到0.820，说明在农村劳动力持续流向城市和第二、第三产业的情况下，劳动用工量逐渐成为粮食生产的紧缺资源，其边际贡献持续上升。随着精细农业、设施农业发展，粮食生产对劳动用工量需求将持续增加，劳动用工的价值份额呈递增趋势。其次，化肥施用量和农药施用量在粮食产量中的价值份额总体上呈波动增长特征，粮食增产对化肥、农药等要素的依赖程度依然较高；粮食生产的石油农业阶段性特征依然存在。农业机械设备、农用柴油使用量在粮食生产中的价值份额也呈波动增长态势，农业机械设备

对粮食生产的产出贡献持续增加，这和农田灌溉、机械化程度提升密切相关。但在粗放型生产模式下，化肥、劳动力的价值份额依然显著高于农业机械设备。

（三）要素替代弹性

基于超越对数生产函数模型估计结果和要素替代弹性计算公式可计算出各粮食生产要素间的替代弹性（见表 13-11）。

表 13-11　　　　　　　要素替代弹性

要素		2003	2004	2005	2006	2007	2008	2009	2010	2011	2012	2013	2014	2015	均值
AF	AL	0.85	0.81	0.83	0.84	0.89	0.93	0.89	0.96	0.97	1.06	1.04	1.11	1.08	0.95
	AD	0.07	0.05	0.06	0.06	0.08	0.09	0.07	0.09	0.09	0.11	0.11	0.12	0.10	0.09
AP	AL	0.86	0.81	0.87	0.88	0.87	0.89	0.89	0.91	0.88	0.90	0.93	0.93	0.93	0.89
	AD	0.01	-0.02	0.01	0.00	-0.01	-0.01	-0.02	-0.02	-0.04	-0.03	-0.03	-0.03	-0.05	-0.02
AM	AL	1.03	0.97	0.98	0.97	0.98	0.99	1.01	1.02	1.03	1.04	1.04	1.06	1.06	1.01
	AD	0.02	0.00	-0.01	-0.01	-0.01	-0.01	-0.02	-0.02	-0.02	-0.02	-0.03	-0.04	-0.01	
AL	AD	0.96	0.96	0.98	0.97	0.99	1.01	1.02	1.03	1.02	1.05	1.02	1.04	1.05	

深入分析粮食生产要素间的替代弹性估计结果，可得出如下结论：

首先，粮食生产要素的替代关系与互补关系并存。替代弹性是指在要素价格与技术水平不变条件下，生产要素投入比例的相对变动除以要素间边际技术替代率的相对变动。当要素替代弹性 $\delta_{ij} > 0$ 时，两要素在生产过程中存在替代关系；当替代弹性 $\delta_{ij} < 0$ 时，两要素在生产过程中存在互补关系。可见，从 2001 年到 2013 年的估计结果看，多数要素替代弹性大于零，说明这些要素之间存在替代关系；也有些要素之间的替代弹性小于零，说明这些要素在粮食生产中能够相互支持、协同互补。

其次，劳动用工量与化肥、农药、农用柴油使用量、农业机械设备等生产要素之间存在显著的替代关系。劳动用工量与其他物质生产要素间的替代弹性均大于 0.8，除了与农药施用量的替代弹性在 0.8~0.95 之间外，与其他要素的替代弹性大存在大于 1 的情况。这充分说明了我国农业劳动力流出使其边际贡献达到了递增状态，与前文研究结论一致；也说明我国粮食生产已由传统的靠生产要素投入实现粮食增产开始向依靠精耕细作的集约型生产转变。提升农业劳动力技能，增加有知识、技术含量的劳动用工量对粮食生产中的物质要素节约具有重要意义。

最后，农业机械设备与农药施用量、农用柴油使用量的替代弹性为负值，存在显著的互补关系；与化肥施用量的替代弹性为正值但数值较小，存在微弱的替代关系。

三、研究结论与政策启示

综合本文的理论分析与实证研究，可以初步得出以下基本结论：首先，中国粮食生产的技术进步非常明显，且呈稳定发展趋势，对实现我国粮食丰产具有重要贡献。但中国粮食生产依然处于依靠化肥、农药、农用柴油等投入的粗放型阶段，这些能源要素对当期粮食生产产生促进作用，其中，化肥、农药对粮食生产的长期贡献呈递减趋势；而农用柴油、劳动、农业机械设备对粮食生产的长期影响呈递增作用。其次，中国粮食生产技术进步是非中性的，存在着有偏技术进步特征。基于超越对数生产函数的计量结果、价值份额和替代弹性计算可以看出，中国粮食生产技术进步的特征与趋势表现为：一是化肥、农药使用型依然广泛存在，但化肥、农药的边际贡献呈递减趋势；二是劳动节约型和机械设备使用型趋势增强，这反映了粮食生产向现代农业发展迈进的步伐加快；第三，粮食生产要素之间的替代与互补关系并存，但要素替代关系显著。劳动用工与化肥、农药和农用柴油使用量等物质要素存在明显的替代关系；农业机械设备与化肥存在替代关系，与农药、农用柴油存在一定的互补关系。中国粮食生产技术进步的上述特征表明，中国粮食生产要素与技术组合处于动态变动中。确保国家粮食安全是农业供给侧结构性改革的底线。必须对我们的粮食生产体系注入两个要素：第一是科技，要靠科技创新来促进农业的效益提高、质量提升；第二是要注入制度因素，要推进制度创新，才能使生产组织更加有效。粮食生产过程中的供给侧结构性改革的重点应该在于提高农业的科技含量，降低农业的经营成本，提高农产品的质量，增强农业的国际竞争力。这才是农业供给侧结构性改革的本意。

基于此，本文提出以下政策建议：

一是依靠科技创新提升化肥、农药的利用效率，发展精细农业、有机农业，减少化肥、农药投入强度。加大对粮食生产的科技与管理创新支持，通过系统创新提升粮食生产效率，促进粮食生产技术进步、效率提升，最终实现粮食生产全要素生产率增长。将粮食安全建立在基于科技进步、管理创新推动的生产效率增长基础之上。化肥、农药是石油农业阶段粮食生产的核心要素，中国粮食生产中的化肥、农药的投入强度已经越过了最优点，使用过量、效率低、边际作用下降趋势。现阶段，中国存在着通过科技创新发展有机、高效化肥和低毒、无害化控制病虫害方式，减少化肥、农药使用量，提升化肥、农药使用效率的技术和政策空间。加大对化肥、农药的技术研发，通过推动农业规模化经营、劳动力技能提升和财政支持等发展精细农业、有机农业是有效减少能源投入和保障粮食丰产的重要措施。

二是推动粮食生产的有偏技术进步，实现粮食生产技术、要素组合的动态优化。面对我国农业面源污染严重、工业"三废"排放污染持续超出环境承载力的现实情况和提升粮食质量安全的迫切要求，有必要通过技术创新发展生态农业、有机农业和精细农业，降低粮食生产中的化肥、农药施用强度。加大对化肥、农药的研发创新支持，着力发展高效、缓控释肥技术，积极发展低毒、无害化病虫害防治技术。农业机械动力与劳动力有显著的替代关系，通过科技进步推动和提升农业机械效率是农业现代化的重要内容，也是减少能源消耗的重要措施；农用柴油的另一个重要用途是农田灌溉等领域，政府积极加强农田水利基础设施建设，因地制宜地发展节水灌溉技术是提升灌溉效率、控制农用柴油使用量的重要途径。

三是加大财政投入和农业劳动力技能培训的支持力度。劳动力与化肥、农药等能源要素存在显著的替代关系。加大财政支持力度和农业技能培训强度，积极吸引有知识、有技能的农民投入粮食生产。提升粮食生产中劳动力的投入量和劳动效率能够提升化肥、农药和农用柴油的生产效率，有效控制化肥、农药和农用柴油使用量，从而提升粮食生产的精细化程度与能源节约。重视粮食生产中"人"的因素，提升粮食生产者的技能与素质。在保障粮食质量过程中，加强农田基础设施建设、发展生态农业、精细农业，以此提升粮食种植效率成为粮食生产的必然要求。其中，粮食生产者的素质和技能是实现上述发展的关键因素，为此，要通过完善政策机制支持有知识、有技能的劳动力投入到粮食生产之中，加大对粮食生产者技能培训的财政支持力度。

四是提高农业社会化服务体系。小规模经营采用现代农业技术，就需要通过社会化服务。在农业附加值较低的环境中，一家一户买机械不现实，而现代农业从种到收都需要农业机械。为此，深入推进农业社会化服务体系是实现粮食生产集约化经营、提升技术效率的重要手段。

四、进一步研究

受数据资料的局限，本研究主要实证分析了全国粮食生产的要素贡献、产出弹性与替代关系，考察了粮食生产的要素替代可能性与技术变动趋势，并得出了有价值的结论。但在全面评价粮食丰产科技工程实施效果方面，还应该从以下方面深入进行分析：

（1）测算不同生态区、经济发展程度省份粮食生产要素投入、替代关系及技术变动趋势，在此基础上进行差异性分析。

（2）对粮食主产区省份的"一田三区"的粮食生产要素投入、替代关系及技术变动趋势，探究"一田三区"的要素组合变化的差异及其影响因素。

（3）对不同生产规模条件的地区进行粮食生产要素投入、替代关系及技术变化进行对比分析，考察规模化经营对粮食生产要素组合及技术变动的影响情况。

第十四章
我国粮食安全的政策趋势

第一节 粮食安全的环境保护机制构建

一、问题的提出

粮食是人类生存和发展的基本生活资料,目前尚无任何能够替代粮食的物品,在经济和政治上具有十分重要的战略地位,尤其是对于我国这样具有十三亿人口的大国,基于产量和品质的粮食安全更是不容忽视。我国是发展中的农业大国,农业基础设施相对落后,而粮食生产过程是直接在自然环境中进行,农业生态环境对粮食生产起着决定性作用。生态环境的自净能力和容量是有限的,经济活动造成的生态环境破坏程度一旦越过临界点,粮食生产和人类其他活动必将遭到自然的报复。近年来我国粮食总体生产力明显提高的同时,环境污染也日益严重,农业生态环境面临着巨大的挑战。现阶段,保障我国粮食安全的关键任务在于围绕粮食主产区加强农业生态环境保护机制建设,为提升粮食产量和粮食品质提供必要条件。河南省是我国第一产粮大省,粮食年产量占世界粮食总产量的 1/52,占我国的 1/10。为此,本文将以河南省为代表的粮食主产区为例,从生态环境保护对粮食安全的作用机理、农业生态环境存在的问题及对策建议等方面进行分析,探讨粮食安全视角下的主产区生态环境保护机制的构建问题。

二、生态环境对粮食安全的作用机理分析

早在 1992 年我国政府就提出了粮食安全的概念,即:"能够有效地提供

全体居民以数量充足、结构合理、质量达标的包括粮食在内的各种食物。"在既定的农业技术水平和有限的环境约束条件下，粮食安全受到人口、耕地、水资源、气候、能源等生态环境因素的制约。积极处理和认真对待农业生态环境问题是保证粮食质量、提高粮食产量，实现粮食安全的重要内容。

（一）生态环境对粮食安全的作用机制

在工业化和城镇化推进过程中必须积极采取措施保护粮食生产可持续进行的生态环境条件，保障粮食生产生态环境是实现国家粮食安全必然要求。罗马俱乐部在1972年公开出版的《增长的极限》一书指出，由于人类社会工农业增长呈指数化的趋势造成对自然资源的过度开发，必然会加速自然资源的日益枯竭和生态环境的不断恶化。粮食生产的可持续生产离不开肥沃的土壤、充足的水资源和适宜的气候等生态环境条件。随着人类对自然资源的盲目开发程度的深入，粮食生产所必需的耕地、水等自然资源稀缺性问题和生态环境的承载力问题越来越严重。随着我国人口数量的持续增长及其对物质和生活质量的需求大幅提升，工业化和城镇化将成为必然要求。随着工业对农业发展的逐渐渗透，在农业生产中大量使用了化肥、除草剂、生长调节剂、农药等化学合成物质以及畜禽粪便的不当处置，农田废弃物、污水灌溉等使农业生产环境污染程度不断加重。大量依靠石油、煤炭及化学物质进行生产的工农业的发展带来了酸雾、酸雨等造成了农村地区原本清洁的大气、水源和土壤的严重破坏，导致水源污染、水质下降，土壤污染、耕地质量下降等生态问题。农业生态环境的恶化最终对粮食与食品造成污染，制约了粮食质量和产量的提升，成为阻碍粮食生产可持续发展的重要因素。

（二）生态环境恶化对粮食产量增加的障碍机理

水、耕地等自然资源是小麦、水稻、玉米等粮食作物生长的最重要、最基础的物质保障，农业生态环境污染破坏了耕地、水资源的平衡，造成粮食减产不可逆转。生态环境恶化会导致食产量受到威胁的主要表现在是耕地面积的减少和气候变化造成粮食的大量减产。人口的持续增长，使得我国粮食需求呈线性上升趋势，粮食的需求弹性小刚性大。我国耕地中低产田的比例大，而且污染程度高、盐碱化速度快，在现有技术水平单产量的上升空间是很小的。耕地面积不断减少，单产量上升空间很小而人口不断增加的矛盾，是我国粮食生产的弱质化特征。粮食生产是生物性生产，使得自然再生产与经济再生产交织在一起，自然条件的变化对粮食生产的影响很大。生态环境恶化会导致自然灾害，包括气候变化引起的旱灾和水灾以及病虫害等。新中国成立以来，旱灾、水灾和虫灾也频繁出现，有时在同一时间不同地区旱灾与水灾同时出现。尽管新中国成立后大力改善了农田水利建设，但是抵抗自然灾害的能力仍然很弱。

（三）生态环境恶化对粮食品质提升的障碍机理

农业生态环境污染并逐渐加重的趋势对农业生产造成巨大损害，导致以粮食为原料的食品质量受到严重威胁。近几十年来，受 GDP 政绩追求的影响，大量采用石油、煤炭等能源产生了大量二氧化碳和硫氧化物等大气污染物，一方面产生了"温室效应"破坏了粮食作物赖以生存的气候环境，另一方面这些有害气体与空气中的水分相结合形成酸雨。含有硫酸、硝酸、盐酸和许多有机酸的酸雨使土壤的酸度随着增加导致土壤中的钙、磷、钾等元素的过量溶解和损失造成土壤肥力的降低，同时还会造成土壤中某些有毒元素活化，对土壤造成严重的污染。当土壤中的铝、镉等重金属溶解导致粮食为原料的食品极易产生铝、镉、汞中毒现象，这些食品被人体吸收以后可能会带来大脑神经系统损伤和骨骼严重变形的严重问题。农业生态环境污染程度带来的土壤重金属超标、灌溉水源的污染以及人类大量滥用面粉增白剂、添加剂等使有毒物在粮食等食品中残留严重，导致粮食品质的下降，而粮食品质的下降会诱发多种疾病，导致消费者的身心健康受到损害。

三、我国粮食主产区生态环境恶化的成因分析

改革开放以来，我国粮食生产能力得到了快速提升。在我国粮食总产量持续增加的同时，粮食安全面临的生态环境问题隐患日趋严重，随时会带来粮食产量和粮食、食品质量的退化，严重制约着我国粮食生产的可持续发展。对于粮食主产区来说最大的问题就是在工业化和城镇化进程中存在的耕地面积缩减、水资源短缺带来的粮食增产潜力下降和工业污染、化肥、农药过量投入导致的耕地质量、粮食品质下降等问题。以河南省为例，人均耕地面积只有 1.22 亩，低于全国平均水平的 1.39 亩。近年来，随着工业化和城镇化的深入，城镇延展、公用事业征用、退耕还林等因素使河南省耕地面积每年平均以 20 多万亩的速度减少。2010 年 7 月发布的《2009 年河南省环境状况公报》显示，尽管河南省生态环境保护取得了显著成效，空气、水、耕地等生态环境有较大改善，但农业面源污染等严重对粮食安全依然存在巨大隐患，以河南为代表的粮食主产区农业生态环境问题依然十分严峻。我国粮食主产

区生态环境恶化的主要表现及原因主要有以下几个方面：

第一，传统的粮食耕作方式破坏了农业生态环境。长期以来，一些地方由于过于强调粮食生产，进行大面积地开荒造田、毁林耕种，在耕作中大量使用化肥、农药和不合理的灌溉方式使农业生态系统受到破坏。传统的粮食耕作方式尽管短时期增加了粮食总产量，但不利于粮食生产的可持续性，严重威胁到了粮食安全和食品安全。大面积砍伐毁林、开荒使我国的森林、草地赤字增加对空气的净化功能下降，增加了"温室效应"的可能性；同时，由于防沙、固土和气候的调节功能下降造成了旱涝气候、土地沙漠化、水土流失、和沙尘暴等自然灾害，农业生态平衡遭到严重破坏。化肥、农药、除草剂等的无节制使用在实现粮食产量幅度增加、农业劳动量减少的情况下也带来了耕地资源退化、生态污染和粮食品质的劣化。以河南省为代表的粮食主产区在粮食生产中以氮肥为主，而氮肥的利用率相对较低，超过一半的部分流失到河流、湖泊等水体中或者渗透到土壤中去；农药、杀虫剂等化学物质的使用量每年以上万吨的速度增加，污染日趋严重。过度的化肥、农药等化学物质使用造成土壤板结，耕地生产能力下降；粮食品质下降和水质污染，使农业生态系统和食物链受到严重污染。从产业链的角度讲，由于化肥的主要原料是煤炭、天然气等矿产资源，也带来了资源的约束和消耗。农药、除草剂的使用更是直接破坏了农业生态平衡，增加了对土壤、水体和大气的污染，更严重的是对粮食和食品产生直接污染，造成以粮食为原料的食品品质下降。

第二，工业和生活污染对农业生态环境造成巨大威胁。除了化肥、农药、除草剂等对农业生态环境造成了严峻的威胁之外，工业污染、农业生产工业化和农村居民生活方式的变化也加剧了农业生态环境的破坏程度。随着我国工业化和城镇化的进程加快，城市生活产生的大量垃圾直接在城市郊区农村堆放、填埋、焚烧等方式进行处理；城市工业和农村工业的"废气、废水、废渣"的排放使农村的大气、河流、和土壤遭到了严重污染。农业生产和农村生活造成的生态环境污染主要表现为人畜排泄物直接流入水体，生活垃圾和作物秸秆、食用菌生产残渣等农业生产垃圾对农村水体的严重污染。在禁止秸秆在田间焚烧之后，仅河南省每年就有 2 000 万吨的秸秆、食用菌残渣、藤蔓等被推入水中或者置于村头一经降雨便对水源造成污染。以河南宿鸭湖水库为例，在检测中发现水质污染严重，化学耗氧量超标 3.2 倍，挥发性酚超标 1.4 倍，水污染给河南省的粮食生产和粮食质量带来了潜在威胁。河南省每年在农业生产中还使用超过一万吨的农膜，而仅有一半能够回收，剩下的一般就只能在农田中慢慢分解造成污染了。

第三,旱涝等自然灾害频繁加重了农业生态环境问题。近年来,自然灾害的增加使粮食主产区资源环境问题更加严峻,加之水资源分布不平衡和污染严重,对粮食生产带来了挑战。我国粮食主产区土地面积和水资源及其不平衡,北方耕地面积约占全国总面积的 3/5,而水资源仅占全国总量的 1/5。与此相对照,南方耕地面积占全国总量的 2/5,而水资源仅占全国总量的 4/5,加之,以水土为重点的农业基础设施不完备,抵御自然灾害能力不强,对粮食等食物产业构成严重制约。近年来,粮食增产最多的河南、黑龙江、吉林、辽宁和山东是国家级粮食主产区,但由于每年降雨不均匀,气候干旱导致这五个粮食主产区省份是水资源严重匮乏,其中,河南、山东人均水资源量不足全国的 1/4。产粮大省河南由于森林覆盖率低,旱、涝等气候性自然灾害频繁,春季、初夏、盛夏、冬天发生干旱的概率高,对冬小麦等粮食生产的造成了严重影响,加剧了河南省粮食生产的难度系数。粮食主产区还面临着水土流失的威胁,全国目前有水土流失面积占国土总面积的 37%,需要治理的面积有 200 多万平方公里。在河南西部的黄河流域,每年水土流失量达到 6 500 万吨,南部淮河流域,每年的水土流失量达到 7 000 万吨,在土壤流失的过程中还造成氮磷钾等肥料的流失。水土流失会恶化生态环境,加剧洪涝和干旱灾害,极大地破坏农业生产条件。

第四,耕地数量和质量的下降制约了粮食生产安全。受工业化城镇化的影响和水土流失的威胁,我国耕地面积持续减少,距离生存保障临界点的 18 亿亩红线越来越近,生态污染的影响导致我国耕地质量变劣,地力下降。生态恶化造成我国自然灾害频繁,林草植被遭受破坏,耕地沙化严重,加剧了我国耕地面积的减少。近年来,天然沙漠扩张和沙质土壤上植被破坏导致的土地沙化问题迅速蔓延。据统计,我国沙化土地面积超过 170 万平方公里,占国土面积的 18%,对我国粮食安全提出了严峻挑战。我国目前有 1 亿亩耕地属于盐渍土,土壤的盐渍化加剧了我国耕地资源短缺的问题。盐碱地和酸性土壤造成土壤板结、通透性差、肥料利用率低,不利于作物根系生长,抗旱能力差,严重制约着高产、优质、高效生态农业的发展,在粮食主产区的华北地区耕地有机质含量低于 1.2%,比 1.5% 以上含量的高产稳产田标准低,严重制约了我国粮食生产水平的提高。

第五,粮食主产区缺乏健全的农业生态环境补偿机制。尽管我国改革开放以来已经出台了一系列与生态环境保护有关的法律法规,但生态环境补偿法律保障不力、方式过于单一、标准不尽合理、征用各自为政、缺乏有效监管和范围狭窄等问题仍非常明显。现阶段我国的生态环境补偿机制在我国推行还面临许多困难和制约因素。目前我国的环境管理体制存在严重缺陷，横向管理体制不健全，尤其是缺少城乡协调体制，无法解决城乡生态环境补偿问题，制约了农业生态环境补偿机制的建立。特别是对我国农村地区来说，生态环境十分脆弱，自身资本投入不足，资本市场又发展滞后，限制了农业生态环境投资的增加。

四、我国粮食主产区生态环境优化的途径

粮食安全是一个国家繁荣富强、长治久安的基础，保障粮食安全要做到积极解决粮食主产区的生态环境问题，保障粮食产量和品质的同步提升。对于河南等粮食主产区来说，积极采取措施保护耕地面积和质量、大气和水资源等构成的生态环境系统等是保障国家粮食安全的重要途径。针对以河南省为代表的粮食主产区粮食生产所面临的生态环境问题，建议采取以下几个方面的措施来改善农业生态环境，提升我国粮食可持续生产能力。

第一，积极促进农业节能减排，改善农村生态环境。根据公共物品理论和外部不经济性内部化理论，针对工业化、城镇化过程和农业工业化过程中带来的生态环境污染，要进一步完善资源有偿使用制度和排污费制度。针对农村居民生活和农业生产废弃物造成农业生态环境问题，要通过科技推广提高农业废弃物的综合利用率，推进农业副产品和农村废弃物的资源化利用，着力推进以农户为单元的循环农业发展模式，条件许可的地方，积极建造沼气池对人畜粪便和秸秆进行循环利用，提升农业废弃物无害化处理和循环再利用，从而保障农业生态环境，为实现粮食生产品质的提升创造条件。

第二，积极转变农业经济发展方式，提升农业生态环境承载力。针对毁林开荒的生态环境破坏问题，要重点推进林业工程建设，鼓励全社会开展植树造林活动，提高我国森林覆盖率。健全和严格执行关于草原植被保护的制度和法律规范，积极实施草原保护工程，严禁草原复垦，实现草原植被和生态环境的持续保护。针对传统粮食生产中的大量使用化肥、农药和除草剂等化学物质导致农业生态环境破坏的问题，要积极利用科技实现农业生产方式转变，由依靠化肥、农药、助长剂投入为主的化学化、高投入、高能耗、低效益的传统农业，向实现化肥农药减量化、畜禽粪便无害化、生态系统清洁化为主要内容的大力推广秸秆沼气、生物质能、太阳能等清洁能源利用的现代有机农业转变。大力发展有机农业、生态农业、复合农业，实现有机化、生态化、低投入、低能耗、高效益的新兴农业生产方式。

第三，强化以农田水利为重点的农业基础设施建设。针对河南等粮食主产区旱涝等自然灾害发生频繁的实际，要积极推行农田、水利、林业综合治理的农业生态环境保护模式。一是要加大对中低产田改造和土壤改良的力度，实施保护性耕作来提高耕地质量，增加高产稳产农田比重。积极推广秸秆还田和施用有机肥、种植绿肥。二是做好水利工程等基础设施建设。完善大型灌区建设配套设施和积极研发节水灌溉技术和节水改造任务，推广节水灌溉，搞好旱作农业示范工程。创新投资机制，采取以奖代补等形式，鼓励和支持农民广泛开展小型农田水利设施、小流域综合治理等项目建设。加强水生生物资源养护，加大增殖放流力度。推进重点流域和区域水土流失综合防治，加快荒漠化石漠化治理，加强自然保护区建设。

第四，完善农村生态环境补偿制度。农业生态环境补偿是指对损害生态环境的行为进行收费或对保护生态环境的行为进行补偿，以提高该行为的成本或收益，达到保护生态环境的目的。建立和完善我国农村生态环境补偿机制，必须从我国农业生态环境问题产生的实际出发，通过制度化和法制化的方式实现解决农业生态环境补偿问题。城市工业和城市生活垃圾等外源污染是农村环境污染的一个来源因素，要着力健全城乡一体化的生态环境补偿制度设计。尽快建立起合理的农村环境保护补偿与救济机制，从制度和法律的层面有效保障受到不平等待遇的农民生态环境权。要加大公共财政对农村生态环境保护的投入力度，着力控制农村面源污染，发展农业清洁生产，积极开发利用农村再生能源，为粮食生产提供一个清洁、安全的生态环境。

第二节　粮食安全的科技保障机制

转变农业经济发展方式，是指在农业经济发展过程中既要积极实现农业经济的"数量"增长，更要注重农业经济发展的"质量"提升和"结构"优化，由以往的数量型扩张向质量型发展的转变。党的十七届三中全会指出："农业发展的根本出路在科技进步。顺应世界科技发展潮流，着眼于建设现代农业，大力推进农业科技自主创新，加强原始创新、集成创新和引进消化吸收再创新，不断促进农业技术集成化、劳动过程机械化、生产经营信息化。"因此，转变农业经济发展方式要求将农业发展建立在深入贯彻和落实科学发展观，依靠科技创新积极提高人口素质、调整和优化农村产业结构、节约农业资源、保护生态环境、注重农业经济的质量效益的基础上。

一、粮食科技创新是保障国家粮食安全的核心和关键

科技创新是科学技术作为第一生产力的重要条件，保障我国粮食安全的根本途径在于粮食科技创新。粮食科技创新就是通过对粮食生产力要素的渗透大力提升粮食综合生产能力的，是保障国家粮食安全的核心和关键。

粮食科技创新有助于推动粮食生产对象的升级。通过粮食科技创新可以有效改进育种方法、耕作以及对水土、气候的改良和适应。我国在作物品种改良、新品种培育、良种良法等领域取得了丰硕的科技创新成果。"十五"期间，在国家863计划和重点科技攻关计划的支持下，一批高产、优质、多抗、高效新品种脱颖而出，在作物高产育种方面已经达到国际先进水平，作物品种的优质化、专用化也取得了长足进步，部分品种已经达到国际先进水平。在突破资源瓶颈约束方面，我国以促进粮食生产紧缺资源的技术替代为目标重点加强了灌溉节水、旱农节水、生物节水和非常规水资源利用等关键技术研究和加强耕地资源保护、耕地质量提升、退化耕地修复等关键技术，提高耕地综合生产能力研究。保障农业及粮食生产环境安全为目标，重点开展了农田污染综合防控、水污染综合治理、农林生态系统优化、退化农林生态系统恢复重建等技术研究，有效提升了我国粮食生产技术水平和综合生产能力，为我国粮食生产的可持续性提供了技术动力。

粮食科技创新有助于加速粮食生产装备水平的提升。这里讲的粮食生产装备主要是指粮食生产中的机械化装备、农药、化肥等。截至2007年，全国稻麦联合收割机拥有量达到了57.45万台，机动割晒机拥有量60.89万台，连续3年增长幅度都在4个百分点以上，一些新型机械化装备对于促进粮食产量提高发挥巨大作用，大大提高了粮食生产效率，降低了成本，减少了产后损失，对有效推广规模化作业具有重要意义。近年来，新型肥料品种研制与开发有了重要进展。复混肥施用量占化肥施用总量的20%，随着化学工业的发展，化肥的新品种、新剂型不断研制成功，有效提高了土壤综合肥力，并极大地改善了化肥滥用造成的农业生态环境破坏。在农药科技创新方面，"863"计划现代农业研究以提高植物自身抗病虫免疫能力和杀伤有害生物为目标，建立了新型生物农药研发技术体系；基因工程生物农药的创制，显著提高了生物农药的作用效果和生产水平，加强了粮食生产的病虫害防治，保障了粮食生产的稳定性。农业信息化工作方面，我国已经利用农业数据库、信息管理系统、3S技术（GPS、GIS、RS）、专家系统（ES）、决策支持系统

（DSS）等技术，在农田资源调查与利用、环境监测与保护、灾害控制等方面取得了重要成果，提高了我国科技对粮食生产的贡献率。

粮食科技创新有助于促进粮食生产者素质的提高。在粮食生产力要素中，劳动者是核心和关键要素，这里的劳动者即粮食生产者既包括粮食科研人员，也包括从事田间生产的农民。粮食科技对粮食生产的贡献关键在于粮食生产者能够有效运用现代化的粮食生产工具进行粮食生产。没有高素质的粮食生产者，运用粮食科技保障粮食安全根本就是无稽之谈。据不完全统计，在国家和省级农业科研单位中从事粮食科研工作的研究人员具有高级职称的占70%以上，具有博士学位的占60%。我国已形成了一支具备一定国际竞争力的粮食科技研究队伍。同时，通过有效的农技推广机制和农民科技培训机制，积极培养农村科技骨干和实用人才，大大提高了农民的整体科技素质，有效提高了粮食生产效率。

我国粮食科技创新基本形成了以国家"十一五"科技、"863"计划、粮食丰产科技工程等重点科技支撑计划为支持，区域性分品种作物研究中心和大量高校粮食科技研究所、实体性研究机构为基本架构的科技创新体系，并按照粮食产前、产中、产后的作物生长、储藏、流通、加工规律，形成了各有侧重、相互协作的粮食科技创新链。这些粮食科技创新平台的建设，显著增强了国家粮食科技创新能力，为保障中国粮食安全提供了强有力的科技支撑。

二、制约粮食科技创新的障碍因素分析

粮食科技创新不仅指科技发明在农业经济发展中的运用，还包括粮食科技的研究、开发和推广，是一个包含科技、社会和经济在内的复杂系统。然而，由于我国教育资源和科研资源主要集中在城市，农业经济发展的科技投资比较利益低，使得粮食的科技含量低，经营方式粗放。粮食科技创新不足成为制约农业经济发展方式转变的又一障碍。目前，我国粮食科技创新不足主要体现在以下几个方面：

首先，科技创新平台建设不够，机制不完善。在国家科技基础建设中，农业科技平台所占比重较低。截止到2009年，在220个国家重点实验室中，涉及农业领域的仅有23个，与农业作物育种和生物技术有关的仅有9个。141个国家工程技术研究中心中，涉农的只有30个。国内从事农业科技创新研究的单位众多，科研机构、高校和企业各自在封闭的系统内活动，互相之间缺乏优势互补的机制，造成科技资源的极大浪费，总体运行效率较低。由

于体制不完善,我国农业科技创新领域整合能力弱,综合水平低。在一些重要研究领域特别是高新技术自主创新方面还缺乏自主和独特的核心技术,重大原始性创新成果和产业发展关键技术成果供给明显不足[①]。

其次,经费保障不力。我国农业科研经费占农业 GDP 的 0.43%,远远低于高收入国家 3.29% 和中等收入国家 1.37% 的平均水平。目前我国农业科研人员投入还不足发达国家平均水平的一半,特别是对粮食安全相关项目的支持强度长期处于相对较低而且波动不定的状态,难以支撑国家粮食安全科技发展的投入需求。现有科技经费归不同部门掌握,条块分割严重,配置比例不合理,难以集成使用;大部分农业科研单位的科研设施条件简陋,无论是在试验条件、基础设施、科研力量,还是在承担课题和获得经费资助方面,都与发展现代农业对科技创新的要求相距甚远。

最后,我国科技创新推广体系不完善。我国农业科技创新研究和推广体系着重于良种、水利等以增产为目标的农业科技,忽视对农产品市场经济效益的开发。我国农业科研力量的 90% 集中在产中阶段,其中 55% 又集中在种植业领域。这种格局造成我国农产品大多以鲜食、鲜销的形式进入市场,大多数农产品采后贮藏、加工、包装技术落后,加工水平低、比例小。农民获得的市场经济效益较低。科技创新成果转化和推广是支持现代农业发展的关键环节。我国每年取得 6 000 多项省部级以上农业科技创新成果,但真正投入生产使用的不超过 1/3。科技创新成果推广转化难的根本原因是科技创新水平低。由于市场经济体制不完善,长期以来我国科技创新注重成果的技术参数、指标的先进性等所体现的"学术价值"而不是其"市场价值",其结果是要么科技成果水平太高无法产业生产衔接,要么是科技成果的成本太高而失去市场竞争力。另外,基层农业科技推广体系还不能完全适应市场经济的要求、科技创新成果转化的风险防范机制不完善和科技创新成果转化的中介市场落后也是造成我国农业科技创新推广体系滞后的原因。

三、依靠科技创新保障粮食安全的对策思路

在面临日益严峻的耕地、水和资金等农业生产资源约束条件下,科技创新是实现农业发展方式转变的关键。科技创新可以渗透到中低产田治理、节水灌溉、育种、培肥和机械化耕作等生产环节,也可以积极有效进行市场信息收集、贮藏、运输等市场和流通环节。

---

① 张雪娥. 当前我国农业科技创新能力的问题及出路 [J]. 市场论坛,2008 (8):9-11。

（一）完善粮食科技创新的机制和基础

首先，完善粮食科技创新体制，整合科技创新资源。粮食科技创新工作应遵循的原则是既要加大政府的支持力度，又要充分发挥市场机制的作用，形成政府主导的、多元化的新型粮食科技创新体系。积极深化科技体制改革，加快粮食科技创新体系和现代粮食产业技术体系建设，加强对公益性粮食科研机构和粮食院校的支持。建成中央、高校和地方科研院所有机结合的布局合理、优势互补、联合协作的，能够面向现代粮食发展、具有国际优势的新型粮食科技创新体系。适应世界粮食科技的发展趋势，积极引进和消化吸收国外先进粮食技术与经验，提高粮食科技创新系统的整体功能和效率，加速先进适用技术的组装配套和大面积推广。通过科技创新实实在在地提升粮食的素质、效益和竞争力[①]。

第二，加大对粮食科技创新的政策支持力度。粮食科技创新活动具有较强的风险性和探索性，其成果是典型的公共产品，具有非竞争性和非排他性，投资者不能完全占有科技创新活动收益。因此，粮食科技创新活动必须以政府为投资主体或者通过财政对粮食科技创新主体进行补贴，以保持粮食科技创新投入的连续性和稳定性。政府应积极采取措施，为粮食科技创新营造良好的政策法制环境，建立粮食科技发展基金和完善粮食保险机制，鼓励粮食高新技术企业进入资本市场等措施有力支持粮食科技创新[②]。建立粮食科技创新基金，支持粮食基础性、前沿性科学研究，力争在关键领域和核心技术上实现重大突破。

第三，加强对粮食科技知识产权的保护。为了更好地促使先进适用技术及时充分地应用于粮食生产，加速科学技术、特别是高新技术全面向粮食产业的渗透，实现我国粮食生产力水平质的飞跃，营造良好的粮食科技发展环境，要尽快完善粮食知识产权制度。要实施粮食知识产权保护战略，必须加强和制定粮食科技知识产权保护策略，对有重大价值的粮食科技成果实施知识产权保护。尤其是我国自行研制等品种资源，具有遗传基因研究价值等作物品种的知识产权保护工作，以促进高技术粮食产业的健康发展，利用高技术对传统粮食进行产业改造和升级，增强国际竞争能力。支持发展绿色食品和有机食品，加大农产品注册商标和地理标志保护力度。

第四，建立科技创新团队。优秀的科技人才和高绩效的科技创新团队是

[①][②] 张雪娥. 当前我国农业科技创新能力的问题及出路［J］. 市场论坛，2008（8），9－11。

粮食科技创新以及转化为现实生产力的关键力量。在市场经济条件下，要遵循市场规律积极吸引和留住科技创新人才，不断优化科技创新团队。首先，正视粮食科技的风险性、艰苦性特征，运用一流的待遇吸引和保留以流动人才。从尊重科技创新规律，最大限度调动优秀科技人才和创新团队的创新激情。其次，运用现代管理理念和人才理念，在创新平台、科技项目、科研经费等科技资源的配置，以及科研成果的评价、个人业绩的考核、生活待遇的提高等方面运用现代激励理论，不断提高优秀粮食科技人才和创新团队的科技创新积极性。

（二）确定粮食科技创新的关键点

粮食科技创新要着眼于建设现代粮食，力争在粮食重大成果攻关方面取得突破。积极推进粮食科技自主创新，加强原始创新、集成创新和引进消化吸收再创新，要瞄准世界粮食科技发展前沿，以生物技术和信息技术为重点，组织科技攻关和技术引进，实现粮食科技的跨越式发展。适应粮食规模化、精准化、设施化等要求，加快开发多功能、智能化、经济型粮食装备设施，重点在田间作业、设施栽培、健康养殖、精深加工、储运保鲜等环节取得新进展。推进粮食信息服务技术发展，重点开发信息采集、精准作业和管理信息、农村远程数字化和可视化、气象预测预报和灾害预警等技术[①]。对于没有直接经济效益但关系到未来粮食科技发展的基础性研究和应用性研究应由政府进行稳定支持，主要包括事关粮食现代化建设的高新技术领域，事关粮食增效、农民增收的公益性研究领域，事关粮食科技可持续发展的应用基础研究领域等，重点强化水资源高效利用、粮食环境保护与清洁生产研究，为现代粮食持续发展提供长久技术支撑。

（三）促进粮食科技成果的推广

建立健全粮食科技成果推广与转化体制，加快新技术、新品种、新材料、新工艺、新产品等科技成果的应用是实现粮食经济发展方式转变的关键环节。粮食科技成果推广是当前粮食科技的薄弱环节，新阶段要加强粮食科技推广体制创新，加速把粮食科技成果转化为现实生产力，实现粮食经济发展方式的转变，重点抓好优良品种、节水灌溉、配方施肥、病虫害综合防治、作物

---

① 中共十七届三中全会公报．中共中央关于推进农村改革发展若干重大问题决定［R］．2008.10.19.

栽培与管理等的推广。首先，要建立新型多元化农技推广体系，强化农技推广服务的公益性职能，全面推进粮食科技入户工程，扶植粮食科技示范户，提高其辐射带动能力。培育和壮大一批具有较强区域带动性的特色支柱产业，在促进农民增收致富的同时推动区域经济发展。其次，加强粮食科技服务平台建设，积极支持以科技情报信息机构、成果管理机构、技术交易机构为基础的公共科技信息平台，建设健全粮食科技交易市场网络，加速科技成果的转化。打造科技交流合作平台，建立起企业和高校、科研机构之间联系沟通的桥梁与纽带，为人才集聚和粮食科技企业自主创新能力的提升搭建一个综合性的合作与交流平台。最后要引导建立起完善的科技中介服务体系。通过建立生产力促进中心、高新技术创业服务中心、工程技术研究中心、科技创业中心等，促进科技与经济的结合，为各类科技创新主体建立紧密联系，为科技创新活动提供重要的支撑性服务加速科技成果产业化。①

（四）加强技能培训，提高农民素质

转变粮食经济发展方式必须着力提高农村劳动者素质，使其具备现代粮食经济发展所必需的技能和素质。要积极对农民开展粮食生产技能、经营管理和粮食政策法规培训。首先，要在切实保障农村义务教育的基础上，通过发展职业教育、成人教育和各种短期培训，提高农民的专业技能。其次，要组织科技人员深入农村传授科技知识，开展多种形式的文化教育和科技普及活动。再次，要加大对大专院校和中等职业学校农林专业学生的助学力度，鼓励他们毕业后到农村，为发展现代粮食建功立业。依托重大粮食科研项目、重点学科、科研基地，加强粮食科技创新团队建设，培育粮食科技高层次人才特别是领军人才。稳定和壮大粮食科技人才队伍，加强粮食技术推广普及，开展农民技术培训。②

总之，通过完善科技创新体制和科技创新平台，确定粮食科技创新重点，培育科技创新拔尖人才和科技创新推广和成果转化体系，运用先进的粮食科技是实现粮食经济发展方式的转化的必由之路。

---

① 张雪娥. 当前我国农业科技创新能力的问题及出路［J］. 市场论坛，2008 年第 08 期：9 - 11.
② 吴向伟. 转变农业发展方式的内涵与途径［J］. 经济纵横，2008 年第 2 期：23 - 25.

第三节　粮食安全的保障对策①

为促进我国粮食产业稳定发展，保障我国粮食安全和供求平衡，必须坚持立足国内实现粮食基本自给方针，落实粮食安全责任，强化生产能力建设，完善粮食市场机制，加强粮食宏观调控，加快构建供给稳定、储备充足、调控有力、运转高效的粮食安全保障体系。

一、加大基础设施投入，稳定粮食生产能力

支持加快灌区续建配套和节水改造，充分发挥水利工程灌溉效益，提升农田水利设施服务功能，恢复和扩大有效灌溉面积。在水土资源较好、粮食增产潜力较大的地区，支持建设农业灌溉水源工程，充分利用水资源开发利用的潜力，增加新的灌溉面积。加大中央财政对小型农田水利设施建设补助力度。从中央到地方，建立小型农田水利建设专项补助资金，采取以奖代补等多种形式，鼓励农民投工投劳兴办小型水利事业。大力发展节水灌溉，对节水灌溉机具和设备给予补贴，提高水资源的利用效率和效益。建立农业水费财政补贴制度，按照核定的有效灌溉面积，将水费补贴直接发放到农户。要增加国家在种子基础研究上的投入，加强种子的基础研究和应用研究。加快开发产量高、抗灾强的粮食生产新品种，提高良种科技应用水平。在测土配方施肥、深松深翻、提高土壤理化性能等方面加强技术指导和扶持，重点抓好节本降耗增产增效技术推广。加大大型农机具的推广应用，重点解决粮食主产区大型拖拉机购置和配套问题。按照公益性职能和经营性服务分离，事、企分开的原则，改革农技服务推广体系。建立农技推广人员定期培训制度，通过财政支持、制度保证、定期考核等方面的共同作用，促进农技推广人员的知识和技术更新。

二、完善粮食补贴和价格支持政策，提高农民种粮收益

近年来，为了确保补贴"一竿子"插到底，让农民真正从中受益，各级政府和有关部门不断探索办法，健全制度，基本上能做到政策透明、管理规

---

① 节选自中国改革论坛：《我国粮食供求现状、前景及对策》，国研网 2009 年 12 月 21 日。

范、直补到位。目前粮食直接补贴政策还存在一些不足之处，有待改进。对粮食直接补贴政策反映较多的几个问题是：补贴标准较低，对农民种粮收益保障作用不大。有些补贴没有实行普惠制，难以在全国发挥整体效应。部分补贴政策操作方式与政策目标不符。如水稻良种补贴，在具体操作过程中，是按照农民水稻种植面积直接发放现金补贴，与农民是否采用优良品种并不挂钩。部分补贴内容与农民需要有较大的差异。如在小麦、玉米良种补贴政策实施过程，很多地方采取了由省定品种的做法，但由于省内各县市自然条件差异较大，导致补贴品种与当地的实际需要不符，难以实现良种补贴的作用。有的补贴由于环节较多，出现了补贴利益被部门或者其他市场主体侵占的现象。如在农机具购置补贴政策中，部分中标厂家把积压产品强行与中标产品搭配销售，损害农民利益。有限的补贴资金使用分散，形成"天女散花"的局面等。

今后，需要从增加规模、提高标准、扩大范围、完善机制等方面，进一步健全农业补贴制度。一是随着我国财力水平的提高，逐步增加直接补贴的资金总规模，逐步将补贴标准提高到能补偿农民种粮成本并能保证适当收益的水平。二是扩大良种补贴和农机补贴。规范良种补贴资金发放方式，加强良种招标采购工作，实行公开推介品种或公布最高限价，尽量减少指定厂家或品种的做法。完善农机补贴办法，全面覆盖主要农作物生产和重点环节机械购置需求。三是进一步完善粮食直补、农资综合直补等各项对农民收入的补贴制度。建立农民种粮成本收益统计监测体系，形成种粮农民补贴稳定增长的机制。完善反映农业生产资料价格水平变化因素的农资综合补贴调整机制。四是各地也可以根据实际情况，本着"大稳定、小调整"的原则，探索农业补贴的多种方式。例如，为了鼓励农民踏踏实实种粮食，补贴资金允许适当对种粮大户予以倾斜。为了解决无论种什么作物，甚至种树、养鱼、荒芜，可以调整为只针对粮食实际种植面积进行补贴。五是强化对粮食补贴资金的监督检查，防止截留、挤占挪用补贴资金，保证补贴资金能够真正落实到农民手中。

根据国家发改委价格司最近十多年的成本收益资料分析，粮农的成本利润率如果能够达到40%左右，是一种比较理想的状况。应根据每年粮食成本收益调查核算的结果，科学制定粮食最低收购价的水平。如果使成本利润率达到40%左右，粮农收益就基本有保障，不必多加干预。而在粮农的成本利润率低于30%，一定要及时启动最低收购价，使粮农收益不至于明显减少，影响下一个年度的粮食生产。近年来实行的最低收购价和临时收储政策，确实很好地发挥了稳定粮食市场的作用,但大规模的政府收储,使得国家粮食储备规模偏高。参照国际经验,粮食安全储备规模大约是粮食消费总量的18%,其中缓冲储备5%,周转储备13%。而近几年,我国除2003年粮食储备率低于20%外,其他年份远高于国际标准。目前我国政府粮食专项储备接近甚至超过市场流通量的1/3,即使不考虑社会储备,政府专项储备就可达到国际公认的安全水平,储备规模明显偏高,财政负担加重。在市场有利的情况下,能够顺利实现顺价销售,可以起到"托市"的作用。但在市场不利的情况下,如果难以实现顺价销售,必然会对国内粮食市场的稳定构成很大的压力。从长期来看,大规模的高价收储虽然能够增加农民收入,但却容易打破粮食市场原有的运行规律,导致市场价格导向的功能得不到发挥,从而引发一系列的问题。因而,为了促进粮食生产长期稳定发展,需要借鉴国际经验,探索研究目标价格补贴制度,建立符合市场化要求、适合中国国情的新型粮食价格支持体系。

三、平衡产销区粮食安全责任,健全利益补偿机制

调动粮食主产区抓粮的积极性,保证粮食主产区地方政府有能力提供基本公共服务。要取消粮食主产省地方财政粮食风险基金配套部分,全额由中央财政承担,并增加投入规模。适当减免粮食风险基金借款,帮助消化粮食财务挂账。取消产粮大县中央各种涉农投入要求的地方配套资金。中央财政增加对粮食主产区一般性转移支付力度,进一步加大对粮食主产区教育、卫生、文化、交通等社会事业的支持。按照基本公共服务均等化的要求,参考各个省区粮食产量和农村人口比重,完善支农资金分配和财政转移支付机制。提升主销区和产销平衡区的粮食供给能力,确保粮食自给水平不下降。确保国家粮食安全,产销平衡区和主销区都应从大局着眼,分担国家粮食安全责任,确保区域内粮田面积不减少。产销平衡区和主销区也要选择有资源优势、粮食产量和调出数量较高的产粮大县,集中力量,加大投入,改善生产条件,着力提高粮食综合生产能力,保障本区域粮食稳定供给。

四、完善粮食流通储备体系,保障粮食流通安全

要构建高效运转的国家粮食安全保障体系,必须加强粮食市场监管,维护正常的粮食流通秩序。要继续深化国有粮食企业改革,把保持国家对粮食仓储设施和流通的控制力作为国家粮食安全的重要保障。鼓励大型粮食企业之间通过相互参股等方式建立战略联盟,整合粮食物流资源,提高粮食运输

的集约化、规模化水平。培育以仓储为基础、加工为支柱、贸易为龙头、物流为延伸的具有维护国家粮食安全能力大型粮食企业集团。鼓励和引导粮食购销、加工等龙头企业发展粮食订单生产，推进粮食产业化发展。发展农民专业合作组织和农村经纪人，为农民提供粮食产销服务。加快发展以散装、散卸、散存和散运为特征的"四散化"粮食现代物流体系，降低流通成本，提高粮食流通效率。完善中央战略专项储备与调节周转储备相结合、中央储备与地方储备相结合、政府储备与企业商业最低库存相结合的粮油储备调控体系，增强国家宏观调控能力，保障国家粮食安全。

五、积极利用国际市场，调剂国内粮食余缺

利用国际市场调节国内主粮品种供求，是保障我国粮食安全的有效途径之一。根据全球粮食生产与消费情况，粮食供求将会在近中期呈现偏紧的态势。从中长期看，我国小麦供求总量基本平衡，而大米的口粮消费比重逐步提高，稻谷供求总量将长期偏紧，玉米由于饲料与工业加工需求逐年增加，其供需关系也将日趋偏紧，我国玉米出口的贸易格局将发生变化。为此，要在保持稻谷和小麦自给、玉米基本自给的基础上，积极利用国际市场调节国内供需。我国小麦供求总量基本平衡，因此贸易调控也较进退自如。稻谷与玉米的供需总量趋势偏紧，宜实行偏紧的出口管理。同时通过政府间合作，与主要的产粮国建立长期稳定的粮油贸易合作关系，并基本稳定粮食进出口贸易。要继续发挥国有贸易企业在粮食进出口中的作用，同时允许其他国内粮食企业渐进参与粮油国际贸易，稳步发展粮油产品的期货交易。要适当控制外资在粮油期货市场上的行为，在准入门槛与交易规模上加以规范。

附录 1
国家粮食安全中长期规划纲要

(2008~2020 年)

前 言

　　粮食安全始终是关系我国国民经济发展、社会稳定和国家自立的全局性重大战略问题。保障我国粮食安全，对实现全面建设小康社会的目标、构建社会主义和谐社会和推进社会主义新农村建设具有十分重要的意义。党中央、国务院始终高度重视粮食安全，把这项工作摆在突出的位置。当前我国粮食安全形势总体是好的，粮食综合生产能力稳步提高，食物供给日益丰富，供需基本平衡。但我国人口众多，对粮食的需求量大，粮食安全的基础比较脆弱。从今后发展趋势看，随着工业化、城镇化的发展以及人口增加和人民生活水平提高，粮食消费需求将呈刚性增长，而耕地减少、水资源短缺、气候变化等对粮食生产的约束日益突出。我国粮食的供需将长期处于紧平衡状态，保障粮食安全面临严峻挑战。

　　保障我国粮食安全，要以邓小平理论和"三个代表"重要思想为指导，全面落实科学发展观，按照全面建设小康社会、构建社会主义和谐社会和建设社会主义新农村的战略部署和总体要求，坚持立足于基本靠国内保障粮食供给，加大政策和投入支持力度，严格保护耕地，依靠科学技术进步，着力提高粮食综合生产能力、完善粮食流通体系、加强粮食宏观调控，构建适应社会主义市场经济发展要求和符合我国国情的粮食安全保障体系。

　　为切实保障我国中长期粮食安全，根据党的十七大精神和《国民经济和社会发展第十一个五年规划纲要》，特编制本纲要。纲要在总结近10年我国粮食安全取得的主要成就和分析今后一个时期面临挑战的基础上，提出了2008年至2020年保障我国粮食安全的指导思想、目标和主要任务及相应政策措施，是今后一个时期我国粮食宏观调控工作的重要依据。

本纲要中的粮食，主要指谷物（包括小麦、稻谷、玉米等）、豆类和薯类；食物，指粮食、食用植物油、肉、禽、蛋、奶及水产品。规划期为2008～2020年。

一、我国粮食安全取得的成就

新中国成立以来，党中央、国务院高度重视粮食安全问题，始终把农业放在发展国民经济的首位，千方百计促进粮食生产，较好地解决了人民吃饭问题，取得了举世公认的成就，为世界粮食安全做出了巨大贡献。特别是近年来，在工业化和城镇化进程加快、耕地面积逐年减少、居民消费水平日益提高的情况下，实现了粮食产量的稳定增长，保证了居民食物消费和经济社会发展对粮食的基本需求。近10年来，我国粮食自给率基本保持在95%以上。2007年我国粮食总产量5 016亿公斤，人均占有量380公斤，人均消费量388公斤。居民膳食结构不断改善，食物消费日趋多样，口粮消费逐步减少，肉、禽、蛋、奶、水产品及食用植物油等消费逐步增加，营养水平不断提高。据联合国粮农组织测算，2002年我国居民人均每日食物热值、蛋白质和脂肪含量已超过世界平均水平。

（一）粮食综合生产能力保持基本稳定

20世纪90年代以来，我国农业生产迈上了新台阶，粮食进入供求基本平衡、丰年有余的新阶段，食物供给水平不断提高。1996年粮食播种面积达到16.9亿亩，产量突破5 000亿公斤，其中谷物超过4 500亿公斤。"九五"期间，粮食产量基本保持在5 000亿公斤水平。1998年以后，由于连年丰收，库存逐年增加，市场粮价下跌，加之调整农业生产结构，粮食播种面积逐年减少。2003年粮食播种面积降至14.9亿亩，比1998年减少2.16亿亩；粮食产量由1998年5 123亿公斤降至4 307亿公斤，减产816亿公斤，主要是稻谷、小麦和玉米等谷物减产。2004年以来，党中央、国务院采取保护耕地、按最低收购价托市收购粮食、减免税收、建立直接补贴制度、加大投入等一系列政策措施，调动了农民种粮积极性，粮食生产实现恢复性增长。2007年，粮食播种面积恢复到15.86亿亩，比2003年增加0.96亿亩；产量达到5016

亿公斤，比2003年增产709亿公斤。其中，谷物面积12.9亿亩，增加1.36亿亩；产量4 563亿公斤，增产820亿公斤。

农业生产条件逐步改善，粮食综合生产能力稳步提高。1996~2006年，全国新增有效灌溉面积近1亿亩，新增节水灌溉面积近1.5亿亩，全国耕种收综合机械化水平提高4.6个百分点，农业科技进步贡献率提高13个百分点，良种覆盖率达到95%以上。粮食单产水平显著提高，2007年全国粮食平均亩产316.2公斤，其中谷物亩产355公斤，创历史最高水平。粮食品质结构不断优化，优质小麦、水稻种植比重分别达到55%和69%。

在保证粮食生产稳步发展的基础上，其他食物供给日益丰富。与1995年相比，2007年肉类产品人均占有量52公斤，增加8.5公斤，其中牛羊肉所占比重提高3个百分点；禽蛋人均占有量19公斤，增加5.2公斤；牛奶人均占有量26.7公斤，增加近22公斤；水产品人均占有量36公斤，增加16公斤左右。

（二）粮食流通体制改革取得重大突破

1998年以来，根据建立社会主义市场经济体制的要求，国家积极稳妥地推进以市场化为取向的粮食流通体制改革。以市场供求为基础的粮食价格形成机制逐步建立，粮食收购市场和收购价格全面放开，市场机制配置粮食资源的基础性作用得到充分发挥。统一开放、竞争有序的粮食市场体系初步形成，现货交易进一步活跃，期货交易稳步发展。国有粮食企业全面推向市场，"老人、老粮、老账"历史包袱基本解决，在粮食收购中继续发挥主渠道作用。粮食市场主体趋向多元化，规模化、组织化程度有所提高，市场竞争能力增强。

（三）粮食安全政策支持体系初步建立

公布实施土地管理法、农村土地承包法和基本农田保护条例，建立了最严格的耕地保护制度。取消农业四税（农业税、除烟叶外农业特产税、牧业税和屠宰税），实行粮食直补、良种补贴、农机具购置补贴和农资综合直补等政策，初步建立了发展粮食生产专项补贴机制和对农民收入补贴机制。对稻谷、小麦实施最低收购价政策，完善了对种粮农民的保护机制，市场粮价基本稳定。调整国民收入分配结构，加大对农业投入倾斜力度，初步建立了稳定的农业和粮食生产投入增长机制。调整中央财政对粮食风险基金的补助比例，实施对产粮大县奖励政策，加大对粮食主产区的转移支付力度。

（四）粮食宏观调控体系逐步完善

完善粮食省长负责制，进一步强化省级人民政府在粮食生产和流通方面的责任。完善中央和地方粮食储备体制，确立粮食经营企业最低库存制度，增强了国家对粮食市场的调控能力。加强粮食进出口品种调剂，促进了粮食供需总量平衡。粮食产销区合作关系得到发展。国家粮食应急保障机制初步建立。公布施行粮食流通管理条例和中央储备粮管理条例，依法管粮取得重要进展。粮食仓储和物流设施条件有所改善，从 1998 年至 2003 年，利用国债资金建设国家储备粮新增库容 527 亿公斤，粮食物流"四散化"（散装、散卸、散存、散运）变革开始起步。

二、我国粮食安全面临的挑战

近年来，我国粮食生产发展和供需形势呈现出较好局面，为改革发展稳定全局奠定了重要基础。但是必须清醒地看到，农业仍然是国民经济的薄弱环节，随着工业化和城镇化的推进，我国粮食安全面临的形势出现了一些新情况和新问题：粮食生产逐步恢复，但继续稳定增产的难度加大；粮食供求将长期处于紧平衡状态；农产品进出口贸易出现逆差，大豆和棉花进口量逐年扩大；主要农副产品价格大幅上涨，成为经济发展中的突出问题。从中长期发展趋势看，受人口、耕地、水资源、气候、能源、国际市场等因素变化影响，上述趋势难以逆转，我国粮食和食物安全将面临严峻挑战。

（一）消费需求呈刚性增长

粮食需求总量继续增长。据预测，到 2010 年我国居民人均粮食消费量为 389 公斤，粮食需求总量达到 5 250 亿公斤；到 2020 年人均粮食消费量为 395 公斤，需求总量 5 725 亿公斤。

粮食消费结构升级。口粮消费减少，据预测，到 2010 年我国居民口粮消费总量 2 585 亿公斤，占粮食消费需求总量的 49%。到 2020 年口粮消费总量 2 475 亿公斤，占粮食消费需求总量的 43%。饲料用粮需求增加，据预测，到 2010 年饲料用粮需求总量为 1 870 亿公斤，占粮食消费需求总量的 36%；到 2020 年将达到 2 355 亿公斤，占粮食消费需求总量 41%。工业用粮需求趋于平缓。

食用植物油消费继续增加。据预测，2010 年我国居民人均食用植物油消费 17.8 公斤，消费需求总量 2 410 万吨；2020 年人均消费量 20 公斤，消费需求总量将达到 2 900 万吨。

（二）耕地数量逐年减少

受农业结构调整、生态退耕、自然灾害损毁和非农建设占用等影响，耕地资源逐年减少。据调查，2007 年全国耕地面积为 18.26 亿亩，比 1996 年减少 1.25 亿亩，年均减少 1 100 万亩。目前，全国人均耕地面积 1.38 亩，约为世界平均水平的 40%。受干旱、陡坡、瘠薄、洪涝、盐碱等多种因素影响，质量相对较差的中低产田约占 2/3。土地沙化、土壤退化、"三废"污染等问题严重。随着工业化和城镇化进程的加快，耕地仍将继续减少，宜耕后备土地资源日趋匮乏，今后扩大粮食播种面积的空间极为有限。

（三）水资源短缺矛盾凸现

目前，我国人均占有水资源量约为 2 200 立方米，不到世界平均水平的 28%，每年农业生产缺水 200 多亿立方米，且水资源分布极不均衡，水土资源很不匹配。我国北方地区水资源短缺矛盾更加突出。东北和黄淮海地区粮食产量占全国的 53%，商品粮占全国的 66%，但黑龙江三江平原和华北平原很多地区超采地下水灌溉，三江平原近 10 年来地下水位平均下降 2~3 米，部分区域下降 3~5 米，华北平原已形成 9 万多平方公里的世界最大地下水开采漏斗区（包括浅层地下水和深层承压水）。此外，近年来我国自然灾害严重，不利气象因素较多，北方地区降水持续偏少，干旱化趋势严重。今后受全球气候变暖影响，我国旱涝灾害特别是干旱缺水状况呈加重趋势，可能会给农业生产带来诸多不利影响，将对我国中长期粮食安全构成极大威胁。

（四）供需区域性矛盾突出

粮食生产重心北移。2007 年 13 个粮食主产区产量占全国总产量的 75%。其中河北、内蒙古、辽宁、吉林、黑龙江、山东、河南 7 个北方产区，粮食产量占全国的比重由 1991 年的 36.2% 提高到 2007 年的 43.5%。南方粮食生产总量下降。江苏、安徽、江西、湖北、湖南、四川 6 个南方产区，粮食产量占全国比重由 1991 年的 36% 下降到 2007 年的 31.6%。主销区粮食产需缺口逐年扩大。北京、天津、上海、浙江、福建、广东和海南 7 个主销区，粮食产量占全国的比重已由 1991 年的 12.2% 下降到 2007 年的 6.3%；产需缺口由 2003 年 485 亿公斤扩大到 2007 年 550 亿公斤左右。此外，西部部分地区生态环境较差、土地贫瘠，粮食生产水平较低，存在供需缺口。

(五) 品种结构性矛盾加剧

小麦供需总量基本平衡，但品种优质率有待进一步提高。大米在居民口粮消费中约占60%，且比重还在逐步提高，但南方地区水田不断减少，水稻种植面积大幅下降，恢复和稳定生产的难度很大，稻谷供需总量将长期偏紧。玉米供需关系趋紧。大豆生产徘徊不前，进口依存度逐年提高。北方种植大豆、南方种植油菜籽比较效益低，生产缩减。粮食品种间（如东北大豆、玉米、水稻）争地及粮食作物与油料、棉花、烤烟等经济作物之间的争地矛盾将长期存在。

(六) 种粮比较效益偏低

近年来，由于化肥、农药、农用柴油等农业生产资料价格上涨和人工成本上升，农民种粮成本大幅增加，农业比较效益下降。随着我国工业化、城镇化快速发展，农村外出务工人员增多，特别是粮食主产区一半以上的青壮年劳动力外出打工，农业劳动力呈现结构性紧缺，一些地区粮食生产出现"副业化"的趋势。与进城务工和种植经济作物相比，种粮效益明显偏低，保护农民种粮积极性、保持粮食生产稳定发展的难度加大。

(七) 全球粮食供求偏紧

全球粮食产量增长难以满足消费需求增长的需要。据测算，近10年来全球谷物消费需求增加2 200亿公斤，年均增长1.1%；产量增加1 000亿公斤，年均增长0.5%。目前，世界谷物库存消费比已接近30年来最低水平。2006年以来，国际市场粮价大幅上涨，小麦、玉米、大米、大豆和豆油价格相继创历史新高。今后受全球人口增长、耕地和水资源约束以及气候异常等因素影响，全球粮食供求将长期趋紧。特别是在能源紧缺、油价高位运行的背景下，全球利用粮食转化生物能源的趋势加快，能源与食品争粮矛盾日益突出，将进一步加剧全球粮食供求紧张，我国利用国际市场弥补国内个别粮油品种供给不足的难度增大。

三、保障粮食安全的指导思想和主要目标

(一) 指导思想

以邓小平理论和"三个代表"重要思想为指导，全面落实科学发展观，按照全面建设小康社会、构建社会主义和谐社会和建设社会主义新农村的重

大战略部署和总体要求，坚持立足于基本靠国内保障粮食供给，加大政策和投入支持力度，严格保护耕地，依靠科学技术进步，着力提高粮食综合生产能力，增加食物供给；完善粮食流通体系，加强粮食宏观调控，保持粮食供求总量基本平衡和主要品种结构平衡，构建适应社会主义市场经济发展要求和符合我国国情的粮食安全保障体系。

保障国家粮食安全，必须坚持以下原则：

——强化生产能力建设。严格保护耕地特别是基本农田，加强农田基础设施建设，提高粮食生产科技创新能力，强化科技支撑，着力提高粮食单产水平，优化粮食品种结构。合理利用非耕地资源，增加食物供给来源。

——完善粮食市场机制。加强粮食市场体系建设，促进粮食市场竞争，充分发挥市场在资源配置方面的基础性作用。

——加强粮食宏观调控。完善粮食补贴和价格支持政策，保护和调动地方政府重农抓粮积极性和农民种粮积极性。健全粮食储备制度，加强粮食进出口调剂，健全粮食宏观调控机制。

——落实粮食安全责任。坚持粮食省长负责制，增强销区保障粮食安全的责任。

——倡导科学节约用粮。改进粮食收获、储藏、运输、加工方式，降低粮食产后损耗，提高粮食综合利用效率。倡导科学饮食，减少粮食浪费。

（二）主要目标

为保证到2010年人均粮食消费量不低于389公斤、到2020年不低于395公斤，要努力实现以下目标：

——稳定粮食播种面积。到2020年，耕地保有量不低于18亿亩，基本农田数量不减少、质量有提高。全国谷物播种面积稳定在12.6亿亩以上，其中稻谷稳定在4.5亿亩左右。在保证粮食生产的基础上，力争油菜籽、花生等油料作物播种面积恢复到1.8亿亩左右。

——保障粮食等重要食物基本自给。粮食自给率稳定在95%以上，到2010年粮食综合生产能力稳定在5 000亿公斤以上，到2020年达到5 400亿公斤以上。其中，稻谷、小麦保持自给，玉米保持基本自给。畜禽产品、水产品等重要品种基本自给。

——保持合理粮食储备水平。中央和地方粮食储备保持在合理规模水平。粮食库存品种结构趋向合理，小麦和稻谷比重不低于70%。

——建立健全"四散化"粮食物流体系。加快发展以散装、散卸、散存

专栏一　　2010年、2020年保障国家粮食安全主要指标

类别	指标	2007年	2010年	2020年	属性
生产水平	耕地面积（亿亩）	18.26	≥18.0	≥18.0	约束性
	其中：用于种粮的耕地面积	11.2	>11.0	>11.0	预期性
	粮食播种面积（亿亩）	15.86	15.8	15.8	约束性
	其中：谷物	12.88	12.7	12.6	预期性
	粮食单产水平（公斤/亩）	316.2	325	350	预期性
	粮食综合生产能力（亿公斤）	5 016	≥5 000	>5 400	约束性
	其中：谷物	4 563	≥4 500	>4 750	约束性
	油料播种面积（亿亩）	1.7	1.8	1.8	预期性
	牧草地保有量（亿亩）	39.3	39.2	39.2	预期性
	肉类总产量（万吨）	6 800	7 140	7 800	预期性
	禽蛋产量（万吨）	2 526	2 590	2 800	预期性
	牛奶总产量（万吨）	3 509	4 410	6 700	预期性
供需水平	国内粮食生产与消费比例（%）	98	≥95	≥95	预期性
	其中：谷物	106	100	100	预期性
物流水平	粮食物流"四散化"比重（%）	20	30	55	预期性
	粮食流通环节损耗率（%）	8	6	3	预期性

注：2007年有关产量数据以统计局最终公布数据为准。

和散运为特征的"四散化"粮食现代物流体系，降低流通成本，提高粮食流通效率。到2010年全国粮食物流"四散化"比例达到30%，到2020年提高到55%。

四、保障粮食安全的主要任务

（一）提高粮食生产能力

加强耕地和水资源保护。采取最严格的耕地保护措施，确保全国耕地保有量不低于18亿亩，基本农田保有量不低于15.6亿亩，其中水田面积保持在4.75亿亩左右。严格控制非农建设占用耕地，加强对非建设性占用耕地的管理，切实遏制耕地过快减少的势头。不断优化耕地利用结构，合理调整土地利用布局，加大土地整理复垦，提高土地集约利用水平。继续实施沃土工程、测土配方施肥工程。改进耕作方式，发展保护性耕作。合理开发、高效利用、优化配置、全面节约、有效保护和科学管理水资源，加大水资源工程建设力度，提高农业供水保证率，严格控制地下水开采。加强水资源管理，加快灌区水管体制改革，对农业用水实行总量控制和定额管理，提高水资源利用效率和效益。严格控制面源污染，引导农户科学使用化肥、农药和农膜，大力推广使用有机肥料、生物肥料、生物农药、可降解农膜，减少对耕地和水资源的污染，切实扭转耕地质量和水环境恶化趋势，保护和改善粮食产地环境。

切实加强农业基础设施建设。下大力气加强农业基础设施特别是农田水利设施建设，稳步提高耕地基础地力和产出能力。加快实施全国灌区续建配套与节水改造及其末级渠系节水改造，完善灌排体系建设；适量开发建设后备灌区，扩大水源丰富和土地条件较好地区的灌溉面积；积极发展节水灌溉和旱作节水农业，农业灌溉用水有效利用系数由 2005 年的 0.45 提升到 2010 年的 0.50，2020 年达到 0.55 以上。实施重点涝区治理，加快完成中部粮食主产区大型排涝泵站更新改造，提高粮食主产区排涝抗灾能力。狠抓小型农田水利建设，抓紧编制和完善县级农田水利建设规划，整体推进农田水利工程建设和管理。加强东北黑土区水土流失综合治理和水利设施建设，稳步提高东北地区水稻综合生产能力。强化耕地质量建设，稳步提高耕地基础地力和持续产出能力。大力推进农业综合开发和基本农田整治，加快改造中低产田，建设高产稳产、旱涝保收、节水高效的规范化农田。力争到 2010 年中低产田所占比重降至 60% 左右，到 2020 年中低产田所占比重降到 50% 左右。

着力提高粮食单产水平。强化科技支撑，大力推进农业关键技术研究，力争粮食单产有大的突破，到 2010 年全国粮食单产水平提高到每亩 325 公斤左右，到 2020 年提高到 350 公斤左右。大力促进科技创新，强化农业生物技术和信息技术的应用，加强科研攻关，实施新品种选育、粮食丰产等科技工程，启动转基因生物新品种培育重大专项，提高生物育种的研发能力和扩繁能力，力争在粮食高产优质品种选育、高效栽培模式、农业资源高效利用等方面取得新突破，加快培育形成一批具有自主知识产权的高产、优质、抗性强的粮油品种。实施农业科技入户工程，集成推广超级杂交稻等高产、优质粮食新品种和高效栽培技术、栽培模式，提倡精耕细作。主要粮食作物良种普及率稳定在 95% 以上。科技对农业增长的贡献率年均提高 1 个百分点。

加强主产区粮食综合生产能力建设。按照资源禀赋、生产条件和增产潜力等因素，科学谋划粮食生产布局，明确分区功能和发展目标。集中力量建设一批基础条件好、生产水平高和粮食调出量大的核心产区；在保护生态前提下，着手开发一批有资源优势和增产潜力的后备产区。核心产区、后备产区等粮食增产潜力较大的地区要抓紧研究增加本地区粮食生产的规划和措施。加快推进优势粮食品种产业带建设，优先抓好小麦、稻谷等品种生产，在稳定南方地区稻谷生产的同时，促进东北地区发展粳稻生产。继续扩大优质稻谷、优质专用小麦、优质专用玉米、高油高蛋白大豆和优质薯类杂粮的种植面积。在粮食主产省和西部重要产粮区，继续实施优质粮食产业工程、大型商品粮生产基地项目和农业综合开发项目等。积极推行主要粮食作物全程机械化作业，促进粮食生产专业化和标准化发展。抓好非主产区重点产粮区综合生产能力建设，扩大西部退耕地区基本口粮田建设，稳定粮食自给水平。在稳定发展粮油生产的基础上，合理调整农用地结构和布局，促进农业产业结构和区域布局的优化。

专栏二　　　　　　　　　粮食生产能力建设重点工程

大型商品粮生产基地→在粮食主产省及非主产省的重要粮食产区，以地市为单位，集中连片建设高产稳产大型商品粮生产基地，重点加强小型农田水利、良种繁育等粮食生产基础设施建设，提高粮食综合生产能力。

优质粮食产业工程→在粮食主产县（场），建设标准粮田，提高粮食综合生产能力。

粮食丰产科技工程→在粮食主产区，建立核心试验区、示范区、辐射区；研制优化丰产技术新模式，力争在小麦、水稻、玉米三大粮食作物超高产优质品种筛选利用、粮食主产区大面积持续均衡增产、粮食无公害生产、粮食防灾减灾和产后减损等领域取得重大突破。

生物育种专项→围绕提高农产品品质、效益，促进农业产业结构调整，选育并大面积推广应用优质、高产、高效、多抗的农业新品种；培育若干具有核心竞争力的大型种业企业（集团），使我国动植物新品种的推广与应用取得重大突破，显著提高农产品产量和效益。

种子工程→加强农作物种质资源保存、品种改良、良种繁育及种子质量监测等基础设施建设，使良种覆盖率稳定在95%左右。

农业科技入户工程→以优势农产品和优势产区为重点，以推广主导品种、主推技术和实施主体培训为关键措施，实现培育100万个科技示范户，辐射带动2 000万农户，发展1万个新型农业技术服务组织。

大型灌区续建配套和节水改造工程→开展灌区续建配套与节水工程，提高灌溉水利用率和灌区生产能力，力争到2020年基本完成全国大型灌区续建配套与节水改造任务。

大型排涝泵站改造工程→实施中部粮食主产区大型排涝泵站更新改造，进一步增强排涝能力，促进农业综合生产能力的提高。

旱作农业示范→建设农田抗旱节水设施，推广旱作节水农业技术，提高降水利用率、土壤肥力和抗旱能力，提高旱区农业生产水平。

植保工程→加强农业有害生物预警与监控体系、优势农产品有害生物非疫区、技术支撑等建设，提高我国抵御农业有害生物灾害的能力。

健全农业服务体系。加强粮食等农作物种质资源保护、品种改良、良种

繁育、质量检测等基础设施建设。推进农业技术推广体系改革和建设，整合资源，建立高效、务实、精干的基层涉农服务机构，强化农技推广服务功能。大力推进粮食产业化发展，提高粮食生产组织化程度。加强病虫害防治设施建设，建立健全重要粮食品种有害生物预警与监控体系，提高植物保护水平。健全农业气象灾害预警监测服务体系，提高农业气象灾害预测和监测水平。完善粮食质量安全标准，健全粮食质量安全体系。加强农村粮食产后服务，健全农业信息服务体系。

（二）利用非粮食物资源

大力发展节粮型畜牧业。调整种养结构，逐步扩大优质高效饲料作物种植，大力发展节粮型草食畜禽。加强北方天然草原保护和改良，充分利用农区坡地和零星草地，建设高产、稳产人工饲草地，提高草地产出能力。加快南方草地资源的开发，积极发展山地和丘陵多年生人工草地、一年生高产饲草，扩大南方养殖业的饲草来源。力争在2020年之前全国牧草地保有面积稳定在39.2亿亩以上。加快农区和半农区节粮型畜牧业发展，积极推行秸秆养畜。转变畜禽饲养方式，促进畜牧业规模化、集约化发展，提高饲料转化效率。

积极发展水产养殖业和远洋渔业。充分利用内陆淡水资源，积极推广生态、健康水产养殖。发展稻田和庭院水产养殖，合理开发低洼盐碱地水产养殖，扩大淡水养殖面积。合理利用海洋资源，加强近海渔业资源保护，扩大、提高远洋捕捞规模和水平。加强水产资源和水域生态环境保护，促进水产养殖业可持续发展。

促进油料作物生产。在优先保证口粮作物生产的基础上，努力扩大大豆、油菜籽等主要油料作物生产，稳定食用植物油的自给率。继续建设东北地区高油大豆、长江流域"双低"（低芥酸、低硫苷）油菜生产基地。鼓励和引导南方地区利用冬闲田发展油菜生产。加强油料作物主产区农田水利基础设施建设，加快油料作物优良品种选育，大力推广高产高油新品种，着力提高大豆、油菜籽和花生等油料作物单产和品质。到2010年油料单产比2006年提高6%左右，油料含油率平均提高2个百分点。积极开发特种油料，大力发展芝麻、胡麻、油葵等作物生产，充分利用棉籽榨油。

大力发展木本粮油产业。合理利用山区资源，大力发展木本粮油产业，建设一批名、特、优、新木本粮油生产基地。积极培育和引进优良品种，加快提高油茶、油橄榄、核桃、板栗等木本粮油品种的品质和单产水平。积极引导和推进木本粮油产业化，促进木本粮油产品的精深加工，增加木本粮油供给。

专栏三	非粮食物发展重点工程

　　长江流域"双低"油菜生产基地→在长江流域油菜主产区以地市为单位，依托育种科研院所，集中连片建立"双低"油菜生产基地，改良品种，改善品质，提高产量。
　　糖料基地建设→重点支持广西、云南、广东、海南等甘蔗优势产区建设甘蔗生产基地，改善田间灌溉条件，加快甘蔗新品种繁育和推广。
　　生猪和奶牛标准化规模养殖小区（场）建设→改造生猪和奶牛规模养殖小区（场）粪污处理以及水、电、路、防疫等配套设施，提高生猪和奶牛标准化规模饲养水平。
　　畜禽水产良种工程→建设畜禽水产原、良种场，改善种质资源保护及品种性能测定设施，提高畜禽水产良种繁育水平。

（三）加强粮油国际合作

　　完善粮食进出口贸易体系。积极利用国际市场调节国内供需。在保障国内粮食基本自给的前提下，合理利用国际市场进行进出口调剂。继续发挥国有贸易企业在粮食进出口中的作用。加强政府间合作，与部分重要产粮国建立长期、稳定的农业（粮油）合作关系。实施农业"走出去"战略，鼓励国内企业"走出去"，建立稳定可靠的进口粮源保障体系，提高保障国内粮食安全的能力。

（四）完善粮食流通体系

　　继续深化粮食流通体制改革。积极推进现代粮食流通产业发展，努力提高粮食市场主体的竞争能力。继续深化国有粮食企业改革，推进国有粮食企业兼并重组，重点扶持一批国有粮食收购、仓储、加工骨干企业，提高市场营销能力，在粮食收购中继续发挥主渠道作用。鼓励和引导粮食购销、加工等龙头企业发展粮食订单生产，推进粮食产业化发展。发展农民专业合作组织和农村经纪人，为农民提供粮食产销服务。引导各类中介组织开展对农民的市场营销、信息服务和技术培训，增强农民的市场意识。充分发挥粮食协会等中介组织行业自律和维护市场秩序作用。
　　健全粮食市场体系。重点建设和发展大宗粮食品种的区域性、专业性批发市场和大中城市成品粮油批发市场。发展粮食统一配送和电子商务。积极发展城镇粮油供应网络和农村粮食集贸市场。稳步发展粮食期货交易，引导粮食企业和农民专业合作组织利用期货市场规避风险。建立全国粮食物流公共信息平台，促进粮食网上交易。
　　加强粮食物流体系建设。编制实施粮食现代物流发展规划，推进粮食物流"四散化"变革。加快改造跨地区粮食物流通道，重点改造和建设东北地区粮食流出、黄淮海地区小麦流出、长江中下游地区稻谷流出以及玉米流入、华东地区和华南沿海地区粮食流入、京津地区粮食流入等六大跨地区粮食物流通道。在交通枢纽和粮食主要集散地，建成一批全国性重要粮食物流节点和粮食物流基地。重点加强散粮运输中转、接收、发放设施及检验检测等相关配套设施的建设。积极培育大型跨区域粮食物流企业。大力发展铁海联运，完善粮食集疏运网络。提高粮食物流技术装备水平和信息化程度。

（五）完善粮食储备体系

完善粮食储备调控体系。进一步完善中央战略专项储备与调节周转储备相结合、中央储备与地方储备相结合、政府储备与企业商业最低库存相结合的粮油储备调控体系，增强国家宏观调控能力，保障国家粮食安全。（1）中央战略专项储备主要用于保证全国性的粮食明显供不应求、重大自然灾害和突发性事件的需要。（2）中央调节周转储备主要用于执行中央政府为保护农民利益而实行的保护性收购预案，调节年度间丰歉。（3）地方储备主要用于解决区域性供求失衡、突发性事件的需要及居民口粮应急需求。各省（区、市）储备数量按"产区保持3个月销量、销区保持6个月销量"的要求，由国家粮食行政主管部门核定，并做好与中央储备的衔接。（4）所有从事粮食收购、加工、销售的企业必须承担粮油最低库存义务，具体标准由省级人民政府制定。积极鼓励粮食购销企业面向农民和用粮企业开展代购、代销、代储业务，提倡农户科学储粮。

优化储备布局和品种结构。逐步调整优化中央储备粮油地区布局，重点向主销区、西部缺粮地区和贫困地区倾斜；充分利用重要物流节点、粮食集散地，增强对大中城市粮食供应的保障能力。按照"优先保证口粮安全，同时兼顾其他用粮"的原则，优化中央储备粮和地方储备粮品种结构，保证小麦和稻谷的库存比例不低于70%，适当提高稻谷和大豆库存比例；逐步充实中央和地方食用植物油储备；重点大中城市要适当增加成品粮油储备，做好粮油市场的应急供应保障。

健全储备粮管理机制。加强中央储备粮垂直管理体系建设。健全中央储备粮吞吐轮换机制。建立销区地方储备粮轮换与产区粮食收购紧密衔接的工作机制。完善储备粮监管制度，确保数量真实、质量良好和储存安全。加强储备粮仓储基础设施建设，改善储粮条件，提高粮食储藏技术应用水平，确保储粮安全。

（六）完善粮食加工体系

大力发展粮油食品加工业。引导粮油食品加工业向规模化和集约化方向发展。按照"安全、优质、营养、方便"的要求，推进传统主食食品工业化生产，提高优、新、特产品的比重。推进粮油食品加工副产品的综合利用，提高资源利用率和增值效益。强化粮油食品加工企业的质量意识和品牌建设，促进粮油食品加工业的健康、稳定发展。

积极发展饲料加工业。我国玉米生产首先是满足养殖业发展对饲料的需要。优化饲料产业结构，改进饲料配方技术，加快发展浓缩饲料、精料补充料和预混合饲料，提高浓缩饲料和预混合饲料的比重，建立安全优质高效的饲料生产体系。大力开发和利用秸秆资源，缓解饲料对粮食需求的压力。积极开发新型饲料资源和饲料品种，充分利用西部资源优势，建立饲料饲草等原料生产基地。

专栏四	粮食流通、加工领域重点工程

粮食现代物流体系建设→建设和改造六大粮食跨地区物流通道，包括东北地区粮食流出、黄淮海地区小麦流出通道，长江中下游地区稻谷流出及玉米流入、华东沿海地区粮食流入、华南粮食流入、京津地区粮食流入通道等。重点加强上述六大通道上主要粮食物流节点的散粮中转库、接收发放设施及大型粮食批发市场散粮物流设施建设，完善散粮运输工具和粮食物流信息系统及检验检测设施等。

储备粮油仓储设施建设和改造→重点建设和改造部分储备油库（油罐）、重点大中城市成品粮油储备库，完善现有储备粮库仓储设施。

农户科学储粮示范推广→在主要粮食主产区和西部地区，扶持一批农户建设标准化小型粮仓或配置标准化储粮器具，改善农户粮食收获后的储藏和处理条件，推广科学储粮技术，降低粮食产后损耗率。

新型饲料开发利用→为保证国家食物安全，提升养殖业规模化、集约化水平，推动养殖业快速发展，重点发展新型饲料，推进青贮玉米、秸秆等开发利用，提高配合饲料和专用饲料比例。

食品装备自主化示范→从食品包装和机械行业实际出发，以市场需求为导向，重点选择国内食品加工和包装机械行业中具有一定基础、市场前景广阔、技术含量高、产业关联度强、能够填补国内空白的行业给予扶持，创建知名品牌，逐步扩大其国内外市场份额。

粮油加工技术改造和产业升级→鼓励现有粮食加工企业在生产能力、产品品种、资源利用及管理技术等方面进行整合，支持一批国内大中型粮油加工企业进行技术改造，推广和促进采用先进适用技术装备，实现粮油资源的合理利用，降低损耗，提高生产效益。

粮油市场调控预警信息服务系统→整合现有粮油市场信息资源，建立涵盖粮油生产、消费、加工、销售、进出口、库存、市场供求及价格的监测预警体系，及时掌握粮油供求形势、流通和市场动态，科学分析粮油供求形势和变化趋势，做好预调控和点调节，正确引导粮油市场预期。

适度发展粮食深加工业。在保障粮食安全的前提下,发展粮食深加工业。生物质燃料生产要坚持走非粮道路,把握"不与粮争地,不与人争粮"的基本原则,严格控制以粮食为原料的深加工业发展。制定和完善粮食加工行业发展指导意见,加强对粮食深加工业的宏观调控和科学规划,未经国务院投资主管部门核准一律不得新建和扩建玉米深加工项目。

五、保障粮食安全的主要政策和措施

(一) 强化粮食安全责任

保障粮食安全始终是治国安邦的头等大事。地方各级人民政府和各有关部门要统一思想,提高认识,高度重视粮食安全工作。要建立健全中央和地方粮食安全分级责任制,全面落实粮食省长负责制。省级人民政府全面负责本地区耕地和水资源保护、粮食生产、流通、储备和市场调控工作。主产区要进一步提高粮食生产能力,为全国提供主要商品粮源;主销区要稳定现有粮食自给率;产销平衡区要继续确保本地区粮食产需基本平衡,有条件的地方应逐步恢复和提高粮食生产能力。要将保护耕地和基本农田、稳定粮食播种面积、充实地方储备和落实粮食风险基金地方配套资金等任务落实到各省(区、市),并纳入省级人民政府绩效考核体系,建立有效的粮食安全监督检查和绩效考核机制。国务院有关部门负责全国耕地和水资源保护、粮食总量平衡,统一管理粮食进出口,支持主产区发展粮食生产,建立和完善中央粮食储备,调控全国粮食市场和价格。要不断完善政策,进一步调动各地区、各部门和广大农民发展粮食生产的积极性。

粮食经营者和用粮企业要按照法律、法规要求,严格落实粮食经营者保持必要库存的规定,履行向当地粮食行政管理部门报送粮食购销存等基本数据的义务。所有粮食经营者必须承担粮食应急任务,在发生紧急情况时服从国家统一安排和调度。

(二) 严格保护生产资源

坚持家庭承包经营责任制长期稳定不变,加快农业经营体制机制创新。依法推进农村土地承包经营权流转,在有条件的地方培育发展多种形式适度规模经营的市场环境,促进土地规模化、集约化经营,提高土地产出效率。

落实省级人民政府耕地保护目标责任制度,严格执行耕地保护分解任务,把基本农田落实到地块和农户,确保基本农田面积不减少、用途不改变、质量有提高。加强土地利用总体规划、城市总体规划、村庄和集镇规划实施的管理。加强土地利用年度计划管理，严格控制非农建设用地规模，推进土地集约、节约利用。严格执行征地听证和公告制度，强化社会监督。严格执行耕地占补平衡制度，加强对补充耕地质量等级的评定和审核，禁止跨省区异地占补。完善征地补偿和安置制度，健全土地收益分配机制。研究建立耕地撂荒惩罚制度。健全国家土地督察制度，严格土地执法，坚决遏制土地违规违法行为。

加强草原等非耕地资源的保护与建设。建立基本草原保护制度，划定基本草原，任何单位和个人不得擅自征用、占用基本草原或改变其用途。建立划区轮牧、休牧和禁牧制度，逐步实现草畜平衡。加强对草原生态的保护与建设，加快实施天然草原退牧还草工程，防止草原退化和沙化。积极研究推进南方草地资源保护和开发利用。加强对水域、森林资源的保护。

（三）加强农业科技支撑

建立以政府为主导的多元化、多渠道农业科研投入体系，增加对农业（粮食）科研的投入。国家重大科技专项、科技支撑计划、863计划、973计划等要向农业领域倾斜。继续安排农业科技成果转化资金，加快农业技术成果的集成创新、中试熟化和推广普及。

建立健全农业科技创新体系，加快推进农业科技进步。加强国家农业科研基地、区域性科研中心的创新能力建设，推动现代农业产业技术体系建设，提升农业区域创新能力。逐步构建以国家农技推广机构为主体、科研单位和大专院校广泛参与的农业科技成果推广体系。深化农业科研院所改革，建立科技创新激励机制，鼓励农业科研单位、大专院校参与农业科技研发和推广，充分发挥其在农业科研和推广中的作用。

引导和鼓励涉农企业、农民专业合作经济组织开展农业技术创新和推广活动，积极为农民提供科技服务。深入实施科技入户工程，加大重大技术推广支持力度，继续探索农业科技成果进村入户的有效机制和办法。大力发展农村职业教育，完善农民科技培训体系，调动农民学科学、用科技的积极性，提高农民科学种粮技能。加强农业科技国际合作交流，增强自主创新能力。

（四）加大支持投入力度

增加粮食生产的投入。强化农业基础，推动国民收入分配和国家财政支出重点向"三农"倾斜，大幅度增加对农业和农村的投入，努力增加农民收入。各级人民政府要按照存量适度调整、增量重点倾斜的原则，不断加大财政支农力度。优化政府支农投资结构,重点向提高粮食综合生产能力倾斜,切实加大对农田水利等基础设施建设投入。增加国家对基本农田整理、土地复垦、农业气象灾害监测预警设施建设、农作物病虫害防治的投入。各类支持农业和粮油生产的投入,突出向粮食主产区、产粮大县、油料生产大县和基本农田保护重点地区倾斜。积极扶持种粮大户和专业户发展粮食生产。

加大金融对农村、农业的支持力度。逐步健全农村金融服务体系,完善农业政策性贷款制度,加大对粮油生产者和规模化养殖户的信贷支持力度,创新担保方式,扩大抵押品范围,保证农业再生产需要。

完善粮食补贴和奖励政策。完善粮食直补、农资综合直补、良种补贴和农机具购置补贴政策,今后随着经济发展,在现有基础上中央财政要逐年较大幅度增加对农民种粮的补贴规模。完善粮食最低收购价政策,逐步理顺粮食价格,使粮食价格保持在合理水平,使种粮农民能够获得较多收益。借鉴国际经验,探索研究目标价格补贴制度,建立符合市场化要求、适合中国国情的新型粮食价格支持体系,促进粮食生产长期稳定发展。继续实施中央对粮食(油料)主产县的奖励政策。加大对东北大豆、长江流域油菜籽和山区木本粮油生产的扶持力度。完善农业政策性保险政策,加快建立大宗粮食作物风险规避、损失补偿机制和灾后农田恢复能力建设的应急补助机制。

完善粮食风险基金政策。根据粮食产销格局变化,进一步完善粮食风险基金政策,加大对粮食主产区的扶持力度。

加强对粮食产销衔接的支持。建立健全粮食主销区对主产区利益补偿机制,支持主产区发展粮食生产。铁路和交通部门要加强对跨区域粮食运输的组织、指导和协调,优先安排履行产销合作协议的粮食运输。粮食主销区要支持销区的粮食企业到产区建立粮食生产基地,参与产区粮食生产、收购并定向运往销区。鼓励产区粮食企业到销区建立粮食销售网络,保证销区粮食供应。主产区粮食企业在销区建立物流配送中心和仓储设施的,主销区地方人民政府要给予必要支持。

加大对散粮物流设施建设的投入。引导多渠道社会资金建设散粮物流设施,积极推进粮食物流"四散化"变革。对服务于粮食宏观调控的重要物流通道和物流节点上的散装、散卸、散存、散运及信息检测等设施的建设,各级人民政府要予以支持。

(五)健全粮食宏观调控

健全粮食统计制度。完善粮食统计调查手段。加强对粮食生产、消费、进出口、市场、库存、质量等监测，加快建立粮食预警监测体系和市场信息会商机制。成立粮食市场调控部际协调小组，建立健全高效灵活的粮食调控机制。

健全和完善粮食应急体系。认真落实《国家粮食应急预案》的各项要求，形成布局合理、运转高效协调的粮食应急网络。增加投入，加强对全国大中城市及其他重点地区粮食加工、供应和储运等应急设施的建设和维护，确保应急工作需求。对列入应急网络的指定加工和销售企业，地方人民政府要给予必要的扶持，增强粮油应急保障能力。完善对特殊群体的粮食供应保障制度，保证贫困人口和低收入阶层等对粮食的基本需要。建立健全与物价变动相适应的城乡低保动态调整机制，确保城乡低收入群体生活水平不因物价上涨而降低。

完善粮食流通产业政策。进一步完善粮食市场准入制度，加快研究制定国内粮油收购、销售、储存、运输、加工等领域产业政策，完善管理办法。

加强粮食行政管理体系建设。落实和健全粮食行政执法、监督检查和统计调查职责，保障粮食宏观调控和行业管理需要。

（六）引导科学节约用粮

按照建设资源节约型社会的要求，加强宣传教育，提高全民粮食安全意识，形成全社会爱惜粮食、反对浪费的良好风尚。改进粮食收购、储运方式，加快推广农户科学储粮技术，减少粮食产后损耗。积极倡导科学用粮，控制粮油不合理的加工转化，提高粮食综合利用效率和饲料转化水平。引导科学饮食、健康消费，抑制粮油不合理消费，促进形成科学合理的膳食结构，提高居民生活和营养水平。建立食堂、饭店等餐饮场所"绿色餐饮、节约粮食"的文明规范，积极提倡分餐制。抓紧研究制定鼓励节约用粮、减少浪费的相关政策措施。

（七）推进粮食法制建设

认真贯彻执行农业法、土地管理法、草原法、粮食流通管理条例和中央储备粮管理条例等法律法规，加大执法力度。加强粮食市场监管，保证粮食质量和卫生安全，维护正常的粮食流通秩序。制定公布粮食安全法，制（修）订中央和地方储备粮管理、规范粮食经营和交易行为等方面的配套法规。

（八）制定落实专项规划

抓紧组织编制粮食生产、流通、储备、加工等方面的专项规划，推进本纲要实施，形成以本纲要为统领，各专项规划统一衔接的规划体系。各地区和各有关部门按照本纲要和各专项规划的要求，抓好组织实施。

专栏五　　　　　　　　拟编制的重点专项规划

一、全国新增500亿公斤粮食生产能力规划（2009~2020年），由发展改革委牵头会同农业部、水利部、交通运输部、环境保护部等部门组织编制。

二、耕地保护和土地整理复垦开发规划，由国土资源部牵头会同有关部门组织编制。

三、水资源保护和开发利用规划，由水利部牵头会同有关部门组织编制。

四、农业及粮食科技发展规划，由科技部牵头会同有关部门组织编制。

五、节粮型畜牧业发展规划，由农业部牵头会同有关部门组织编制。

六、油料及食用植物油发展规划，由发展改革委牵头会同农业部、粮食局、商务部、工业和信息化部、林业局等部门组织编制。

七、粮食现代物流发展规划，由发展改革委牵头会同粮食局等有关部门组织编制。

八、粮食储备体系建设规划，由发展改革委牵头会同粮食局、财政部、中储粮总公司等有关部门（单位）组织编制。

九、粮食加工业发展规划，由工业和信息化部牵头会同粮食局、农业部等有关部门组织编制。

十、促进居民科学健康消费粮油的政策措施，由粮食局牵头会同有关部门组织制定。

附录 2
新中国成立以来中国粮食政策大事记

1949—1952 年

1950 年 6 月 30 日　《中华人民共和国土地改革法》公布施行。土地改革在新解放区全面展开。到 1953 年春，除部分少数民族地区外，土地改革在全国基本完成，3 亿多无地少地农民（包括新老解放区在内）无偿获得 7 亿亩土地和其他生产资料，封建土地所有制被彻底摧毁。土地改革运动从 1950 年开始，到 1952 年底基本完成。土地改革完成后，广大农民生产积极性空前高涨。

1952 年 10 月 16 日　中共中央通过《关于实行粮食的计划收购与计划供应的决议》。11 月 15 日又作出《关于在全国实行计划收购油料的决定》。1954 年 9 月，国家进一步决定对棉布和棉花实行计划收购和计划供应。

1952 年 12 月 16 日　中共中央通过《关于发展农业生产合作社的决议》。从此，农业生产合作社从试办阶段进入发展阶段。到 1956 年底，加入合作社的农户达到全国农户总数的 96.3%。

全国农业总产值，1951 年比 1949 年增加了 28.8%，1952 年比 1949 年增加了 48.5%。粮食产量，1952 年比 1949 年增加了 44.8%，1950—1952 年，粮食每年平均增长速度达 12.9%。粮食产量，新中国成立前最高年产量为 2 774 亿斤，1949 年是 2 263.6 亿斤，1951 年增长到 2 873.7 亿斤，超过了新中国成立前最高年产量，1952 年更达到 3 278.2 亿斤，超过新中国成立前最高年产量 18.1%[1]。

---

[1]　国家统计局. 中国统计年鉴（1983）：第 162 页.

1953—1957 年

1953 年 12 月，中共中央发布了《关于发展农业生产合作社的决议》，决议指出了党在农村工作的最根本任务，就是要促进农民联合起来，逐步实行农业的社会主义改造。

1954 年，以土地入股、统一经营为特点的半社会主义性质的初级农业生产合作社，在全国范围内发展很快。在初级形式的农业生产合作社中，已经有了公有财产。土地、耕畜、农具等虽然仍然是私有财产，但是已经由社里统一使用，社员从事集体劳动，劳动力也由社里统一调配、统一组织，社员的收入是以按劳分配为主。在当时情况下，初级农业合作社，在一些主要农作物的每亩产量上，比个体农民有所增加。据 12 个产稻谷的主要省份统计，每亩稻谷多产 10%；据 9 个产小麦的主要省份统计，每亩小麦多产 7%；据 8 个产大豆的主要省份统计，每亩大豆多产 19%；据 9 个产棉花的主要省份统计，每亩棉花多产 26%。

1955 年，高级农业生产合作社，是劳动农民在共产党和人民政府的领导和帮助下，在自愿和互利的基础上组织起来的社会主义的集体经济组织。高级社是以生产资料集体所有制为基础，实行集体劳动，按劳分配。农业生产合作社（即高级社）按照社会主义的原则，把社员私有的主要生产资料转为合作社集体所有，组织集体劳动，实行"各尽所能，按劳取酬"，不分男女老少，同工同酬。

1956 年在农业合作化基本实现的基础上，中共中央又提出了《1956 年到 1967 年全国农业发展纲要》。该纲要要求按照我国不同地区的自然条件和经济状况，从 1956 年起，12 年内，粮食平均每亩年产量要达到 400 斤、500 斤和 800 斤，棉花平均每亩年产量，要达到 60 斤、80 斤和 100 斤（皮棉）；该纲要要求，在第二个五年计划时期内，大多数合作社的生产和收入要赶上和超过当地富裕中农的水平。该纲要要求，有关农业和农村的各项工作，在 12 年内都实现一个巨大的跃进。

1953—1957 年，政府过去经常泛滥成灾的主要河流上建成了许多巨大的水库，如安徽的梅山、佛子岭，河南的南湾、薄山、白沙、板桥，河北的陡河，北京的官厅等。工程浩大的根治黄河的主要工程——黄河三门峡水利枢纽工程，也于 1957 年 4 月开始施工。这些大型水利工程，在防洪蓄水、灌溉发电等方面发挥了巨大的作用，有力地促进了农业的发展。

在第一个五年计划期间，农业生产曾遭到很大的自然灾害，在 5 年中，只有 1955 年是丰收年，其余几年都是平年或歉收。1956 年，灾情比较严重，但产量并没有减少，反而比丰收的 1955 年多产 154 亿斤，达 3 650 亿斤①。1957 年工农业总产值 1 241 亿元，按可比价格计算，比 1952 年增长 67.8%；农业总产值 537 亿元，增长 24.8%。粮食产量 19 505 万吨，增长 19%；棉花 164 万吨，增长 25.8%；油料 419.6 万吨，增长 0.07%。

1956 年 9 月 15 日—27 日　中国共产党第八次全国代表大会举行。大会宣布，对农业、手工业和资本主义工商业的社会主义改造已取得决定性胜利，社会主义的社会制度在我国已经基本上建立起来了。

1958—1960 年

1958 年 5 月，中共八大二次会议正式通过了由毛泽东提出的鼓足干劲、力争上游、多快好省地建设社会主义总路线及其基本点，紧接着就掀起了"大跃进"运动，在农村出现了"人民公社化"运动。

1959 年秋，开始出现大面积的农业歉收。当时采取了粮食供应的低标准，即全国各地按照工作性质不同采取不同的粮食定量标准。

1960 年，55% 的耕地或多或少遭受到干旱或者其他恶劣天气，其中 60% 的耕地根本就没有降雨。

1961—1966 年

1960 年 8 月，中共中央发出了《关于全党动手，大办农业、大办粮食的指示》，同年 11 月，又发出《关于农村人民公社当前政策问题的紧急指示信》（即 12 条）。

1961 年 3 月和 5 月，讨论修订了《农村人民公社工作条例（草案）》（简称《农业 60 条》）发到全国农村讨论试行。同年 12 月，在 12 条的基础上，中央又确定了农村工作的若干具体政策。调整人民公社所有制和分配关系，减少粮食征购，减轻农民负担，各行各业支援农业。

1961 年 1 月 14 日—18 日　中共八届九中全会召开。全会正式通过对国民经济实行"调整、巩固、充实、提高"的方针，国民经济转入调整的轨道。

1961 年 3 月 6 日　安徽省委根据农民群众的要求，决定试行"定产到田，责任到人"的田间管理责任制。其他部分省区也实行了类似办法。

1961 年 3 月 15 日—23 日　中共中央在广州召开工作会议，讨论和通过

---

①《关于发展国民经济的第一个五年（1953—1957 年）计划执行结果的公报》。

《农村人民公社工作条例（草案）》（即"农业六十条"），对农村政策进行调整。

1961年11月10日，中央开会向各中央局第一书记专门落实粮食问题。

1962年，为了度过灾荒，一些地区克服当时农业中出现的困难，贯彻"农业六十条"，克服平均主义，改善农业经营管理，调动农民积极性，曾经出现了多种形式的生产责任制。

1965年国家给水利基本建设投资15.15亿元，比1957年增加1倍多。农业机械动力、机耕面积、化肥用量都有较大提高。

第一个五年计划完成后，我国的社会主义经济制度和社会主义工业化的初步基础已经建立起来，按照拟好的发展国民经济第二个五年计划的建议，从1958年起，国家的工作重点应该转移到经济建设上来，开始进行大规模的经济建设工作。建议中还拟定了进行经济建设的各项具体项目和指标。

1966—1976年

1967年、1968年连续两年的政治大动荡导致社会经济连年下降。

1969年4月，中共召开了九大。农业总产值948亿元，粮食4 219.4亿斤，比上年增长10%。

1970年，政府在1969年经济初步恢复的基础上又采取了稳定农村的政策，农业总产值716亿元，比上年增长11.5%；粮食4 799.1亿斤，比上年增长13.7%。

1971年的四五计划要求，大办农业，加快农业机械化过程。1971年农业总产值1 107亿元，比上年增长了4.6%（上年为1 058亿元），粮食5 002.8亿斤，比上年增长203.7亿斤。农业增产速度较慢，农产品不足问题比较突出。

1972年、1973年，商业部提出要处理好农、轻、重的关系，加强各行各业对农业的支援，大力发展粮食生产；认真整顿城镇粮食统销工作，压缩不合理的供应，控制职工人数和吃商品粮的人口，在丰收地区多收购一点粮食，核减农村不合理的销量，压缩民工过高的粮食补助等。

1973年，农业总产值1 226亿元，比上年增长8.4%，粮食达到5 298.7亿斤，比上年增长10.2%，全社会粮食收购968亿斤，粮食销售近956亿斤，达到国内粮食收支平衡。

1974年，农业总产值1 277亿元，比上年增长4.2%；粮食5 505.4亿斤，比上年增长3.9%。

1975年，农业总产值1 343亿元，增长4.6%；粮食5 690.3亿斤，比上年增加184.9亿斤，增长3.3%。

1976年，农业总产值为1 378亿元，只比上年增长2.5%（35亿元），比计划要求低1.5%；粮食5 726.1亿斤，比上年只增长0.6%（35.9亿斤）。

1976—1978 年

1977年、1978两年中，虽然不少地区遭受了严重的自然灾害，但是农业仍然获得了较好的收成，农产品产量有较大的增长。在农业方面，四川、安徽两省，1978年初都制定了关于农村经济政策，强调要尊重生产队的自主权，要减轻社员的负担，坚持实行按劳分配，开展多种经营，允许发展家庭副业。1978年，我国农村实行改革和提高粮食价格，极大地调动了农民的积极性。1978年中国粮食产量首次突破30 000万吨，达到30 477万吨，增长了7.8%。

1979年粮食产量又增长8.9%，主要是由于国家大幅度提高粮食收购价格，粮食统购价提高20%，超购部分加价50%，从而促进粮食产量快速增长。

1978年12月，党的十一届三中全会作出了把全党工作的着重点转移到社会主义现代化建设上来的战略决策，全会还制定了加强农业的措施。十一届三中全会通过的《关于加快农业发展若干问题的决议（草案）》中指出，为了迅速改变目前我国农业的落后状况，必须着重在最近两三年内采取一系列的政策措施，进行包括实行农业生产责任制在内的农村经济体制改革。

1979—1985 年

1979年1月初，《中共中央关于加快农业发展若干问题的决定（草案）》提出家庭副业和集市贸易是社会主义经济的必要补充部分，中央首次明确肯定自留地、家庭副业和集市贸易。3月，国务院首次提高冻结了20多年的农副产品价格。7月初，《关于发展社队企业若干问题的规定（草案）》下发试行，对当时的社队企业大发展开了绿灯。

1982年1月1日，改革开放以来第一个关于"三农"问题一号文件——《全国农村工作会议纪要》发出，指出农村实行的各种责任制，都是社会主义集体经济的生产责任制，要长期不变。

1983年1月初，第二个"三农"问题一号文件——《当前农村经济政策的若干问题》从理论上肯定了家庭联产承包责任制，农村家庭联产承包责任制在全国全面推广。10月，农村开始实行政社（人民公社）分开，撤社建乡的农村基层管理体制改革。到1983年底，全国农村实行以家庭经营为主要形式的联产承包责任制已占农户总数的90%以上。

1984年1月1日，中共中央发出第三个"三农"问题一号文件——《关于1984年农村工作的通知》，提出要巩固和完善联产承包责任制，迅速把主要精力转到抓好商品生产上来。农业生产责任制进一步完善，在坚持土地公有制原则前提下，各地延长土地承包期，鼓励农民增加投资，培养地力，实行集约经营。

1985年1月初，第四个"三农"问题一号文件——《关于进一步活跃农村经济的十项政策》决定取消农副产品统购派购制度，我国农村开始了以改革农产品统购派购制度、调整产业结构为主要内容的第二步改革。重申"联产承包责任制和农户家庭经营长期不变"。政策稳定，农民心中踏实，更将有利于农业生产的发展。

1985年粮棉实行合同收购制。合同价是由原来的统购价和超购加价按一定比例加权平均计算。

1986—1990年

1986—1990年是我国第七个五年计划时期，在党和政府的领导下，在党的正确方针的指引下，克服了种种困难，胜利地完成了计划规定的各项任务。提高合同定购粮食的收购价格（平均提高18%，自1989年4月1日实行），合同定购外的粮食实行市场交易，价格随行就市；也适当提高棉花收购价格。

1986年1月初，中共中央、国务院发出第五个"三农"问题一号文件——《关于1986年农村工作的部署》指出，我国农村已开始走上有计划发展商品经济的轨道。

1987年1月22日，中共中央发出《把农村改革引向深入》的通知。到当年9月中旬，我国已在10个省、自治区建立起14个规模不等、项目不同的农村改革试验区。

1990年2月12日，农业部公布《农民股份合作企业暂行规定》及附件《农民股份合作示范章程》；6月，《中华人民共和国乡村集体所有制企业条例》发布。这两个法规为乡镇企业的发展提供了法律保障。

郑州粮食批发市场是经国务院批准，于1990年10月12日成立的我国第一家规范化、全国性的粮食批发市场，是国家进行粮食宏观调控的工具和载体，2006年9月被国家粮食局确定为郑州国家粮食交易中心。

1990年，农业总产值7 382亿元，比1985年增长25.3%，平均每年增长

4.6%，超过40%的计划指标。在主要农产品生产中，粮食生产前3年徘徊不前，后两年连续刷新纪录，七五时期粮食产量达到40 622万吨。

1991—1998年

1991年11月25—29日举行的党的十三届八中全会通过了《中共中央关于进一步加强农业和农村工作的决定》。该决定提出把以家庭联产承包为主的责任制、统分结合的双层经营体制作为我国乡村集体经济组织的一项基本制度长期稳定下来，并不断充实完善。

1993年3月，八届全国人大一次会议通过宪法修正案，肯定家庭联产承包为主的责任制是社会主义劳动群众集体所有制经济。11月，中共中央、国务院决定在原定的耕地承包期到期之后，再延长30年不变。

1994年3月，《国家八七扶贫攻坚计划》公布，扶贫开发进入攻坚阶段。

1998年10月，党的十五届三中全会通过的《中共中央关于农业和农村工作若干重大问题的决定》强调，以家庭承包经营为基础、统分结合的经营制度必须长期坚持。

1995年和1996年粮食生产快速发展。1996年总产达50 453万吨，增长率为8.13%，首次跨上50 000万吨的大台阶。1997年出现第四次粮食生产波动。1997年粮食产量比上年减少2.05%。1998年粮食增长率为3.67%。1999年虽然粮食增长率为－0.76%，但仍保持50 000万吨水平。此次粮食产量的上升导致粮价下跌，严重挫伤农民种粮的积极性。

2000—2003年

从2000年到2003年粮食出现了改革开放以来最为严重的一次大减产。与1999年相比，2000—2003年中国粮食产量年均负增长3.8%。粮食产量从1998年的最高位51 229.5万吨降到了最低时的43 065万吨，一下退回到十年前水平。

2004年至今

2004年我国粮食生产出现了重要转机，粮食总产量达4.69亿吨，比上年增产3 877万吨，增长9.0%；2005年中国粮食产量达到4.84亿吨，比上年增加1 454万吨，增产3.1%；2006年我国粮食产量超过4.90亿吨；2007年5.015亿吨；2008年5.285亿吨；2010年全国粮食总产量为54 641万吨（10 928亿斤），比上年增加1 559万吨（312亿斤），增产2.9%。我国粮食产量连续 7 年增产。

2004 年 2 月初，中共中央国务院再一次发出"三农"问题一号文件，要求稳定、完善和强化各项支农政策，力争实现农民收入较快增长。

2005 年 1 月底，中共中央国务院发出第七个关于"三农"问题的一号文件，要求坚持"多予、少取、放活"的方针，提高农业综合生产能力。10月，党的十六届五中全会吹响了建设新农村的号角，提出按照"生产发展、生活宽裕、乡风文明、村容整洁、管理民主"的要求，建设社会主义新农村。

2006 年 1 月 1 日起废止《中华人民共和国农业税条例》。2 月 17 日，中国农民又告别农业特产税和屠宰税。1 月底，国务院专门发出《关于解决农民工问题的若干意见》，指出要建立保障农民工合法权益的政策体系和执法监督机制，建立惠及农民工的城乡公共服务体制。2 月 21 日，第八个"三农"问题一号文件，提出要真正实行工业反哺农业、城市支持农村的方针，推进社会主义新农村建设。

2007 年 1 月底，第九个"三农"问题一号文件，提出把发展现代农业作为新农村建设的着力点。7 月，国务院发出在全国建立农村最低生活保障制度的通知，要求将符合条件的农村贫困人口全部纳入保障范围。

2008 年 1 月底，第十个"三农"问题一号文件发布。文件指出，要按照形成城乡经济社会发展一体化新格局的要求，突出加强农业基础建设，扎实推进新农村建设。

7 月 14 日，中共中央国务院发布关于全面推进集体林权制度改革的意见，决定在集体林地所有权不变的前提下，将林地经营权和林木所有权承包到户，承包期为 70 年，期满可以续包。山乡大地"山有其主、主有其权、权有其责、责有其利"，实现了"山定权、树定根、人定心"。

10 月，党的十七届三中全会胜利召开，中共中央发布关于推进农村改革发展若干重大问题的决定，明确提出了新形势下推进农村改革发展的指导思想、目标任务、重大原则，并提出要赋予农民更加充分而有保障的土地承包经营权，现有土地承包关系要保持稳定并长久不变，9 亿农民吃上"定心丸"。

2009 年 2 月 1 日，党中央、国务院再次就"三农"问题发出"一号文件"，核心内容可以概括为：稳粮，增收，强基础，重民生。文件主要有四个亮点：一是农民种粮支持力度再度加大；二是加大力度解决农民工就业问题；三是农村民生建设重点投向 5 个领域；四是农村土地流转强调进一步规范。

2010 年 1 月 31 日中央发布了一号文件，即《中共中央、国务院关于加大统筹城乡发展力度，进一步夯实农业农村发展基础的若干意见》，提出了按照稳粮保供给、增收惠民生、改革促统筹、强基增后劲的基本思路，毫不松懈地抓好农业农村工作的粮食发展思路。2010年中央农村工作经济会议在研究"抓好农业科技创新和推广能力建设"中首次提出，切实把做大做强种植业作为战略举措来抓。该意见又再次提出"切实把农业科技的重点放在良种培育上，加快农业生物育种创新和推广应用体系建设。稳定粮食生产"仍在首要位置。

2010年12月31日，中共中央、国务院发布2011年一号文件——《中共中央 国务院关于加快水利改革发展的决定》，针对农田水利等基础设施薄弱现状，提出加强水利建设的总体部署。

2011年12月26日，农业部发布了《农业科技发展"十二五"规划》，强调立足于现有农业资源，加快农业科技体制改革和农业科技自主创新的步伐，提高科技进步对农业生产的贡献率。

2012年2月1日，中共中央、国务院发布2012年一号文件——《关于加快推进农业科技创新持续增强农产品供给保障能力的若干意见》，强调农业科技是确保国家粮食安全的基础支撑，是突破资源环境约束的必然选择，是加快现代农业建设的决定力量。实现农业持续稳定发展、长期确保农产品有效供给，根本出路在科技。

2013年，中共中央、国务院发布2013年一号文件——《关于加快发展现代农业进一步增强农村发展活力的若干意见》，强调创新农业经营体制，现有土地承包关系保持稳定并长久不变；新增补贴要向主产区和优势产区集中，向专业大户、家庭农场、农民合作社等新型经营主体倾斜；农业土地经营规模扩大必须与农村劳动力非农转移同步，必须与农业科技装备改进同步。

2013年12月10日的中央经济工作会议和12月23日的中央农村工作会议，突出地提出了国家粮食安全战略。强调切实保障国家粮食安全成为第一大任务，首次界定了国家粮食安全战略的"二十字"方针，必须实施"以我为主、立足国内、确保产能、适度进口、科技支撑"的国家粮食安全战略。

2013年12月31日，国家统计局公布，我国粮食总产量达到60 194万吨，比上年增长2.1%，实现新中国成立以来首次"十连增"。

2014年1月19日，中共中央、国务院发布2014年一号文件——《关于全面深化农村改革加快推进农业现代化的若干意见》，强调实施以我为主、立足国内、确保产能、适度进口、科技支撑的国家粮食安全战略。任何时候都不能放松国内粮食生产，严守耕地保护红线，划定永久基本农田，不断提升农业综合生产能力，确保谷物基本自给、口粮绝对安全。

2015年2月1日，中共中央、国务院发布《关于加大改革创新力度加快农业现代化建设的若干意见》，中央一号文件连续12年聚焦"三农"，将"围绕建设现代农业，加快转变农业发展方式"放在首位。

2015年12月8日，中国国家统计局发布数据显示，2015年粮食总产量为62 143.5万吨，比2014年增加1 440.8万吨，增长2.4%。中国粮食生产实现"十二连增"。

参考文献

[1] 尹成杰. 粮安天下——全球粮食危机与中国粮食安全 [M]. 中国经济出版社 2008 年版.

[2] 孔祥智. 崛起与超越——中国农村改革的过程及机理分析 [M]. 中国人民大学出版社 2008 年版.

[3] 万宝瑞. 增加农民收入和确保粮食安全的战略对策 [J]. 农业经济问题, 2004 (4): 4 – 7.

[4] 姜长云. 关于我国粮食安全的若干思考 [J]. 农业经济问题, 2005 (2): 44 – 48.

[5] 肖国安. 中国粮食安全研究 [M]. 北京: 中国经济出版社 2005 年版.

[6] 张晓涛. 中国粮食政策演变的制度经济学分析 [J]. 经济体制改革, 2005 (1).

[7] 王扬, 张晓涛. 改革开放以来我国粮食政策演变 [J]. 粮食科技与经济, 2004 (2).

[8] 葛颜祥, 接玉梅, 徐光丽. 改革开放 30 年我国粮食生产回顾及其政策解析 [J]. 山东农业大学学报 (社会科学版), 2008 (3).

[9] 万宝瑞. 中国农业发展的思考与展望 [M]. 中国农业出版社 2006 年版.

[10] 肖国安. 粮食的弱质特征、本质属性与安全责任 [J]. 中国粮食经济, 2005 (5).

[11] 王征兵. 我国粮食安全与科技发展战略 [J]. 科技导报, 2004 (5): 22 – 24.

[12] 岸根卓郎. 粮食经济——未来 21 世纪的政策 [M]. 南京大学出版社 1999 年版.

[13] 国家发展改革委: 国家粮食安全中长期规划纲要 (2008—2020), 2008.11.13.

[14] 万宝瑞. 深化对粮食安全问题的认识 [R], 人民网, 2008.04.18.

[15] 苏大城. 论构建我国粮食安全保障体系 [R], 光明日报, 2008.11.18.

[16] 张衍鲁, 李慎令. 苏中建国初期粮食政策之比较 [J]. 聊城大学学报 (哲学社会科学版), 2002 (3).

[17] 王克群. 党的农业政策60年 [R], http://lib.zjdx.gov.cn/zd-news, 2009.5.7.

[18] 国家统计局、民政部. 1949—1995 中国灾情报告 [R]. 中国统计出版社 1995 年版.

[19] 国家科委全国重大自然灾害综合研究组. 中国重大自然灾害及减灾对策〈总论〉[R]. 科学出版社 1994 年版.

[20] 刘少奇. 刘少奇选集 (下卷) [M]. 人民出版社 1985 年版.

[21] 吴超. "文化大革命"起源研究述评 [J]. 中国共产党新闻网, 2009.9.24.

[22] 楚苏. "文革"时期的经济 [J]. 国学网——中国经济史论坛, 2004.10.24.

[23] 郑有贵. "文化大革命"时期农业生产波动及其动因探析 [J]. 农业新闻网, 1998.8.

[24] 水利电力部编. 中国农田水利. 水利电力出版社 1987 年版: 25-43.

[25] 肖冬连. 崛起与徘徊——十年农村的回顾与前瞻 [M]. 河南人民出版社 1994 年版.

[26] 颜波, 陈玉中. 粮食流通体制改革30年 [J]. 中国食品科技网, 2009.3.10.

[27] 俞如先. 对家庭联产承包责任制的分析 [J]. http://www.66163.com/Fujian_w.

[28] 杨祖义, 瞿商. 浅析粮食购销政策的三次变化 [J]. 粮食问题研究, 2005 (2).

[29] 何耀芳、张光前. 从粮食统购统销到放开粮食市场的历史性转变 [J]. http://www.hbgrain.com: 2009.3.5.

[30] 秦庆武. 论工业化中期阶段的中国农业发展 [J]. 齐鲁学刊, 1998 (8).

[31] 吴群. 粮食市场化改革的现实意义及发展对策 [J]. 粮食问题研究, 2002 (4).

[32] 李小云, 王冬梅. 中国农业政策对生态服务补偿的影响 [J]. 农业经济问题 (月刊), 2006 (1).

[33] 赵玉涛. 退耕还林与粮食安全 [J]. 中国林业, 2009 (5).

[34] 胡靖. 粮食安全: "非主产区"的意义 [N]. 财经日报, 2009.4.23.

[35] 余惠芬, 唐波勇. 社会主义新农村: 背景、意义及其构建 [N]. 光明日报, 2006.2.26 理论版.

[36] 韩俊等. 近几年我国粮食发展政策评价及问题分析 [J]. 国务院发展研究中心, 2006.3.29.

[37] 农业部. 拓宽农民增收渠道深入推进农村改革 [R]. 腾讯网, 2010.1.12.

[38] 李春喜等. 国家粮食安全重大技术战略研究课题研究报告 [R]. 国家科学技术部, 2007.

[39] 中国改革论坛. 我国粮食供求现状、前景及对策 [R]. 国研网, 2009.12.21.

[40] 瞿商. 简论中国粮食科技体制改革和政策取向 [J]. 粮油科技, 2003 (1).

[41] 陈国庆. 建国初期粮食流通体制的探讨 [J]. 广西社会科学, 2006 (4).

[42] 陈国庆. 统购统销政策的产生及其影响 [J]. 学习与探索, 2006 (2).

[43] 徐树英, 陈国庆. 统购统销政策的渊源及其价值判断 [J]. 山东理工大学学报 (社会科学版), 2005 (5).

[44] 董传岭. 略论粮食流通渠道的变化 [J]. 经济论坛, 2008 (6).

[45] 丁声俊. 世纪之交的中国粮食流通改革 [J]. 农业发展与金融, 1998 (2).

[46] 钟生成、李焊章、刘红红. 完善中国粮食流通市场体制的对策 [J]. 粮食经济与科技 2003 (2).

[47] 卢锋. 我国粮食贸易政策调整与粮食禁运风险评价 [J]. 中国社会科学, 1998.

[48] 万宝瑞. 增加农民收入和确保粮食安全的战略对策 [J]. 农业经济问题, 2004 (4).

[49] 万宝瑞. 农村全面实现小康社会的一项战略措施 [J]. 中国农村经济, 2004 (1).

[50] 万宝瑞, 黄佩民. 中国农业生长新阶段 [M]. 中国农业出版社, 2000.

[51] 程文亮, 谢承新. 抓好"七件大事促进农村和谐发展" [J]. 求是, 2007 (10).

[52] 邱斌, 刘欣. 中国未来粮食安全政策研究 [J]. 安徽农业科学, 2008 (5).

[53] 龙方. 新世纪中国粮食安全问题研究 [D]. 湖南农业大学博士论文, 2007.4.

[54] 朱泽. 中国粮食安全问题: 实证研究与政策选择 [M]. 湖北科学技术出版社, 1998.

[55] 邹风羽. 中国粮食生产与粮食安全的长效机制研究 [J]. 农村经济, 2005 (9).

[56] 王宏广等. 中国粮食安全研究 [M]. 中国农业出版社, 2005.

[57] 鲁晓东. 2007年中国粮食形势与宏观调控政策取向 [J]. 调研世界, 2007 (2).

[58] 高涤陈等. 粮食贸易: 内外协调统一. 国际贸易, 1996年第7期.

[59] 国务院研究室. 粮食地区平衡与省长负责制, 中国言实出版社1996年版.

[60] 黄季焜、(美) 斯·罗泽尔. 迈向21世纪的中国粮食经济, 中国农业出版社1998年版.

[61] 陈良彪. 中国农业政策概要. 经济研究参考, 1997年第11期.

[62] 蔡派. 中国粮食生产国内支持政策研究 [D]. 华中农业大学博士学位论文, 2007.6.

[63] 黄季馄. 中国粮食的过去和未来. 管理世界, 2004 (3).

[64] 尹朝静, 李谷成, 范丽霞等. 气候变化、科技存量与农业生产率增长 [J]. 中国农村经济, 2016 (5): 16-28.

[65] 潘盛州. 中国农业保护问题研究. 北京: 中国农业出版社1999年版.

[66] 徐逢贤. 中国农业扶持与保护. 首都经济贸易大学出版社1999年版.

[67] 肖海峰. 农民对粮食直接补贴政策的评价与期望. 中国农村经济, 2005 (3).

[68] 钟甫宁等. 粮食市场的改革与全球化 [M]. 中国农业出版社2004年版.

[69] 高帆. 中国粮食安全的理论研究与实证分析 [M]. 上海人民出版社 2005 年版.

[70] 温铁军. 中国 50 年来 6 次粮食供求波动分析 [J]. 山东农业管理干部学院学报, 2001 (2).

[71] 褚保金等. 中国粮食"政策型"波动及政策转型 [J]. 江海学刊, 2005 (6).

[72] 叶贞琴. 对我国粮食政策的回顾与展望 [J]. 农业经济问题, 1992 (3).

[73] 罗春等. 论农业生态环境质量现状与改善对策 [J]. 环境研究与监测, 2008 年第 4 期: 59 – 60.

[74] 肖国安. 中国粮食安全研究 [M]. 中国经济出版社 2005 年版.

[75] 刘旭等. 农业经济发展方式转变研究 [J]. 荆州纵横, 2009 年第 7 期.

[76] 河南旱情升级 全省受旱面积增至 1 796 万亩 [N], 中国新闻网, 2011 年 1 月 24 日.

[77] 贺卫华. 河南省农业生态环境承载力分析 [J]. 学习论坛, 2010, (7): 38 – 40.

[78] 丁声俊. 粮食主产区是确保粮食安全的重中之重 [J]. 中国粮食经济, 2010, (7): 23 – 27.

[79] 中共十七届三中全会公报. 中共中央关于推进农村改革发展若干重大问题决定 [R]. 2008 年 10 月 19 日.

[80] 林鲁生. 我国农业产业结构演变趋势分析 [J]. 合作经济与科技. 2009.3.

[81] 吴向伟. 转变农业发展方式的内涵与途径 [J]. http://www.studa.net, 2009.6.2.

[82] 庄甲. 走中国特色农业现代化道路 [J]. 党政干部学刊, 2009 (2).

[83] 刘从政. 以胡锦涛同志为总书记的党中央领导集体对"三农"理论的创新与实践 [J]. 毛泽东思想研究, 2009 (2).

[84] 中国社会科学院. 2009 年中国城市发展高峰论坛暨《城市蓝皮书》发布会 [R], 东南快报, 2009.6.16.

[85] 石蓉. 关于现代农业的五大问题 [J]. 农村经济, 2009 (2).

[86] 郜燕群. 浅谈农业经济增长方式的转变 [J]. 财经界, 2006 (12).

[87] 谷素华. 我国农业发展现状及农民增收的有效途径. http://www.

hebei. gov. cn, 2007. 6. 8.

[88] 国务院发展研究中心课题组. 我国粮食生产能力与供求平衡的整体性战略框架 [J]. 改革, 2009 (6).

[89] 刘旭等. 农业经济发展方式转变研究 [J]. 荆州纵横, 2009 (7).

[90] 王川. 我国农业发展方式转变的制度因素分析 [J]. 农业经济, 2008 (6).

[91] 应瑞瑶, 郑旭媛. 资源禀赋、要素替代与农业生产经营方式转型 [J]. 农业经济问题, 2013 (12): 15 – 24.

[92] 王征兵. 中国农业发展方式应转向精细密集农业 [J]. 农业经济与管理, 2011 (1): 16 – 20.

[93] 牛亮云, 侯博等. 基于灰关联熵的中国农业能源投入与粮食产出关系研究 [J]. 财贸研究, 2012 (2): 45 – 53.

[94] 陈书章, 宋春晓等. 中国小麦生产技术进步及要素需求与替代行为 [J]. 中国农村经济, 2013 (9): 18 – 30.

[95] 李光泗, 朱丽莉. 农村劳动力流动背景下中国粮食生产技术变动分析 [J]. 中国科技论坛, 2014 (7): 143 – 148.

[96] 姚延婷, 陈万明, 李晓宁. 环境友好农业技术创新与农业经济增长关系研究 [J]. 中国人口·资源与环境, 2014 (8): 122 – 130.

[97] 王班班, 齐绍洲. 有偏技术进步、要素替代与中国能源强度 [J]. 经济研究, 2014 (2): 115 – 127.

[98] 黄勇, 朱信凯. 基于指数分解法的中国粮食增量贡献要素研究 [J]. 农业技术经济, 2014 (6): 92 – 102.

[99] 何蒲明, 娄方舟. 我国粮食综合生产能力分析——基于劳动投入与种粮收益的视角 [J]. 农业技术经济, 2014 (4): 72 – 79.

[100] 张利国, 鲍丙飞. 我国粮食主产区粮食全要素生产率时空演变及驱动因素 [J]. 经济地理, 2016 (3): 147 – 152.

[101] 陈锡文. 农业供给侧结构性改革的几个重大问题 [R]. 中国经济时报, 2016. 7. 15.

[102] 黄季焜, 杨军, 仇焕广等. 本轮粮食价格的大起大落主要原因及未来走势. 管理世界, 2009 (1): 72 – 78.

[103] 陈飞, 范庆泉, 高铁梅. 农业政策、粮食产量与粮食生产调整能力 [J]. 经济研究, 2010 (11): 101 – 114.

[104] 李兰兰, 诸克军, 郭海湘. 中国各省市科技进步贡献率测算的实

证研究 [J]. 中国人口·资源与环境, 2011, (4): 55-61.

[105] 徐晓红, 王洪丽等. 2003—2008 年吉林省农业科技进步贡献率的测算与分析 [J]. 吉林农业科学, 2011 (3): 61-64.

[106] 姜松, 王钊, 黄庆华. 粮食生产中科技进步速度及贡献研究 [J]. 农业技术经济, 2012 (10): 40-50.

[107] 刘宇鹏, 李彤, 赵慧峰. 基于微观视角的粮食科技进步贡献率测算 [J]. 中国农学通报, 2012 (2): 114-117.

[108] 高鸣, 宋洪远. 粮食生产技术效率的空间收敛及功能区差异 [J]. 管理世界, 2014 (7): 83-92.

[109] 肖干, 徐鲲. 农村金融发展对农业科技进步贡献率的影响 [J]. 农业技术经济, 2012 (8): 87-95.

[110] 朱满德, 李辛, 程国强. 综合性收入补贴对中国玉米全要素生产率的影响分析 [J]. 中国农村经济, 2015 (11): 1-14.

[111] 程惠芳, 陆嘉俊. 知识资本对工业企业全要素生产率影响的实证分析 [J]. 经济研究, 2014 (5): 174-187.

[112] 王博, 严冬, 吴宏伟等. 科技进步对水利经济增长速度贡献率的测算 [J]. 中国农村水利水电, 2006 (7): 44-46.

[113] L R Christensen, D W Jorgenson, L J Lau. Transcendental logarithmic production frontiers [J]. Review of Economics Statistics. 1973, 55.

[114] Stevenson, R: Measuring Technological Bias [J]. American Economic Review, 1980, 70 (1): 162-173.

[115] Binswanger, H: The Measurement of Technical Change Biases with Many Factors of Production [J]. The American Economic Review, 1974, 64 (6): 964-976.

[116] Chen, Shuzhang, Oxley, L.; Xu, Zheng, Wang, Yanqing and Ma, Hengyun: The Dynamic Adjustments of Factor Inputs in China's Major Wheat Producing Areas [J]. Economic Modeling, 2013, 33 (1): 450-457.

[117] Tilman D, Cassman KG, Matson PA, Naylor R, Polasky S. Agricultural Sustainability and Intensive Production Practices. Nature, 2002, 418: 671-677.

[118] Neumann, Kathleen & Verburg, Peter H. & Stehfest, Elke & Müller, Christoph. The Yield Gap of Global Grain Production: A Spatial Analysis, Agricultural Systems, Elsevier, 2010, 103 (5): 316-326.

[119] Griliches, Z. Productivity, R&D, and Basic Research at the Firm Level in the 1970s'. American Economic Review, 1986. 76: 141 – 154.

[120] Stewart, T. A. Intellectual Capital: The New Wealth of Organizations [M]. New York: Doubleday/currency, 1997.

[121] Bontis N.. Intellectual Capital: An Exploratory Study That Develops Measures and Models. Management Decision, 1998, 36 (2): 63 – 76.

[122] Corrado. A. C, Hulten. C. R, Sichel. D.. Intangible Capital and Economic Growth. NBER Working Paper No. 11948 Issued in January 2005.

[123] Roper, Stephen, Du Jun & Love, James H.. Modelling The Innovation Value Chain. Research Policy, Elsevier, 2008, 37 (6): 961 – 977.